Der elektronisch geschlossene Vertrag mit Schiedsabrede

Saarbrücker Studien
zum Privat- und Wirtschaftsrecht

Herausgegeben von Johann Paul Bauer,
Michael Martinek (geschäftsführender Herausgeber)
und Helmut Rüßmann

Band 41

PETER LANG
Frankfurt am Main · Berlin · Bern · Bruxelles · New York · Oxford · Wien

Bianca Natalie Baldus

Der elektronisch geschlossene Vertrag mit Schiedsabrede

Zulässigkeit und anwendbares Recht in nationalen und internationalen Schiedsverfahren

PETER LANG
Europäischer Verlag der Wissenschaften

Bibliografische Information Der Deutschen Bibliothek
Die Deutsche Bibliothek verzeichnet diese Publikation in der Deutschen Nationalbibliografie; detaillierte bibliografische Daten sind im Internet über <http://dnb.ddb.de> abrufbar.

Zugl.: Saarbrücken, Univ., Diss., 2003

D 291
ISSN 1433-8866
ISBN 3-631-51776-9

www.peterlang.de

Saarbrücker Studien zum Privat- und Wirtschaftsrecht

herausgegeben von
Prof. Dr. Johann Paul Bauer
Prof. Dr. Dr. Dr. h.c. Michael Martinek
Prof. Dr. Helmut Rüßmann

Die Schriftenreihe "Saarbrücker Studien zum Privat- und Wirtschaftsrecht" bildet in erster Linie ein Forum für rechtswissenschaftliche Doktorarbeiten der Universität des Saarlandes auf zwei juristischen Schwerpunktgebieten. Zum einen sollen Dissertationen im klassischen Privatrecht, vor allem im bürgerlichen Vermögensrecht der ersten drei Bücher des BGB und ihrer Nebengesetze vorgestellt werden. Zum anderen findet das Wirtschaftsrecht im Sinne des Wirtschaftsprivatrechts besondere Berücksichtigung, womit namentlich die Gebiete des Handelsrechts einschließlich des Bilanzrechts, des Personen- und Kapitalgesellschaftsrechts einschließlich des Konzernrechts, des Gewerblichen Rechtsschutzes sowie des Wettbewerbs- und Kartellrechts bezeichnet sind. Es versteht sich, daß nicht nur rechtsdogmatische Studien, sondern auch rechtstatsächlich, rechtspolitisch oder interdisziplinär angelegte Arbeiten in die Schriftenreihe Aufnahme finden. Denn die Rechts- und Wirtschaftswissenschaftliche Fakultät der Universität des Saarlandes vereinigt unter *einem* Dach die Fachbereiche Rechtswissenschaft und Wirtschaftswissenschaft und regt damit Studenten und Hochschullehrer in besonderer Weise zu fachübergreifender Lehre und Forschung an. Die Schriftenreihe steht aber nicht nur sehr guten und ausgezeichneten Dissertationen, sondern auch anderen "Studien" zu privat- und wirtschaftsrechtlichen Themen offen, bis hin zu Materialien und Skripten des akademischen Unterrichts. Die drei Herausgeber, die zugleich stellvertretend für ihre anderen Saarbrücker Fakultätskollegen des Privat- und Wirtschaftsrechts handeln, verbinden mit den "Saarbrücker Studien zum Privat- und Wirtschaftsrecht" den Wunsch, daß die hier veröffentlichten Arbeiten die verdiente Resonanz in der breiteren juristischen Fachöffentlichkeit finden.

Vorwort

Die private Schiedsgerichtsbarkeit als Alternative für das staatliche Gerichtsverfahren ist insbesondere in internationalen Streitigkeiten probates Mittel der Streiterledigung.

Im US-Amerikanischen Rechtskreis wird auch in rein nationalen Verträgen weitaus häufiger von der Möglichkeit der Unterwerfung unter ein privates Schiedsgericht Gebrauch gemacht als dies im europäischen Rechtskreis der Fall ist. Meine Mitarbeit in einer amerikanischen Rechtsanwaltskanzlei und die dortigen umfangreichen Erfahrungen im Bereich *Arbitration* haben mich zu dieser eingehenden Untersuchung bewogen.

Neben der Vorteile im Rahmen der Vollstreckbarkeit von Schiedsurteilen macht gerade die Kürze der Verfahrensdauer von Schiedsverfahren diese Form der Streiterledigung besonders attraktiv. Ein *online* durchgeführtes Schiedsverfahren könnte zu einer weiteren Verkürzung der Verfahrensdauer und zur Senkung der Kosten eines solchen Verfahrens beitragen. Vorstufe eines solchen elektronisch durchgeführten Schiedsverfahrens wird regelmäßig die Unterwerfung unter eine Schiedsklausel in elektronischer Form sein. Ob diese Möglichkeit nach derzeit geltenden internationalen Abkommen und nach nationalem Recht besteht, ist Gegenstand des ersten Teil der vorliegenden Untersuchung.

Der zweite Teil beschäftigt sich mit der Frage des materiell anwendbaren Rechts in internationalen Verträgen mit Schiedsabrede, die in elektronischer Form abgeschlossen werden. Diese Problematik wird seit langem für herkömmliche, schriftliche Verträge diskutiert. Im Rahmen von elektronischen Verträgen gestaltet sich die Beantwortung dieser Fragestellung noch komplexer.

Ich hoffe mit meiner Untersuchung einen umfassenden Überblick über den Status quo und einige Anregungen zur besseren Integration eines solchen Verfahrens in nationalem und internationalem Kontext zu geben.

Die vorliegende Untersuchung berücksichtigt die Entwicklungen und die Literatur bis zum 15.12.2002. Sie wurde im Sommersemester 2003 von der Universität des Saarlandes als Dissertation angenommen. Mein besonderer Dank geht an Herrn Prof. Dr. Helmut Rüßmann, der mich, obwohl kein *Saarbrücker Gewächs*, als Doktorandin angenommen und betreut hat. Herrn Prof. Dr. Dr. Dr. hc. Michael Martinek danke ich für die äußerst zügige Erstellung des Zweitgutachtens.

Weiterhin möchte ich mich beim Fachbereich Wirtschaftswissenschaften der Fachhochschule Mainz bedanken. Im Rahmen meiner dortigen Assistententätigkeit wurde mir immer wieder Gelegenheit gegeben mich meiner Forschungsarbeit zu widmen.

Nicht zuletzt danke ich meiner Familie und meinen Freunden, die mich in den vergangenen Jahren stets unterstützt und motiviert haben.

Frankfurt am Main, Dezember 2003 *Bianca Natalie Baldus*

Inhaltsverzeichnis

Abkürzungsverzeichnis

a. A.	andere Ansicht
a.a.O.	am angegebenen Ort
a. E.	am Ende
a. F.	alte Fassung
ABl.EG	Amtsblatt der Europäischen Gemeinschaften
Abs.	Absatz
AcP	Archiv für die civilistische Praxis (Band, Seite)
AGB	Allgemeine Geschäftsbedingungen
AGBG	Gesetz zur Regelung des Rechts der allgemeinen Geschäftsbedingungen
AktG	Aktiengesetz
Anh.	Anhang
AnwBl.	Anwaltsblatt (Jahr, Seite)
Art.	Artikel
Aufl.	Auflage
B2B	Business to Business
B2C	Business to Consumer
BayOLG	Bayrisches Oberlandesgericht
BB	Der Betriebs-Berater (Jahr, S.)
Bd.	Band
Beil.	Beilage
Beschl.	Beschluss
BGB	Bürgerliches Gesetzbuch
BGBl.	Bundesgesetzblatt (Jahr, Teil, Seite)
BGH	Bundesgerichtshof
BGHZ	Entscheidungssammlung des BGH in Zivilsachen (Band, Seite)
BMJ	Bundesministerium der Justiz
BT-Drs.	Bundestagsdrucksache
bzw.	beziehungsweise
ca.	zirka
CENTRAL	Center for Transnational Law
c.i.c.	culpa in contrahendo
c. p. c.	Code of civil procedure
c. pr. c.	Code de procedure civil
cctld	country code top level domain
CISG	Convention on Contracts for the International Sale of Goods vom 11.4.1980 (BGBL 1989 II, S. 588)
CR	Computerreport
CRi	Computerreport – international (Jahr, Seite)
ders.	derselbe
d. h.	das heißt
DB	Der Betrieb (Jahr, Seite)
Diss.	Dissertation
Doc.	Document
DStR	Deutsches Steuerrecht (Jahr, Seite)
DZWir	Deutsche Zeitschrift für Wirtschaftsrecht (Jahr, Seite)

EAG	Einheitliches Gesetz über den Abschluss von internationalen Kaufverträgen über bewegliche Sachen vom 17.07.1973 (BGBl. 1973 I S. 868)
ebd.	ebenda
ECE	Wirtschaftskommission der Vereinten Nationen für Europa
ECRL	Richtlinie 2000/31/EG der Europäischen Union und des Rates vom 08. Juni 2000 über bestimmte rechtliche Aspekte der Dienste der Informationsgesellschaft, insbesondere des elektronischen Geschäftsverkehrs, im Binnenmarkt (Abl. EG, Nr. L 178, S. 1)
EG	Europäische Gemeinschaft
EGBGB	Einführungsgesetz zum Bürgerlichen Gesetzbuch
EGG	Gesetz über rechtliche Rahmenbedingungen für den elektronischen Geschäftsverkehr (Elektronischer Geschäftsverkehr-Gesetz - EGG) vom 14. Dezember 2001
EGZPO	Einführungsgesetz zur Zivilprozessordnung
EKG	Einheitliches Gesetz über den internationalen Kauf beweglicher Sachen (17.07.1973)
Email	Electronic mail
etc.	et cetera
EuGVÜ	Übereinkommen über die gerichtliche Zuständigkeit und die Vollstreckung gerichtlicher Entscheidungen in Zivil- und Handelssachen vom 27.9.1968 (BGBl. 1972 II, S. 774) in der Fassung vom 25.10.1982 (BGBl 1988 II, S. 454)
EuÜ	Europäisches Übereinkommen über die internationale Handelsschiedsgerichtsbarkeit vom 21.04.1961
EuZW	Europäische Zeitschrift für Wirtschaftsrecht (Jahr, Seite)
EVÜ	Europäisches Übereinkommen über das auf vertragliche Schuldverhältnisse anwendbare Recht vom 19.6.1980
EWG	Europäische Wirtschaftsgemeinschaft
EWiR	Entscheidungen zum Wirtschaftsrecht (§, Gesetz, Leitzahl)
EWR	Europäischer Wirtschaftsraum
EWS	Europäisches Wirtschafts- und Steuerrecht (Jahr, Seite)
f.	folgende(-r/-s)
FARL	Richtlinie 97/7EG des Europäischen Parlaments und des Rates vom 20. Mai 1997 über den Verbraucherschutz bei Vertragsabschlüssen im Fernabsatz; (Abl.EG 1997, Nr. L 144/19)
ff.	fortfolgende
Fn.	Fußnote
FormG	Gesetz zur Anpassung der Formvorschriften des Privatrechts und anderer Vorschriften an den modernen Rechtsverkehr vom 13.07.2001, BGBL I, 2001, 1542 ff.
FS	Festschrift
gem.	gemäß
GK-HGB	Gemeinschaftskommentar zum Handelsgesetzbuch
GRUR	Gewerblicher Rechtschutz und Urheberrecht (Jahr, Seite)
GRURInt.	Gewerblicher Rechtsschutz und Urheberrecht international (Jahr, Seite)

GVG	Gerichtsverfassungsgesetz
HGB	Handelsgesetzbuch
Hrsg.	Herausgeber
i. E.	im Ergebnis
i. S. d.	im Sinne des / der
ICC	International Chamber of Commerce
INCOTERMS	International Commercial Terms (1.1.2000)
IPR	Internationales Privatrecht
IPRax	Praxis des Internationalen Privat- und Verfahrensrechts
IPRG	Schweizerisches Gesetz über das Internationale Privatrecht vom 1.1.1989
JBL	Justizblatt (Jahr, Seite)
Jur.Bl	Juristische Blätter (Jahr, Seite)
Jura	Jura / Juristische Ausbildung (Jahr, Seite)
JuS	Juristische Schulung (Jahr, Seite)
JZ	Juristenzeitung (Jahr, Seite)
K & R	Kommunikation und Recht (Jahr, Seite)
Kap.	Kapitel
KMU	Kleine und mittlere Unternehmen
KTS	Zeitschrift für Insolvenzrecht – Konkurs / Treuhand / Sanierung; bis 1988 Konkurs-, Treuhand- und Schiedsgerichtswesen (Jahr, Seite)
m. w. N.	mit weiteren Nachweisen
MDR	Monatsschrift für Deutsches Recht (Jahr, Seite)
MHG	Gesetz zur Regelung der Miethöhe vom 18.12.1974 (BGBl I, S. 3603)
MMR	Multi Media und Recht (Jahr, Seite)
Mrd.	Milliarden
MünchKommBGB	Münchner Kommentar zum Bürgerlichen Gesetzbuch
MünchKommZPO	Münchner Kommentar zur Zivilprozessordnung
n. F.	neue Fassung
niederl.	niederländisch(e/r/s)
NJW	Neue Juristische Wochenschrift (Jahr, Seite)
NJW-CoR	NJW-Computerreport (Jahr, Seite)
NJW-RR	NJW-Rechtsprechungsreport Zivilrecht (Jahr, Seite)
Nr.	Nummer
NZG	Neue Zeitschrift für Gesellschaftsrecht (Jahr, Seite)
OLG	Oberlandesgericht
österr.	österreichisch(e/r/s)
para.	Paragraf
RabelsZ	Zeitschrift für ausländisches und internationales Privatrecht, begründet von E. Rabels (Band (Jahr), Seite)
Rdnr.	Randnummer
RGZ	Entscheidungssammlung des Reichsgericht in Zivilsachen (Band, Seite)
RiLi	Richtlinie
RIW	Recht der internationalen Wirtschaft (Jahr, Seite)
RIW/AWD	Recht der internationalen Wirtschaft, Außenwirtschaftsdienst des Betriebs-Beraters (Jahr, Seite)

RL	Richtlinie
s. u.	siehe unten
S.	Seite
SchiedsVfG	Schiedsverfahrensneuregelungsgesetz
SchGO	Schiedsgerichtsordnung
schweiz.	schweizerisch(e/r/s)
sog.	sogenannt(e/r/s)
TDG	Teledienstgesetz
UMG	UNCITRAL Model Law on International Commercial Arbitration (1985) [UNICTRAL-Modellgesetz über die internationale Handelsschiedsgerichtsbarkeit; angenommen von der Kommission der Vereinten Nationen für internationales Handelsrecht am 21. Juni 1985]
UMG-Ref.	Referentenentwurf des UNCITRAL-Modellgesetzes über die internationale Handelsschiedsgerichtsbarkeit (UN-Doc. A/CN. 9/487)
UN	United Nations [Vereinte Nationen]
UNCITRAL	United Nation Commission on International Trade Law
UNCITRAL-SchGO	UNCITRAL Arbitration Rules (1976) [UNCITRAL-Schiedsgerichtsordnung]
UNIDROIT	International Institute for the Unification of Private Law
UNÜ	UN-Übereinkommen über die Anerkennung und Vollstreckung ausländischer Schiedssprüche vom 10. Juni 1958
Urt.	Urteil
v.	vom / von
VerbrKrG	Verbraucher-Kreditgesetz
VerbrGüKRL	Verbrauchsgüterkaufrichtlinie
VersR	Versicherungsrecht (Jahr, Seite)
vgl.	vergleiche
VuR	Verbraucher und Recht (Jahr, Seite)
WiB	Wirtschaftsrechtliche Beratung (Jahr, Seite)
WIPO	World Intellectual Property Organisation
WM	Wertpapier-Mitteilungen (Jahr, Seite)
WRP	Wettbewerb in Recht und Praxis (Jahr, Seite)
z. B.	zum Beispiel
ZBB	Zeitschrift für Bankrecht und Bankwirtschaft (Jahr, Seite)
ZEuP	Zeitschrift für das europäische Privatrecht (Jahr, Seite)
ZfRV	Zeitschrift für Rechtsvergleichung (Jahr, Seite)
ZHR	Zeitschrift für das gesamte Handels- und Wirtschaftsrecht (Band, Seite)
ZIP	Zeitschrift für Wirtschaftsrecht (Jahr, Seite)
zit.	zitiert
ZPO	Zivilprozessordnung
ZRP	Zeitschrift für Rechtspolitik (Jahr, Seite)
ZUM	Zeitschrift für Urheber- und Medienrecht / Film und Recht (Jahr, Seite)
ZVerglRWiss	Zeitschrift für vergleichende Rechtswissenschaft (Jahr, Seite)
ZZP	Zeitschrift für den Zivilprozess (Band, Seite)

Einführung

Mitte bis Ende der 90er Jahre hielt die Nutzung des Internets Einzug in sämtlichen Industrieländern der Welt. Dies gilt sowohl für Handelsverkehr als auch für die Internet-Nutzung durch Verbraucher. Studien der Europäischen Kommission belegen das weltweite Wachstum des Internethandels in nur wenigen Jahren. Die europäischen Umsätze im Online-Handel sollen im Jahr 2003 auf ca. 411 Mrd. Euro ansteigen.[1] Für das kommende Jahr wird im B2B-Bereich ein weltweites Handelsvolumen von mehr als 1,5 Billionen Euro erwartet, im B2C-Bereich geht man immerhin von einem Umsatz von 197 Mrd. Euro bei Geschäften, die über das Internet getätig werden, aus.[2] Für das Jahr 2004 erwartet man gar weltweit einen Online-Umsatz in Höhe von 6,8 Trillionen US-Dollar.[3] In Untersuchungen der Europäischen Kommission für das Jahr 2003 wird für den deutschen Internet-Handel ein Geschäftsvolumen von 65 Mrd. Euro prognostiziert.[4] Auch wenn die anfängliche Euphorie rund um den „neuen Markt" zunächst einmal der Ernüchterung weichen musste, die weltwirtschaftliche Bedeutung des Internets als Distributionskanal für Waren und Dienstleistungen wird auch in Zukunft mehr und mehr zunehmen. Dabei werden grenzüberschreitende Verträge, verstärkt auch im Verbraucherbereich, eine immer wichtigere Rolle spielen.

Bereits zu Beginn dieser Entwicklung kam insbesondere in Nordamerika der Gedanke auf, über das Internet Schiedsgerichtsverfahren „online" durchzuführen. So wurde im März 1996 an der Universität von Montreal der „Virtual Magistrate" und das „CyberTribunal" eingerichtet. Der „Virtual Magistrate" wurde gegründet, um bei Beschwerden gegen netzwerkgestützte Informationsangebote oder –sendungen mit vermeintlich rechtswidrigem Inhalt vorzugehen.[5] Zum Aufgabenbereich dieses Schiedsgerichts gehörte der Schutz von Urheber- und Markenrechten, die Wahrung des Persönlichkeits-, Jugend-, Ehren und Ge-

---

[1] Europäische Kommission/ENSR, Das europäische Beobachtungsnetz für KMU, 6. Jahresbericht 2000, Luxemburg 2000, S. 188 f.

[2] Marly in Grabitz/Hilf: Das Recht der Europäischen Union, Bd. III, A 4, Rdnr. 38 m. w. N.

[3] Marly in Grabitz/Hilf: a.a.O., Rdnr. 37.

[4] Marly in Grabitz/Hilf: a.a.O., Rdnr. 40, m. w. N.

[5] Jung: Rechtsfragen der online-Schiedsgerichtsbarkeit, K & R 1999, S. 63 (64); erstmals auch Vorschläge bei Schneider: Streitbeilegung auf dem Information-Highway – Problematik und Lösungsansätze, in Hilty: Information Highway, Beiträge zu rechtlichen und tatsächlichen Fragen, S. 627 – 660.

heimhaltungsschutzes sowie das Wettbewerbsrecht.[6] Sehr erfolgreich ist heute auch das elektronisch durchgeführte Schiedsverfahren der WIPO in Genf über Domain-Rechtsstreitigkeiten.[7] Zwar handelt es sich bei den Entscheidungen dieser Schiedsgerichte nicht um bindende Schiedsgerichtsurteile, die Akzeptanz der gefällten Urteile durch die Domain-Inhaber ist jedoch nach den Erfahrungen der letzten zwei Jahre sehr groß.

Der größte Vorteil eines elektronisch durchgeführten Schiedsverfahrens liegt auf der Hand, nämlich die Verkürzung der Verfahrensdauer. In der herkömmlichen Schiedsgerichtsbarkeit der „real world" geht man bereits davon aus, dass ein Schiedsverfahren gegenüber einem staatlichen Gerichtsverfahren in der Regel eine geringere Verfahrensdauer aufweisen wird. Größtes Handicap des Schiedsverfahrens soll dabei die Bestellung der Schiedsrichter zu Beginn des Verfahrens sein, die in der Regel eine Zeitspanne von mindestens zehn Wochen in Anspruch nimmt.[8] Im Rahmen des elektronisch durchgeführten Schiedsverfahrens können solche Zeiten, bei entsprechendem Engagement der Schiedsrichter, problemlos verkürzt werden. Insbesondere im Hinblick auf internationale Rechtsstreitigkeiten kommt noch hinzu, dass ein elektronisch durchgeführtes Schiedsverfahren eine Zusammenkunft der Schiedsrichter, die möglicherweise aus unterschiedlichen Nationen kommen, entbehrlich werden lässt. Auch dies kann zu einer weiteren Verkürzung der Verfahrensdauer beitragen.

In Deutschland hat man ebenfalls versucht der online-Schiedsgerichtsbarkeit den Weg zu ebnen. Das Pilot-Projekt „Cybercourt", ein bindendes, elektronisch durchgeführtes Schiedsgerichtsverfahren, wurde im Jahr 1999 erstmals vorgestellt.[9] Es sollte insbesondere auf Streitigkeiten aus dem Bereich der Informationstechnologie und des EDV-Rechts spezialisiert sein. Aufgrund fehlender technischer Voraussetzungen zur Durchführung eines solchen elektronischen Verfahrens ist dieses Projekt jedoch bisher nicht realisiert worden.

---

[6] Jung: Rechtsfragen der online-Schiedsgerichtsbarkeit, K & R 1999, S. 63 (64).

[7] Zur WIPO-Online Dispute-Resolution siehe bei: http://web.archive.org/web/20030219034123/http://wipo1.wipo.int/.

[8] Lachmann: Handbuch für die Schiedsgerichtspraxis, Rdnr. 120.

[9] Siehe dazu unter: http://web.archive.org/web/20030202020945/http://www.cybercourt.org/.

Der Europäische Gesetzgeber hat die Notwendigkeit der Ermöglichung der „Online Dispute Resolution“ ebenfalls gesehen und mit der E-Commerce-Richtlnie die Mitgliedstaaten verpflichtet, ein solches Verfahren zuzulassen. Mit Art. 17 der ECRL[10] hat er angeordnet, dass die Mitgliedstaaten dafür Sorge tragen müssen, dass ihre Rechtsvorschriften bei Streitigkeiten zwischen einem Anbieter eines Dienstes der Informationsgesellschaft und einem Nutzer eines solchen Dienstes, die Inanspruchnahme der nach innerstaatlichem Recht verfügbaren Verfahren zur außergerichtlichen Beilegung, auch auf geeignetem elektronischen Wege, nicht erschweren. Diese Aufforderung bezog sich insbesondere auf die Durchführung des Schiedsverfahrens selbst.

Am Beginn eines jeden Schiedsverfahrens steht zunächst der wirksame Abschluss einer Schiedsvereinbarung. Auch einem elektronisch durchgeführten Schiedsverfahren, welches nach den Vorgaben der ECRL zu ermöglichen war, muss eine solche vorangehen. Die Idee eines Online-Schiedsgerichtsverfahrens kann nur Erfolg haben, wenn auch dessen erste Voraussetzung, nämlich die Schiedsabrede selbst, in elektronischer Form getroffen werden kann. Denn nur dann werden Parteien, die auf schnellem, nämlich elektronischem, Weg einen Vertrag schließen wollen, die Einbeziehung einer Schiedsvereinbarung in ihren Vertrag in Erwägung ziehen.

Die Frage nach der Zulässigkeit einer elektronisch vereinbarten Unterwerfung unter die Schiedsgerichtsbarkeit stellt sich jedoch bereits ganz unabhängig davon, ob ein Schiedsgerichtsverfahren in elektronischer Form letztlich in der Praxis eingeführt werden wird oder nicht. Da Vertragsschlüsse über das Internet heute an der Tagesordnung sind und die Parteien eines solchen Vertrages sich ggf. auch der klassischen Schiedsgerichtsbarkeit unterwerfen wollen, bedarf es der Klärung der Frage, ob dies nach heute geltendem Recht, insbesondere im internationalen Kontext, möglich ist. Dies ist Gegenstand des ersten Teils der vorliegenden Untersuchung.

Der zweite Teil der Arbeit beschäftigt sich mit der Frage, welches Recht in einem Schiedsverfahren anwendbar ist, wenn die zugrunde liegende Schiedsvereinbarung im Rahmen

---

[10] Richtlinie 2000/31/EG des Europäischen Parlaments und des Rates vom 8. Juni 2000 über bestimmte rechtliche Aspekte der Dienste der Informationsgesellschaft, insbesondere des elektronischen Geschäftsverkehrs, im Binnenmarkt („Richtlinie über den elektronischen Geschäftsverkehr“), ABl. EG Nr. L 178/1 v. 17.7.2000.

eines elektronisch geschlossenen internationalen Vertrages unter Kaufleuten bzw. bei Verbraucherbeteiligung getroffen wurde. Das Problem des in einem internationalen Schiedsverfahren anwendbaren Rechts, insbesondere im Falle der fehlenden Rechtswahl durch die Parteien, beschäftigt die Wissenschaft bereits seit vielen Jahren. Auch die Reform des deutschen Schiedsverfahrensrechts zum 01.01.1998 konnte diesbzgl. keine endgültige Klärung herbeiführen. Durch die heutigen technischen Möglichkeiten des Vertragsschlusses und ggf. auch der Unterwerfung unter die Schiedsgerichtsbarkeit in elektronischer Form, gestaltet in vielerlei Hinsicht die Beantwortung dieser Frage sich noch komplexer.

Teil A: Der elektronisch geschlossene Schiedsvertrag

Zu Beginn dieser Untersuchung soll die Frage diskutiert werden, ob es nach bisher geltendem nationalen und internationalen Recht möglich ist, einerseits im kaufmännischen Bereich, andererseits in Verbraucherverträgen, eine Schiedsvereinbarung in elektronischer Form zu treffen. Diese Fragestellung ist Gegenstand dieses ersten Teils.

§ 1 Zulässigkeit nach deutschem Recht

Vor der Überlegung, ob eine Schiedsvereinbarung nach dem derzeit geltenden deutschen Zivilprozessrecht elektronisch getroffen werden kann, stellt sich die Frage, was unter einer Schiedsvereinbarung überhaupt zu verstehen ist, welche Rechtsnatur einer Schiedsvereinbarung im Allgemeinen zukommt und wann das deutsche Schiedsverfahrensrecht Anwendung findet.[11]

1. Der Begriff der Schiedsvereinbarung

Eine Schiedsvereinbarung ist nach Art. 7 Abs.1, S.1 des UNCITRAL-Modellgesetzes[12] (UMG) definiert als eine Vereinbarung zwischen Parteien, wonach alle oder bestimmte Streitigkeiten, die zwischen ihnen in Bezug auf ein bestimmtes Rechtsverhältnis, vertraglicher oder nichtvertraglicher Art, entstanden sind oder künftig entstehen, einem Schiedsgerichtsverfahren unterbreitet werden sollen. Eine ähnliche Definition findet sich in Art. II des New Yorker Übereinkommens über die Anerkennung und Vollstreckung ausländischer Schiedssprüche vom 10. Juni 1958 (UNÜ). Danach ist eine Schiedsvereinbarung jede schriftliche Vereinbarung, durch die sich die Parteien verpflichten, alle oder einzelne Streitigkeiten, die zwischen ihnen aus einem bestimmten Rechtsverhältnis, sei es vertraglicher oder nichtvertraglicher Art, entstanden sind oder etwa künftig entstehen, einem schiedsrichterlichen Verfahren zu unterwerfen, sofern der Gegenstand des Streites auf schiedsrichterlichem Wege geregelt werden kann.

Das Europäische Übereinkommen über die Handelsschiedsgerichtsbarkeit vom 21.04.1961 (EuÜ) geht davon aus, dass Schiedsvereinbarungen zum Zwecke der Rege-

---

[11] Zur Bestimmung des Statuts der Schiedsvereinbarung vgl. Epping: Die Schiedsvereinbarung im internationalen privaten Rechtsverkehr, S. 40 ff.

[12] Modellgesetz der United Nation Commission on International Trade Law (UNCITRAL) vom 21.06.1985, UN-Doc. GA A/40/17, Annex I – verbindlich in englisch, französisch, spanisch, chinesisch und russisch; Textsynopse bei Lionnet: Handbuch der internationalen und nationalen Schiedsgerichtsbarkeit, Anh. 3/4, S. 404 ff.

lung von bereits entstandenen oder künftig entstehenden Streitigkeiten aus internationalen Handelsgeschäften zwischen natürlichen oder juristischen Personen geschlossen werden (Art. I Abs. 1a EuÜ). In Art. I Abs. 2a des Übereinkommens wird eine Schiedsvereinbarung als eine Schiedsklausel in einem Vertrag oder als eine Schiedsabrede bezeichnet.

Der deutsche Gesetzgeber geht von dem Vorliegen einer Schiedsvereinbarung aus, wenn sich die Parteien gem. § 1029 Abs. 1 ZPO für alle oder einzelne Streitigkeiten, die zwischen ihnen in Bezug auf ein bestimmtes Rechtsverhältnis vertraglicher oder nichtvertraglicher Art entstanden sind oder künftig entstehen, der Entscheidung durch ein Schiedsgericht unterwerfen. § 1029 Abs. 1 ZPO enthält insoweit eine Legaldefinition, die sich von Art. 7 Abs.1 UMG lediglich durch die Widmung eines eigenen Paragrafen und die daher naheliegende Unterteilung in zwei Absätze unterscheidet.[13]

Der Begriff "Streitigkeit" ist im deutschen Recht im Sinne der "bürgerlichen Rechtsstreitigkeiten" der Prozessgesetze (§ 13 GVG, § 3 EGZPO) zu verstehen. Dort wo die ordentlichen Gerichte auch nicht durch Vereinbarung tätig werden können, kann auch das 10. Buch der ZPO nicht greifen.[14] Der Begriff der Rechtsstreitigkeit ist dabei als jede Rechtsverfolgung aus einem Anspruch im Zivilprozess zu verstehen.[15] Die Bezeichnung „Schiedsvereinbarung" ist dabei der Oberbegriff für die Schiedsabrede und die Schiedsklausel.[16] Eine Schiedsabrede ist eine selbstständige Vereinbarung, wohingegen es sich bei einer Schiedsklausel um einen formell unselbstständigen, aber gemäß § 1040 Abs. 1 S. 2 ZPO unabhängig vom Hauptvertrag zu behandelnden Bestandteil des Vertrages handelt. Diese Abschlussart wird regelmäßig gewählt, wenn die Parteien schon bei Abschluss des Vertrages verabreden, hieraus resultierende Streitigkeiten vor einem

---

[13] Regierungsbegründung zum Entwurf eines Gesetzes zur Neuregelung des Schiedsverfahrensrechts (Schiedsverfahrens-Neuregelungsgesetz-SchiedsVfG), zu § 1029, BT-Drs. 13/5274, S. 33; MünchKomm - Münch, ZPO, § 1029, Rdnr. 1.

[14] Schwab/Walter: Schiedsgerichtsbarkeit, Kommentar, S. 25.

[15] ebd.

[16] Lachmann: Handbuch für die Schiedsgerichtspraxis, Rdnr. 191. MünchKomm - Münch, ZPO, § 1029 Rdnr. 3; Kissel, Rudolf in Tilch, Horst/Arloth, Frank: Deutsches Rechts-Lexikon, Bd. 3, S. 3711; Creifelds: Rechtswörterbuch, S. 1126.

Schiedsgericht auszutragen.[17] Mit der Schiedsabrede verbindet man regelmäßig einen Bezug zu einer bereits entstandenen Streitigkeit.[18]

Diesen Regelungswerken ist hinsichtlich der Bestimmung des Begriffes der "Schiedsvereinbarung" damit gemeinsam, dass dieser sich sowohl auf bereits entstandene als auch auf zukünftig entstehende Rechtsstreitigkeiten beziehen kann und zum Inhalt hat, dass in diesen Fällen den ordentlichen Gerichten die Zuständigkeit für deren Entscheidung entzogen werden soll. Allgemeines Merkmal ist dabei, dass eine Schiedsvereinbarung sowohl in Form einer Schiedsklausel in einem Vertrag als auch als eigenständige Schiedsabrede nach Entstehung des Rechtsstreits getroffen werden kann.

2. Die Rechtsnatur der Schiedsvereinbarung

Bei einer Schiedsvereinbarung handelt es sich also um einen Vertrag zwischen zwei natürlichen und/oder juristischen Personen des Inhalts, dass ein Schiedsgericht, d. h. ein oder mehrere Schiedsrichter, alle oder einzelne Streitigkeiten, die zwischen ihnen entstanden sind oder künftig entstehen, entscheiden soll.[19]

Die Rechtsnatur der Schiedsvereinbarung ist seit langer Zeit strittig.[20] Die Rechtsprechung nahm lange an, dass es sich bei einer Schiedsvereinbarung um einen materiell-rechtlichen Vertrag über prozessuale Beziehungen handelt.[21] Dieser Ansicht schlossen sich auch Stimmen in der Literatur an.[22] In einer Entscheidung aus dem Jahr 1986 vertrat der BGH erstmalig die Auffassung, dass es sich bei einer Schiedsvereinbarung um einen Unterfall

---

[17] Lachmann: Handbuch für die Schiedsgerichtspraxis, Rdnr. 191.

[18] MünchKomm - Münch, ZPO, § 1029, Rdnr. 5, der zunächst diese Unterscheidung kritisch diskutiert, im praktischen Regelfall aber letztlich doch eine gewisse zeitliche Einbindung der Begrifflichkeiten bejaht; zur Definition des Begriffs „Schiedsvereinbarung" siehe Sareika: Zu den Begriffen in der Schiedsgerichtsbarkeit, ZZP 90 (1977), S. 285 (288 ff).

[19] vgl. die Ausführungen unter Teil A, Kap. 1.1.; Albers, in Baumbach/Lauterbach/Albers/Hartmann: ZPO, § 1029, Rdnr. 3.

[20] Streitstand siehe Überblick bei Schwab/Walter: Schiedsgerichtsbarkeit, Kommentar, S. 76 ff. m. w. N.; MünchKomm - Münch, ZPO; § 1029, Rdnr. 6 m. w. N.; Epping: Die Schiedsvereinbarung im internationalen privaten Rechtsverkehr, S. 23 ff.; Wagner: Prozessverträge, S. 578 ff.; v. Hoffmann: Internationale Handelsschiedsgerichtsbarkeit, S. 28 ff.

[21] RGZ 144, 96 (98), Urt. v. 9.3.1934 - VII 262/33; RGZ 156, 101 (104), Urt. v. 2.11.1937 - VII 120/37; BGHZ 23, 198 (200), Urt. v. 30.1.1957 - V ZR 80/55; BGH, Urt. v. 28.11.1963 – VII ZR 112/62, BGHZ 40, 320 (322); BGHZ 48, 35 (46), Urt. v. 22.5.1967 – VII ZR 188/64; BGHZ 65, 59 (63), Urt. v. 3.7.1975 – III ZR 78/73.

[22] Bruns: Zivilprozessrecht, § 64, Rdnr. 335c; Maier: Handbuch der Schiedsgerichtsbarkeit, Rdnr. 20.

des Prozessvertrages handelt, ohne jedoch diese Abweichung zur bisherigen Rechtsprechung zu begründen.[23]

Vor Inkrafttreten der ZPO wurde eine Schiedsvereinbarung als rein materiell-privatrechtlicher (schuldrechtlicher) Vertrag verstanden. Später wurde sie einerseits als materiell-rechtlicher Vertrag, andererseits jedoch auch als besonders geartetes Rechtsgeschäft angesehen.[24] Teilweise zählte man den Schiedsvertrag als materiell-rechtlichen Vertrag jeweils dem Rechtsgebiet zu, dem das jeweilige Rechtsgeschäft angehörte.[25] Argument für die Einordnung des Schiedsvertrages als materiell-rechtlicher Vertrag war die Möglichkeit, bei zwischenstaatlichen Rechtsfällen der Schiedsgerichtsbarkeit den Schiedsvertrag kollisionsrechtlich wie einen gewöhnlichen Schuldvertrag zu behandeln und ihn nicht der starren, in ihrer Tragweite jedoch unsicheren lex-fori-Regel unterwerfen zu müssen. Eine solche kollisionsrechtliche Behandlung sollte zur besseren Bewältigung dieser Rechtsfälle führen.[26]

Heute kaum mehr vertreten wird die Auffassung, dass eine Schiedsvereinbarung eine sog. Schiedsverfahrensgesellschaft begründet. Danach sollte es Zweck dieser Gesellschaft sein, alles zu tun, um den zwischen den Parteien bestehenden Streit durch einen Schiedsspruch zu beenden. Für diesen Zweck würden sich die Schiedsvertragsparteien zusammenschließen. Da diese Gesellschaft nicht über ein Vermögen verfüge, sollte es sich um eine atypische Gesellschaftsform handeln, auf die §§ 705 ff. BGB entsprechend anzuwenden sein sollten. Bei der Verpflichtung der Parteien, alles zu tun, um im Wege des Schiedsverfahrens auf eine Streiterledigung hinzuwirken, handelte es sich dementsprechend um die Erfüllung von Gesellschafterpflichten.[27]

---

[23] BGH, Urt. v. 3.12.1986 - IV b ZR 80/85, ZZP 100, 452 (454); in einer Anmerkung zu diesem Urteil wird dazu ausgeführt, dass der BGH hier erstmalig die Schiedsvereinbarung als Prozessvertrag beurteilt, eine Auseinandersetzung mit der bisherigen Rechtsprechung jedoch fehle (Schwab, Karl Heinz, Anmerkung zu BGH, Urt,. v. 3.12.1986 - IV b ZR 80/85 in ZZP 100, 452 (458)); dennoch soll nicht ausgeschlossen sein, dass einer Schiedsvereinbarung sowohl materiellrechtliche wie auch prozessrechtliche Nebenwirkungen parallel zu entnehmen seien: MünchKomm - Münch, ZPO, § 1029, Rdnr. 6; dem BGH folgend: Albers, in Baubach/Lauterbach/ Albers/Hartmann: ZPO, § 1029, Rdnr. 10, m.w. N.

[24] Blomeyer: Betrachtungen über die Schiedsgerichtsbarkeit, FS Rosenberg, S. 51 (62); Lorenz: Die Rechtsnatur von Schiedsvertrag und Schiedsspruch, in AcP 157 (1958/1959), 265 (280f.); Schlosser: Das Recht der internationalen privaten Schiedsgerichtsbarkeit, Rdnr. 42.

[25] Rosenberg: Lehrbuch des Zivilprozessrechts, 6.Aufl., München, Berlin 1954, § 166 II 1a.

[26] Schlosser: Das Recht der internationalen privaten Schiedsgerichtsbarkeit, Rdnr. 47.

[27] Habscheid: Die Rechtsnatur des Schiedsvertrages und ihre Auswirkungen, KTS 1955, S. 33 (35 f.).

Zahlreiche Autoren gehen hingegen von einem doppelfunktionellen, d. h. teils prozessrechtlichen, teils privatrechtlichen Vertrag aus.[28] Die zivilrechtliche Seite des Schiedsvertrages soll sich dabei auf die bindende Normierung eines regelmäßig dem bürgerlichen Recht angehörigen, unter den Parteien streitigen Rechtsverhältnisses richten. Denn durch den Schiedsvertrag unterwerfen die Parteien sich der Entscheidung einer unparteiischen dritten Stelle.[29] Um den Rechtsweg auszuschließen, soll es jedoch auch erforderlich sein, dass eine prozessrechtliche Norm eine dem Parteiwillen entsprechende Rückwirkung auf das staatsgerichtliche Verfahren vorschreibt. Dies ergebe sich in der deutschen ZPO durch die den Parteien zustehende prozesshindernde Einrede, die eine sachliche Prüfung des Streitfalles durch das ordentliche Gericht ausschließt.[30] Die Wirkung der Schiedsvereinbarung sei eine rein prozessuale. Gleiches soll auch für den gefällten Schiedsspruch gelten, an den sich mit der Verleihung der Rechtskraft die gleichen Wirkungen anknüpfen, wie an ein Urteil eines staatlichen Gerichts.[31]

Nach überzeugender Auffassung sind Schiedsverträge als reine Prozessverträge zu qualifizieren.[32] Auch wenn das Rechtsinstitut des Vertrages im BGB seine ausführliche Regelung gefunden hat, so ist er doch seinem Wesen nach nicht auf das bürgerliche Recht beschränkt. Auch auf anderen Rechtsgebieten gibt es Verträge, so öffentlich-rechtliche Verträge, völkerrechtliche Verträge und eben auch Prozessverträge. Allein die Bezeichnung als Vertrag spricht noch nicht für eine Einordnung in das bürgerliche Recht, denn der Vertragsbegriff reicht weit über dieses Rechtsgebiet hinaus und ist als eine universale juristische Kategorie anzusehen.[33] Die prozessuale Einordnung der Schiedsvereinbarung verhindert nicht den Rückgriff auf materielle Gültigkeitsnormen.[34] Zu welchem Rechtsgebiet ein Vertrag gehört, kann allein danach beurteilt werden, in welchem Rechtsgebiet er seine unmittelbare Hauptwirkung entfaltet. Die gewollte Hauptwirkung eines Vertrages kann man

---

[28] Kisch: Einige Bemerkungen zum Wesen des Schiedsvertrages, ZZP 51 (1926), S. 321 (331, f.); Lachmann: Handbuch für die Schiedsgerichtspraxis, Rdnr. 193; Musielak/Voit: ZPO, § 1029, Rdnr. 3.

[29] Kisch: Einige Bemerkungen zum Wesen des Schiedsvertrages, ZZP 51 (1926), S. 321.

[30] Kisch: a.a.O., S. 321 (325).

[31] Kisch: a.a.O., S. 321 (326).

[32] Schwab/Walter: Schiedsgerichtsbarkeit, Kommentar, S. 76, m. w. N.; Nagel: Anmerkungen zu einigen hanseatischen Schiedsklauseln, FS Schwab, S. 367 (369) m. w. N.; Henn: Schiedsverfahrensrecht, Rdnr. 17; Rosenberg/Schwab/Gottwald: Zivilprozessrecht, § 172, II, Geimer: Internationales Zivilprozessrecht, Rdnr. 3786.

[33] Lorenz: Die Rechtsnatur von Schiedsvertrag und Schiedsspruch, AcP 155 (1958/1959), S. 265 (278).

[34] MünchKomm - Münch, ZPO, § 1029, Rdnr. 6.

bei dessen Qualifikation als materiellrechtlich oder prozessrechtlich kaum außer Betracht lassen.[35] Entfaltet er auf prozessrechtlichem Gebiet seine Hauptwirkung, ist es ein Prozessvertrag; liegt die Hauptwirkung im bürgerlich-rechtlichem Gebiet, ist es ein bürgerlich-rechtlicher Vertrag.[36]

Die Hauptwirkung einer Schiedsvereinbarung liegt in dem Ausschluss der ordentlichen Gerichtsbarkeit von einer Streitentscheidung und in der Entstehung der prozesshindernden Einrede (vgl. im deutschen Recht § 1032 Abs. 1 ZPO). Damit hat sie ganz überwiegend prozessrechtlichen Charakter und ist daher als Prozessvertrag anzusehen, auch wenn durch die Schiedsvereinbarung regelmäßig auch noch bürgerlich-rechtliche Rechte und Pflichten begründet werden. Diese haben jedoch mit dem Rechtscharakter der Vereinbarung als solcher nichts zu tun.[37] Für die Rechtsnatur kommt es auch nicht entscheidend darauf an, dass die Vorschriften des BGB über Verträge in bestimmten Grenzen auf sie entsprechend Anwendung finden.[38] Da in keinem Rechtsgebiet der Vertrag so eingehend geregelt ist, wie im bürgerlichen Recht, muss bei Verträgen anderer Rechtsgebiete auf die Vorschriften des BGB zurückgegriffen werden. Die Vorschriften finden aber nicht unmittelbar, sondern immer nur entsprechend Anwendung.[39]

Nach allen genannten Ansichten sind für das Zustandekommen und die Wirksamkeit von Schiedsvereinbarungen die Grundsätze des materiellen bürgerlichen Rechts maßgeblich, während das Schiedsverfahren selbst ein Zivilprozess ist.[40] Einerseits ruht die Legitimation der schiedsgerichtlichen Zuständigkeit auf dem rechtsgeschäftlichen Willen der Vertragsparteien. Andererseits ist das, was die Parteien an die Stelle des Prozesses bei den staatlichen Gerichten setzen, selbst nichts anderes als ein Zivilrechtsstreit, also eine zivilprozessualen Grundsätzen folgende Prozedur. Wertungswidersprüche, die sich hierbei ergeben können, haben ihren Grund nicht so sehr in der Frage, welches die „Rechtsnatur" des Schiedsvertrages ist, sondern folgen vielmehr aus dem Spannungsverhältnis zwischen

---

[35] Schlosser: Das Recht der internationalen privaten Schiedsgerichtsbarkeit, Rdnr. 48.

[36] Schwab/Walter: Schiedsgerichtsbarkeit, Kommentar, S. 76; Rosenberg/Schwab/Gottwald: Zivilprozessrecht, § 172, II.

[37] Henn, Günther: Schiedsverfahrensrecht, Rdnr. 17.

[38] Schwab/Walter: Schiedsgerichtsbarkeit, Kommentar, S. 76.

[39] ebd.

[40] Schmidt, K.: Präklusion und Einlassung auf die schiedsgerichtliche Verhandlung zur Hauptsache, FS Nagel, S. 372 (374).

dem eigentlichen Vertrag und dem durch Schiedsvertrag legitimierten, aber doch verfahrensrechtlichen Vorschriften unterworfenen „Prozess". In den Gegebenheiten des schiedsrichterlichen Verfahrens sind beide Elemente, sowohl das materiellrechtliche, als auch das prozessrechtliche, angelegt.[41] Diese Ambivalenz der Schiedsabrede wirkt sich jedoch nur aus, wenn das materielle Recht und das Verfahrensrecht unterschiedliche Anforderungen an eine Schiedsvereinbarung stellen.[42]

Insgesamt stellt sich die Frage, ob nicht der gesamte Rechtsstreit auf ein Scheinproblem zurückzuführen ist.[43] Denn die besondere Eigenart, welche die Schiedsgerichtsbarkeit durch ihre vertragliche Grundlage hat, wird von niemandem geleugnet. Gerade deswegen hat die Rechtsprechung den Schiedsvertrag als Vertrag über prozessuale Beziehungen bezeichnet.[44] Auch die heutige Bezeichnung als "Unterfall des Prozessvertrages" bringt weiterhin die auf Synthese gerichtete Gesamtschau zum Ausdruck. Für die Frage der maßgeblichen Sachvorschriften und Kollisionsnormen spielt die dogmatische Einordnung der Schiedsvereinbarung jedenfalls nur noch eine untergeordnete Rolle. Internationale Verträge und das nationale Schiedsverfahrensrecht haben durch eigene Kollisions- und Sachnormen eigene Regelungen getroffen und so die dogmatische Einordnung in vielen Fällen entbehrlich gemacht.[45] Dies gilt auch für die im Rahmen dieser Arbeit behandelten Formgültigkeitsfragen von Schiedsvereinbarungen und hinsichtlich der Frage des anwendbaren Rechts, die durch eigene Kollisionsnormen geregelt wurden. Dennoch kann nicht immer, wie noch zu belegen sein wird, auf die rechtsdogmatische Einordnung des Schiedsvertrages verzichtet werden.

---

[41] Schmidt, K.: Präklusion und Einlassung auf die schiedsgerichtliche Verhandlung zur Hauptsache, FS Nagel, S. 372 (374).

[42] Musielak/Voit: ZPO, § 1029, Rdnr. 4.

[43] Schlosser: Das Recht der Internationalen privaten Schiedsgerichtsbarkeit, Rdnr. 50.

[44] Schlosser: a.a.O., Rdnr. 52.

[45] Epping: Die Schiedsvereinbarung im internationalen privaten Rechtsverkehr, S. 24

3. Der Anwendungsbereich des deutschen Schiedsverfahrensrechts

Das deutsche Schiedsverfahrensrecht ist anwendbar, wenn der Sachverhalt unter den sachlichen, zeitlichen und örtlichen Anwendungsbereich des deutschen Rechts fällt.

3.1. Der sachliche Anwendungsbereich

In der Sache ist das deutsche Schiedsverfahrensrecht anzuwenden, wenn, in Abgrenzung zu anderen Formen der Streiterledigung, eine Streitigkeit primär unter Ausschluss der staatlichen Gerichtsbarkeit endgültig entschieden werden soll und eine inhaltliche Überprüfung der Entscheidung grundsätzlich nicht oder jedenfalls nur eingeschränkt möglich ist.[46]

Das deutsche Schiedsverfahrensrecht gilt, nachdem dies bei der Diskussion um die Reform des deutschen Schiedsrechts noch umstritten war,[47] einheitlich für nationale und internationale Schiedsverfahren, einschließlich der internationalen Handelsschiedsverfahren (Grundsatz universeller Anwendung).[48] Die Regelungen der ZPO sind damit grundsätzlich auf alle Schiedsverfahren anzuwenden und gehen über den Anwendungsbereich des UNCITRAL-Modellgesetzes (UMG), welches Vorbild für das neue deutsche Recht war, hinaus.[49] Dieses sah nur eine Geltung für den internationalen Handelsverkehr vor. Argument für diese Gleichbehandlung war, dass die wenigen Fälle, in denen unterschiedliche Regelungen für nationale und internationale Verfahren diskutabel erschienen, etwa hinsichtlich der Förmlichkeiten des Schiedsspruchs oder der Bemessung von Fristen, es von ihrem Gewicht her nicht gerechtfertigt hätten, ein entsprechendes Sonderkapitel vorzusehen. Dies hätte nämlich für den Gesetzgeber, die Gerichte und die sonstigen Rechtsanwender eine schwierige Abgrenzung von internationalen und nationalen Verfahren zur

---

[46] Kröll: Das neue deutsche Schiedsrecht vor staatlichen Gerichten, NJW 2001, S. 1173.

[47] Streitstand siehe Schumacher: Fragen zum Anwendungsbereich des künftigen deutschen Schiedsverfahrensrechts, FS Glossner, S. 341 ff., der ebenfalls ein einheitliches Regelungswerk für angemessen hielt.

[48] Lachmann: Handbuch für die Schiedsgerichtspraxis, Rdnr. 155; MünchKomm - Münch, ZPO, § 1025, Rdnr. 3.

[49] Bericht der Kommission zur Neuordnung des Schiedsverfahrens mit einem Diskussionsentwurf zur Neuregelung des zehnten Buches der ZPO und Begründung zu den einzelnen Vorschriften, Februar 1994, S. 74; Regierungsbegründung zum Entwurf eines Gesetzes zur Neuregelung des Schiedsverfahrensrechts (Schiedsverfahrens-Neuregelungsgesetz-SchiedsVfG), BT-Drs. 13/5274, S. 31; Lachmann: Handbuch für die Schiedsgerichtspraxis, Rdnr. 155; zur Bedeutung des UMG für das neue deutsche Schiedsrecht, vgl. Epping: Die Schiedsvereinbarung im internationalen privaten Rechtsverkehr, S. 5 ff.

Folge gehabt.[50] Vielmehr war es gerade das erklärte Ziel der Reform ein einheitliches Normengefüge für nationale und internationale Schiedsverfahren zu schaffen. Auch das Kriterium des „Handels" stellte nach Auffassung der Kommission kein geeignetes Abgrenzungskriterium für konzeptionell unterschiedliche Regelungen dar.[51]

3.2. Der zeitliche Anwendungsbereich

Das Gesetz zur Neuregelung des Schiedsverfahrensrechts (Schiedsverfahrensneuregelungsgesetz - SchiedsVfG) ist am 01.01.1998 in Kraft getreten. Gemäß der Übergangsregelung in Art. 4 § 1 Abs. 1 des Gesetzes beurteilt sich die Wirksamkeit von Schiedsvereinbarungen, die vor Inkrafttreten des Gesetzes getroffen wurden, nach dem bisherigen Recht. Gleiches gilt für solche Schiedsverfahren, die vor dem Inkrafttreten begonnen, aber nicht abgeschlossen worden sind.[52] Der schiedsrichterliche Vergleich wurde gem. Art. 4 § 1 Abs. 2 SchiedsVfG durch den Schiedsspruch mit vereinbarten Wortlaut ersetzt.[53] Den zeitlichen Anwendungsbereich des neuen Rechts hinsichtlich des Verfahrens vor staatlichen Gerichten und der Zwangsvollstreckung regelt Art. 4 § 1 Abs. 3, 4 SchiedsVfG.[54]

3.3. Der örtliche Anwendungsbereich

Gem. § 1025 Abs. 1 ZPO finden die Vorschriften der Zivilprozessordnung über Schiedsverfahren dann Anwendung, wenn der Ort des schiedsrichterlichen Verfahrens i. S. d. § 1043 Abs. 1 ZPO in Deutschland liegt.[55] Grundsätzlich finden also die deutschen Vorschriften bei inländischem Schiedsort ausschließlich Anwendung. In diesem Fall handelt es sich um ein sog. deutsches Schiedsverfahren, auch wenn dieses ebenso von einer

---

[50] Regierungsbegründung zum Entwurf eines Gesetzes zur Neuregelung des Schiedsverfahrensrechts (Schiedsverfahrens-Neuregelungsgesetz-SchiedsVfG), BT-Drs. 13/5274, S. 25; i. E. bereits Schumacher: Fragen zum Anwendungsbereich des künftigen deutschen Schiedsverfahrensrechts, FS Glossner, S. 341 (346).

[51] Bericht der Kommission zur Neuordnung des Schiedsverfahrens mit einem Diskussionsentwurf zur Neuregelung des zehnten Buches der ZPO und Begründung zu den einzelnen Vorschriften, Februar 1994, S. 12; a. A.: MünchKomm - Münch, ZPO, § 1025, Rdnr. 4, der ein ähnliches Einfallstor für eine Abgrenzungsproblematik in den Begriffen „Verbraucher" und „Handelsbräuche" in § 1031 Abs. 5 bzw. § 1051 Abs. 4 ZPO sieht.

[52] Zöller/Geimer: ZPO, vor § 1025, Rdnr. 11; zur Gesamtproblematik der Übergangsregelungen siehe bei Musielak/Voit: ZPO, § 1025, Rdnr. 8, sowie Epping: Die Schiedsvereinbarung im internationalen privaten Rechtsverkehr, S. 13 ff.

[53] Zöller/Geimer: ZPO, vor § 1025, Rdnr. 11.

[54] vgl. dazu: Kröll: Das neue deutsche Schiedsrecht vor staatlichen Gerichten, NJW 2001, S. 1173 ff., m. w. N.

[55] Albers in Baumbach/Lauterbach/Albers/Hartmann: ZPO, § 1025, Rdnr. 3; Lachmann: Handbuch für die Schiedsgerichtspraxis, Rdnr. 155; Musielak/Voit: ZPO, § 1025, Rdnr. 3.

ausländischen Rechtsordnung als eigenes reklamiert wird, d. h. also wenn es sich aus der Sicht eines ausländischen Rechts um ein nichtdeutsches Verfahren handelt.[56]

Im Gegensatz zur Rechtslage vor dem Inkrafttreten der Reform des deutschen Schiedsverfahrensrechts kann das Verfahrensrecht eines anderen Staates nicht mehr vereinbart werden, wenn der Ort des Schiedsverfahrens in Deutschland liegt.[57] Es gilt vielmehr das strikte Territorialitätsprinzip.[58] Maßgeblicher Grund für die Einführung dieses Prinzips war die Herbeiführung größerer Rechtsklarheit. Hätten die Parteien die Möglichkeit ein fremdes Verfahrensrecht im Ganzen zu vereinbaren, bliebe unklar, inwieweit das Schiedsgericht die zwingenden Vorschriften der lex fori nicht dennoch - insbesondere im Hinblick auf eine spätere Vollstreckbarerklärung des Schiedsspruchs - zu beachten habe. Ferner wäre fraglich, welche Gerichte für die Aufhebungsklage und die unterstützenden Funktionen bei der Bildung des Schiedsgerichts zuständig wären.[59] Diese Unsicherheiten werden gerade vermieden, wenn man die Rechtswahlmaxime auf die dispositiven Bestimmungen des Ortsrechts beschränkt.[60] Hier hat das deutsche Recht daher das UMG übernommen.[61]

Eine Relativierung dieses Prinzips findet sich jedoch in § 1042 Abs. 3 ZPO. Danach können die Parteien, vorbehaltlich der zwingenden Vorschriften der Regelungen des 10. Buches der ZPO, das Verfahren selbst oder durch Bezugnahme auf eine schiedsrichterliche Verfahrensordnung regeln. Dabei handelt es sich über § 1042 Abs. 1, 2 ZPO hinaus um diejenigen Bestimmungen, die ihrerseits weder ausdrücklich, noch ihrem Sinn und Zweck nach unter dem Vorbehalt anderweitiger Parteivereinbarung stehen.[62] Zu den zwingenden

---

[56] Zöller/Geimer: ZPO, § 1025, Rdnr. 3.

[57] Regierungsbegründung zum Entwurf eines Gesetzes zur Neuregelung des Schiedsverfahrensrechts (Schiedsverfahrens-Neuregelungsgesetz-SchiedsVfG), zu § 1025 Abs. 1 ZPO, BT-Drs. 13/5274, 31; Lachmann: Handbuch für die Schiedsgerichtspraxis, Rdnr. 155; Musielak/Voit: ZPO, § 1025, Rdnr. 3.

[58] Kreindler: Das neue deutsche Schiedsverfahrensrecht, FS Sandrock, 515 (530); MünchKomm - Münch, ZPO, § 1025, Rdnr. 6; Epping: Die Schiedsvereinbarung im internationalen privaten Rechtsverkehr, S. 8 m. w. N.

[59] Regierungsbegründung zum Entwurf eines Gesetzes zur Neuregelung des Schiedsverfahrensrechts (Schiedsverfahrens-Neuregelungsgesetz-SchiedsVfG), zu § 1025 Abs. 1 ZPO, BT-Drs. 13/5274, S. 31.

[60] ebd.; zu den Vorzügen des Territorialitätsprinzips vgl. Schumacher: Fragen zum Anwendungsbereich des künftigen deutschen Schiedsverfahrens, FS Glossner, S. 341 (348 ff.).

[61] Regierungsbegründung zum Entwurf eines Gesetzes zur Neuregelung des Schiedsverfahrensrechts (Schiedsverfahrens-Neuregelungsgesetz-SchiedsVfG), zu § 1025 Abs. 1 ZPO, BT-Drs. 13/5274, S. 31; Mönnikes: Die Reform des deutschen Schiedsverfahrensrechts, S. 9.

[62] Regierungsbegründung zum Entwurf eines Gesetzes zur Neuregelung des Schiedsverfahrensrechts (Schiedsverfahrens-Neuregelungsgesetz-SchiedsVfG), zu § 1042, BT-Drs. 13/5274, S. 46; Thomas/Putzo – Thomas, ZPO, § 1042, Rdnr. 5.

Vorschriften des 10. Buches der ZPO gehören etwa die Bestimmungen der §§ 1046 Abs. 1, 1047 Abs. 2, 3, 1048 Abs. 4, S. 1 und § 1049 Abs. 3 ZPO.[63]

Bei ausländischem Schiedsort findet das deutsche Schiedsverfahrensrecht nur Anwendung, wenn entweder die Parteien die Zivilprozessordnung als auf das Schiedsverfahren anwendbar erklärt haben oder die Anwendung dem Willen des Schiedsgerichts entspricht. Der Territorialitätsgrundsatz gilt lediglich in inländischen Verfahren, so dass es möglich bleibt, in ausländischen Schiedsverfahren die Anwendung des deutschen Schiedsverfahrensrechts zu vereinbaren. Dies gilt natürlich nur, soweit das jeweilige Verfahrensrecht dies gestattet.[64] Das deutsche Recht weicht insoweit von den Regelungen des UNCITRAL-Modellgesetzes ab. Das Modellgesetz gestattet nicht, dass durch Parteivereinbarung das Verfahrensrecht eines Staates für anwendbar erklärt wird, wenn der Ort des Schiedsverfahrens außerhalb dieses Staates liegt (Verbot des sog. „opting in").[65] Nach der Gesetzesbegründung muss es dem ausländischen Gesetzgeber überlassen bleiben, ob er seinerseits dem strikten Territorialitätsprinzip folgt oder den Parteien die Wahl eines fremden Verfahrensrechts gestattet. Erlaubt hingegen das ausländische Recht die Wahl eines fremden Verfahrensrechts, so muss der deutsche Gesetzgeber dies anerkennen.[66]

Zu beachten ist, dass dem deutschen Schiedsrecht bestehende völkerrechtliche Verträge immer vorgehen. Dies wird im Rahmen des deutschen Rechts nicht mehr explizit ausgeführt; der Gesetzgeber ging vielmehr ganz selbstverständlich davon aus.[67]

Die Parteien legen gem. § 1043 Abs. 1 S. 1 ZPO den Schiedsort fest und regeln damit auch die Frage, ob das deutsche Schiedsverfahrensrecht zwingend heranzuziehen ist. Haben sie eine Vereinbarung darüber nicht getroffen, entscheidet das Schiedsgericht darüber (§ 1043 Abs. 1 S. 2 ZPO). Bei der Auswahl des Schiedsortes soll das Schiedsgericht

[63] Albers in Baumbach/Lauterbach/Albers/Hartmann: ZPO, § 1042, Rdnr. 7; Ahlers: Zur Gestaltung von Vereinbarungen für das schiedsrichterliche Verfahren, AnwBl. 99, 308 ff.

[64] Lachmann: Handbuch für die Schiedsgerichtspraxis, Rdnr. 155.

[65] Epping: Die Schiedsvereinbarung im internationalen privaten Rechtsverkehr, S. 7.

[66] Regierungsbegründung zum Entwurf eines Gesetzes zur Neuregelung des Schiedsverfahrensrechts (Schiedsverfahrens-Neuregelungsgesetz-SchiedsVfG), zu § 1025 Abs. 1 ZPO, BT-Drs. 13/5274, S. 31; Epping: a.a.O., S. 7.

[67] Regierungsbegründung zum Entwurf eines Gesetzes zur Neuregelung des Schiedsverfahrensrechts (Schiedsverfahrens-Neuregelungsgesetz-SchiedsVfG), zu § 1025 ZPO, BT-Drs. 13/5274, S. 31; Albers, in Baumbach/Lauterbach/Albers/Hartmann: ZPO, § 1025, Rdnr. 6.

die Umstände des Falles einschließlich der Eignung des Ortes für die Parteien berücksichtigen (§ 1043 Abs. 1 S. 3 ZPO). Neben diesen im Gesetz genannten Kriterien kann das Schiedsgericht auch die Belange der Schiedsrichter und die der in Betracht kommenden Zeugen in seine Entscheidung mit einbeziehen. Es handelt sich um eine Ermessensentscheidung des Schiedsgerichts.[68] Haben die Parteien über die Errichtung des Schiedsgerichts keine Vereinbarung getroffen, greifen für den Fall, dass der Beklagte oder der Kläger seinen Sitz oder gewöhnlichen Aufenthalt in Deutschland hat und der Ort des Schiedsverfahrens noch nicht bestimmt ist, gem. § 1030 Abs. 3 ZPO die Vorschriften der §§ 1034, 1035, 1037 und 1038 ZPO. Für die dort bestimmten Aufgaben sind in diesem Fall die deutschen staatlichen Gerichte zuständig.[69]

4. Die Form der Schiedsvereinbarung im kaufmännischen Verkehr

Für die Frage der Zulässigkeit einer elektronisch geschlossenen Schiedsvereinbarung im kaufmännischen Verkehr sind die einschlägigen Regelungen des § 1031 Abs. 1 - 4 ZPO maßgeblich.

4.1. Grundsätze

Eine Schiedsvereinbarung muss nach neuem Recht grundsätzlich schriftlich getroffen werden.[70] Sie kann gem. § 1031 Abs. 1 ZPO entweder in einem von den Parteien unterzeichneten Schriftstück oder in zwischen ihnen gewechselten Schreiben, Fernkopien, Telegrammen oder in anderen Formen der Nachrichtenübermittlung enthalten sein, die einen Nachweis der Vereinbarung sicherstellen.

Dem genügt nach der bisher wenig umfangreichen, aber einstimmigen Literatur auch die virtuelle Übermittlung, also etwa Kommunikation via Email.[71] Voraussetzung ist lediglich, dass die Form der Übermittlung einen Nachweis der Vereinbarung sicherstellt. Die Formulierung „andere Formen der Nachrichtenübermittlung“ in § 1031 Abs. 1 a. E. ZPO ist be-

---

[68] Albers, in Baumbach/Lauterbach/Albers/Hartmann: ZPO, § 1043, Rdnr.2; dazu im weiteren: Epping: Die Schiedsvereinbarung im internationalen privaten Rechtsverkehr , S. 11 ff.

[69] dazu auch Epping: Die Schiedsvereinbarung im internationalen privaten Rechtsverkehr, S. 10 ff.

[70] Lachmann: Handbuch für die Schiedsgerichtspraxis, Rdnr. 255.

[71] MünchKomm - Münch, ZPO, § 1031, Rdnr. 13; Schwab/Walter: Schiedsgerichtsbarkeit, Kommentar, S. 45; Lachmann/Lachmann: Schiedsvereinbarungen im Praxistest, BB 00, S. 1633 (1636); so auch Berger: Das neue deutsche Schiedsverfahrensrecht, DZWir 98, S. 48 ff.; Tettenborn/Bender/Lübben/Karenfort: Rechtsrahmen für den elektronischen Geschäftsverkehr, BB 2001, Beil. 10, S. 1 (37).

wusst nicht abschließend gefasst, um der raschen Entwicklung in dem Bereich der Kommunikationstechnik offen gegenüberzustehen.[72] Nach der Begründung der Bundesregierung sollte die Formulierung „andere Formen der Nachrichtenübermittlung" den in den vergangenen Jahrzehnten weiterentwickelten Formen der Kommunikationstechnik Rechnung tragen.[73]

4.1.1. Umkehrschluss aus § 1031 Abs. 5 ZPO

Für die Zulässigkeit einer elektronisch getroffenen Schiedsvereinbarung spricht auch folgende Überlegung: § 1031 Abs. 5 ZPO ist für den Verbraucherbereich mit dem Gesetz über den elektronischen Geschäftsverkehr (EGG) nochmals geändert worden.[74] Danach ist nunmehr ebenfalls die elektronische Übermittlung der Schiedsabrede ausreichend. Nach dieser Neuregelung müssen Schiedsvereinbarungen im Verbraucherbereich grundsätzlich zwar weiterhin in einer von den Parteien unterzeichneten Urkunde enthalten sein. Nach Satz 2 kann jedoch nun die schriftliche Form nach Satz 1 durch die elektronische Form nach § 126a BGB ersetzt werden.[75]

Die Neuregelung des § 1031 Abs. 5 ZPO fügt sich damit in die neu geschaffene Systematik der §§ 126 ff. BGB ein. Gem. § 126a Abs. 1 BGB kann seit Inkrafttreten des Gesetzes zur Anpassung der Formvorschriften des Privatrechts und anderer Vorschriften an den modernen Rechtsverkehr am 13. Juli 2001 nunmehr die gesetzlich vorgeschriebene schriftliche Form durch die elektronische ersetzt werden, indem der Aussteller der Erklärung dieser seinen Namen hinzufügt und das elektronische Dokument mit einer qualifizierten elektronischen Signatur nach dem Signaturgesetz versieht.[76]

Die Änderung des § 1031 Abs. 5 ZPO, der für die Schiedsvereinbarung mit einem Verbraucher bisher immer die Schriftform auf einer gesonderten Urkunde nach § 126 BGB verlangte, erfolgte im Zuge der Umsetzung von Artikel 17 Abs. 1 der sog. E-Commerce

---

[72] MünchKomm - Münch, ZPO, § 1031, Rdnr. 13.

[73] Begründung der Bundesregierung zum Entwurf eines Gesetzes zur Neuregelung des Schiedsverfahrensrechts (Schiedsverfahrens-Neuregelungsgesetz - SchiedsVfG), zu § 1031 ZPO, BT-Drs. 13/5274, S. 36.

[74] Gesetz über rechtliche Rahmenbedingungen für den elektronischen Geschäftsverkehr (Elektronischer-Geschäftsverkehr-Gesetz – EGG) vom 14.12.2001, Art. 2, BGBl. I, 2001, S. 3721 (3724).

[75] ebd.

[76] Gesetz zur Anpassung der Formvorschriften des Privatrechts und anderer Vorschriften an den modernen Rechtsgeschäftsverkehr, BGBL. I, 2001, S. 1542 ff.

Richtlinie (ECRL).[77] Vorgabe der Richtlinie war, dass die Mitgliedstaaten zukünftig die Inanspruchnahme der nach innerstaatlichem Recht verfügbaren Verfahren zur außergerichtlichen Streiterledigung auch auf geeignetem elektronischem Wege nicht erschweren (Art. 17 Abs. 1 ECRL). Vorstufe dessen ist jedoch, dass auch die Schiedsvereinbarung selbst wirksam elektronisch geschlossen werden kann. Der neu gefasste § 1031 Abs. 5 S. 2 ZPO ermöglicht daher zukünftig durch die Verweisung auf den neuen § 126a BGB, dass auch Verbraucher Schiedsvereinbarungen auf elektronischem Weg treffen können.[78]

Im Umkehrschluss lässt sich aus dieser Begründung ableiten, dass für den kaufmännischen Bereich die Verwendung elektronischer Kommunikationsmittel für den Abschluss einer Schiedsvereinbarung nach deutschem Recht bereits für zulässig erachtet wurde.

4.1.2. Zulässigkeit nach § 126 Abs. 3 BGB

Die Zulässigkeit der elektronisch getroffenen Schiedsvereinbarung folgt zudem aus der Regelung des § 126 Abs. 3 BGB. Nach hier vertretener Auffassung stellt eine Schiedsvereinbarung einen Prozessvertrag dar, also eine rechtsgeschäftliche Einigung der Parteien, für dessen Wirksamkeit die allgemeinen zivilrechtlichen Bestimmungen maßgebend sind. Gem. § 126 Abs. 1 BGB muss, sofern durch das Gesetz die Schriftform vorgeschrieben ist, die Urkunde vom Aussteller eigenhändig durch Namensunterschrift oder mittels notariell beglaubigten Handzeichens unterzeichnet werden. Nach § 1031 Abs. 1 ZPO muss auch die Schiedsvereinbarung in einem von den Parteien unterzeichneten Schriftstück enthalten sein, so dass bei Anwendung von § 126a BGB auf Schiedsvereinbarungen die Schriftform durch die elektronische Form ersetzt werden kann.

Die Ersetzung der Schriftform durch die elektronische Form ist nach § 126 Abs. 3 BGB immer zulässig, wenn sich nicht aus dem Gesetz ein anderes ergibt. In der ZPO wie auch in dem Gesetz über rechtliche Rahmenbedingungen für den elektronischen Geschäftsverkehr sind bisher keine anderweitigen Bestimmungen diesbezüglich getroffen worden. Die-

[77] Richtlinie 2000/31/EG des Europäischen Parlaments und des Rates vom 08. Juni 2000 über bestimmte rechtliche Aspekte der Dienste der Informationsgesellschaft, insbesondere des elektronischen Geschäftsverkehrs, im Binnenmarkt (ABL. EG. Nr. L 178/1).

[78] Begründung der Bundesregierung zum Entwurf eines Gesetzes über rechtliche Rahmenbedingungen für den elektronischen Geschäftsverkehr (Elektronischer-Geschäftsverkehr-Gesetz EGG) zu Art. 2, BT-Drs. 14/6098, S. 1(26 f.).

se sind auch nicht zu erwarten. Der Abschluss einer Schiedsvereinbarung auf elektronischem Wege ist also auch unter Berücksichtigung von §§ 126 ff. BGB zulässig.

4.1.3. Die Bedeutung von § 126b BGB

Fraglich ist jedoch, ob auch die in § 126b BGB vorgesehene Textform für die Wirksamkeit einer elektronisch getroffenen Schiedsvereinbarung unter Kaufleuten ausreichend ist. Nach dem Wortlaut von § 1031 Abs. 5 ZPO genügt diese für Schiedsvereinbarungen im Verbraucherbereich gerade nicht.

Gem. § 126b BGB muss, wenn durch das Gesetz die Textform vorgeschrieben ist, die Erklärung in einer Urkunde oder auf andere zur dauerhaften Wiedergabe in Schriftzeichen geeignete Weise abgegeben, die Person des Erklärenden genannt und der Abschluss der Erklärung durch Nachbildung der Namensunterschrift oder anders erkennbar gemacht werden. Im Verhältnis dazu verlangt § 1031 Abs. 1 ZPO, dass die Erklärung "in anderen Formen der Nachrichtenübermittlung, die einen Nachweis der Vereinbarung sicherstellen", enthalten sein muss. Nach dem bisherigen Wortlaut ist also die Textform für Schiedsvereinbarungen im kaufmännischen Bereich nicht vorgesehen.

Möglicherweise sind jedoch diese beiden Formulierungen synonym zu verstehen: Bei der Textform handelt es sich im Verhältnis zur elektronischen Form um ein Minus. Die Anforderungen, die mit der qualifizierten digitalen Signatur nach § 126a BGB an die elektronische Form gestellt werden, sind strenger als diejenigen der Textform, die eine Nachbildung der Namensunterschrift oder eine andere Art den Kenntlichmachung des Erklärenden genügen lässt. Was unter "anderen Formen der Nachrichtenübermittlung" zu verstehen ist und wie diese im Verhältnis zur Textform einzuordnen sind, ist unklar.

Mit Inkrafttreten des Gesetzes zur Neuregelung des Schiedsverfahrens zum 01.01.1998 wurde die Möglichkeit der Ersetzung der Schriftform durch "andere Formen der Kommunikation" bei Schiedsvereinbarungen eingeführt. Diese Ersetzungsmöglichkeit gilt nicht für die mündliche Form, da diese nicht geeignet ist, den geforderten Nachweis der Vereinbarung sicherzustellen. Der Gesetzgeber begründete die Einführung dieser neuen Form, die selbst jedoch nicht genauer spezifiziert wurde, mit der technischen Entwicklung der letzten

Jahrzehnte und den Entwicklungen in anderen europäischen Reformgesetzgebungen, wie etwa Artikel 1021 S. 1 niederl. ZPO, Artikel 178 schweiz. IPRG und § 577 österr. ZPO.[79]

Der Begriff der Textform, wie er heute verstanden wird, war bei Einführung des geltenden § 1031 ZPO noch unbekannt. Der Gesetzgeber hat die Textform des § 126b BGB auch bisher nicht für Schiedsvereinbarungen explizit angeordnet. Gelegenheit dazu hätte er jedoch beispielsweise im Rahmen des Gesetzes über rechtliche Rahmenbedingungen für den elektronischen Geschäftsverkehr oder im Rahmen des Gesetzes zur Anpassung der Formvorschriften des Privatrechts und anderer Vorschriften an den modernen Rechtsverkehr gehabt. Daher könnte man annehmen, dass unter der geltenden Fassung des § 1031 Abs.1 ZPO etwas anderes zu verstehen ist, als unter der in § 126b BGB genannten Textform.

Die Textform wurde nach dem Willen des Gesetzgebers eingeführt, um eine gegenüber der Schriftform erleichterte Form in das BGB einzuführen.[80] Bisher waren im BGB nur drei verschiedene Formen, die den Grundsatz der Formfreiheit durchbrachen, vorgesehen: die Schriftform, die notarielle Form und die öffentliche Beglaubigung.[81] Durch die Entwicklung des modernen Rechtsverkehrs veranlasst führte der Gesetzgeber nunmehr zwei weitere Formen, die elektronische Form und eben die Textform, in das BGB ein. Dies geschah insbesondere auch, um eine unübersichtliche und dogmatisch bedenkliche Zersplitterung der Formvorschriften durch eine Vielzahl verschiedener Ausnahmeregelungen ohne zugrundeliegende generelle Formvorschrift zu vermeiden.[82] Zu diesen über zwanzig bislang vom Gesetzgeber geschaffenen Ausnahmeregelungen gehörten etwa § 8 MHG a. F., § 4 Abs. 1 S. 3 VerbrKrG a. F. und § 13 AktG a. F., wenn auch unterschiedlich in Detail und Diktion. Für diese Fallgruppen wurde schon vor Jahren ein Bedürfnis nach einem Verzicht auf die eigenhändige Unterschrift gesehen.[83]

---

[79] Begründung der Bundesregierung zum Entwurf eines Gesetzes zur Neuregelung des Schiedsverfahrensrechts (Schiedsverfahrens-Neuregelungsgesetz - SchiedsVfG), zu § 1031 ZPO, BT-Drs. 13/5274, S. 36.

[80] Begründung der Bundesregierung zum Entwurf eines Gesetzes zur Anpassung der Formvorschriften des Privatrechts und anderer Vorschriften an den modernen Rechtsgeschäftsverkehr, BT-Drs. 14/4987, S. 18.

[81] Begründung der Bundesregierung zum Entwurf eines Gesetzes zur Anpassung der Formvorschriften des Privatrechts und anderer Vorschriften an den modernen Rechtsgeschäftsverkehr, BT-Drs. 14/4987, S. 10.

[82] ebd.

[83] ebd.

Die gegenüber der Schriftform erleichterte Textform verlangt nur noch eine in lesbaren Schriftzeichen fixierte Erklärung oder Mitteilung und verzichtet auf die eigenhändige Unterschrift.[84] Sie soll die strenge Schriftform insbesondere in den Bereichen ablösen, in denen es sich um Erklärungen ohne erhebliche Beweiswirkung sowie mit nicht erheblichen oder leicht wieder rückgängig zu machenden Rechtsfolgen handelt und in denen es daher nicht der dem schriftlichen Formgebot immanenten Warnfunktion für den Erklärenden bedarf. Gedacht ist sie insbesondere für Zwecke der bloßen Information und Dokumentation bei Massenvorgängen mit sich wiederholenden, meist gleichlautenden Erklärungen. In einzelnen Fällen dient die Textform der begrifflichen Klarstellung, wenn es nur um die verkörperte Darstellung geht und dafür in Ermangelung anderer Begrifflichkeit bislang ein Schriftformerfordernis bestimmt war. [85] Die Textform ist nicht wie die Schriftform üblicherweise an Papier gebunden, sondern kann daneben auch in einem elektronischen Dokument erfüllt werden.[86]

In der Begründung zum Gesetz über die Anpassung der Formvorschriften und anderer Vorschriften an den modernen Rechtsgeschäftsverkehr unerwähnt bleibt die hier interessierende Regelung des § 1031 Abs. 1 ZPO. Eine Einordnung in die gewünschte Dogmatik der neuen Formvorschriften erfolgte ebenfalls nicht. Jedoch wird davon ausgegangen, dass im Zuge weiterer Überarbeitungen vor allem umfangreicher Gesetze bei der Modernisierung ihrer Formbestimmungen auch weitere Bereiche daraufhin zu überprüfen sein werden, inwieweit sie sich für die Einführung der Textform eignen. Entscheidender Beurteilungsmaßstab für die Entscheidung, welche Formtatbestände im einzelnen für die Textform geöffnet werden sollen, soll die zu gewährleistende Sicherheit im Rechtsverkehr sein. Die Textform ist nach der Begründung der Bundesregierung nur für solche Formtatbestände vorgesehen, bei denen eine ausreichende Rechtssicherheit auch gegeben ist, wenn beispielsweise lediglich eine Kopie einer Erklärung, ein nicht unterschriebenes Papierdokument herkömmlich postalisch oder die Erklärung überhaupt nur mittels telekommunikativer Einrichtungen übermittelt wird. Dies soll vor allem für die Formtatbestände gelten, bei

[84] Begründung der Bundesregierung zum Entwurf eines Gesetzes zur Anpassung der Formvorschriften des Privatrechts und anderer Vorschriften an den modernen Rechtsgeschäftsverkehr, BT-Drs. 14/4987, S. 12.

[85] ebd.

[86] ebd.

denen keiner der Beteiligten und auch kein Dritter ein ernsthaftes Interesse an einer Fälschung der Erklärung haben kann.[87]

Aufgrund der für den Abschluss von Schiedsvereinbarungen angeordneten grundsätzlichen Schriftform des § 1031 Abs. 1, 1. Alt. ZPO ist die Zulässigkeit der Textform zunächst ausgeschlossen. Nach § 1031 Abs. 1, 2. Alt. ZPO soll jedoch die Alternative zur Schriftlichkeit darin bestehen, dass die Vereinbarung der Parteien in zwischen ihnen gewechselten Schreiben, Fernkopien, Telegrammen oder anderen Formen der Nachrichtenübermittlung, die einen Nachweis der Vereinbarung sicherstellen, enthalten ist. Diese Alternativen wurden von Teilen der Literatur bereits vor der Einführung des § 126b BGB als Textform bezeichnet.[88]

Die in § 1031 Abs. 1, 2. Alt. ZPO gefundene Formulierung kann als eine vorgreifende, umschreibende Darstellung der nunmehr durch § 126b BGB eingeführten Textform angesehen werden. Eine entsprechende Interpretation dieser beiden Normen erscheint angemessen: Den in § 1031 Abs. 1, 2. Alt. ZPO formulierten Möglichkeiten einer wirksamen Schiedsvereinbarung ist gemeinsam, dass sie durch einen visuell wahrnehmbaren, körperlich reproduzierbaren, jedoch nicht notwendigerweise unterzeichneten Text der Vereinbarung gekennzeichnet sind. Entscheidend ist dabei, dass die Form der Übermittlung einen Nachweis der Vereinbarung sicherstellt.[89] Nichts anderes ist jedoch in der Textform des § 126b BGB geregelt worden, die nur noch eine in lesbaren Schriftzeichen fixierte Erklärung oder Mitteilung verlangt und auf die eigenhändige Unterschrift verzichtet.[90] Wesentliches Merkmal beider gesetzlicher Regelungen ist also die Reproduzierbarkeit der abgegebenen Erklärungen.

Für diese Auslegung spricht auch die Entstehung von § 1031 Abs. 1 ZPO. Die Schriftform des § 1031 Abs. 1 ZPO wurde mit der Reform des deutschen Schiedsrechts zum 01.01.1998 neu in das Gesetz aufgenommen, nachdem bis dahin eine mündliche

---

[87] Begründung der Bundesregierung zum Entwurf eines Gesetzes zur Anpassung der Formvorschriften des Privatrechts und anderer Vorschriften an den modernen Rechtsgeschäftsverkehr, BT-Drs. 14/4987, S. 18.

[88] Schwab/Walter: Schiedsgerichtsbarkeit, Kommentar, S. 44 f.

[89] Schwab/Walter: Schiedsgerichtsbarkeit, Kommentar, S. 45.

[90] Begründung der Bundesregierung zum Entwurf eines Gesetzes zur Anpassung der Formvorschriften des Privatrechts und anderer Vorschriften an den modernen Rechtsgeschäftsverkehr, BT-Drs. 14/4987, S. 12.

Schiedsvereinbarung ausreichend war. Begründung für die Einführung der Schriftform war, dass das insoweit liberalere deutsche Schiedsverfahrensrecht an die Vorgaben von Art. 7 Abs. 2 UMG angepasst werden sollte und ein echtes Bedürfnis für die Gültigkeit mündlicher Schiedsvereinbarungen nach Ansicht der Bundesregierung nicht bestand. Hinzu käme, dass auch Art. II Abs. 2 UNÜ 1958 mündlichen Schiedsvereinbarungen die Wirksamkeit versage.[91]

Motiv für die Einführung der Schriftlichkeit war also nicht etwa ein Bedürfnis nach größerer Rechtssicherheit, sondern nur die Anpassung an internationale Standards. Wesentliches Kriterium für die Ablehnung der Textform sind die Fälle, in denen ein der strengen Schriftform vergleichbarer Sicherheitsstandard erforderlich ist, da der Erklärung eine hohe Warn- oder Beweisfunktion zukommt.[92] Bei Schiedsabreden im Verbraucherbereich spielt insbesondere die Warnfunktion eine überragende Rolle. Daher ist in § 1031 Abs. 5 ZPO auch die elektronische Form Wirksamkeitsvoraussetzung und die Textform genügt gerade nicht. Eine solche Warnfunktion kommt der Form im kaufmännischen Bereich, in dem über Jahrzehnte die mündliche Abrede ausreichend war, aber gerade nicht zu. Die Beweisfunktion hingegen wird durch die Textform nicht beeinträchtigt, da es nach dem Wesen der Textform gerade darauf ankommt, dass die gewählte Form einen Nachweis über die Vereinbarung sicherstellt. Dies ist aber auch durch die derzeitige Formulierung von § 1031 Abs. 1 ZPO gewährleistet.

Diese Überlegungen führen zu dem Schluss, dass die in § 1031 Abs. 1 ZPO gewählte Formulierung von "anderen Formen der Nachrichtenübermittlung, die einen Nachweis der Vereinbarung sicherstellen", lediglich synonym zur neu geschaffenen Textform zu verstehen ist. Eine entsprechende Anpassung des Wortlauts von § 1031 Abs. 1, S. 2 ZPO an die neue Systematik der §§ 126 ff. BGB erscheint daher angebracht.

---

[91] Begründung der Bundesregierung zum Entwurf eines Gesetzes zur Neuregelung des Schiedsverfahrensrechts (Schiedsverfahrens-Neuregelungs-Gesetz - SchiedsVfG), BT-Drs. 13/5274, S. 36.

[92] Begründung der Bundesregierung zum Entwurf eines Gesetzes zur Anpassung der Formvorschriften des Privatrechts und anderer Vorschriften an den modernen Rechtsgeschäftsverkehr, BT-Drs. 14/4987, S. 19.

4.2. Schiedsklauseln in elektronisch übersandten kaufmännischen Bestätigungsschreiben

Gem. § 1031 Abs. 2 ZPO ist die Schriftform des Abs. 1 auch dann erfüllt, wenn die Schiedsvereinbarung in einem von der einen Partei der anderen Partei oder von einem Dritten beiden Parteien übermittelten Schriftstück enthalten ist und der Inhalt des Schriftstücks aufgrund eines nicht rechtzeitig erfolgten Widerspruchs nach der Verkehrssitte als Vertragsinhalt angesehen wird. Gedacht wurde bei dieser Formulierung insbesondere an das kaufmännische Bestätigungsschreiben.[93] Auch nach altem Recht war es zulässig im Rahmen eines kaufmännischen Bestätigungsschreibens eine Schiedsvereinbarung zu treffen (§ 1027 Abs. 2 ZPO a. F.). Das Abstellen auf die „Verkehrssitten" in § 1031 Abs. 2 ZPO soll gewährleisten, dass ein Vertragsschluss in internationalen Streitfällen nur dann angenommen werden kann, wenn die maßgeblichen Rechtsordnungen insoweit übereinstimmen.[94]

Unklar ist, ob ein kaufmännisches Bestätigungsschreiben, das eine Schiedsvereinbarung enthält, wirksam in elektronischer Form übermittelt werden kann. Grundsätzlich bedarf ein solches kaufmännisches Bestätigungsschreiben zur Wirksamkeit der schriftlichen Form, d. h. es muss eine verkörperte Mitteilung vorliegen.[95] Nach der bisherigen Literatur und Rechtsprechung ist auch die Übersendung eines Fax ausreichend.[96] Die Frage, ob ein kaufmännisches Bestätigungsschreiben ebenfalls wirksam ist, wenn es via Email übersandt wurde, ist in der Rechtsprechung bisher unbeantwortet geblieben. In der betrieblichen Praxis werden de facto täglich auf diese Art und Weise Verträge „geschlossen". Ob diese elektronisch getroffenen Vereinbarungen wirklich zu einem entsprechenden Vertragsschluss führen oder ob es dazu weiterhin des Bestätigungsschreibens in altbekannter, nämlich verkörperter Form, bedarf, soll Gegenstand der folgenden Untersuchung sein.

---

[93] Begründung der Bundesregierung zum Entwurf eines Gesetzes zur Neuregelung des Schiedsverfahrensrechts (Schiedsverfahrens-Neuregelungsgesetz-SchiedsVfG), BT-Drs. 13/5274, S. 36; Lachmann: Handbuch für die Schiedsgerichtspraxis, Rdnr. 260; Schwab/Walter: Schiedsgerichtsbarkeit, Kommentar, S. 47.

[94] Bericht der Kommission zur Neuordnung des Schiedsverfahrensrechts mit einem Diskussionsentwurf zur Neuregelung des Zehnten Buches der Zivilprozessordnung der ZPO und Begründung zu den einzelnen Vorschriften, BMJ Februar 1994, S. 100; Epping: Die Schiedsvereinbarung im internationalen privaten Rechtsverkehr, S. 77.

[95] MünchKommHGB/Schmidt, § 346, Rdnr. 151.

[96] Ensthaler/Achilles/Schmidt, GK-HGB, § 346, Rdnr. 55; MünchKommHGB/Schmidt, § 346, Rdnr. 151; OLG Hamm, Urt. v. 22.03.1994 – 7 U 133/93 in BB 1994, S. 1107 (=NJW 1994, 3172).

Teilweise wird ein kaufmännisches Bestätigungsschreiben ohne weiteres auch per Email für zulässig erachtet.[97] Abhängig sei dies im Einzelfall jedoch von der Art der bestehenden Geschäftsbeziehung. Würden Bestellungen elektronisch getätigt, so sollten auch Bestätigungsschreiben auf diese Weise möglich sein. Jedoch auch dort, wo der Kaufmann zum ersten Mal seine Emailadresse angebe, müsse er damit rechnen, dass ihn rechtsverbindliche Erklärungen in der Zukunft auf diesem Wege erreichten. Wer den elektronischen Rechtsverkehr auf diese Weise eröffne, müsse sich in jeglicher Hinsicht darauf einstellen, dass er ihm gerecht werde.[98]

Diese Sichtweise erscheint etwas zu kurz gegriffen. Sie stellt lediglich auf die Zugangsproblematik bei Willenserklärungen ab, die via Email übersandt werden. Außer Acht gelassen wird jedoch die Besonderheit, dass es sich bei einem kaufmännischen Bestätigungsschreiben um einen durch eine lange Übung gewachsenen Handelsbrauch, wenn nicht gar um geltendes Gewohnheitsrecht handelt,[99] der gerade eine verkörperte Mitteilung für ein solches Schreiben verlangt.

Nach anderer Ansicht hingegen sollen über das Internet geschlossene Verträge als die einem kaufmännischen Bestätigungsschreiben üblicherweise vorausgehenden Vertragsverhandlungen bzw. der vorausgegangene Vertragsschluss anzusehen sein. Ein Bestätigungsschreiben in schriftlicher Form würde diese Abreden anschließend im Interesse klarer Vertragsverhältnisse in einer Beweisurkunde fixieren. Ohnehin kein Raum für ein Bestätigungsschreiben bestehe, wenn der Vertrag bereits schriftlich abgeschlossen sei.[100]

Bei einer kritischen Betrachtung muss Berücksichtigung finden, dass die heute mit §§ 126 ff. BGB eingeführte elektronische Form, durch welche die Schriftform nunmehr ersetzt werden kann, zur Zeit der Entwicklung dieser letztgenannten Auffassung noch unbekannt war. Insoweit könnte man auch unter Zugrundelegung dieses Ansatzes heute zu einer anderen Auffassung gelangen. Andererseits kann diese Gesetzesänderung keinen

---

[97] Ernst: Der Mausklick als Rechtsproblem, NJW-CoR 1997, S. 165 (166); Ebert: Schweigen im Vertrags- und Deliktsrecht, JuS 1999, S. 754 (756).

[98] Ernst: Der Mausklick als Rechtsproblem, NJW-CoR 1997, S. 165 (166).

[99] MünchKommHGB/Schmidt, § 346, Rdnr. 144 m. w. N.; noch von einer auf Verkehrssitte beruhenden rechtlichen Fiktion spricht BGHZ 11, 1 (5), Urt. v. 27.10.1953 – I ZR 111/52.

[100] OLG Köln, Urt.v. 12.06.1995 – 19 U 15/95, NJW-RR 1996, 411 (412); Ensthaler/Achilles/Schmidt, GK-HGB, § 346, Rdnr. 54.

direkten Einfluss auf die Voraussetzungen haben, die an die Form eines kaufmännischen Bestätigungsschreibens geknüpft sind. Denn das kaufmännische Bestätigungsschreiben ist gesetzlich nicht geregelt und die §§ 126 ff. BGB sind daher nicht unmittelbar anwendbar. Es handelt sich vielmehr um einen Handelsbrauch, auf den die gesetzlichen Vorschriften ohne Einfluss sind. Sie haben allenfalls Indizwirkung.

Zieht man die Argumentation des OLG Hamm bzgl. der Zulässigkeit eines mittels Telefax übersandten kaufmännischen Bestätigungsschreibens heran, gilt dieses dann als zugegangen, wenn das Schreiben erkennbar dazu bestimmt ist, einen erfolgten Vertragsabschluss und seinen Inhalt festzulegen.[101] Dies ist immer auch bei der Kommunikation über das Internet der Fall, gleichgültig ob die elektronische Form nach § 126a BGB oder bloße Textform nach § 126b BGB gewählt wurde. Voraussetzung ist lediglich, dass die Email nur inhaltlich bestimmt genug ist und aus ihr hervorgeht, dass ein Vertragsabschluss bestätigt werden soll.

Die Frage, ob ein Telefax seiner Form nach für die Schriftform ausreichend ist, wird in diesem „grundlegenden" Urteil nicht näher diskutiert. Die Zulässigkeit wird schlichtweg unterstellt. Hinsichtlich der Frage, ob eine elektronische Nachricht ein kaufmännisches Bestätigungsschreiben enthalten kann, lassen sich aus der vorliegenden Rechtsprechung keine Rückschlüsse ziehen.

Nach herrschender Ansicht ist für das Vorliegen eines kaufmännischen Bestätigungsschreibens charakteristisch, dass es sich dabei um eine verkörperte Mitteilung handelt. Dabei soll es auf die Schriftform i. S. d. § 126 BGB jedoch nicht ankommen.[102] Dass das Kriterium der Verkörperung aufgestellt wurde, lässt sich mit den bisher bekannten Formen der schriftlichen Mitteilung erklären. Fraglich ist, ob es aufgrund der heutigen technischen Möglichkeiten nicht als wesentliches Merkmal eines kaufmännischen Bestätigungsschreibens entbehrlich ist. Diese Frage kann nur beantwortet werden, wenn man sich Wesen und Rechtsnatur eines kaufmännischen Bestätigungsschreibens vor Augen führt.[103]

---

[101] OLG Hamm, Urt. v. 22.03.1994 – 7 U 133/93 in BB 1994, 1107 (=NJW 1994, 3172).

[102] MünchKommHGB/Schmidt, § 346, Rdnr. 151.

[103] dazu umfassend: Epping: Die Schiedsvereinbarung im internationalen privaten Rechtsverkehr, S. 73 ff.

Die Rechtsnatur des kaufmännischen Bestätigungsschreibens ist umstritten. Nach überwiegender Ansicht in der Literatur und der ständigen Rechtsprechung waren für die Herausbildung der Lehre vom kaufmännischen Bestätigungsschreiben Handelsbrauch und Verkehrssitte die Grundlage. Mittlerweile gelte diese Lehre kraft Gewohnheitsrecht, welches sich zum Schutz des Handels- und Berufsverkehrs entwickelt habe.[104] Nach anderer Ansicht ist das kaufmännische Bestätigungsschreiben auch heute noch als Handelsbrauch anzusehen, dessen Wirkung darin besteht, entsprechend der ausdrücklichen Anordnung in § 346 HGB, die Wirkung von Handlungen und Unterlassungen, die keine Willenserklärungen sind, zu bestimmen und diese damit als solche Willenserklärungen zu interpretieren.[105]

Weite Teile in der Literatur gehen davon aus, dass die heutigen Grundsätze über die Bedeutung und Wirkung des unwidersprochen gebliebenen kaufmännischen Bestätigungsschreibens sich gegenüber dem ursprünglichen Handelsbrauch verselbstständigt haben. Die Wirkung des Schweigens hätten Rechtswissenschaft und Rechtsprechung normiert und daraus eine besondere Rechtsfigur gemacht.[106]

Andererseits wird angeführt, dass sich die Wertung des unterlassenen Widerspruchs als Zustimmung bei einem kaufmännischen Bestätigungsschreiben nicht auf einen Handelsbrauch oder eine Verkehrssitte gründen lasse, sondern auf einer im Wege der Rechtsfortbildung entwickelten richterrechtlichen Norm basiere. Nicht das Übliche, sondern das im Verkehr zwischen Kaufleuten Erforderliche sei insoweit maßgeblich für die Zurechnung des Schweigens.[107] Diese Ansicht berücksichtigt jedoch nicht die Ursprünge des kaufmännischen Bestätigungsschreibens. Nach der vom Reichsgericht erstmals entwickelten „richterrechtlichen Norm" waren die Grundsätze des Schweigens auf ein kaufmännisches Bestätigungsschreiben anerkannt, wurden aber gerade auf § 157 BGB und § 346 HGB

[104] Baumbach/Hopt: Handelsgesetzbuch, § 346, Rdnr. 17; BGHZ 40, 42 (45), Urt. v. 26.06.1963 – VIII ZR 61/62; Palandt-Heinrichs, § 148, Rdnr. 9; Schmidt, K.: Handelsrecht, § 19 III 1b; Schlegelberger /Hefermehl, §§ 343 – 372, § 346, Rdnr. 120; Epping: Die Schiedsvereinbarung im internationalen privaten Rechtsverkehr, S. 76; so auch Wagner in Röhricht/Graf von Westphalen (Hrsg.), HGB, § 346, Rndr. 31; Ebenroth/Boujong/Joost/Kort, § 346 HGB, Rndr. 49.

[105] Schlegelberger / Hefermehl, §§ 343 – 372, § 346, Rdnr. 24; Palandt-Heinrichs, BGB, § 148, Rdnr. 8 m. w. N.

[106] Schmidt, K.: Handelsrecht, § 19 III 1b; Flume: Allgemeiner Teil des Bürgerlichen Rechts, Bd. 2, § 36/6; ähnlich Basedow: Handelsbräuche und AGB-Gesetz, ZHR 150 (1986), S. 461 (475 ff).; Epping: Die Schiedsvereinbarung im internationalen privaten Rechtsverkehr, S. 76.

[107] Epping: Die Schiedsvereinbarung im internationalen privaten Rechtsverkehr, S. 75; offen gelassen bei Bonell: Die Bedeutung der Handelsbräuche im Wiener Kaufrechts-Übereinkommen von 1980, Jur.Bl. 1985, S. 385 (390).

gestützt.[108] Das Reichsgericht ging damit gerade von einem bestehenden Handelsbrauch im Sinne des § 346 HGB aus. Eine im luftleeren Raum entstandene richterrechtliche Rechtsfortbildung, die nur von den Erforderlichkeiten im Handelsverkehr ausgeht, hat es so nicht gegeben. Vielmehr kann gerade § 346 HGB als Auffangtatbestand für solche Fälle angesehen werden. Das im Handelsverkehr Erforderliche wird de facto im Handelsverkehr dementsprechend gehandhabt. Kommt es zu richterlichen Entscheidungen über diese Geschäftspraktiken, werden diese anhand der Frage, ob ein Geschäftsgebaren zwischenzeitlich als Handelsbrauch i. S. d. § 346 HGB angesehen werden kann, gemessen und ggf. anhand von Gutachten der Handelskammern überprüft.

Abgesehen von der letztgenannten Auffassung ist allen Sichtweisen jedoch gemein, dass die Rechtsfigur des kaufmännischen Bestätigungsschreibens in seiner heute anerkannten schriftlichen Form auf einen Handelsbrauch zurückzuführen ist. Im Hinblick auf das deutsche Schiedsrecht ist dem Wortlaut von § 1031 Abs. 2 ZPO zudem zu entnehmen, dass die Wertung des Schweigens als Einverständnis mit dem Inhalt eines Bestätigungsschreibens zumindest Gegenstand einer tatsächlichen Übung sein kann.[109] Soll nun geklärt werden, ob es mittlerweile einen Handelsbrauch dahingehend gibt, dass ein kaufmännisches Bestätigungsschreiben in elektronischer Form wirksam ist, muss untersucht werden, was unter einem Handelsbrauch zu verstehen ist bzw. wann ein solcher vorliegt.

Ein Handelsbrauch i. S. d. § 346 HGB setzt voraus, dass es eine verpflichtende Regel gibt, die auf einer gleichmäßigen, einheitlichen und freiwilligen Übung der beteiligten Kreise für vergleichbare Geschäftsvorfälle über einen angemessenen Zeitraum hinweg beruht und der eine einheitliche Auffassung der Beteiligten zugrunde liegt.[110] Handelsbräuche gelten nach § 346 HGB unter Kaufleuten. Dazu gehört jeder Kaufmann i. S. d. §§ 1 – 6 HGB.[111] Sie gelten meist nicht allgemein wie Handelsgesetze, sondern beschränkt auf einzelne Geschäftszweige, Gruppen innerhalb eines Geschäftszweiges, Gebiete oder Orte.[112]

---

[108] RGZ 95, 48 (51), Urt. v. 25.2.1919 – II 254/18.

[109] Epping: Die Schiedsvereinbarung im internationalen privaten Rechtsverkehr, S. 76.

[110] BGH, Urt. v. 25.11.1993 – VII ZR 17/93, NJW 94, 659 (660); Baumbach/Hopt: Handelsgesetzbuch, § 346, Rdnr. 1; Ensthaler/Achilles/Schmidt, GK-HGB, § 346, Rdnr. 10.

[111] Baumbach/Hopt: Handelsgesetzbuch, § 346, Rdnr. 3.

[112] Baumbach/Hopt: Handelsgesetzbuch, § 346, Rdnr. 7.

Der Handelsbrauch des kaufmännischen Bestätigungsschreibens dient dazu, mündliche, insbesondere telefonische, Verhandlungen oder Besprechungen über einen Vertragsabschluss zwischen Kaufleuten zu einem Abschluss zu bringen, wenn einer von ihnen schriftlich den Inhalt der Besprechung als seiner Ansicht nach abgeschlossenen Vertrag bestätigt. Widerspricht der andere nicht, kommt der Vertrag entsprechend dem Inhalt des Bestätigungsschreibens zustande.[113]

Die Regelung des § 1031 Abs. 2 ZPO, die den Abschluss einer Schiedsvereinbarung mittels eines kaufmännischen Bestätigungsschreibens gestattet, wenn der Inhalt des in Bezug genommenen Schriftstücks bei nicht rechtzeitig erfolgtem Widerspruch „nach der Verkehrssitte" als Vertragsbestandteil angesehen wird, ist, wie bereits erwähnt, nur hinsichtlich internationaler Streitfälle von Bedeutung. Es besteht hingegen kein Anhaltspunkt dahingehend, dass die Einbeziehung von Schiedsklauseln mittels unwidersprochen gebliebenem Bestätigungsschreiben im internen deutschen Rechtsverkehr dadurch eingeschränkt werden soll, dass für den konkreten Fall der Nachweis einer entsprechenden tatsächlichen Übung gefordert wird.[114] Der Verweis auf die „Verkehrssitte" in § 1031 Abs. 2 ZPO ist daher in den Fällen ohne Auslandsbezug vielmehr im Sinne der ständigen Rechtsprechung hinsichtlich kaufmännischer Bestätigungsschreiben zu verstehen. Die Grundsätze des deutschen Rechts über die Wirkungen unwidersprochen gebliebener Bestätigungsschreiben können als Rechtssatz somit regelmäßig angewendet werden.[115] Zu beachten ist aber, dass das Vorliegen einer bloßen individuellen Gepflogenheit den in § 1031 Abs. 2 ZPO geforderten Voraussetzungen für die Annahme einer Verkehrssitte und damit für eine wirksame Bezugnahme auf ein Schriftstück, das eine Schiedsvereinbarung enthält, nicht genügt.[116] Gepflogenheiten werden als solche Verhaltensweisen verstanden, die nicht allgemein, sondern nur zwischen den Parteien regelmäßig beachtet werden. Diese sind von der in § 1031 Abs. 2 ZPO geforderten Verkehrssitte abzugrenzen.[117]

---

[113] Ensthaler/Achilles/Schmidt, GK-HGB, § 346, Rdnr. 50 m. w. N.

[114] Epping: Die Schiedsvereinbarung im internationalen privaten Rechtsverkehr, S. 77.

[115] ebd.

[116] ebd., m. w. N.

[117] Kropholler: Europäisches Zivilprozessrecht, Art. 23, Rdnr. 50 (S. 296); Epping: Die Schiedsvereinbarung im internationalen privaten Rechtsverkehr, S. 77; m. w. N.

Besonderheiten ergeben sich bei elektronisch übermittelten kaufmännischen Bestätigungsschreiben, da es im deutschen Rechtskreis noch keinen allgemeinen Handelsbrauch für solche gibt. Es bedarf vielmehr einer Einzelfalluntersuchung, die aber nicht aus der Regelung des § 1031 Abs. 2 ZPO folgt, sondern aus dem Wesen des kaufmännischen Bestätigungsschreibens als Handelsbrauch. Das bedeutet, dass jeweils zu untersuchen ist, ob es in einem Geschäftszweig, in einer Gruppe innerhalb eines Geschäftszweiges, in einem bestimmten Gebiet oder an einem bestimmten Ort heute bereits einen Handelsbrauch dahingehend gibt, dass eine Emailkorrespondenz mit dem Inhalt eines kaufmännischen Bestätigungsschreibens bindende Wirkung entfalten kann. Besonders ist hier auf die erwähnte Abgrenzung von Handelsbrauch zur geschäftlichen Gepflogenheit zu achten.

In vielen Branchen kann mittlerweile das Vorliegen eines solchen Handelsbrauchs angenommen werden. Abzustellen ist dabei insgesamt auf die Üblichkeit der Verwendung von Emailkommunikation in der jeweiligen Branche. Es erscheint letztlich nur eine Frage der Zeit, bis in sämtlichen Branchen üblicherweise mittels Email und Internet kommuniziert und damit ein Handelsbrauch dahingehend geschaffen wird, dass solche Bestätigungsschreiben elektronisch übermittelt werden können. Jedenfalls handelt es sich immer um eine Einzelfallentscheidung, da es eine entsprechende „Normierung" der Zulässigkeit des kaufmännischen Bestätigungsschreibens in elektronischer Form durch Rechtswissenschaft und Rechtsprechung heute noch nicht gibt. Aus Beweiszwecken wird man regelmäßig aber die elektronische Form i. S. d. § 126a BGB und nicht die bloße Textform des § 126b BGB wählen.

Unstreitig ist bei kaufmännischen Bestätigungsschreiben in althergebrachter schriftlicher oder mittels Fax übersandter Form, dass ein solches auch eine Schiedsklausel enthalten kann.[118] Gleiches muss gelten, wenn ein per Email übermitteltes Bestätigungsschreiben eine Schiedsklausel enthält. Denn die Frage, ob ein kaufmännisches Bestätigungsschreiben wirksam übersandt wurde, ist eine Formfrage, betrifft aber nicht den Inhalt eines solchen Bestätigungsschreibens. Die Zulässigkeit einer Schiedsklausel in einem kaufmännischen Bestätigungsschreiben folgt bereits aus der gesetzlichen Regelung des § 1031 Abs. 2 ZPO.

---

[118] Schwab/Walter: Schiedsgerichtsbarkeit, Kommentar, S. 47; so auch Epping: Die Schiedsvereinbarung im internationalen privaten Rechtsverkehr, S. 77.

Zu beachten ist, dass es trotz vorhergehender ausdrücklicher oder konkludenter Einigung auf die schiedsrichterliche Streiterledigung unzureichend wäre, die Schiedsvereinbarung erst auf der Rechnung abzudrucken. Im deutschen Geschäftsverkehr wird das Schweigen auf eine Faktura nicht als Einverständnis mit den darin enthaltenen Bedingungen gewertet. Es existiert auch kein entsprechender Rechtssatz. Das bloße Vorliegen einer entsprechenden individuellen Gepflogenheit würde insoweit nicht genügen.[119]

Zusammenfassend ist festzustellen, dass nach deutschem Recht von der Zulässigkeit einer Schiedsklausel in einem via Email übersandten kaufmännischen Bestätigungsschreiben auszugehen ist. Gleichgültig ist dabei, ob die elektronische Form nach § 126a BGB oder die bloße Textform nach § 126b BGB verwendet wird. Es bedarf jedoch immer einer Überprüfung der Zulässigkeit im Einzelfall, also einer Prüfung der Frage, ob ein solcher Handelsbrauch des elektronischen kaufmännischen Bestätigungsschreibens in der jeweiligen Branche vorliegt.

4.3. Schiedsklauseln in elektronischen AGB

In diesem Zusammenhang stellt sich die Frage, ob auch elektronische allgemeine Geschäftsbedingungen eine Schiedsklausel wirksam enthalten können. Im internationalen Wirtschaftsverkehr werden Schiedsvereinbarungen in der Praxis nur selten individuell ausgehandelt.[120] Die Wirksamkeit elektronischer AGB ist bei entsprechendem Hinweis und entsprechender Möglichkeit der Kenntnisnahme grundsätzlich unbestritten.[121] Gemäß § 1031 Abs. 3 ZPO können allgemeine Geschäftsbedingungen im kaufmännischen Verkehr Schiedsklauseln enthalten.[122]

---

[119] dazu im Einzelnen Epping: Die Schiedsvereinbarung im internationalen privaten Rechtsverkehr, S. 78; Schlegelberger/Hefermehl, §§ 343 – 372, § 346, Rdnr.141, m. w. N.

[120] Epping: Die Schiedsvereinbarung im internationalen privaten Rechtsverkehr, S. 79.

[121] Ulmer in Ulmer/Brandner/Hensen: AGB-Gesetz, 9. Aufl., § 2 AGBG, Rdnr. 35b, 49a, m. w. N.; MünchKommBGB-Basedow, § 2 AGBG, Rdnr. 19.

[122] Lachmann: Handbuch für die Schiedsgerichtspraxis, Rdnr. 261; Musielak/Voit: ZPO, § 1029, Rdnr. 7; Mankowski: Kurzkommentar zu OLG Celle, Beschl. v. 4.11.1999 – 8SchH 3/99, EWIR 2000, S. 411 ff.

Ist in allgemeinen Geschäftsbedingungen eine Schiedsabrede oder –klausel enthalten, so unterliegt sie dem AGB-Gesetz.[123]

Ob im kaufmännischen Verkehr eine Schiedsgerichtsklausel wirksamer Bestandteil von elektronischen AGB sein kann, ist nach wie vor fraglich. Zu einem Bestandteil des Vertrages wird eine solche Schiedsklausel nach überwiegender Ansicht und nach dem Willen des Gesetzgebers jedenfalls nur, wenn die Vorschriften des AGB-Gesetzes beachtet sind.[124] Dazu gehören über die Vorschriften die Inhaltskontrolle hinaus auch die Einbeziehungsvorschriften:[125]

4.3.1. Rechtsgeschäftliche Einbeziehung von AGB

Grundsätzlich sind die vom Verwender gestellten AGB nur wirksam, wenn sie gem. § 305 Abs. 2 BGB in den Vertrag einbezogen worden sind, d. h. auf die AGB ausdrücklich hingewiesen wurde und der Empfänger die Möglichkeit zumutbarer Kenntnisnahme hatte. Nach § 310 Abs. 1 BGB findet jedoch § 305 Abs. 2 BGB keine Anwendung auf Verträge, die mit einem anderen Unternehmer geschlossen werden.[126] Im Verkehr zwischen Unternehmern gelten die AGB nach der Rechtsprechung aber auch nur dann, wenn sie durch rechtsgeschäftliche Einbeziehung Vertragsbestandteil geworden sind.[127] Ob dies der Fall ist, ist jeweils durch Auslegung zu ermitteln.[128] Eines ausdrücklichen speziellen Hinweises

---

[123] Wolf in Wolf/Horn/Lindacher: AGB-Gesetz, § 9 Rdnr. S1; Thomas/Putzo – Thomas, ZPO, § 1031 Rdnr. 6; Musielak/Voit: ZPO, § 1031, Rdnr. 6; Brandner in Ulmer/Brandner/Hensen: AGB-Gesetz, 9. Aufl., Anh. § 9-11, Rdnr. 621; Schütze: Schiedsgericht und Schiedsverfahren, Rdnr. 104; Spieker: Schiedsvereinbarungen in allgemeinen Geschäftsbedingungen, ZIP 99, S. 2138 (2139); Sieg: Internationale Gerichtsstands- und Schiedsklauseln in Allgemeinen Geschäftsbedingungen, RIW 1998, S. 102 (106, 107); Lörcher/Lörcher: Das Schiedsverfahren – national / international nach neuem Recht, Rdnr. 46; ablehnend dazu Epping: Die Schiedsvereinbarung im internationalen privaten Rechtsverkehr, S. 143 (144, 150): Sie geht von einer ausschließlichen Überprüfung der AGB anhand der Vorgaben des UMG aus, das alle Vorschriften des Schiedsvertragsstatuts verdrängen soll; Maßstab für die Einbeziehung von AGB soll nicht §§ 2, 3 AGBG sein, sondern ausschließlich § 1031 Abs. 3 ZPO, im übrigen Art. II Abs. 2 UNÜ; ablehnend auch Berger: Internationale Wirtschaftsschiedsgerichtsbarkeit, S. 110: Er befürchtet durch die Bindung an das nationale materielle Recht eine behindernde Einschränkung der internationalen Wirtschaftspraxis; die Antwort auf die Einbeziehungsfrage müsse vielmehr die „Spezifität" der Schiedsgerichtsbarkeit und die besonderen Bedürfnisse und Interessenlagen der internationalen Wirtschaft in Betracht ziehen.

[124] Begründung der Bundesregierung zum Entwurf eines Gesetzes zur Neuregelung des Schiedsverfahrensrechts (Schiedsverfahrens-Neuregelungsgesetz - SchiedsVfG), BT-Drs. 13/5274, S. 37; Schwab/Walter: Schiedsgerichtsbarkeit, Kommentar, S. 48.

[125] Musielak/Voit: ZPO, § 1031, Rdnr. 6.

[126] MünchKommBGB-Basedow, § 2 AGBG, Rdnr. 42, § 12 AGBG, Rdnr. 49.

[127] Palandt-Heinrichs, Gesetz zur Modernisierung des Schuldrechts, § 305 BGB, Rdnr. 50; BGH, Urt. v. 12.02.1992 – VIII ZR 84/91, BGHZ 117, S. 190 (194).

[128] Palandt-Heinrichs, Gesetz zur Modernisierung des Schuldrechts, § 305 BGB, Rdnr. 50; BGH, Urt. v. 12.02.1992 – VIII ZR 84/91, BGHZ 117, S. 190 (194).

auf die in den AGB enthaltene Schiedsklausel selbst bedarf es nach einhelliger Auffassung jedenfalls nicht.[129] Für eine wirksame Einbeziehung genügt beispielsweise, dass der Vertrag auf die auf der Rückseite des Vertragsblattes abgedruckte Schiedsklausel Bezug nimmt.[130] Diese muss auch nicht gesondert unterschrieben sein.[131]

4.3.1.1. Freiwillige Wahrung der Anforderungen aus § 305 Abs. 2 BGB

Vertragsbestandteil werden allgemeine Geschäftsbedingungen selbstverständlich immer dann, wenn der Verwender die Anforderungen des § 305 Abs. 2 BGB wahrt, auch wenn er hierzu nach § 310 Abs. 1 BGB nicht verpflichtet ist. Voraussetzung dafür ist, dass sein Angebot einen ausdrücklichen Hinweis auf die AGB enthält. Für einen Vertragsabschluss über das Internet bedeutet dies, dass es genügt, die AGB kostenlos zum Download deutlich sichtbar für den Kunden ins Internet und damit zu dessen Verfügung zu stellen.[132] Ein gesonderter Hinweis auf die Schiedsklausel als solche ist entbehrlich.

Der Verwender kann zum einen auf seinen Internet-Seiten ausdrücklich erklären, dass seine AGB Vertragsbestandteil werden, er hat aber auch die Möglichkeit lediglich einen Link auf die AGB zu legen.[133] Eine solche Einbeziehung von AGB durch konkludentes Verhalten ist ebenfalls zulässig. Dazu muss der Verwender erkennbar auf seine AGB verweisen und der Vertragspartner darf deren Geltung nicht widersprechen.[134] Ferner muss es dem Empfänger möglich sein, in zumutbarer Weise von dem Inhalt der AGB Kenntnis zu nehmen. Dazu gehört, dass die AGB mühelos lesbar sind und ein Mindestmaß an Übersichtlichkeit gewahrt wird.[135] Wie die Ausgestaltung der Internet-Seiten, des Links zu

---

[129] Epping: Die Schiedsvereinbarung im internationalen privaten Rechtsverkehr, S. 144 (145) m. w. N.

[130] BayObLG, Beschl. v. 17.9.1998 – 4 Z Sch 1/98, NJW-RR 99, 644 (645); Thomas/Putzo - Thomas, ZPO, § 1031, Rdnr. 6; Spieker: Schiedsvereinbarungen in Allgemeinen Geschäftsbedingungen, ZIP 99, S. 2138 (2139).

[131] Musielak/Voit: ZPO, § 1031 Rdnr. 6.

[132] Graf Fringuelli/Wallhäuser: Formerfordernisse beim Vertragsschluss im Internet, CR 1999, 93 (94); Mehrings: Verbraucherschutz im Cyberlaw, BB 98, S. 2373 (2378); Heinrichs: Die Entwicklung des Rechts der Allgemeinen Geschäftsbedingungen im Jahre 1998, NJW 1999, S. 1596 (1598); zur Einbeziehung der AGB im Einzelnen: Maack: Die Durchsetzung des AGB-rechtlichen Transparenzgebots in internationalen Verbraucherverträgen, S. 51 ff.

[133] Kamanabrou: Vorgaben der E-Commerce-RL für die Einbeziehung von AGB bei Online-Rechtsgeschäften, CR 2001, S. 421 (424); Mehrings: Verbraucherschutz im Cyberlaw, BB 1998, S. 2373 (2378); Köhler: Die Rechte des Verbrauchers beim Teleshopping, NJW 1998, S. 185 (189).

[134] Palandt-Heinrichs, Gesetz zur Modernisierung des Schuldrechts, § 305 BGB, Rdnr. 52; BGH, Urt. v. 12.02.1992 – VIII ZR 84/91, BGHZ 117, S. 190 (194).

[135] Palandt-Heinrichs, Gesetz zur Modernisierung des Schuldrechts, § 305 BGB, Rdnr. 39; Maack, Anneke: Die Durchsetzung des AGB-rechtlichen Transparenzgebots in internationalen Verbraucherverträgen, S. 53.

den AGB und die AGB selbst im Einzelnen aussehen müssen, wie umfangreich diese sein dürfen und ob es beispielsweise einer Ausdruckmöglichkeit für den Empfänger bedarf, soll nicht Gegenstand dieser Untersuchung sein.[136]

Die Vorgaben der E-Commerce-Richtlinie für eine wirksame Einbeziehung der AGB sind jedoch zu beachten. Danach bedarf es einer Speicherungs- und Reproduktionsmöglichkeit der allgemeinen Geschäftsbedingungen (Art. 10 Abs. 3 der ECRL).[137] Nach Umsetzung der Richtlinie durch das Schuldrechtsmodernisierungsgesetz ist es gem. § 312e Abs. 1 Nr. 4 BGB nunmehr erforderlich, dass der Empfänger von allgemeinen Geschäftsbedingungen in elektronischer Form diese speichern und wiedergeben kann. Dies gilt sowohl gegenüber Verbrauchern wie Unternehmern.[138] Die bloße Möglichkeit der Speicherung soll dabei genügen. Ein bestimmtes Dateiformat wurde nicht festgelegt.[139] Auf die Möglichkeit des Ausdruckens der AGB soll es ebenfalls nicht ankommen. Aus der Begründung der Bundesregierung zum Gesetzentwurf folgt eine solche Pflicht nicht.[140]

Benutzt der Verwender dieselben Internet-Seiten für Rechtsgeschäfte mit Verbrauchern und Unternehmern, muss er sich an die strengen Anforderungen des § 305 Abs. 2 BGB für den Rechtsverkehr mit Verbrauchern halten, damit seine AGB auch Verbrauchern gegenüber Vertragsbestandteil werden.[141]

---

[136] zur Verwendung von AGB im Verbraucherbereich vgl. Teil A, § 1, Kap. 5.2.; im Einzelnen dazu ferner: Ernst, S.: Wirtschaftsrecht im Internet, BB 1997, S. 1057 ff.; Ernst, S.: Internet und Recht, JuS 1997, S. 776 ff.; Löhnig: Die Einbeziehung von AGB bei Internet-Geschäften, NJW 1997, S. 1688 ff.; Koehler: Allgemeine Geschäftsbedingungen im Internet, CR 1998, S. 289 ff.; Mehrings: Verbraucherschutz im Cyberlaw, BB 98, S. 2373 ff.; Köhler: Die Rechte des Verbrauchers beim Teleshopping, NJW 1998, S. 185 ff.; Heinrichs: Die Entwicklung des Rechts der Allgemeinen Geschäftsbedingungen im Jahre 1998, NJW 1999, S. 1596 ff.; Kamanabrou: Vorgaben der E-Commerce-RL für die Einbeziehung von AGB bei Online-Rechtsgeschäften, CR 2001, S. 421 ff.

[137] Richtlinie 2000/31/EG des Europäischen Parlaments und des Rates vom 08. Juni 2000 über bestimmte rechtliche Aspekte der Dienste der Informationsgesellschaft, insbesondere des elektronischen Geschäftsverkehrs, im Binnenmarkt (Richtlinie über den elektronischen Geschäftsverkehr, ABl. EG Nr. L 178/1 v. 17.7.2000).

[138] Begründung zum Entwurf eines Gesetzes zur Modernisierung des Schuldrechts, BTDrs 14/6040, S. 169; Kamanabrou: Vorgaben der E-Commerce-RL für die Einbeziehung von AGB bei Online-Rechtsgeschäften, CR 2001, S. 421 (424); Palandt-Heinrichs, Gesetz zur Modernisierung des Schuldrechts; § 312e BGB, Rdnr. 4.

[139] Kamanabrou: Vorgaben der E-Commerce-RL für die Einbeziehung von AGB bei Online-Rechtsgeschäften, CR 2001, S. 421 (425).

[140] ebd.; zustimmend Palandt-Heinrichs, Gesetz zur Modernisierung des Schuldrechts; § 312e BGB, Rdnr. 8.

[141] Kamanabrou: Vorgaben der E-Commerce-RL für die Einbeziehung von AGB bei Online-Rechtsgeschäften, CR 2001, S. 421 (424).

4.3.1.2. Fehlendes Vorlegen der AGB trotz ausdrücklicher Einbeziehung

Eine ausdrückliche Einbeziehung von allgemeinen Geschäftsbedingungen ist im kaufmännischen Verkehr nach der bisherigen Rechtsprechung auch dann wirksam, wenn diese dem für den Vertragsschluss maßgeblichen Schreiben nicht beigefügt sind.[142] Zwar gilt auch im kaufmännischen Verkehr der Grundsatz, dass der Verwender dem anderen Teil ermöglichen muss, von den AGB in zumutbarer Weise Kenntnis zu nehmen.[143] Dazu müssen die AGB aber dem für den Vertragsschluss maßgeblichen Schreiben nicht zwingend beiliegen. Es genügt der Hinweis, dass sie auf Wunsch übersandt werden.[144]

Fraglich ist, ob sich diese Grundsätze auch auf elektronische allgemeine Geschäftsbedingungen übertragen lassen, die eine Schiedsvereinbarung enthalten. Dem könnte die in § 1031 Abs. 2 ZPO festgelegte Formbedürftigkeit entgegenstehen. Danach muss ein den Formerfordernissen des § 1031 Abs. 1, 2 ZPO entsprechender Vertrag auf ein Schriftstück Bezug nehmen, das eine Schiedsklausel enthält. Eine Schiedsvereinbarung soll nur dann begründet werden, wenn die Bezugnahme dergestalt ist, dass sie diese Klausel zu einem Bestandteil des Vertrages macht. Die Anforderungen, die an ein „Schriftstück" in diesem Sinne zu stellen sind, sind jedoch weniger streng, als es auf den ersten Blick scheint. So bedarf es etwa nicht zwingend der Unterschrift der Parteien; vielmehr kommen dafür frühere Abreden zwischen den Parteien ebenso in Betracht, wie Musterverträge oder Klauselvorgaben von Institutionen.[145] Eine körperliche Vorlage soll ebensowenig erforderlich sein,[146] wie die Kenntnisnahmemöglichkeit bei Vertragsabschluss.[147] Forderungen, die eine zumutbare Möglichkeit der Kenntnisnahme auch bei Übersendung der AGB und einem deutlichen Verweis im Vertragstext nur dann annehmen, wenn die Schiedsklausel entweder drucktechnisch besonders hervorgehoben oder der Umfang der AGB dergestalt ist,

[142] BGH, Urt. v. 19.01.1951 – I ZR 53/50, BGHZ 1, S. 83 (86); BGH, Urt. v. 29.09.1960 – ZR 25/59, BGHZ 33, S. 216 (219); BGH, Urt. v. 30.6.1976 – VIII ZR 267/75, NJW 1976, S. 1886 (1887); Palandt-Heinrichs, Gesetz zur Modernisierung des Schuldrechts; § 305 BGB, Rdnr. 51.

[143] BGH, Urt. v. 3.12.1987 – VII ZR 374/86 BGHZ 102, S. 293 (304); Palandt-Heinrichs, Gesetz zur Modernisierung des Schuldrechts; § 305 BGB, Rdnr. 54; MünchKommBGB-Basedow, § 2 AGBG, Rdnr. 44.

[144] BGH, Urt. v. 30.6.1976 – VIII ZR 267/75, NJW 76, S. 1886 (1887); BGH, Urt. v. 3.2.1982 – VIII ZR 316/80, NJW 82, S. 1749 (1750); OLG Düss., Urt. v. 30.3.1995 –18 U 26/94, VersR 96, S. 1394; Palandt-Heinrichs, Gesetz zur Modernisierung des Schuldrechts; § 305 BGB, Rdnr. 54.

[145] MünchKomm-Münch: ZPO, § 1031, Rdnr. 17.

[146] ebd.

[147] Lachmann/Lachmann: Schiedsvereinbarungen im Praxistest, BB 2000, S. 1633 (1640).

dass eine „Totallektüre" des Kleingedruckten erwartet werden kann, sind zu Recht als zu weitgehend zurückzuweisen.[148]

Müssen also allgemeine Geschäftsbedingungen bei Vertragsschluss grundsätzlich nicht beigefügt werden und bedarf es auch in dem Fall, dass diese eine Schiedsvereinbarung enthalten, keiner unmittelbaren körperlichen Vorlage, lassen sich diese Grundsätze auch auf elektronisch geschlossene Verträge übertragen. Demnach ist es ausreichend, dass bei einem elektronisch geschlossenen Vertrag der Verwender dem Empfänger bei Vertragsschluss lediglich die Übersendung der AGB anbietet.[149] Verlangt der Empfänger die Übersendung der allgemeinen Geschäftsbedingungen, könnte dies sogar einfach via Email geschehen. Denn unter Berücksichtigung, dass nach § 1031 Abs. 1 ZPO eine Schiedsvereinbarung schriftlich getroffen werden muss, genügt dem, nach der Reform der Formvorschriften gem. § 126a BGB[150], auch die elektronische Form. Sogar reine Textform nach § 126b BGB wäre ausreichend.[151]

Da ein kommerzieller Anbieter regelmäßig seine AGB in das Internet einstellen wird, sind diese Überlegungen im kaufmännischen Rechtsverkehr eher theoretischer Natur. Verweist ein Diensteanbieter auf seine AGB, die der Nutzer am Bildschirm aufrufen kann, ist dies zwar keine Bezugnahme auf ein Schriftstück im eigentlichen Sinne. In analoger Anwendung von § 1031 Abs. 3 ZPO kann jedoch von der Wirksamkeit der Bezugnahme ausgega ngen werden, wenn der verweisende Vertrag der Form des § 1031 Abs. 1 ZPO genügt. Der Verweis braucht dann auch nicht ausdrücklich zu erfolgen, eine allgemeine Bezugnahme auf die die Schiedsklausel enthaltenden allgemeinen Geschäftsbedingungen genügt.[152]

---

[148] so aber Lindacher: Schiedsklauseln und Allgemeine Geschäftsbedingungen im internationalen Handelverkehr, FS Habscheid, S. 167 (171ff.); ablehnend: Epping: Die Schiedsvereinbarung im internationalen privaten Rechtsverkehr, S. 149.

[149] so auch Kamanabrou: Vorgaben der E-Commerce-RL für die Einbeziehung von AGB bei Online-Rechtsgeschäften, CR 2001, S. 421 (424).

[150] geändert durch das Gesetz zur Anpassung der Formvorschriften des Privatrechts und anderer Vorschriften an den modernen Rechtsgeschäftsverkehr, BGBL. I, 2001, Nr. 35, ausgegeben zu Bonn am 18. Juli 2001, 1542 ff.

[151] vgl. die Ausführungen in Teil A, § 1, 4.1.3.

[152] Tettenborn/Bender/Lübben/Karenfort: Rechtsrahmen für den elektronischen Geschäftsverkehr, BB 2001, Beil. 10, S. 1 (38).

4.3.1.3. Völliges Fehlen eines Hinweises auf die AGB

Ferner können allgemeine Geschäftsbedingungen nach ständiger Rechtsprechung sogar Vertragsbestandteil werden, wenn der Hinweis des Verwenders erst nach Vertragsschluss erfolgt oder sogar ganz unterblieben ist, sofern der Kunde wusste oder wissen musste, dass der Verwender seinen Geschäften AGB zugrunde zu legen pflegt und er gleichwohl deren Anwendung nicht ausgeschlossen hat.[153]

Nach Teilen im Schrifttum soll nach Art. 7 Abs. 2 S. 3 UMG, welcher Vorlage für § 1031 Abs. 3 ZPO war, in jedem Fall ein spezifischer Verweis auf die in allgemeinen Geschäftsbedingungen enthaltene Schiedsklausel für die Schriftformanforderungen genügen, auch ohne dass die Schiedsklausel zugänglich gemacht werden muss. Angesichts der Tradition der Schiedsgerichtsbarkeit im internationalen Handelsverkehr, der verminderten Schutzwürdigkeit der am Wirtschaftsverkehr teilnehmenden Gegenpartei und der Notwendigkeit der Zeitersparnis und Effizienzsteigerung im internationalen Handel müsse man sogar den globalen Verweis auf allgemeine Geschäftsbedingungen zulassen. Dazu soll genügen, falls sich die AGB nicht ohnehin bereits im Besitz der Gegenpartei des Verwenders befänden, dass die Möglichkeit der Kenntnisnahme der AGB aufgrund deren Beifügung besteht, oder alternativ, dass die Klauseln in den entsprechenden Handelskreisen ohnehin üblich sind. Wären diese Voraussetzungen erfüllt, so spreche eine widerlegliche Vermutung für die formwirksame Einbeziehung der AGB.[154] Teilweise wird dem jedoch entgegengehalten, in Art. 7 Abs. 2 S. 3 UMG müsse wenigstens das Erfordernis hineingelesen werden, dass die Bezugnahme auf AGB oder ein anderes Schriftstück nur dann zu einer Einigung über die darin enthaltene Schiedsklausel führe, wenn die andere Partei die Schiedsklausel bei Vertragsschluss kannte oder kennen musste.[155]

Nach beiden Auffassungen können zwar allgemeine Geschäftsbedingungen in Bezug genommen werden, die bei Vertragsschluss nicht in schriftlicher Form vorlagen. Das völlige Fehlen eines Hinweises auf die allgemeinen Geschäftsbedingungen soll jedoch in jedem

---

[153] BGH, Urt. v. 19.1.1951 – I ZR 53/50, BGHZ 1, S. 83 (85); BGH, Urt. v. 5.10.1951 – I ZR 92/50, BGHZ 3, S. 200 (203); BGH, Urt. v. 8.7.1955 – I ZR 201/53, BGHZ 18, S. 98 (99); BGH, Urt. v. 10.10.1985 – I ZR 124/83, BGHZ 96, S. 136 (138); MünchKommBGB-Basedow, § 2 AGBG, Rdnr. 44, m. w. N.

[154] Berger: Internationale Wirtschaftsschiedsgerichtsbarkeit, S. 110 ff; dazu auch Epping: Die Schiedsvereinbarung im internationalen privaten Rechtsverkehr, S. 147 ff.

[155] Epping: Die Schiedsvereinbarung im internationalen privaten Rechtsverkehr, S. 148.

Fall nicht zu einer wirksamen Einbeziehung der AGB genügen. Die Bezugnahme selbst muss vielmehr schriftlich erfolgen.[156]

Ein solches Rechtsverständnis ist auch aufgrund der Regelung des § 1031 Abs. 1 und § 1031 Abs. 3 ZPO geboten: Wie erörtert, müssen nach § 1031 Abs. 1 ZPO Schiedsvereinbarungen im kaufmännischen Verkehr in schriftlicher Form (§ 126 BGB), in elektronischer Form nach § 126a BGB oder wenigstens in Textform nach § 126b BGB getroffen werden.[157] Nach § 1031 Abs. 3 ZPO muss ein den Formerfordernissen von § 1031 Abs. 1 ZPO oder § 1031 Abs. 2 ZPO entsprechender Vertrag auf ein Schriftstück Bezug nehmen, das eine Schiedsklausel enthält. Das deutsche Recht verlangt also wenigstens einen Hinweis in der Form des Hauptvertrages, schriftlich oder in einer anderen Form, die den Nachweis der Vereinbarung sicherstellt. Dieses Formerfordernis steht der wirksamen Einbeziehung einer Schiedsklausel entgegen, wenn ein Hinweis auf die die Schiedsklausel enthaltenden AGB völlig fehlt. Die von der Rechtsprechung aufgestellten Grundsätze hinsichtlich der Entbehrlichkeit eines Hinweises auf allgemeine Geschäftsbedingungen entbinden nur von den Einbeziehungsvoraussetzungen, die nach dem AGBG an allgemeine Geschäftsbedingungen gestellt werden. Die aus der Zivilprozessordnung und damit mittelbar aus Art. 7 Abs. 2 S. 3 UMG folgende Formbedürftigkeit bleibt davon unberührt. Es ist undenkbar, dass der Gesetzgeber einerseits nunmehr die Schriftform bzw. eine andere Form der Nachrichtenübermittlung, die einen Nachweis der Vereinbarung sicherstellt, für die Wirksamkeit von Schiedsvereinbarungen festschreibt, andererseits eine Schiedsvereinbarung wirksam sein soll, wenn der Empfänger von AGB keinerlei Hinweis auf deren Vorliegen hat. Zwar mag eine allgemeine Bezugnahme auf das die Schiedsvereinbarung enthaltende Dokument und das Angebot der Übersendung hier genügen. Möglicherweise ist nach Art. 7 Abs. 2 S. 3 UMG sogar ein solcher Hinweis auf die AGB bei entsprechender Branchenüblichkeit hinreichend, ohne dass ein entsprechendes Schriftstück zur Verfügung gestellt wird.[158] Ein völliges Verschweigen führt aber wegen Verstoßes gegen § 1031 Abs. 1 ZPO zur Unwirksamkeit bzw. zur Nichteinbeziehung der Schiedsklausel, auch wenn die übrigen AGB rechtsprechungskonform als wirksam anzusehen sind. Die entsprechende Anwendung der ständigen Rechtsprechung in diesem Zu-

---

[156] Epping: Die Schiedsvereinbarung im internationalen privaten Rechtsverkehr, S. 150.

[157] vgl. die Ausführungen in Teil A § 1, Kap. 4.

[158] so Epping: Die Schiedsvereinbarung im internationale privaten Rechtsverkehr, S. 150.

sammenhang ist zumindest auf diejenige Klausel, welche die Schiedsabrede enthält, daher ausgeschlossen.

Ferner ist es nach der Reform des deutschen Schiedsverfahrensrechts nicht möglich, aufgrund einer bloß mündlichen Absprache oder aufgrund stillschweigender Übereinkunft Schiedsvereinbarungen als wirksam anzusehen.[159] Vor der Reform des deutschen Schiedsverfahrensrechts ist dies zulässig gewesen, da nach alter Rechtslage eine Schiedsvereinbarung unter Kaufleuten auch mündlich getroffen werden konnte (§ 1027 Abs. 2 ZPO a. F.).[160]

Gleichgültig ist auch, ob eine mündliche oder konkludente Vereinbarung einer Schiedsklausel in der betreffenden Branche einem Handelsbrauch oder der Verkehrssitte entspricht.[161] Zwar führt nach der Rechtsprechung Branchenüblichkeit der Verwendung von AGB im Regelfall dazu, dass das Angebot des Verwenders mangels besonderer Umstände auch dann die Einbeziehung von AGB in den Vertrag umfasst, wenn der Verwender von einem entsprechenden Hinweis absieht,[162] für eine in diesen AGB enthaltene Schiedsklausel können diese Grundsätze jedoch seit der Reform des deutschen Schiedsrechts nicht mehr gelten. Anderenfalls würde das in § 1031 Abs. 1 ZPO festgelegte Formerfordernis der Schiedsklausel missachtet. Gleiches gilt für die Einbeziehung von AGB ohne ausdrücklichen Hinweis im Rahmen einer laufenden Geschäftsverbindung.[163]

Bei einander widersprechenden AGB können im Zweifel nur die AGB-Bestandteile zur Geltung gelangen, die sich nicht widersprechen (sog. Prinzip der Kongruenzgeltung).[164] Enthalten nun die AGB einer Vertragspartei eine Schiedsabrede, während die AGB der anderen Partei beispielsweise eine Gerichtstandvereinbarung festschreiben, greift keine der beiden Klauseln und es gelten gem. § 306 Abs. 2 BGB die gesetzlichen Regelun-

---

[159] MünchKommBGB-Basedow, § 12 AGBG, Rdnr. 48.

[160] Bork: Internationale Schiedsgerichtsbarkeit in Deutschland, in: Internationale Schiedsgerichtsbarkeit – Arbitrage International – Arbitration International, S. 283 (290).

[161] Epping: Die Schiedsvereinbarung im internationalen privaten Rechtsverkehr, S. 77.; MünchKommBGB-Basedow, § 12 AGBG, Rdnr. 48.

[162] Ulmer in Ulmer/Brandner/Hensen: AGB-Gesetz, 9. Aufl., § 2 Rdnr. 83.

[163] so auch MünchKommBGB-Basedow, § 12 AGBG, Rdnr. 48, der eine Einbeziehung kraft Handelsbrauch ablehnt; zu den Grundsätzen: Ulmer in Ulmer/Brandner/Hensen: AGB-Gesetz, 9. Aufl., § 2, Rdnr. 86, 90 m. w. N.

[164] Graf von Bernstorff: Ausgewählte Probleme im Electronic Commerce, RIW 2000, S. 14 (16); Palandt-Heinrichs, Gesetz zur Modernisierung des Schuldrechts, § 305 BGB, Rdnr. 55.

gen.[165] In diesem Fall würde dies bedeuten, dass die staatlichen Gerichte zuständig wären und der Gerichtsstand nach den Regeln der ZPO zu ermitteln ist.

4.3.2. Die Schiedsklausel als überraschende Klausel nach § 305c Abs. 1 BGB

In allgemeinen Geschäftsbedingungen ist eine Klausel im Sinne des § 305c Abs. 1 BGB als überraschend anzusehen, wenn es sich bei der Klausel um eine objektiv so ungewöhnliche Klausel handelt, dass der andere Vertragsteil damit nicht zu rechnen brauchte.[166] Der Klausel muss damit ein gewisser Überrumpelungs- oder Übertölpelungseffekt innewohnen.[167]

Nach allgemeiner Auffassung kann auch eine Kontrolle von Schiedsvereinbarungen in AGB gemäß § 305c Abs. 1 BGB stattfinden.[168] Die Nichteinbeziehung der Schiedsklausel gemäß § 305c Abs. 1 BGB kommt jedoch im unternehmerischen Geschäftsverkehr nur selten in Betracht. Aufgrund des weiten Unternehmerbegriffs in § 14 BGB ist dies aber nicht völlig ausgeschlossen.[169] Dennoch wird eine Schiedsklausel im Rechtsverkehr mit Unternehmern in der Regel nicht überraschend sein. Im internationalen Verkehr werden sie ohnehin als üblich angesehen.[170]

Schiedsklauseln in allgemeinen Geschäftsbedingungen im kaufmännischen Verkehr können jedoch dann ausnahmsweise als überraschend und damit unwirksam nach § 305c Abs. 1 BGB anzusehen sein, wenn der Ausschluss der staatlichen Gerichtsbarkeit in der betreffenden Branche oder zwischen den beteiligten Parteien völlig unüblich ist.[171] Das Gleiche gilt, wenn sie zu große Abweichungen von den üblichen und verständlicherweise zu erwartenden Regelungen über das schiedsrichterliche Verfahren für den Vertragspartner enthalten, der sie nicht aufgestellt hat und nicht kennt. Sie gelten dann als „überraschend" im Sinne des § 305c Abs. 1 BGB. Dies hat dann zur Folge, dass gemäß

---

[165] MünchKommBGB-Basedow, § 2 AGBG, Rdnr. 55 m. w. N.

[166] Palandt-Heinrichs, Gesetz zur Modernisierung des Schuldrechts, § 305c BGB, Rdnr. 4.

[167] BGH, Urt. v. 20.2.1987 – V ZR 249/85, BGHZ 100, 82 (85).

[168] Gildeggen: Internationale Schieds- und Schiedsverfahrensvereinbarungen in Allgemeinen Geschäftsbedingungen, S. 210 m. w. N.

[169] Brandner in Ulmer/Brandner/Hensen: AGB-Gesetz, 9. Aufl., Anh. § 9 - 11, Rdnr. 621.

[170] Lachmann/Lachmann: Schiedsvereinbarungen im Praxistest, BB 00, S. 1633 (1640).

[171] MünchKommBGB-Basedow, § 12 AGBG, Rdnr. 49.

§ 139 BGB die gesamte Schiedsvereinbarung unwirksam ist.[172] Ungewöhnlich soll eine Schiedsklausel hingegen nicht sein, wenn bei gleichartigen Fällen auch von anderen Kaufleuten gelegentlich Schiedsklauseln verwendet werden.[173]

Insgesamt ist festzustellen, dass es hinsichtlich der Frage der Anwendbarkeit von § 305c Abs. 1 BGB auf eine in AGB enthaltene Schiedsklausel keinen Unterschied machen kann, ob die AGB in herkömmlicher schriftlicher Form gestellt wurden oder unter Einsatz der neuen Kommunikationsmittel, beispielsweise mittels des Internet. Hier handelt es sich lediglich um eine Formfrage, jedoch nicht um die inhaltliche Ausgestaltung der AGB, so dass sich daraus keine Besonderheiten ergeben.

4.3.3. Verstoß gegen § 307 BGB

Möglicherweise könnte eine Schiedsklausel in elektronischen AGB jedoch wegen Verstoß gegen § 307 BGB unwirksam sein. Die Inhaltskontrolle nach § 307 BGB betrifft insbesondere die Ausgestaltung des Verfahrens, die Zusammensetzung des Schiedsgerichts und die Bestimmungen über seine Anrufung. Richtlinie ist dafür die gesetzliche Regelung des Schiedsverfahrens im zehnten Buch der ZPO.[174] Jedoch sollen nach dem Schrifttum aus Gründen der Wahrung der Parteiautonomie und aus Gründen der Förderung des Wirtschaftsstandortes Deutschland keine allzu strengen Maßstäbe bei der Inhaltskontrolle angelegt werden.[175]

Nach einer strengen Auffassung ist eine Schiedsvereinbarung in allgemeinen Geschäftsbedingungen in der Regel unwirksam. Die Unwirksamkeit nach § 307 BGB ergebe sich grundsätzlich daraus, dass eine Schiedsgerichtsklausel den freien Zugang zu den Gerichten einschränke und deshalb gegen den rechtsstaatlichen Gerichtsschutz als Grundgedanke der gesetzlichen Regelung (§ 307 Abs. 2 Nr. 1 BGB) verstoße.[176] Im kaufmännischen Verkehr soll jedoch von der Wirksamkeit der Schiedsklausel auszugehen sein, sofern ein überwiegendes Interesse des Verwenders gegeben ist. Ein solches sei bei inter-

[172] Schütze/Tscherning/Wais: Handbuch des Schiedsverfahrens, Rdnr. 68.

[173] Schwab/Walter: Schiedsgerichtsbarkeit, Kommentar, S. 49.

[174] Brandner in Ulmer/Brandner/Hensen: AGB-Gesetz, 9. Aufl., Anh. §§ 9-11, Rdnr. 621.

[175] Lachmann/Lachmann: Schiedsvereinbarungen im Praxistest, BB 00, S. 1633 (1640).

[176] Wolf in Wolf/Horn/Lindacher: AGB-Gesetz, § 9 S4, S7.

nationalen Verträgen unter Vollkaufleuten wegen der damit verbundenen Vereinfachung der Rechtsdurchsetzung in der Regel anzunehmen. Für inländische Streitigkeiten gelte dies vor allem dann, wenn beispielsweise ein Streitgegenstand in Betracht käme, der überwiegend unternehmerisches oder technisches Sachwissen und Branchenkenntnis erfordere.[177]

Dem wird entgegengehalten, dass eine generelle Unwirksamkeit nach § 307 BGB nicht in Betracht komme, da die Schiedsklausel in der Regel keine unangemessene Benachteiligung des Vertragspartners bedeute.[178] Die Schiedsklausel stelle keine missbräuchliche Abweichung von der gesetzlichen Regelung dar, sondern eine gesetzlich vorgesehene Gestaltungsmöglichkeit, die gerade im kaufmännischen oder grenzüberschreitenden Bereich von berechtigten Interessen des Verwenders getragen werde.[179]

Letztere Auffassung verdient Zustimmung. Wenn der Gesetzgeber in § 1031 Abs. 3 ZPO generell die Bezugnahme auf Schiedsklauseln in allgemeinen Geschäftsbedingungen gestattet, gibt er damit auch das Regel - Ausnahme - Verhältnis der Zulässigkeit bzw. Unzulässigkeit von Schiedsklauseln in AGB vor. Nach erstgenannter Auffassung soll jedoch die Zulässigkeit lediglich die Ausnahme in besonderen Fallgestaltungen sein. Eine solche Sichtweise widerspricht dem Willen des Gesetzgebers, der zum einen generell Schiedsvereinbarungen gestattet und zum zweiten insbesondere mit § 1031 Abs. 3 ZPO Schiedsvereinbarungen in allgemeinen Geschäftsbedingungen für zulässig erklärt hat.

Nach der Rechtsprechung verstößt eine Schiedsklausel in allgemeinen Geschäftsbedingungen gegen § 307 BGB, wenn die Art des vorgesehenen Schiedsgerichts, dessen Anrufung allein vom Willen des Verwenders abhängt, befürchten lässt, dass es missbilligte Klauseln nicht als unwirksam erkennen wird. Eine Schiedsklausel in AGB darf danach nicht die Möglichkeit eröffnen, von den Schutzgarantien des AGB-Gesetzes abzuweichen. Wenn der Vertrag, auf den sich die Schiedsklausel bezieht, eine Vielzahl an unangemessenen Benachteiligungen enthält und die dringende Gefahr besteht, dass das Schiedsgericht von einer Inhaltskontrolle der Vertragsbestimmungen absehen wird, soll die Schieds-

---

[177] Wolf in Wolf/Horn/Lindacher: AGB-Gesetz, § 9 S7.

[178] Schwab/Walter: Schiedsgerichtsbarkeit, Kommentar, S. 49 ff.

[179] Schwab/Walter: Schiedsgerichtsbarkeit, Kommentar, S. 50; i. E. so auch Zöller/Geimer: ZPO, § 1031, Rdnr. 30; Palandt-Heinrichs: Gesetz zur Modernisierung des Schuldrechts, § 307 BGB, Rdnr. 143.

klausel den Vertragspartner des Verwenders entgegen den Geboten von Treu und Glauben in unangemessener Weise benachteiligen. In diesem Fall soll die Schiedsklausel daher gem. § 307 BGB unwirksam sein.[180]

Schiedsklauseln in AGB verstoßen auch nicht generell gegen Anhang Nr.1 q) zu Art. 3 Abs. 3 der Richtlinie über missbräuchliche Klauseln in Verbraucherverträgen.[181] Danach sind Klauseln unwirksam, die unter anderem darauf abzielen oder zur Folge haben, dass dem Verbraucher die Möglichkeit genommen oder erschwert wird, Rechtsbehelfe bei Gericht einzulegen oder sonstige Beschwerdemittel zu ergreifen. Dies ist insbesondere dann der Fall, wenn ausschließlich auf ein nicht unter die rechtlichen Bestimmungen fallendes Schiedsgerichtsverfahren verwiesen wird. Ein solches liegt vor, wenn bei einem als ausschließlich zuständig bezeichneten Schiedsgericht die Bestimmungen über Form, Art und Inhalt des Verfahrens von den gesetzlichen Bestimmungen abweichen. Ein den rechtlichen Bestimmungen entsprechendes Schiedsgerichtsverfahren kann danach aber vorgesehen werden.[182] Ein Schiedsgerichtsverfahren, das sich an die Vorschriften des zehnten Buches der ZPO hält, ist unbedenklich.[183]

Für die Frage der Wirksamkeit von elektronisch gestellten AGB mit Schiedsklausel ergeben sich keine Besonderheiten. Für die Frage der Wirksamkeit nach § 307 BGB, bzw. nach dem Anhang Nr. 1 q) zu Art. 3 Abs. 3 der Richtlinie über missbräuchliche Klauseln in Verbraucherverträgen macht es keinen Unterschied, ob allgemeine Geschäftsbedingungen in altbekannter schriftlicher oder in elektronischer Form gestellt werden. Die Stellung von AGB per Email betrifft lediglich den formalen Aspekt der Einbeziehung der AGB. Eine wenn auch neue, aber zulässige Art der formalen Einbeziehung von allgemeinen Ge-

---

[180] BGH, Urt. v. 5.7.1991 – V ZR 343/89, NJW 1992, 575 (576); BGH, Urt. v. 10.10.1991 – III ZR 141/90, BB 1992, 229 f.; BGH, Urt. v. 26.1.1989 – X ZR 23/87, NJW 1989, S. 1477 = BB 1989, 944; BGH, Beschl.v. 24.09.1998 - III ZR 133/97, WM 1998, 2444 ff.; eine Vielzahl weiterer höchstrichterlicher Urteile betrifft Einzelfallentscheidungen hinsichtlich der inhaltlichen Zulässigkeit von Schiedsklauseln in Verträgen über Börsentermingeschäfte; siehe dazu bei: Sieg: Internationale Gerichtsstands- und Schiedsklauseln in Allgemeinen Geschäftsbedingungen, RIW 1998, S. 102 (107 ff.); Überblick über die Rechtsprechung siehe bei: Raeschke-Kessler: AGB-Schiedsvereinbarungen über Börsentermingeschäfte, WM 1998, S. 1205 ff.; Aden: Rechtswahl und Verbraucherschutz, RIW 1997, S. 723 ff.; Samtleben: Zur Wirksamkeit von Schiedsklauseln bei grenzüberschreitenden Börsentermingeschäften, ZEuP 1999, S. 974 ff.; Reich, Norbert: Zur Wirksamkeit von Schiedsklauseln bei grenzüberschreitenden Börsentermingeschäften, ZEuP 1998, S. 984 ff.

[181] Richtlinie 93/13/EWG des Rates vom 5.4.1993 über missbräuchliche Klauseln in Verbraucherverträgen, Abl. Nr. L 95/29 vom 21.04.1993.

[182] Wolf in Wolf/Horn/Lindacher: AGB-Gesetz, RiLi Anh. Nr.1q, Rdnr. 214.

[183] OLG Düss., Urt. v. 23.5.1996 (6 U 114/95), WM 1996, S. 1903 (1906).

schäftsbedingungen kann nicht zu einer inhaltlichen Unzulässigkeit einer Klausel führen. Es handelt sich letztlich lediglich um eine andere Art und Weise der Einbeziehung, die an §§ 305 Abs. 2 BGB und § 305c Abs. 1 BGB zu messen ist. § 307 BGB wird insoweit nicht tangiert. Generell ist jedoch anzumerken, dass die formal einwandfreie Bezugnahme auf AGB nicht von der materiellen Prüfung entbindet, ob die allgemeinen Geschäftsbedingungen im Einzelfall eine unangemessene Benachteiligung enthalten und somit nach § 307 BGB unwirksam sind oder gegen die in Umsetzung der Anordnungen des Anhangs der genannten Richtlinie erlassenen deutschen Vorschriften verstoßen.[184]

4.4. Per Email übersandte kaufmännische Bestätigungsschreiben mit Bezugnahme auf Schiedsklauseln in elektronischen AGB

Zuletzt stellt sich an dieser Stelle noch eine Problematik in Kombination der beiden oben erwähnten Fragestellungen: Können elektronische AGB mittels eines per Email übersandten kaufmännischen Bestätigungsschreibens in einen Vertrag wirksam einbezogen werden?

Grundsätzlich ist es zulässig, mittels eines kaufmännischen Bestätigungsschreibens dem Vertragspartner unbekannte AGB zu stellen.[185] Aufgrund seiner rechtserzeugenden Wirkung wird ein kaufmännisches Bestätigungsschreiben als ausreichender Einbeziehungstatbestand angesehen. Verweist das Bestätigungsschreiben auf AGB, so werden diese nach der Rechtsprechung auch dann Vertragsinhalt, wenn sie nicht Gegenstand der Vertragsverhandlungen oder nicht beigefügt waren.[186] Dies galt vor der Reform des deutschen Schiedsverfahrensrechts nach der Rechtsprechung auch, wenn die AGB eine Schiedsklausel enthielten und diese dem Empfänger unbekannt war. Grund dafür war, dass nach altem Recht eine Schiedsvereinbarung im kaufmännischen Verkehr auch mündlich getroffen werden konnte.[187] Die Schiedsklausel wurde nur dann nicht als Vertragsbestandteil angesehen, wenn es nach den Gepflogenheiten des Handelsverkehrs ungewöhnlich war, dass derartige Verkaufsbedingungen eine Schiedsklausel enthielten, und wenn deshalb

---

[184] Lachmann: Handbuch für die Schiedsgerichtspraxis, Rdnr. 261.

[185] Ulmer in Ulmer/Brandner/Hensen: AGB-Gesetz, 9. Aufl., § 2, Rdnr. 88.

[186] BGH, Urt. v. 7.6.1978 – VIII ZR 146/77, NJW 78, S. 2243 (2244); Palandt-Heinrichs, Gesetz zur Modernisierung des Schuldrechts, § 305 BGB, Rdnr. 53; Schwab/Walter: Schiedsgerichtsbarkeit, Kommentar, S. 48.

[187] BGH, Urt. v. 27.09.1952 – II ZR 305/51, BGHZ 7, S. 187 (190); Gildeggen: Internationale Schieds- und Schiedsverfahrensvereinbarungen in Allgemeinen Geschäftsbedingungen, S. 203.

der Empfänger mit ihr nicht zu rechnen brauchte.[188] Auf die bloße Tatsache, dass die AGB dem Empfänger nicht bekannt waren, sollte man sich ebenfalls nicht erfolgreich berufen können. Bei einer ausdrücklichen Bezugnahme auf allgemeine Geschäftsbedingungen sollte es nach Treu und Glauben vielmehr dem Empfänger obliegen, entweder vorsorglich zu widersprechen oder sich nach dem Inhalt der Bedingungen zu erkundigen, wenn er sich denn den Bedingungen nicht unbesehen unterwerfen wollte. Anderenfalls konnte der Verwender daraus schließen, dass sich der Empfänger den Bedingungen unterwerfen wollte.[189]

Heute ist die Frage der Wirksamkeit von allgemeinen Geschäftsbedingungen in kaufmännischen Bestätigungsschreiben, die dem Empfänger unbekannt sind und eine Schiedsklausel enthalten, wieder offen. Grund dafür ist, dass nach neuem Recht auch im Handelsverkehr die Schiedsvereinbarung wenigstens schriftlich getroffen werden muss.[190]

Nach einer Auffassung in der Literatur soll es jedoch auch nach der Reform des deutschen Schiedsrechts möglich sein, eine Schiedsvereinbarung durch ein unwidersprochen gebliebenes kaufmännisches Bestätigungsschreiben wirksam zu treffen, indem es auf ein anderes, eine Schiedsklausel enthaltendes Schriftstück Bezug nimmt. Voraussetzung soll dabei sein, dass eine solche Form des Vertragsabschlusses der Verkehrssitte entspricht.[191] Bei reinen Inlandsfällen ist dies unproblematisch, da im deutschen Rechtskreis die Bindung an das Schweigen auf ein kaufmännisches Bestätigungsschreiben anerkannt ist. Bei internationalen Streitigkeiten soll im Einzelfall zu prüfen sein, ob eine solche Erklärungssitte in dem jeweiligen Land des Vertragspartners angenommen werden kann. Zusätzlich soll nach dieser Auffassung in dem Fall, dass die schweigende Partei ihren gewöhnlichen Aufenthalt bzw. ihren Sitz oder ihre Niederlassung im Ausland hat, nach dem Rechtsgedanken des Art. 31 Abs. 2 EGBGB zu prüfen sein, ob sie mit der Anwendung dieser Regeln rechnen musste.[192]

---

[188] BGH, Urt. v. 24.09.1952 – II ZR 305/51, BGHZ 7, 187 (192).

[189] BGH, Urt. v. 24.09.1952 – II ZR 305/51, BGHZ 7, 187 (191).

[190] Lachmann: Handbuch für die Schiedsgerichtspraxis, Rdnr. 255.

[191] Epping: Die Schiedsvereinbarung im internationalen privaten Rechtsverkehr, S. 77, S. 142.

[192] dazu im Einzelnen: Epping: Die Schiedsvereinbarung im internationalen privaten Rechtsverkehr, S. 77, S. 142 ff. (167).

Für elektronisch übersandte Bestätigungsschreiben mit Bezugnahme auf AGB, die eine Schiedsvereinbarung enthalten, gilt nach deutschem Recht Folgendes:

Ist ein elektronisch übersandtes kaufmännisches Bestätigungsschreiben als solches wirksam[193] und sind dem Empfänger die in Bezug genommenen allgemeinen Geschäftsbedingungen mit Schiedsklausel bekannt, ist eine Schiedsvereinbarung wirksam getroffen. Dabei ist es nicht erforderlich, dass das kaufmännische Bestätigungsschreiben unmittelbar die elektronischen AGB enthält. Es genügt vielmehr, dass sie auf Wunsch, ggf. auch per Email, übersandt werden. Auch bloße Textform würde nach § 1031 Abs. 1 ZPO genügen.[194] Bei Weigerung des Verwenders, die AGB dem Empfänger zu übersenden, würden sie dann auch nicht Vertragsbestandteil werden.

Unzureichend ist es nach den getroffenen Feststellungen jedoch, wenn ein per Email wirksam übersandtes kaufmännisches Bestätigungsschreiben keinerlei Hinweis auf die eigenen allgemeinen Geschäftsbedingungen enthält.[195] Eine solche Schiedsklausel würde gegen die in § 1031 Abs. 1 und Abs. 2 ZPO normierte Formbedürftigkeit von Schiedsvereinbarungen verstoßen. Eine Einbeziehung solcher AGB würde damit nicht an den Anforderungen des deutschen Rechts über allgemeine Geschäftsbedingungen, sondern an denen der ZPO scheitern.

Ein elektronisch übermitteltes kaufmännisches Bestätigungsschreiben ist also wirksam. Es kann auch elektronische AGB enthalten bzw. auf solche verweisen. Darin kann auch eine Schiedsvereinbarung wirksam vereinbart werden. Fehlt allerdings jeglicher Hinweis auf die AGB, wird zumindest die Schiedsklausel nicht Bestandteil des Vertrages.

4.5. Ergebnis

Im kaufmännischen Bereich kann also nach deutschem Recht eine Schiedsvereinbarung in elektronischer Form getroffen werden. Nach § 1031 Abs. 1 ZPO ist dies sowohl in der Form des § 126a BGB wie in bloßer Textform nach § 126b BGB möglich. Nach

---

[193] Dies ist der Fall, wenn man nach anwendbarem nationalen Recht einen Handelsbrauch dahingehend annehmen kann, dass ein kaufmännisches Bestätigungsschreiben wirksam via Email übersandt werden konnte (vgl. Teil A, § 1, Kap. 4.2.).

[194] vgl. Teil A, § 1, Kap. 4.3.

[195] vgl. Teil A, § 1, Kap. 4.3.1.3.

§ 1031 Abs. 2 ZPO kann auch ein elektronisches kaufmännisches Bestätigungsschreiben wirksam eine Schiedsklausel enthalten. § 1031 Abs. 3 ZPO gestattet es ebenfalls, Schiedsvereinbarungen in elektronischen allgemeinen Geschäftsbedingungen zu verwenden. Dies gilt regelmäßig auch, wenn ein kaufmännisches Bestätigungsschreiben lediglich auf die AGB verweist, welche die Schiedsklausel enthalten, und der Verwender die Übersendung der AGB nicht verweigert.

5. Schiedsvereinbarungen mit Verbrauchern

Die Frage, ob nach geltendem deutschen Recht eine Schiedsvereinbarung auch mit einem Verbraucher auf elektronischem Weg getroffen werden kann, hat der Gesetzgeber kürzlich zumindest teilweise beantwortet. Jedoch sind damit nicht alle Fragen, insbesondere die nach der Zulässigkeit von Schiedsvereinbarungen in elektronischen allgemeinen Geschäftsbedingungen, geklärt.

5.1. Zulässigkeit nach § 1031 Abs. 5 ZPO

Maßgebliche Regelung für den Verbraucherbereich ist im deutschen Recht § 1031 Abs. 5 ZPO. Danach kann eine Schiedsvereinbarung, an der ein Verbraucher beteiligt ist, nur in einer von den Parteien eigenhändig unterschriebenen Urkunde enthalten sein. Andere Vereinbarungen als solche, die sich auf das schiedsrichterliche Verfahren beziehen, darf die Urkunde nicht enthalten. Nach der Neufassung von § 1031 Abs. 5 ZPO durch Artikel 2 des Gesetzes über rechtliche Rahmenbedingungen für den elektronischen Geschäftsverkehr (EGG)[196] kann nach § 1031 Abs. 5 S. 2 ZPO die schriftliche Form nach § 1031 Abs. 1 S. 1 ZPO durch die elektronische Form nach § 126a BGB ersetzt werden. Die Unterwerfung unter die Schiedsgerichtsbarkeit in bloßer Textform nach §126b BGB ist damit ausgeschlossen.[197] Vor der Gesetzesänderung ging man im Schrifttum überwiegend davon aus, dass ein Abschluss der Vereinbarung mittels moderner Kommunikationsmittel unzulässig war.[198]

---

[196] Gesetz über rechtliche Rahmenbedingungen für den elektronischen Geschäftsverkehr (Elektronischer Geschäftsverkehr-Gesetz) vom 14.12.2001, BGBl I, 2001, S. 3721 ff.

[197] so auch vor Inkrafttreten des § 126a, 126b BGB schon: Schwab/Walter: Schiedsgerichtsbarkeit - Kommentar, S. 51; Tettenborn/Bender/Lübben/Karenfort: Rechtsrahmen für den elektronischen Geschäftsverkehr, BB 2001, Beil. 10, S. 1 (38).

[198] Lachmann/Lachmann: Schiedsvereinbarungen im Praxistest, in BB 2000, S. 1633 (1635).

Die Änderung von § 1031 Abs. 5 ZPO trägt Art. 17 Abs. 1 ECRL Rechnung.[199] Danach waren die Mitgliedstaaten bis zum 17.01.2002 aufgefordert, rechtliche Hindernisse zu beseitigen, die eine Inanspruchnahme der nach innerstaatlichem Recht verfügbaren Verfahren zur außergerichtlichen Streitbeilegung – auch auf geeignetem elektronischen Wege – behindern können. Die Möglichkeit, bei einem Vertrag mit einem Verbraucher mittels digitaler Kommunikation eine Schiedsvereinbarung zu treffen, kann dazu als zwingend notwendige Vorstufe angesehen werden. Wie ein solches Schiedsverfahren - online - zukünftig aussehen wird und ob der deutsche Gesetzgeber diesbezüglich noch weitere Änderungen des deutschen Schiedsverfahrensrechts vornehmen wird, bleibt abzuwarten.

Als „Verbraucher" im Sinne der zugrundeliegenden E-Commerce-Richtlinie ist jede natürliche Person anzusehen, die zu Zwecken handelt, die nicht zu gewerblichen, geschäftlichen oder beruflichen Tätigkeiten gehören (Artikel 2 e) EGG). Dieser Verbraucherbegriff entspricht nach einhelliger Auffassung dem durch das Fernabsatzgesetz legaldefinierten Verbraucherbegriff des § 13 BGB.[200] Danach ist Verbraucher jede natürliche Person, die ein Rechtsgeschäft zu einem Zweck abschließt, der weder ihrer gewerblichen noch selbstständigen beruflichen Tätigkeit zugerechnet werden kann. Ursprünglich zielte die besondere Formvorschrift des § 1031 Abs. 5 ZPO auf Personen ab, die, bei dem der Schiedsvereinbarung zugrundeliegenden Geschäft, nicht zu gewerblichen Zwecken handelten.[201] Dies ist auch das maßgebliche Kriterium für die Abgrenzung zwischen Verbraucher und dem kaufmännischen Bereich i. S. d. § 1031 ZPO. Der Verbraucherbegriff des BGB entspricht dem jedoch regelmäßig. Denn der allen Regelungswerken zugrunde liegende Verbraucherbegriff korreliert letztlich mit dem Verbraucherbegriff der EG-Richtlinie über missbräuchliche Klauseln in Verbraucherverträgen.[202]

---

[199] Richtlinie 2000/31/EG des Europäischen Parlaments und des Rates vom 08.Juni 2000 über bestimmte rechtliche Aspekte der Dienste der Informationsgesellschaft, insbesondere des elektronischen Geschäftsverkehrs, im Binnenmarkt (Richtlinie über den elektronischen Geschäftsverkehr), ABL EG Nr.L 178/1 v. 17.7.2000.

[200] Gesetz über Fernabsatzverträge und andere Fragen des Verbraucherrechts sowie zur Umstellung auf den Euro, vom 27.06.2000, BGBl I, 2000, S. 897, Art. 2 Abs. 1; für die Deckungsgleichheit des Verbraucherbegriffs: Zöller/Geimer: ZPO, § 1031, Rdnr. 35; Albers in Baumbach/Lauterbach/Albers/Hartmann: ZPO, § 1031, Rdnr. 9; Thomas/Putzo – Thomas, ZPO,§ 1031, Rdnr. 8.

[201] Begründung der Bundesregierung zum Entwurf eines Gesetzes zur Neuregelung des Schiedsverfahrensrechts (Schiedsverfahrens-Neuregelungs-Gesetz – SchiedsVfG), BT-Drs. 13 / 5274, S. 37.

[202] Art. 2 lit. b der Richtlinie 93/13/EWG des Rates vom 05.04.1993, ABL. EG v. 21.04.1993, Nr. L 59/29; so auch Epping: Die Schiedsvereinbarung im internationalen privaten Rechtsverkehr, S. 81.

Bereits vor Inkrafttreten des EGG und der damit erfolgten Änderung von § 1031 Abs. 5 ZPO sprach für die Zulässigkeit einer elektronischen Schiedsvereinbarung auch im Verbraucherbereich bereits die Auslegung des im Juli 2001 in Kraft getretenen Gesetzes zur Anpassung der Formvorschriften des Privatrechts und anderer Vorschriften an den modernen Rechtsgeschäftsverkehr (FormG).[203] § 2 dieses Gesetzes enthielt im Rahmen der ZPO zahlreiche Anpassungen in formeller Hinsicht, wobei bisher keine Änderung von § 1031 ZPO vorgesehen war. Dennoch kann für die Wirksamkeit eines in der Zeit von Geltung des FormG an (01. August 2001) bis zum Inkrafttreten des EGG (21.12.2001) elektronisch abgeschlossenen Schiedsvertrages mit Verbraucherbeteiligung § 126 Abs. 3 BGB herangezogen werden. Nach § 126 Abs. 3 BGB ist dem Gesetzgeber ein genereller Wille zu unterstellen, die Schriftform der elektronischen Form gleichzustellen. Diese Gleichstellung gilt nicht nur für die im Bürgerlichen Gesetzbuch genannten Vertragstypen, sondern auch für andere, die Schriftform erfordernde Verträge außerhalb des BGB.

Bei einer Schiedsvereinbarung handelt es sich nach hier vertretener Auffassung um einen reinen Prozessvertrag. Für dessen Zustandekommen und dessen Wirksamkeit sind die Grundsätze des materiellen bürgerlichen Rechts maßgeblich, also auch die Formvorschriften des BGB.[204] In der Begründung zum Regierungsentwurf des Formgesetzes wird dementsprechend festgestellt, dass die elektronische Signierung Substitut für die eigene Unterschrift ist. Immer dann, wenn durch das Gesetz eigenhändige Unterzeichnung vorgesehen ist und insoweit auf die Unterschriftsform des § 126 BGB zurückgegriffen wird, soll § 126 Abs. 3 BGB entsprechende Anwendung finden. Die Unterzeichnung kann statt durch eigenhändige Unterschrift ersatzweise auch durch elektronische Signierung nach § 126a BGB formwirksam erfolgen.[205] Die neu eingeführte elektronische Form soll nichts an der Konstellation ändern, dass allein die Schriftform gesetzlich angeordnet ist. Der Gesetzgeber bietet jedoch nun zur Wahrung dieses Formgebotes alternativ die Verwendung der elektronischen Form statt der Schriftform an, wenn das die Beteiligten wollen.[206]

---

[203] Gesetz zur Anpassung der Formvorschriften des Privatrechts und anderer Vorschriften an den modernen Rechtsverkehr vom 13.07.2001, BGBl. I, 2001, S. 1542 ff.

[204] Vgl. Teil A, § 1, Kap. 2.

[205] Begründung zum Entwurf eines Gesetzes zur Anpassung der Formvorschriften des Privatrechts und anderer Vorschriften an den modernen Rechtsgeschäftsverkehr, BT-Drs. 14/4987, S. 5 (14).

[206] Begründung zum Entwurf eines Gesetzes zur Anpassung der Formvorschriften des Privatrechts und anderer Vorschriften an den modernen Rechtsgeschäftsverkehr, BT-Drs. 14/4987, S. 5 (12).

§ 1031 Abs. 5 ZPO a. F. sah aber gerade die von beiden Parteien unterzeichnete Urkunde vor. Dies entsprach der noch immer geltenden Legaldefinition des § 126 Abs. 2 BGB, der Schriftform für Verträge. Nach § 126 Abs. 1 BGB muss, wenn durch das Gesetz die Schriftform vorgeschrieben ist, die Urkunde von dem Aussteller eigenhändig durch Namensunterschrift unterschrieben werden. Bei einem Vertrag ist erforderlich, dass die Unterzeichnung der Parteien auf derselben Urkunde erfolgt. Nunmehr kann diese eigenhändige Unterzeichnung durch die elektronische Form nach § 126a BGB ersetzt werden. Nach § 126a Abs. 2 BGB i. V. m. § 126a Abs. 1 BGB müssen die Parteien eines Vertrages jeweils einem gleichlautenden elektronischen Dokument ihren Namen zufügen und es mit einer qualifizierten digitalen Signatur entsprechend den Anforderungen des Signaturgesetzes versehen. Gleiches gilt nach dem oben Gesagten auch für die in § 1031 Abs. 5 ZPO a. F. festgelegte Schriftform, so dass mit Inkrafttreten des FormG nach deutschem Recht eine Schiedsvereinbarung in elektronischer Form wirksam getroffen werden konnte. Der durch das EGG vorgenommenen Gesetzesänderung kommt damit lediglich Klarstellungsfunktion zu.

Dem kann auch nicht entgegengehalten werden, dass der Gesetzgeber es ursprünglich nicht gestattet hat, wie in § 1031 Abs. 1 ZPO für den kaufmännischen Verkehr ausdrücklich geschehen, auch „andere Formen der Nachrichtenübermittlung, die einen Nachweis der Vereinbarung sicherstellen" für den Abschluss einer Schiedsvereinbarung mit einem Verbraucher zuzulassen. Ein Blick auf die Motive des Schiedsverfahrensgesetzes vom 22.12.1997, in denen das Erfordernis der eigenhändig unterzeichneten Urkunde damit begründet wurde, dass nur auf diese Weise den Parteien der Verzicht auf eine Entscheidung durch die staatlichen Gerichte deutlich vor Augen geführt werden könne,[207] könnte zwar Anlass zu der Vermutung gegeben haben, dass eine Gleichstellung von Schriftform und elektronischer Form seinerzeit gerade nicht gewollt war, bei Berücksichtigung der Begründung zum FormG wird jedoch deutlich, dass der Gesetzgeber zwei Jahre nach Inkrafttreten des Schiedsverfahrensgesetzes die Warnfunktion der Schriftform in gleichem Maße auch durch die elektronische Form des § 126a BGB gesichert sah:

[207] Begründung zum Entwurf eines Gesetzes zur Neuregelung des Schiedsverfahrensrechts (Schiedsverfahrens-Neuregelungs-Gesetz), BT-Drs. 13/5274, S. 37.

Die Warnfunktion werde bei der elektronischen Signierung eines Dokuments zum Einen dadurch erfüllt, dass der Signierende zunächst das betreffende Dokument erstellen bzw. laden müsse. Dann „hielte er quasi einen Moment inne", da er seine Chipkarte in das Kartenlesegerät einlegen, seine PIN eingeben und sich gegebenenfalls mittels eines biometrischen Verfahrens ausweisen müsse. Schon durch diese Prozedur werde ihm die Verbindlichkeit der Angelegenheit vor Augen geführt. Danach schließe sich noch der eigentliche Signiervorgang an, der in der Software durch Auslösen einer entsprechenden Funktion in Gang gesetzt werde. Zuletzt müsse dann der elektronische Versand der Erklärung erfolgen.[208] Zum Anderen sollte seinerzeit im Rahmen der Novellierung des Signaturgesetzes der Zertifizierungsanbieter verpflichtet werden, den Signaturschlüssel-Inhaber bei Beantragung des Zertifikats darauf hinzuweisen, dass eine elektronische Signatur im Rechtsverkehr die gleichen Wirkungen habe wie eine eigenhändige Unterschrift. Hierüber sollte dem Antragsteller eine Belehrung ausgehändigt werden, deren Kenntnisnahme dieser durch eine gesonderte Unterschrift zu bestätigen habe.[209] Dieses Erfordernis hat zwischenzeitlich in § 6 Abs. 2, 3 SigG seinen gesetzlichen Niederschlag gefunden.

Durch diese beiden Anforderungen ist nach Auffassung des Gesetzgebers die Warnfunktion hinreichend gesichert. Zwar dürfte die Schriftform derzeit wenigstens aus subjektiver Sicht noch einen größeren Schutz vor Übereilung gewährleisten, dies beruhe jedoch auf ihrer langen Tradition und nicht auf ihrer inhaltlichen Ausgestaltung. Eine solche Tradition habe sich bei elektronischen Dokumenten bisher aufgrund des relativ jungen Mediums der elektronischen Übermittlung im Rechtsverkehr und der bisher im Privatrecht fehlenden Verankerung einer elektronischen Form noch nicht entwickeln können.[210] Durch die Gleichstellung der elektronischen Form mit der in § 1031 Abs. 5 ZPO zunächst normierten Schriftform wird also die dieser Formbedürftigkeit zugrundeliegende Motivation, nämlich die besondere Warnfunktion im Zusammenhang mit der Unterwerfung unter die Schiedsgerichtsbarkeit, nicht untergraben.

Mit der Neuregelung des § 1031 Abs. 5 ZPO hat der Gesetzgeber, wenn auch durch die umzusetzende E-Commerce-Richtlinie dazu veranlasst, die Bedenken gegen die Zuläs-

---

[208] Begründung der Bundesregierung zum Entwurf eines Gesetzes zur Anpassung der Formvorschriften und anderer Vorschriften an den modernen Rechtsverkehr, BT-Drs. 14/4987, S. 5 (17).

[209] ebd.

[210] ebd.

sigkeit von elektronisch getroffenen Schiedsabreden endgültig ausgeräumt. Eine in der Form des § 126a BGB getroffene Schiedsvereinbarung mit einem Verbraucher ist seit dem Inkrafttreten des Formgesetzes am 01. August 2001 nach deutschem Recht wirksam. Das elektronische Dokument muss jedoch getrennt vom Vertragsschluss signiert werden.[211]

5.2. Schiedsklauseln in elektronischen AGB

Unzulässig könnte jedoch die Verankerung einer Schiedsklausel in elektronischen AGB sein. Bereits die Zulässigkeit von Schiedsklauseln in schriftlichen allgemeinen Geschäftsbedingungen ist im Verbraucherbereich umstritten.

Nach dem Wortlaut des Gesetzes darf die von beiden Parteien eigenhändig unterzeichnete Urkunde, welche die Schiedsvereinbarung enthält, keine anderen Vereinbarungen als solche enthalten, die sich auf das schiedsrichterliche Verfahren beziehen. Als Grund für diese Regelung hat der Gesetzgeber angeführt, dass ein angemessener Verbraucherschutz nur so gewährleistet werden und nur dadurch dem betreffenden Personenkreis in der notwendigen Deutlichkeit vor Augen geführt werden kann, dass er auf die Entscheidung eines eventuellen Rechtsstreits durch die staatlichen Gerichte verzichtet.[212] Auch bei Schiedsabreden in elektronischer Form soll nach dem Willen des Gesetzgebers zukünftig gewährleistet sein, dass in dem elektronischen Dokument, das die Schiedsabrede beinhaltet, andere Vereinbarungen als solche, die sich auf das schiedsrichterliche Verfahren beziehen, nicht enthalten sind. Die erforderliche Warnfunktion werde dadurch verwirklicht, dass § 1031 Abs. 5 S. 3 ZPO zukünftig auch auf die Vereinbarung einer Schiedsabrede in elektronischer Form anwendbar sein soll.[213]

Nach bisher herrschendem Schrifttum soll § 1031 Abs. 5 ZPO Schiedsvereinbarungen mit Verbrauchern in allgemeinen Geschäftsbedingungen de facto ausschließen.[214] Begründet

---

[211] Tettenborn/Bender/Lübben/Karenfort: Rechtsrahmen für den elektronischen Geschäftsverkehr, BB 2001, Beil. 10, S. 1 (38).

[212] Begründung der Bundesregierung zum Entwurf eines Gesetzes zur Neuregelung des Schiedsverfahrensrechts (Schiedsverfahrens-Neuregelungs-Gesetz – SchiedsVfG), BT-Drs. 13/5274, S. 37.

[213] Begründung zum Entwurf eines Gesetzes über rechtliche Rahmenbedingungen für den elektronischen Geschäftsverkehr (Elektronisches Geschäftsverkehr-Gesetz – EGG), BT-Drs. 14/6098, S. 26 f.

[214] Zöller/Geimer: ZPO, § 1031, Rdnr. 30; so auch Musielak/Voit: ZPO, § 1031, Rdnr. 10; Wagner: Prozessverträge, S. 158, 594; Thomas/Putzo - Thomas, ZPO, § 1031, Rdnr. 9; kurze Übersicht bei Raeschke-Kessler: AGB-Schiedsvereinbarungen über Börsentermingeschäfte, WM 1998, S. 1205 (1207); Tettenborn/Bender/Lübben /Karenfort: Rechtsrahmen für den elektronischen Geschäftsverkehr, BB 2001, Beil. 10, S. 1 (38).

wird dies mit dem Wortlaut des Gesetzes. Die Schiedsvereinbarung müsse zwar nicht notwendig als Schiedsvertrag bezeichnet werden; es reiche vielmehr aus, wenn der Wille zum Ausdruck komme, die staatliche Gerichtsbarkeit auszuschließen und an ihre Stelle ein privates Schiedsgericht zu setzen. Dieser Wille müsse sich aber aus der Erklärung selbst und nicht erst aus Verweisungen ergeben. Eine Schiedsvereinbarung erfüllt nach dieser Auffassung daher die Form des § 1031 Abs. 5 ZPO nicht, wenn sie lediglich in den in Bezug genommenen AGB enthalten ist. Dies soll auch dann gelten, wenn die AGB insgesamt als in den Vertrag einbezogen angesehen werden können. Aus der Verweisung selbst müsse erkennbar sein, dass ein Schiedsgericht tätig werden soll.[215] Es soll nicht erforderlich sein, dass die Schiedsklausel auf einem gesonderten Blatt enthalten ist. Vielmehr reiche es aus, wenn der Schiedsvertrag auf demselben Blatt wie der Hauptvertrag stehe, aber von dem Hauptvertrag eindeutig abgesetzt und besonders unterschrieben sei.[216]

Dem wird entgegnet, dass eine vorformulierte Schiedsklausel in Gestalt eines formal selbstständigen AGB-Schiedsvertrages, der ausschließlich die Schiedsvereinbarung enthalte, in den Formen des § 1031 Abs. 5 ZPO zulässig ist. Wenn diese Form eingehalten sei, soll die Einbeziehung nach § 305 Abs. 2 und § 305c Abs. 1 BGB unproblematisch sein.[217] Jedoch soll nach dieser Ansicht eine Schiedsklausel inhaltlich mit dem AGBG kaum vereinbar sein. Schiedsvereinbarungen mit Verbrauchern in AGB seien generell bedenklich, da sie möglicherweise gegen § 307 Abs. 2 BGB verstießen.[218] Wegen der Versperrung des ordentlichen Rechtswegs sei eine Schiedsklausel in Verbraucherverträgen schlechthin Bedenken ausgesetzt. Es bedürfe eines besonderen schutzwürdigen Verwenderinteresses am Ausschluss des ordentlichen Rechtswegs, dem kein erhebliches Interesse auf der Seite des Verbrauchers entgegenstehen dürfe. Dies sei jedoch regelmäßig der Ausnahmefall.[219]

---

[215] Musielak/Voit: ZPO, § 1031, Rdnr. 10; Lachmann: Handbuch für die Schiedsgerichtspraxis, Rdnr. 265.

[216] Schwab/Walter: Schiedsgerichtsbarkeit, Kommentar, S. 52; Albers in Baumbach/Lauterbach/Albers/Hartmann: ZPO, § 1031, Rdnr. 9; Musielak/Voit: ZPO, § 1031, Rdnr. 11.

[217] Brandner in Ulmer/Brandner/Hensen: AGB-Gesetz, 9. Aufl., Anh. §§ 9-11, Rdnr. 622.

[218] ebd.

[219] ebd.

Eine liberalere Auffassung geht davon aus, dass eine Schiedsklausel in AGB in einem Vertrag mit Verbraucherbeteiligung nicht per se gegen § 307 BGB verstößt. Vielmehr sei es auch im Falle der Beteiligung eines Verbrauchers zulässig, Schiedsklauseln im Rahmen von AGB in den Vertrag einzubeziehen. Die These von der generellen Unzulässigkeit von Schiedsklauseln in AGB sei nach der ZPO-Novelle nicht mehr haltbar, da es anderenfalls keiner besonderen Formvorschrift für Verbraucherschiedsvereinbarungen (§1031 Abs. 5 ZPO) bedurft hätte.[220] Auch begründe eine Schiedsvereinbarung keinen Verzicht auf den gesetzlichen Richter (Art. 101 Abs. 1 S. 2 GG), da die Befugnis der Parteien zur Übertragung der Entscheidung auf ein Schiedsgericht auf einer ausreichenden gesetzlichen Grundlage beruhe.[221] Insgesamt sei jedoch noch nicht ausreichend geklärt, inwieweit sich eine Einschränkung der Zulässigkeit von Schiedsvereinbarungen aus einer richtlinienkonformen Auslegung des § 307 Abs. 1 BGB i. S. der EG-Richtlinie über missbräuchliche Klauseln in Verbraucherverträgen 93/13 ergebe.[222]

Die Kritiker der herrschenden Meinung können für sich in Anspruch nehmen, dass die Annahme eines formal selbstständigen Schiedsvertrages, der außer der Schiedsvereinbarung als solcher und ggf. weiteren Schiedsverfahrensvereinbarungen keine anderen Regelungen enthält, nicht gegen den Wortlaut des § 1031 Abs. 5 ZPO verstößt, solange dessen Formvorschriften gewahrt sind. Grundsätzlich fällt auch eine isolierte Schiedsvereinbarung, also eine solche, die ausschließlich die Schiedsklausel und keinerlei weitere Verfahrensvereinbarungen enthält, unter den Begriff der „allgemeinen Geschäftsbedingungen" i. S. d. § 305 Abs. 1 BGB. So ist es nach der Rechtsprechung möglich, dass in einem individuell gestalteten Vertrag eine einzige Klausel als eine allgemeine Geschäftsbedingung anzusehen ist.[223] Auch die Tatsache, dass § 1031 Abs. 5 ZPO für eine wirksame Schiedsvereinbarung eine gesonderte Unterschrift verlangt, kann nicht zu einer generellen Ablehnung des Vorliegens von allgemeinen Geschäftsbedingungen führen. Denn nach der Rechtsprechung führt eine gesonderte Unterschrift unter den allgemeinen Geschäftsbedingungen nicht zwingend dazu, dass die Vertragsbedingungen als ausgehandelt i. S. d. § 305 Abs. 1 S. 3 BGB (§ 1 Abs. 2 AGBG a. F.) und damit als Individualvereinbarung an-

[220] Lachmann/Lachmann: Schiedsvereinbarungen im Praxistest, BB 2000, S. 1633 (1638).

[221] ebd.; a. A.: Möller: Schiedsverfahrensrecht - Ein Leitfaden für die betriebliche Praxis, S. 48.

[222] Lachmann/Lachmann: a.a.O.

[223] Palandt-Heinrichs, Gesetz zur Modernisierung des Schuldrechts; § 305 BGB, Rdnr. 15; BGH, Urt. v. 08.06.1979 – V ZR 191/76, BGHZ 75, S. 15 (21).

zusehen sind.[224] Dementsprechend wird beispielsweise auch, allerdings ohne weiteren Kommentar, in der aktuellen Literatur vertreten, dass der Verbraucher durch die Vorschrift des § 1031 Abs. 5 ZPO „weitgehend" vor Schiedsklauseln in AGB geschützt sei.[225] Im Umkehrschluss heißt dies, dass nach dieser Ansicht eine generelle Unzulässigkeit von Schiedsklauseln in Gestalt von ausschließlich das Schiedsverfahren betreffenden AGB nicht angenommen wird.

Andererseits gilt es zu berücksichtigen, dass nach der Gesetzesbegründung § 1031 Abs. 5 gerade als Ausnahme von den Formvorschriften der Absätze 1 - 4 eine Schutzvorschrift für Personen enthalten soll, die bei dem der Schiedsvereinbarung zugrundeliegenden Geschäft zu einem nicht gewerblichen Zweck handeln.[226] Ausgenommen ist damit ausdrücklich im Verbraucherbereich die Vorschrift des § 1031 Abs. 3 ZPO, die eine Schiedsvereinbarung in allgemeinen Geschäftsbedingungen ausschließlich im kaufmännischen Bereich gestattet. Eine solche Regelung gibt es für den Verbraucherbereich nicht. Die Regelung des § 1031 Abs. 3 ZPO sollte vielmehr der im Handelsverkehr verbreiteten Gepflogenheit Rechnung tragen, in Verträgen - insbesondere bei ständigen Vertragsbeziehungen – auf allgemeine Geschäftsbedingungen Bezug zu nehmen. Die Vorschrift entspricht Art. 7 Abs. 2 S. 3 des UMG.[227] Das UNCITRAL-Modellgesetz selbst gilt jedoch ebenfalls nur für die internationale Handelsschiedsgerichtsbarkeit und gerade nicht für den Verbraucherbereich.[228]

Eine Entscheidung dieser Streitfrage lässt sich letztlich nur anhand der gesetzgeberischen Intention der Regelung des § 1031 Abs. 5 ZPO finden. Die Annahme der Zulässigkeit von vorformulierten selbstständigen Schiedsverträgen, die ausschließlich die Schiedsklausel und etwaige Verfahrensbedingungen enthalten, steht der Intention des Gesetzgebers, nämlich dem Verbraucherschutz, im Grunde nicht entgegen. Der Gesetzgeber hat zum

---

[224] BGH, Urt. v. 18.11.1982 – VII ZR 305/81, BGHZ 85, S. 305 (308); Ulmer in Ulmer/Brandner/Hensen: AGB-Gesetz, 9. Aufl., § 1, Rdnr. 49.

[225] Schwab/Walter: Schiedsgerichtsbarkeit, Kommentar, S. 52.

[226] Begründung der Bundesregierung zum Entwurf eines Gesetzes zur Neuregelung des Schiedsverfahrensrechts (Schiedsverfahrens-Neuregelungs-Gesetz – SchiedsVfG), BT-Drs. 13/5274, S. 37.

[227] Diskussionsentwurf der Kommision zur Neuordnung des Schiedsverfahrensrecht zur Neuregelung des Zehnten Buches der ZPO und Begründung zu einzelnen Vorschriften, Stand Februar 1994, S. 100; so auch Spieker: Schiedsvereinbarungen in Allgemeinen Geschäftsbedingungen, ZIP 1999, S. 2138 (2141).

[228] vgl. Art. 1 Abs. 1 UMG.

Schutz des Verbrauchers ausdrücklich angeordnet, dass eine Schiedsvereinbarung im Verbraucherbereich schriftlich und von beiden Parteien gesondert unterzeichnet sein muss. Das jeweilige Dokument darf andere Vereinbarungen als die das schiedsrichterliche Verfahren betreffende oder die Schiedsvereinbarung selbst nicht enthalten. Unterstellt man nun, dass damit auch Schiedsvereinbarungen in Form von selbstständigen Schiedsverträgen als allgemeine Geschäftsbedingungen zulässig und im Einzelfall als solche zu qualifizieren sind, führt dies zur Anwendbarkeit der Vorschriften der §§ 305 ff. BGB und damit letztlich zu einem größeren Verbraucherschutz als bei gegenteiliger Überzeugung. Denn in diesem Fall hat der Verwender der „AGB“ nicht nur die Vorschrift des § 1031 Abs. 5 ZPO zu beachten, sondern der Schiedsklausel stehen möglicherweise die aus dem AGBG folgenden Verbraucherschutzvorschriften entgegen. Als Konsequenz der derzeit überwiegenden Meinung würde man dem Verbraucher dieses Mehr an Schutzvorschriften gerade entziehen. Ist die Form des § 1031 Abs. 5 ZPO gewahrt, wären nach herrschender Ansicht die Schutzvorschriften des AGBG jedoch nicht anwendbar, da es sich nicht um „allgemeine Geschäftsbedingungen“ i. S. d. § 305 Abs. 1 BGB handelte. Andererseits bleibt die Verpflichtung zur Wahrung der in § 1031 Abs. 5 ZPO geforderten Form natürlich auch bestehen, wenn man unterstellt, dass auf einen solchen vorformulierten Vertrag auch die Vorschriften über allgemeine Geschäftsbedingungen anzuwenden sind.

Eine Vereinbarung, die den Anforderungen des § 1031 Abs. 5 ZPO nicht genügt, ist andererseits ohnehin per se unwirksam. Kann sie jedoch als wirksam qualifiziert werden, ist damit weiter zu prüfen, ob es sich nicht etwa um eine Vorformulierung der Schiedsklausel i. S. d. § 305 Abs.1 BGB handelt. Kann dies ebenfalls angenommen werden, sind damit auch die Schutzvorschriften der §§ 305 ff. BGB anzuwenden. Zu beachten ist jedoch immer, dass diese vorformulierten Schiedsverträge gesondert von beiden Vertragsparteien unterzeichnet sind.

Eine andere Frage ist, ob Schiedsklauseln in allgemeinen Geschäftsbedingungen materiell wirksam sind, d. h. ob sie generell inhaltlich gegen die Regelungen des AGBG verstoßen.

Eine Schiedsklausel wird nur dann als „überraschende Klausel“ i. S. d. § 305c Abs. 1 BGB anzusehen sein, wenn sie nach den Umständen so ungewöhnlich ist, dass der Vertragspartner des Verwenders nicht mit ihr zu rechnen brauchte. Vor einer überraschenden Begründung der Schiedsgerichtszuständigkeit ist der Verbraucher bereits durch die Formvorschrift des § 1031 Abs. 5 ZPO hinreichend geschützt. Hat der Verbraucher die Schiedsklausel gesondert unterzeichnet, fehlt es an dem erforderlichen Überraschungsmoment. Dadurch wird aber nicht ausgeschlossen, dass möglicherweise in der Schiedsvereinbarung unübliche Gestaltungen für das schiedsrichterliche Verfahren enthalten sind. Diese sind dann als überraschend i. S. d. § 305c Abs. 1 BGB anzusehen, wenn der Verwender nicht gesondert auf sie hingewiesen hat. Regelmäßig wird in einem solchen Fall nicht nur die jeweilige Klausel, sondern die gesamte Schiedsvereinbarung unwirksam sein.[229] Ein Beispiel aus der Rechtsprechung für eine überraschende Klausel in AGB-Schiedsverträgen mit Verbrauchern ist, wenn eine solche von Vermittlern von Börsentermingeschäften eingesetzt wird, die es bereits bei Vertragsschluss durch eine unzulängliche Aufklärung darauf anlegten, ihre Kunden zu schädigen und die deswegen aus § 826 BGB haften müssen.[230]

Ungeklärt ist, ob § 307 BGB der Zulässigkeit von Schiedsklauseln in AGB entgegen steht. Diese Frage lässt sich nur mit Blick auf die europäischen Vorgaben in der Richtlinie über missbräuchliche Klauseln in Verbraucherverträgen beantworten.[231] Aus dem Anhang Nr. 1q zu Art. 3 Abs. 3 der Richtlinie ergibt sich, dass Klauseln für missbräuchlich erklärt werden können, die zur Folge haben, dass dem Verbraucher die Möglichkeit Rechtsbehelfe bei Gericht einzulegen oder sonstige Beschwerdemittel zu ergreifen, genommen oder erschwert wird, und zwar insbesondere dadurch, dass er ausschließlich auf ein nicht unter die rechtlichen Bestimmungen fallendes Schiedsgerichtsverfahren verwiesen wird. Die Ansicht, dass Schiedsvereinbarungen in allgemeinen Geschäftsbedingungen per se gegen die Generalklausel des § 307 BGB verstoßen,[232] erscheint damit im Umkehrschluss als unvertretbar. Entspricht ein vereinbartes Schiedsverfahren den gesetzlichen Vorgaben, kommt ein Verstoß gegen die Regelungen des genannten Anhangs zur Richtlinie über missbräuchliche Klauseln nicht in Betracht.

[229] Lachmann/Lachmann: Schiedsvereinbarungen im Praxistest, BB 2000, S. 1633 (1637); Schütze/Tscherning/Wais: Handbuch des Schiedsverfahrens, Rdnr. 68.

[230] Raeschke-Kessler: AGB-Schiedsvereinbarungen über Börsentermingeschäfte, WM 1998, S. 1205 (1209).

[231] Richtlinie 93/13/EWG des Rates vom 5.4.1993 über missbräuchliche Klauseln in Verbraucherverträgen, ABl. Nr. L 95/29 vom 21.04.1993.

[232] so Gildeggen: Internationale Schieds- und Schiedsverfahrensvereinbarungen in Allgemeinen Geschäftsbedingungen, S. 203.

Teilweise wurde auch argumentiert, dass aus der Entstehungsgeschichte des deutschen Schiedsrechts hervorgehe, dass nach dem Grundgedanken der gesetzlichen Regelung (§ 1027 Abs. 1 ZPO a. F.) Schiedsvereinbarungen in allgemeinen Geschäftsbedingungen im nichtkaufmännischen Verkehr generell unzulässig sein sollten.[233] In der Gesetzesbegründung zu § 1027 ZPO a. F. (Reichsgesetz vom 27. Oktober 1933) werde zum Formerfordernis für Schiedsvereinbarungen im nichtkaufmännischen Verkehr dementsprechend ausgeführt, dass „damit vordrucksmäßige Schiedsklauseln in Lieferbedingungen usw. ausgeschlossen werden".[234] Zwar werde, wenn Schiedsklauseln formwirksam in AGB enthalten seien, von der gesetzlichen Regelung des § 1027 ZPO (a. F.) nicht abgewichen, Schiedsvereinbarungen in allgemeinen Geschäftsbedingungen widersprächen aber dem Willen des Gesetzgebers, nach dem Schiedsvereinbarungen in AGB im nichtkaufmännischen Verkehr unwirksam sein sollten.[235] Daher seien in entsprechender Anwendung von § 307 Abs. 2 Nr. 1 BGB (§ 9 Abs. 2 Nr. 1 AGBG a. F.) formwirksame Schiedsvereinbarungen in AGB im nichtkaufmännischen Verkehr generell unangemessen.[236]

Zweifelhaft erscheint, ob sich diese Sichtweise unter Berücksichtigung der genannten Vorgaben der EU-Richtlinie aufrecht erhalten lässt. Nr. 1q) zum Anhang der Richtlinie soll verhindern, dass dem Verbraucher die Möglichkeit, Rechtsbehelfe bei Gericht einzulegen oder sonstige Beschwerdemittel zu ergreifen, genommen oder erschwert wird. Dazu gehören alle Formen des Zugangs zu Gericht im jeweiligen Mitgliedstaat, gleichgültig ob es sich um die erste Instanz oder um Rechtsmittel höherer Instanz handelt.[237] Diese Rechtsbehelfe oder sonstigen Rechtsmittel dürfen nicht genommen oder erschwert werden. Genommen werden diese, wenn sie vollkommen ausgeschlossen sind. Zur Unzulässigkeit einer Klausel genügt, dass nur einzelne Rechtsbehelfe oder Beschwerdemittel genommen werden, da der Gesetzgeber die jeweils unterschiedlichen Verfahren für verschiedene Interessen und Bedürfnisse zur Verfügung gestellt hat, deren Schutz jeweils gewährleistet bleiben soll.[238]

---

[233] Gildeggen: a.a.O., S. 223.

[234] Gildeggen: a.a.O., S. 192 m. w. N.

[235] Gildeggen: a.a.O., S. 223.

[236] Gildeggen: a.a.O., S. 223.

[237] Wolf in Wolf/Horn/Lindacher: AGB-Gesetz, RiLi Anh. Nr. 1q, Rdnr. 212.

[238] Wolf in Wolf/Horn/Lindacher: AGB-Gesetz, RiLi Anh. Nr. 1q, Rdnr. 213.

Das Verbot der Nr. 1q) des Anhangs zur genannten Richtlinie nennt als Beispiel für einen solchen Ausschluss bzw. eine solche Erschwerung ausdrücklich die ausschließliche Beschränkung auf ein nicht unter die rechtlichen Bestimmungen fallendes Schiedsgerichtsverfahren. Im Umkehrschluss dazu dürfen daher solche Schiedsverfahren in allgemeinen Geschäftsbedingungen vereinbart werden, die nach nationalem Recht zugelassen sind.[239] Das Schiedsgerichtsverfahren muss sich also an die jeweiligen Vorgaben der lex fori halten. Es fällt nicht unter die gesetzlichen Bestimmungen, wenn es nach Form, Art und Verfahren vom Gesetz abweicht. Lediglich kleinere Änderungen, die keine unzumutbare Erschwerung zur Folge haben, bleiben unberücksichtigt. Als unter die rechtlichen Bestimmungen fallende Schiedsgerichtsverfahren sind die im jeweiligen Mitgliedstaat vorgesehenen Verfahren anzusehen, deren Rechtsordnung aufgrund Gesetzes oder aufgrund zulässiger Rechtswahl zur Anwendung kommt.[240] Bei Anwendung deutschen Rechts bedeutet das, dass das jeweilige Schiedsverfahren den Vorschriften der §§ 1025 ff. ZPO entsprechen muss. Dabei soll das Schiedsgericht aber an die materiellrechtlichen Normen gebunden sein und darf nicht zur Entscheidung nach Billigkeit befugt werden.[241] Das nicht unter die rechtlichen Bestimmungen fallende Verfahren muss als ausschließlich vorgesehen sein. Dies ist der Fall, wenn jeglicher Weg zu den ordentlichen Gerichten oder zu sonstigen gesetzlichen Beschwerdeverfahren unzulässig sein soll.[242] Für Schiedsvereinbarungen i. S. d. § 1029 Abs. 1 ZPO ergibt sich dies daraus, dass nach der Definition des Begriffs „Schiedsvereinbarung" im deutschen Recht das Schiedsgericht unter Ausschluss der staatlichen Gerichtsbarkeit eine Rechtsstreitigkeit unter den Parteien entscheidet.[243] Eine Klage vor den ordentlichen Gerichten ist dementsprechend nach § 1032 Abs. 1 ZPO bei Vorliegen einer wirksamen Schiedsvereinbarung unzulässig.

Zusammenfassend kann festgestellt werden, dass nach den Vorstellungen des europäischen Gesetzgebers ein unter die rechtlichen Bestimmungen fallendes Schiedsgerichts-

---

[239] Wolf in Wolf/Horn/Lindacher: AGB-Gesetz, RiLi Anh. Nr. 1q, Rdnr. 214.

[240] ebd.

[241] ebd; zu einzelnen Klauselverboten siehe bei Lachmann/Lachmann, Schiedsvereinbarungen im Praxistest, BB 2000, S. 1633 (1638ff.); Grabitz/Hilf: Sekundärrecht, Verbraucher- und Datenschutzrecht, A 05, Anh. Nr.1q Rndr. 151.

[242] Wolf in Wolf/Horn/Lindacher: AGB-Gesetz, RiLi Anh. Nr. 1q, Rdnr. 214.

[243] Thomas/Putzo-Thomas, ZPO, § 1029, Rdnr. 3; OLG Koblenz, Beschl. v. 17.6.1999 – 2 Sch 2/99, NJW RR 00, S. 1365.

verfahren generell als zulässig anzusehen ist.[244] Nach deutschem Recht kann eine Schiedsvereinbarung i. S. d. § 1029 ZPO, die sich an die verfahrensrechtlichen Vorgaben des 10. Buches der ZPO hält, auch in allgemeinen Geschäftsbedingungen wirksam vereinbart werden. Dies verstößt nicht grundsätzlich gegen die Vorschrift des § 1031 Abs. 5 ZPO, soweit dessen Formanforderungen gewahrt werden. Ob ein Verstoß gegen die Vorschriften der §§ 305 ff. BGB vorliegt, muss im Einzelfall überprüft werden. Ein schiedsrichterliches Verfahren, welches an die Anforderungen der ZPO angepasst ist, wird jedoch bei richtlinienkonformer Auslegung regelmäßig nicht gegen § 307 BGB verstoßen.

Wird eine solche vorformulierte Schiedsvereinbarung nun im Rahmen eines gesonderten, digital signierten Dokumentes geschlossen, kann nichts anderes gelten, da es sich nur um eine andere Form der Vereinbarung handelt. Ist diese elektronisch getroffene Schiedsvereinbarung mit den Vorgaben des 10. Buches der ZPO vereinbar, wird sie regelmäßig auch nicht gegen die gesetzlichen Vorgaben für allgemeine Geschäftsbedingungen verstoßen. Es bedarf jedoch immer der Überprüfung im Einzelfall.

---

[244] Wolf in Wolf/Horn/Lindacher: AGB-Gesetz, RiLi Anh. Nr. 1q, Rdnr. 214.

§ 2 Die elektronisch geschlossene Schiedsvereinbarung in internationalen Verträgen

Bei Schiedsverfahren mit Berührungspunkten zu mehreren Rechtsordnungen stellt sich die Frage, an welchen einzel- oder überstaatlichen Formvorschriften die Gültigkeit der Schiedsvereinbarung zu messen ist. Das gilt im kaufmännischen wie im Verbraucherbereich. Untersucht werden soll im Folgenden, welche der wesentlichen diesbezüglich in Betracht kommenden Rechtsvorschriften eine elektronische Schiedsvereinbarung bereits heute gestatten bzw. ob ggf. eine Änderung dieser Rechtsvorschriften erforderlich wäre, um eine wirksame elektronische Schiedsvereinbarung zu ermöglichen. Die Frage nach dem auf die Schiedsvereinbarung anwendbaren Recht soll im Rahmen dieser Arbeit nicht diskutiert werden.

1. Anforderungen aus Staatsverträgen

Verschiedene völkerrechtliche Verträge treffen für die Wirksamkeit von Schiedsvereinbarungen besondere Formanforderungen. Zu nennen sind hier in erster Linie das New Yorker Übereinkommen über die Anerkennung und Vollstreckung ausländischer Schiedssprüche vom 10.6.1958 (UNÜ),[245] sowie das Europäische Übereinkommen über die internationale Handelsschiedsgerichtsbarkeit vom 21.4.1961 (EuÜ).[246] Beide enthalten Regelungen zur Form von Schiedsvereinbarungen (Art. II UNÜ, Art. 1 Abs. 2a) EuÜ). Sie haben die Formfrage nicht nur kollisionsrechtlich, sondern durch unmittelbare Sachnormen geregelt.[247] Ihrem Inhalt nach unterliegen Schiedsvereinbarungen der Schriftform. Diese ist gewahrt, wenn die Vereinbarung (als Teil eines Vertrages oder als gesonderte Schiedsabrede) von beiden Parteien unterzeichnet oder in gewechselten Briefen oder Telegrammen enthalten ist. Das EuÜ sieht eine weitergehende Erleichterung vor, indem es auch eine geringere Form ausreichend sein lässt, wenn sämtliche Staaten dies zulassen, in denen die Vertragsparteien ihren Sitz haben (Art. 1 Abs. 2 a EuÜ). Im übrigen enthalten beide Staatsverträge Meistbegünstigungsklauseln (Art. VII Abs. 1 UNÜ, Art. 10 Abs. 7 EuÜ), die

---

[245] Gesetz zu dem Übereinkommen vom 10. Juni 1958 über die Anerkennung und Vollstreckung ausländischer Schiedssprüche vom 15.3. 1961, BGBl. 1961, II, S. 121 ff.; Deutsche Übersetzung abgedruckt bei Zöller/Geimer: ZPO, Anh. § 1061; Schwab/Walter: Schiedsgerichtsbarkeit, Kommentar, S. 591 ff.; Synopse bei Henn: Schiedsverfahrensrecht, Anlage 13, S. 382 ff.

[246] BGBl. 1964 II S. 426; für die Bundesrepublik Deutschland in Kraft getreten am 25.01.1965, BGBl. 1965 II, S. 107; abgedruckt bei Schwab/Walter: Schiedsgerichtsbarkeit, Kommentar, S. 596 ff.

[247] Schlosser: Das Recht der internationalen privaten Schiedsgerichtsbarkeit, Rdnr. 370.

zur Wirksamkeit der Schiedsvereinbarung führen, wenn sie nach den Bestimmungen eines von mehreren anwendbaren Staatsverträgen oder des innerstaatlichen Rechts, das ohne Geltung des Staatsvertrages zum Zuge käme, formgültig wären. Den Regelungen liegt der Gedanke der favor validitatis zugrunde, denn sie beabsichtigen, Schiedsvereinbarungen möglichst zur Wirksamkeit zu verhelfen.[248]

Die staatsvertraglichen Regelungen ersetzen im Rahmen ihres Anwendungsbereichs die sonst anwendbaren nationalen Formvorschriften, die dann allenfalls noch im Rahmen der Meistbegünstigung von Bedeutung sind.[249] Die Formanforderungen des § 1031 ZPO werden daher nur dann eine Rolle spielen, wenn der Schiedsort in Deutschland oder wenn der Ort des Anerkennungsverfahrens nicht in Vertragsstaaten liegt bzw. wenn die Theorie der Meistbegünstigung greift.[250] Der letztere Fall könnte im gewerblichen Bereich gelegentlich auftreten, weil die in § 1031 Abs. 2 - 4 ZPO vorgesehenen Lockerungen der Schriftform über Art. II Abs. 2 UNÜ hinausgehen. Hier gelten dann bzgl. der Zulässigkeit einer elektronisch getroffenen Schiedsvereinbarung ebenfalls die Grundsätze, die in dem vorangegangenen Kapitel herausgearbeitet wurden.

1.1. Die Anforderungen nach Art. II Abs. 1 UNÜ

Art. II Abs. 1 und 2 UNÜ lautet im Originaltext:

(1) ‚Each Contracting State shall recognize an agreement in writing under which the parties undertake to submit to arbitration all or any differences which have arisen or may arise between them in respect of a defined legal relationship, whether contractual or not, concerning a subject matter capable of settlement by arbitration.'

(2) ‚The term 'agreement in writing' shall include an arbitral clause in a contract or an arbitration agreement, signed by the parties or contained in an exchange of letters or telegrams.'

Nach Art. II Abs. 1 des UN-Übereinkommens erkennt damit jeder Vertragsstaat eine schriftliche Vereinbarung an, durch die sich die Parteien verpflichten, alle oder einzelne

[248] Thümmel: Die Schiedsvereinbarung zwischen Formzwang und favor validitatis, FS Schütze, S. 935 (938).

[249] ebd; Berger: Internationale Wirtschaftsschiedsgerichtsbarkeit, S. 98; Epping: Die Schiedsvereinbarung im internationalen privaten Rechtsverkehr, S. 103 ff.

[250] Thümmel: a.a.O., S. 935 (939).

Streitigkeiten, die zwischen ihnen aus einem bestimmten Rechtsverhältnis, sei es vertraglicher oder nichtvertraglicher Art, bereits entstanden sind oder zukünftig entstehen, einem schiedsrichterlichen Verfahren zu unterwerfen. Dies gilt nur, sofern der Gegenstand des Streites auf schiedsrichterlichem Wege geregelt werden kann. Ist die Schriftform nicht erfüllt, so findet das UNÜ keine Anwendung. Die Anerkennungspflicht des UNÜ wird nicht ausgelöst, auch wenn der Schiedsvertrag einem Recht untersteht, das bezüglich der Formerfordernisse liberaler ist.[251] Ein unterschriebenes oder schriftliches Angebot zum Abschluss einer Schiedsvereinbarung kann weder mündlich noch durch Stillschweigen angenommen werden. Nur durch Unterschrift auf der Vertragsurkunde oder durch schriftliche Annahme, die sich nicht spezifisch auf die Schiedsvereinbarung beziehen muss, sondern sich auf den Gesamtvertrag beziehen kann, kann ein solcher Schiedsvertrag zustande kommen.[252] Zu beachten ist in diesem Zusammenhang, dass Art. II UNÜ nur in seiner ersten Alternative die Unterzeichnung der Schiedsklausel verlangt. Nach den Anforderungen der 2. Alternative von Art. II Abs. 2 UNÜ kommt ein formgültiger Schiedsvertrag demnach schon zustande, wenn die Briefe oder Telegramme ausgetauscht worden sind, ohne dass diese von den Parteien unterschrieben sein müssen. Ausreichend ist hier die schriftliche Niederlegung.[253]

Die Bedeutung der Formwirksamkeit einer Schiedsklausel nach Art. 2 II UNÜ liegt im Einredeverfahren darin, dass ein Gericht auf Antrag die Parteien auf das schiedsrichterliche Verfahren verweisen muss, wenn eine wirksame Schiedsvereinbarung vorliegt.[254] Im Exequaturverfahren kommt es auf die Wirksamkeit einer Schiedsvereinbarung nach Art. 2 II UNÜ an, wenn auf Antrag einer Partei gegen die Anerkennung und Vollstreckung des Schiedsspruchs die Wirksamkeit der Klausel nach Art. 5 Abs. 1a UNÜ zu überprüfen ist. Im Falle der Unwirksamkeit kann die Anerkennung eines Schiedsspruchs abgelehnt werden.[255]

---

[251] Schlosser: Das Recht der internationalen privaten Schiedsgerichtsbarkeit, Rdnr. 369; Lindacher: Schiedsklauseln und Allgemeine Geschäftsbedingungen im internationalen Handelsverkehr, FS Habscheid, S. 167 (168).

[252] Gildeggen: Internationale Schieds- und Schiedsverfahrensvereinbarungen in Allgemeinen Geschäftsbedingungen, S. 51- 52.

[253] Haas: Die Anerkennung und Vollstreckung ausländischer und internationaler Schiedssprüche, S. 168.

[254] Gildeggen: a.a.O., S. 40 - 41; dazu auch Epping: Die Schiedsvereinbarung im internationalen privaten Rechtsverkehr, S. 100 ff.

[255] Gildeggen: a.a.O., S. 42 - 43; dazu auch Epping: Die Schiedvereinbarung im internationalen privaten Rechtsverkehr vor deutschen Gerichten, S. 100 ff.

Zweck der Formbedürftigkeit nach Art. 2 II UNÜ ist zum einen die Wahrung einer besonderen Schutz- und Warnfunktion (Schutz vor Unüberlegtheit und Übereilung der Parteien bei der Unterwerfung unter die Schiedsgerichtsbarkeit), andererseits aber auch die Sicherstellung der Beweisfunktion, die der Schriftlichkeit grundsätzlich zukommt.[256]

1.1.1. Zulässigkeit der elektronischen Schiedsvereinbarung

Nach dem Wortlaut des Übereinkommens ist mithin eine schriftliche Schiedsvereinbarung unabdingbare Voraussetzung der Anerkennung und Vollstreckbarkeit des späteren Schiedsspruchs.

Dennoch wurde bereits zu Beginn der 90er Jahre die Zulässigkeit elektronischer Schiedsvereinbarungen nach Art. 2 II UNÜ von Teilen der Literatur befürwortet: Man war der Auffassung, dass man auch solche in der Zukunft an Bedeutung gewinnenden Vereinbarungen für zulässig erachten müsse, die nur auf einem Computerbildschirm erscheinen und dann im Computerspeicher abgelegt würden. Dies gelte zumindest bei solchen Vereinbarungen, bei denen der genaue Zeitpunkt des Austausches und die Urheberschaft der ausgetauschten Mitteilungen zweifelsfrei feststellbar sei.[257] Maßgeblich sollte sein, dass in all diesen Fällen der nachträgliche Nachweis durch Ausdruck möglich ist. Da die Konvention mit ihrer Regelung besonders den Distanzgeschäften Rechnung tragen wolle, sollten die modernen Wege der Telekommunikation auch den Anforderungen des UNÜ genügen.[258] Die Auslegung des UNÜ sollte daher dieser Entwicklung der Rechtswirklichkeit angepasst werden.[259] Man erkannte bereits zu diesem Zeitpunkt, dass aufgrund der sich rasch fortentwickelnden Technologie in diesem Bereich Dokumentenpraktiken, die weltweit für Jahre akzeptiert worden waren, schon in Kürze überholt sein könnten. Daher sollte in all diesen Fällen die Computer- oder Satellitenverbindung und die Ablage in den jeweiligen elektronischen Speichern der Parteien den an sich nach dem UNÜ erforderlichen Austausch von schriftlichen Dokumenten ersetzen.[260] Es sollte sich von selbst verstehen, dass

---

[256] Gildeggen: a.a.O., S. 53 - 54.

[257] Berger: Internationale Wirtschaftsschiedsgerichtsbarkeit, S. 101, m. w. N.

[258] Berger: a.a.O., S. 102; Schack: Internationale Urheber-, Marken- und Wettbewerbsverletzungen im Internet, MMR 2000, S. 135 (140); Mankowski, Das Internet im internationalen Vertrags- und Deliktsrecht, RabelsZ 63 (1999), S. 206 (214 ff.).

[259] Berger: a.a.O., S. 103.

[260] ebd.

die Gleichstellung von Telegrammen mit Briefen angesichts der zwischenzeitlich eingetretenen Entwicklung in der Nachrichtenübermittlungstechnik auf einen Austausch von Telex oder elektronische Kommunikationsformen, wie Telefax und Computerverbund, zu übertragen sei, sofern sie zu einer automatisierten schriftlichen Niederlegung des übermittelten Textes führten.[261]

Dem folgen auch große Teile der aktuellen Literatur: Die elektronische Form, wie sie in § 1031 Abs. 1 ZPO vorgesehen ist, soll für eine wirksame Schiedsvereinbarung genügen, da § 1031 Abs. 1 ZPO sich an Art. II der New Yorker Konvention über die Anerkennung und Vollstreckung ausländischer Schiedssprüche anlehne. Danach ist eine Schiedsvereinbarung formgültig geschlossen, wenn sie in einem von den Parteien unterzeichneten Schriftstück oder zwischen ihnen gewechselten Schreiben, Telefaxen, Telegrammen oder anderen Formen der Nachrichtenübermittlung, die einen Nachweis der Vereinbarung sicherstellen, enthalten ist. Mit der zuletzt genannten Alternative soll etwa auch eine im Wege des Electronic Data Interchange (EDI) oder via Internet abgeschlossene Schiedsvereinbarung als formwirksam anzusehen sein, vorausgesetzt, es lässt sich ein Sendebericht über den Inhalt der Vereinbarung erstellen. Insoweit könne man die in § 1031 Abs. 1 ZPO genannten weiteren Übermittlungsformen (Fernkopien etc.) im Wege der ergänzenden Auslegung auch in Art. II Abs. 2 UNÜ hineinlesen. Daher soll auch nach dem New Yorker Übereinkommen eine auf elektronischem Wege getroffene Schiedsvereinbarung als wirksam anzusehen sein.[262]

Teilweise wird argumentiert, dass elektronische Kommunikationsformen wie Telegramme zu behandeln seien, da auch hier eine handschriftliche Unterzeichnung nicht erforderlich ist. Entscheidendes Kriterium ist hier allein die Wechselseitigkeit.[263] Da auch bei Telegrammen eine handschriftliche Unterzeichnung fehle, sei diese auch bei einem Austausch von Briefen entbehrlich. Dem Austausch von Briefen und Telegrammen stünden andere Kommunikationsformen, die zu einer automatisierten schriftlichen Niederlegung des übermittelten Textes führten, wie Telefax oder Email, gleich, sofern die Zurechenbarkeit der

---

[261] Stein/Jonas/Schlosser: ZPO, Bd.7/2; Anhang zu § 1044, Rdnr. 37; ähnlich auch Haas: Die Anerkennung und Vollstreckung ausländischer und internationaler Schiedssprüche, S. 167.

[262] Thümmel: Die Schiedsvereinbarung zwischen Formzwang und favor validitatis, FS Schütze, S. 935 (939).

[263] MünchKommZPO – Gottwald, Art. II UNÜ, Rdnr. 11.

Erklärung zum Absender gewährleistet sei.[264] Als das UNÜ im Jahr 1958 ausgearbeitet worden sei, habe man natürlich noch nicht an Möglichkeiten, wie sie die moderne Informationstechnologie heute biete, gedacht. Modellfall sei daher die Schriftform gewesen. Dennoch habe sich das UNÜ im Laufe der Zeit mehrfach flexibel genug erwiesen, um sich neuen technischen Entwicklungen zu öffnen und so den Bedürfnissen des Handelsverkehrs entgegenzukommen.[265] Seinerzeit habe man bewusst die neueste Technik, das Telegramm, mit in den Vertragstext einbezogen, um die Möglichkeiten für den Abschluss von Schiedsvereinbarungen zu vergrößern. Ein Ausschluss weiterer technischer Entwicklungen könne nicht bezweckt gewesen sein, weil dies diesem Hauptziel zuwider gelaufen wäre. Vielmehr sei eine solche dynamische Öffnung für die jeweils neuesten Kommunikationstechniken konzeptionell angelegt.[266]

Zudem sei es angebracht Art. II UNÜ im Lichte von Art. 7 II 2 UNCITRAL-Modellgesetz auszulegen, dessen Formvorschrift bei einer Nachrichtenübermittlung erfüllt ist, die einen Nachweis der Vereinbarung sicherstellt. Ausschlaggebend sei die visuelle Wahrnehmbarkeit und Reproduzierbarkeit.[267] Das Schriftlichkeitserfordernis des Art. II UNÜ sei zwar enger als das des § 1031 ZPO, es decke sich auch nicht mit § 126 BGB oder Art. 17 EuGVÜ. Jedoch werde man, wenn auch das Völkerrecht prinzipiell der Analogie abhold sei, eine Erweiterung der in Art. II UNÜ genannten Kommunikationsformen durch innere Analogie, z. B. durch Einbeziehung von Telexen und Email-Ausdrucken, billigen müssen. Nach dieser Auffassung wird daher von einer Deckungsgleichheit von Art. II Abs. 2 UNÜ und § 1031 Abs. 1 ZPO ausgegangen.[268]

Im Ergebnis mag diese Ansicht vertretbar sein. Da die Auslegung von Art. II Abs. 2 UNÜ jedoch im Interesse einer einheitlichen Beurteilung in allen Vertragsstaaten autonom unter Berücksichtigung von Sinn und Zweck der Vorschrift und ohne Bezugnahme auf nationales Recht zu erfolgen hat, ist ein solcher Argumentationsansatz abzulehnen.[269] Eine Inter-

---

[264] Hausmann in Reithmann, Martiny: Internationales Vertragsrecht, Rdnr. 2343.

[265] Mankowski: Das Internet im internationalen Vertrags- und Deliktsrecht, RabelsZ 63 (1999), S. 206 (214).

[266] Mankowski: a.a.O., S. 206 (214) m. w. N.

[267] Mankowski: a.a.O., S. 206 (215).

[268] Moller: Schiedsverfahrensnovelle und Vollstreckung ausländischer Schiedssprüche, NZG 1999, S. 143 (145).

[269] Hausmann in Reithmann, Martiny: Internationales Vertragsrecht, Rdnr. 2341; Albers in Baumbach/Lauterbach/Albers/Hartmann: ZPO, IntSchG, Schl-Anh. VI A 1, Art. II UNÜ, Rdnr. 1; Schwab/Walter: Schiedsgerichtsbarkeit, Kommentar, S. 463.

pretation des Art. II Abs. 2 UNÜ kann nicht über Regelungen erfolgen, die der deutsche Gesetzgeber fast vierzig Jahre nach Inkrafttreten des UNÜ getroffen hat.

Art. II Abs. 2 UNÜ erläutert vielmehr, was unter einer „schriftlichen Vereinbarung" zu verstehen ist, nämlich eine Schiedsklausel in einem Vertrag oder eine Schiedsabrede, sofern der Vertrag oder die Schiedsabrede von den Parteien unterzeichnet oder in Briefen oder Telegrammen enthalten ist, die sie gewechselt haben. Ob für eine solche Unterzeichnung die faksimilierte Unterschrift genügt, ist umstritten.[270] Ausgeschlossen ist in jedem Fall die Möglichkeit einer mündlich oder stillschweigend abgeschlossenen Schiedsvereinbarung.[271]

Nach strengerer Aufassung soll es zwar nach Art. II Abs. 2 UNÜ möglich sein, eine Schiedsvereinbarung durch beiderseitigen Austausch von entsprechenden Telefax-Kopien wirksam zu treffen. Dies folge aus der gesetzlich zugelassenen Möglichkeit, die Schiedsvereinbarung in beiderseitigen Telegrammen zu übermitteln. Für die elektronische Kommunikation soll dies jedoch nicht gelten. Lediglich soweit eine Dokumentenübermittlung zu einer automatischen schriftlichen Niederlegung führe, soll diese für den Abschluss von Schiedsvereinbarungen im Sinne des Art. II Abs. 2 UNÜ geeignet sein. Dabei muss zudem stets die Zurechenbarkeit an den Absender gewährleistet sein.[272] Da die Kommunikation via Internet nicht automatisch zu einer schriftlichen Niederlegung der Vereinbarung führe, griffen diese Grundsätze für eine elektronisch getroffene Schiedsvereinbarung jedoch nicht ein. Art. II UNÜ weiche hier von der deutschen Regelung der Schriftform des § 1031 Abs. 1 ZPO erheblich ab, die - wie bereits festgestellt - die „elektronische" Schiedsvereinbarung gestattet.[273] Nach Art. VII UNÜ könne sich ggf. jedoch jede beteiligte Partei „auf einen Schiedsspruch nach Maßgabe des innerstaatlichen Rechts oder der Verträge des Landes berufen, in dem er geltend gemacht werde", also auf das Recht des Staates der Anerkennung und Vollstreckung des Schiedsspruchs. Sei nach diesem Recht eine Schiedsvereinbarung wirksam geschlossen, solle der Schiedsspruch in diesem Land auch vollstreckbar sein. Daher könne bei Anwendbarkeit des deutschen Rechts auch eine elektronisch zustande gekommene Schiedsvereinbarung gem. § 1031 Abs. 1 ZPO als

---

[270] Schwab/Walter: a.aO., S. 463, m. w. N.

[271] Schwab/Walter: a.a.O., S. 464.

[272] Schwab/Walter: a.a.O., S. 464, Fn.19.

[273] Schwab/Walter: a.a.O., S. 464.

wirksam anzusehen sein. Eine Zulässigkeit nach Art. II UNÜ wird nach dieser Ansicht jedoch abgelehnt.[274]

Für die Zulässigkeit einer elektronisch getroffenen Schiedsvereinbarung nach Art. 2 II UNÜ sprechen die derzeitigen Bestrebungen der UNCITRAL, durch reine Neuinterpretation des geltenden Übereinkommens die Wirksamkeit solcher elektronischer Schiedsvereinbarungen sicherzustellen. Der vorliegende Streit wird sich damit voraussichtlich in naher Zukunft erledigen.

Seit dem Jahr 1998 wird bei der UNCITRAL über die Lösung der durch die neuen technischen Möglichkeiten der elektronischen Kommunikation auftretenden Probleme diskutiert. Erstmals kamen auf den Feierlichkeiten zum 40-jährigen Bestehen des Abkommens am 10. Juni 1998 (New York Convention Day) während der 31. Konferenz der Kommission mehrere Probleme der Praxis des geltenden Abkommens zur Sprache. Damit trat die Kommission in eine neue Phase der Diskussion über die Lösung der anstehenden Probleme ein. Auf der 32. Konferenz der Kommission im Jahr 1999 wurde erstmals über eine anstehende Weiterentwicklung des Rechts der internationalen Wirtschaftsschiedsgerichtsbarkeit diskutiert. Zu den offenen Fragen gehörten sowohl solche im Zusammenhang mit der Durchsetzbarkeit von Maßnahmen des einstweiligen Rechtsschutzes, Schlichtungsfragen, Probleme der Durchsetzbarkeit eines Schiedsspruchs, welcher im Ursprungsstaat aufgehoben wurde, als auch die Frage nach dem zwingenden Erfordernis der Schriftlichkeit der Schiedsabrede. Die Kommission beauftragte im Rahmen der 32. Konferenz einen Ausschuss mit der Lösung dieser Problemstellungen (der sog. „Working Group of Arbitration“).[275] Dieser Ausschuss nahm noch während der Konferenz seine Arbeit auf. Dabei wurden erste Überlegungen für eine Harmonisierung der Texte des UNÜ und des UMG hinsichtlich des Schriftformerfordernisses der Schiedsvereinbarung angestellt. Bereits während der darauffolgenden 33. Konferenz der Kommission im November / Dezember 2000 diskutierte der Ausschuss die Möglichkeit einer Neuinterpretation von Art. 2 II des Übereinkommens im Zusammenhang mit Schiedsvereinbarungen, die in elektronischer

---

[274] Schwab/Walter: a.a.O., S. 466; Musielak/Voit: ZPO, § 1031, Rdnr. 18.

[275] (Wien, 20. – 31. März 2000), United Nations Commission on International Trade Law: General Assembly, UN-Doc. A/CN.9/468.

Form getroffen würden.[276] Dieser Ausschuss arbeitet derzeit auch an einer Reform von Art. 7 II des UNCITRAL-Modellgesetzes dahingehend, dass zukünftig auch nach dem Modellgesetz die Vereinbarung einer Schiedsvereinbarung über elektronische Medien zulässig sein soll. Zunächst lagen mehrere verschiedene Modelle des künftigen Textes von Art. 7 UMG zur Diskussion vor. Inhaltlich unterschieden sich diese im Grunde nicht. Der Unterschied sollte nach dem Willen des Ausschusses nur in der Formulierung liegen.[277] Während der 34. Konferenz von New York im Frühjahr 2001 wurde ein weiterer Vorschlag des Ausschusses für eine Überarbeitung von Art. 7 UMG diskutiert.[278]

Auf der gleichen Konferenz wurde der Entwurf einer Erklärung über die Interpretation von Art. 2 II UNÜ beschlossen.[279] Aus dieser soll eine Empfehlung hervorgehen, dass Art. 2 II UNÜ ebenfalls die Vereinbarung einer Schiedsklausel mittels elektronischer Medien gestattet. Der Vorteil einer solchen Empfehlung wurde darin gesehen, dass es keiner Ergänzung der Konvention selbst mehr bedarf.

Die aktuellen Überarbeitungen der Neufassung von Art. 7 UMG und der interpretativen Erklärung hinsichtlich Art. II Abs. 2 UNÜ stammen vom März 2002.[280] Deren endgültiger Beschluss liegt noch nicht vor. Im Zusammenhang mit Art. II Abs. 2 UNÜ wird derzeit auch die Möglichkeit eines der Konvention anzuhängenden Protokolls diskutiert, da befürchtet wird, dass eine reine Interpretationserklärung keine rechtlich bindende Wirkung entfalten kann.[281]

---

[276] United Nations Commission on International Trade Law, Report of the Working Group on Arbitration on the work of its thirty-third session (Vienna, 20 November – 1 December 2000), UN-Doc. A/CN.9/485.

[277] United Nations Commission on International Trade Law, General Assembly, Report of the Working Group on Arbitration on the work of its thirty-third session (Vienna, 20 November – 1 December 2000), UN-Doc. A/CN.9/485, S. 13ff.

[278] Textvorschlag für Art. 7 UNCITRAL-Modell-Law siehe bei United Nations Commission on International Trade Law, Report of the Working Group on Arbitration on the work of its thirty-fourth session (New York, 21 May – 1 June 2001), UN-Doc. A/CN.9/487, S. 6 ff.

[279] Text siehe bei United Nations Commission on International Trade Law, Report of the Working Group on Arbitration on the work of its thirty-fourth session (New York, 21 May – 1 June 2001), UN-Doc. A/CN.9/487, S. 17 ff.

[280] United Nations Commission on International Trade Law, Report of the working group on Arbitration on the work of its thirty-sixth session (New-York, 4-8 March 2002), UN-Doc. A/CN.9/508, para. 18 ff.

[281] United Nations Commission on International Trade Law, Report of the working group on Arbitration on the work of its thirty-sixth session (New-York, 4-8 March 2002, UN-Doc. A/CN.9/508, para. 44.

1.1.2. Die Schiedsvereinbarung in elektronischen kaufmännischen Bestätigungsschreiben

Nach Rechtsprechung und Literatur genügt ein kaufmännisches Bestätigungsschreiben, wie es im deutschen Rechtskreis üblich ist, nicht den Anforderungen des Art. 2 II UNÜ. Eine Schiedsvereinbarung in einer solchen „halbschriftlichen" Form ist unwirksam.[282] Die Zulässigkeit wurde während der Verhandlungen auf UN-Ebene u.a. mit der Begründung abgelehnt, dass die Gefahr unterschiedlicher Auslegung einer solchen Klausel zu groß ist.[283] Damit kann ein Schweigen auf ein kaufmännisches Bestätigungsschreiben selbstverständlich ebenfalls nicht den Anforderungen nach Art. 2 II UNÜ genügen.[284] Gleiches gilt dann natürlich auch für ein kaufmännisches Bestätigungsschreiben, das auf elektronischem Weg übermittelt wird.

1.1.3. Die Schiedsvereinbarung in allgemeinen Geschäftsbedingungen

Umstritten ist, ob bzw. wann die Bezugnahme auf allgemeine Geschäftsbedingungen, die eine Schiedsvereinbarung enthalten, nach Art. II Abs. 2 UNÜ ausreichend ist.[285]

Großer Streit besteht bereits hinsichtlich der Frage, ob Art. II Abs. 2 UNÜ eine rein formelle Vorschrift ist oder ob auch die materielle Frage der tatsächlichen Einigung der Parteien durch Art. II Abs. 2 UNÜ geregelt wird. Dies hätte zur Folge, dass die Vorschriften des Schiedsvertragsstatuts völlig verdrängt werden. Dieser Streitstand soll an dieser Stelle kurz zusammengefasst werden.[286]

Nach bisher herrschender Auffassung regelt die staatsvertragliche Sachnorm des Art. II Abs. 2 UNÜ zwar nicht alle Aspekte des Zustandekommens und der Wirksamkeit der Schiedsvereinbarungen, die Einbeziehung von allgemeinen Geschäftsbedingungen

---

[282] Schlosser: Das Recht der internationalen privaten Schiedsgerichtsbarkeit, Rdnr. 380, m. w. N.; BGH, Urt. v. 25.5.1970 - VII ZR 157/68, RIW/AWD 1970, S. 417 (418); Moller: Schiedsverfahrensnovelle und Vollstreckung ausländischer Schiedssprüche, NZG 1999, S. 143 (145); Sieg, Oliver: Internationale Gerichtsstand- und Schiedsklauseln in allgemeinen Geschäftsbedingungen, RIW 1998, S. 102 (106); Schwab/Walter: Schiedsgerichtsbarkeit, Kommentar, S. 465 m. w. N.; Berger: Internationale Wirtschaftsschiedsgerichtsbarkeit, S. 105; Schütze/Tscherning/Wais: Handbuch des Schiedsverfahrens, S. 305; Gildeggen: Internationale Schieds- und Schiedsverfahrensvereinbarungen in Allgemeinen Geschäftsbedingungen, S. 52; Haas: Zur formellen und materiellen Wirksamkeit des Schiedsvertrages, IPRax 1993, S. 382 (383).

[283] Berger: a.a.O., S. 106; Stellungnahme des finnischen Deligierten in UN-Doc. A/CN.9/311, Para. 33.

[284] Schütze/Tscherning/Wais: a.a.O., S. 305.

[285] Überblick bei Epping: Die Schiedsvereinbarung im internationalen privaten Rechtsverkehr, S. 129 ff.

[286] siehe dazu die umfassende Untersuchung dieser Frage bei Epping: a.a.O., S. 130-142.

oder Standardverträgen soll jedoch abschließend durch das UNÜ geregelt werden.[287] Art. II Abs. 2 UNÜ soll insoweit zunächst allen abschlusskontrollierenden Vorschriften des nationalen Rechts vorgehen.[288] Daher seien auch die Vorschriften des deutschen autonomen Sachrechts grundsätzlich neben Art. II Abs. 2 UNÜ nicht anwendbar.[289] Nach überwiegender Auffassung wird Art. 2 II UNÜ als internationale Sachnorm angesehen, die sich innerhalb ihres Anwendungsbereichs gegenüber jedem nationalen Recht durchsetzt.[290] Die Auslegung von Art. 2 II UNÜ richtet sich nach den für völkerrechtliche Verträge maßgeblichen Auslegungskriterien.[291] Dies soll jedoch nicht bedeuten, dass Schiedsvereinbarungen in AGB neben Art. II UNÜ keinerlei weiterer Kontrollen durch nationale Regelungen unterliegen. Art. II UNÜ soll innerstaatliche Regelungen lediglich insoweit ausschließen, als diese dieselbe Zielsetzung wie Art. II UNÜ haben.[292]

In der aktuellen Auseinandersetzung setzt sich mehr und mehr die Auffassung durch, dass Art. II UNÜ auch die materielle Einigung der Parteien über die Einbeziehung der Schiedsvereinbarung fordert. Art. II Abs. 2 UNÜ wird derart interpretiert, dass aus dem allgemeinen Schriftformerfordernis und den damit verfolgten Zwecken ein materieller Konsens über die Einbeziehung der AGB nur anzunehmen ist, wenn der Vertragspartner des Verwenders zur Zeit der Unterzeichnung der Vertragsurkunde oder mit Zugang der auf AGB verweisenden Vertragserklärung die zumutbare Möglichkeit der Kenntnisnahme von der Schiedsklausel hat. Es soll insoweit nur eine beschränkte vertragsautonome Bestimmung der materiellen Einbeziehungsvoraussetzungen geben.[293] Das nach Art. V Abs. 1 lit. a UNÜ auf die Schiedsvereinbarung anwendbare nationale Recht werde nur insoweit verdrängt, als es hinsichtlich des Zustandekommens der Schiedsvereinbarung die Risikoverteilung zwischen dem Verwender allgemeiner Geschäftsbedingungen und seinem Ver-

---

[287] Gildeggen, Internationale Schieds- und Schiedsverfahrensvereinbarungen in Allgemeinen Geschäftsbedingungen S. 140 ff.; Lindacher: Schiedsklauseln und Allgmeine Geschäftsbedingungen im internationalen Handelsverkehr, FS Habscheid, S 167 (174); Epping: a.a.O., S. 135.

[288] Wackenhuth: Die Schriftform für Schiedsvereinbarungen nach dem UN-Übereinkommen und Allgemeine Geschäftsbedingungen, ZZP 99, S. 445 (452); v. Hülsen: Die Gültigkeit von internationalen Schiedsvereinbarungen, S. 53; Gildeggen: a.a.O., S. 140 ff.; Epping: a.a.O., S. 98, m. w. N.

[289] Schwab/Walter: Schiedsgerichtsbarkeit, Kommentar, S. 465.

[290] Epping: a.a.O., S. 99 m. w. N.; zum Anwendungsbereich von Art. 2 II UNÜ vgl. ebd. S. 100-126; Walter: Das Schiedsverfahren im deutsch-italienischen Rechtsverkehr, RIW 1982, S. 693 (699); Haas: Zur formellen und materiellen Wirksamkeit des Schiedsvertrages, IPRax 1993, S. 382 (383).

[291] Gildeggen: a.a.O., S. 45.

[292] Gildeggen, a.a.O., S. 141.

[293] Epping: a.a.O., S. 140; Ansätze dahingehend bereits bei Gildeggen, a.a.O., S. 55-56.

tragspartner regelt.[294] Art. II Abs. 2 UNÜ soll allen abschlusskontrollierenden Vorschriften des nationalen Rechts vorgehen, welche Voraussetzungen dafür aufstellen, unter denen eine vertragliche Erklärung der Partei normativ gerade auch als Zustimmung zu der in AGB enthaltenen Schiedsklausel zu verstehen ist. Dabei käme es nicht darauf an, ob die entsprechenden Vorschriften des nationalen Rechts speziell für Schiedsklauseln oder generell für die Einbeziehung allgemeiner Geschäftsbedingungen gelten. Unerheblich sei es auch, ob die abschlusskontrollierenden Vorschriften in ihrem Herkunftsland dem Formstatut oder dem materiellen Vertragsrecht zuzuordnen seien. Im deutschen Recht sei von dem Ausschluss also insbesondere §§ 305 Abs. 2, 305c Abs. 1 BGB betroffen.[295]

Nach bisher herrschender Auffassung haben sich – entsprechend der mit der Schriftform intendierten Zwecke - bis heute in der Praxis zahlreiche Fallgruppen für die Zulässigkeit, bzw. Unzulässigkeit von Schiedsklauseln in AGB herausgebildet. Für die Beurteilung der Fragestellung, ob in der Praxis eine Schiedsvereinbarung nach dem UNÜ in elektronischen AGB enthalten sein kann, können die durch Rechtsprechung und Literatur bisher herausgearbeiteten Fallgruppen entsprechend herangezogen werden.[296]

1.1.3.1. Verträge unter Kaufleuten

Grundsätzlich ist es nach Art. 2 II UNÜ zulässig, eine Schiedsklausel über die Bezugnahme auf allgemeine Geschäftsbedingungen zum Bestandteil eines Vertrages zu machen.[297]

Ausreichend für eine wirksame Einbeziehung nach Art. II Abs. 2 UNÜ ist, dass die Schiedsklausel in den AGB niedergelegt ist, die im Text der von den Parteien unterzeichneten Vertragsurkunde enthalten sind.[298] Es bedarf der sog. doppelten Schriftform, d. h. sowohl die allgemeinen Geschäftsbedingungen müssen schriftlich niedergelegt sein, als

---

[294] Epping: a.a.O., S. 140.

[295] Epping: a.a.O., S. 141; i. E. so auch Gildeggen: a.a.O., S. 142.

[296] Übersicht bei Epping: a.a.O.; S. 150-151.

[297] MünchKommZPO - Gottwald, Art. II UNÜ, Rdnr. 14; Stein/Jonas/Schlosser: ZPO, Bd. 7/2, Anhang zu § 1044 III, Rdnr. 40; Zöller/Geimer: ZPO, § 1031, Rdnr. 24; a. A.: v. Hülsen: Die Gültigkeit von internationalen Schiedsvereinbarungen, S. 59.

[298] Stein/Jonas/Schlosser: ZPO, Bd.7/2, Anhang zu § 1044 III, Rdnr. 41; BGH, Urt. v. 12.2.1976, NJW 1976, S. 1591; Gildeggen: Internationale Schieds- und Schiedsverfahrensvereinbarungen in Allgemeinen Geschäftsbedingungen, S. 60, m. w. N.

auch die Bezugnahme auf die AGB muss schriftlich abgefasst sein. Die Einhaltung der einfachen Schriftform genügt dem Formerfordernis des UNÜ nicht.[299]

Liegen beispielsweise AGB, die eine auf den Abschluss einer Schiedsvereinbarung gerichtete Klausel enthalten, einem Vertrag oder den von den Parteien gewechselten Schreiben "schlicht" an, ohne dass auf die AGB, bzw. auf die Klausel Bezug genommen wird, ist nach herrschender Auffassung den Formerfordernissen von Art. II Abs. 2 UNÜ nicht genügt. Das kommentarlose Mitverschicken ist nicht ausreichend.[300] Die bloße Übersendung der AGB, die eine Schiedsklausel enthalten, kann auch dann nicht genügen, wenn sie einseitig vom Kunden unterschrieben worden sind.[301] Unzureichend ist damit notwendigerweise auch die bloße Bezugnahme auf nicht mitgeschickte allgemeine Geschäftsbedingungen, in denen eine Schiedsklausel enthalten ist.[302]

Nach Rechtsprechung und herrschender Meinung in der Literatur soll es hingegen ausreichend sein, wenn die die Schiedsklausel enthaltenden AGB zumindest mit der Vertragsurkunde als Anlage verbunden sind. In diesem Fall muss dann jedoch im Vertragstext auf die AGB verwiesen werden.[303] Aufgrund des doppelten Schriftformerfordernisses muss die Bezugnahme selbst dabei ebenfalls schriftlich sein.[304] Genügend ist es natürlich, wenn die AGB auf die von beiden Parteien unterzeichnete Vertragsurkunde gesetzt sind.[305] Wird in einer vertraglichen Erklärung auf allgemeine Geschäftsbedingungen, die eine Schiedsklausel enthalten, Bezug genommen und wird dieses Regelwerk der anderen Partei zugänglich gemacht, indem es auf der Rückseite des Schreibens abgedruckt oder beigefügt

---

299 Gildeggen: a.a.O., S. 61; Zöller/Geimer: ZPO, § 1031 Rdnr. 22.

300 Wackenhuth: Die Schriftform für Schiedsvereinbarungen nach dem UN-Übereinkommen und Allgemeine Geschäftsbedingungen, ZZP 99, S. 445 (455-456); Hausmann in Reithmann/Martiny: Internationales Vertragsrecht, Rdnr. 2348.

301 Samtleben: Zur Wirksamkeit von Schiedsklauseln bei Börsentermingeschäften, ZEuP 1999, S. 975.

302 BGH, Urt. v. 10.5.1984 - III ZR 206/82, NJW 19984, S. 2763 (2765); Schlosser: Das Recht der internationalen privaten Schiedsgerichtsbarkeit, Rdnr. 379; Schwab/Walter: Schiedsgerichtsbarkeit, Kommentar, S. 465; Musielak/Voit:ZPO, § 1031, Rdnr. 18; Lindacher: Schiedsklauseln und allgemeine Geschäftsbedingungen im internationalen Handelsverkehr, FS Habscheid, S. 167 (171).

303 BayOLG, Beschl. V. 17.9.1998 - 4 Z Sch 1/98, NJW-RR 99, S. 644 (645); BGH, Urt. v. 12.2.1976 - III ZR 42/74, RIW/AWD 1976, S. 449 (450); Moller: Schiedsverfahrensnovelle und Vollstreckung ausländischer Schiedssprüche, NZG 1999, S. 143 (145), m. w. N.; Sieg: Internationale Gerichtsstands- und Schiedsklauseln in Allgemeinen Geschäftsbedingungen, RIW 1998, S. 102 (106); Schütze/Tscherning/Wais: Handbuch des Schiedsverfahrens, S. 305; Albers in /Lauterbach/Albers/Hartmann: ZPO, IntSchG, Schl-Anh. VI A 1, Art.II UNÜ, Rdnr. 2 m. w. N.

304 Epping: a.a.O., S. 150.

305 Sieg: Internationale Gerichtsstands- und Schiedsklauseln in Allgemeinen Geschäftsbedingungen, RIW 1998, S. 102 (106).

wird, muss auf die Existenz der Schiedsklausel als solche nicht eigens hingewiesen werden. Grund dafür ist, dass in diesem Fall mit der Kenntnisnahme durch den Empfänger gerechnet werden kann.[306]

Ist der Verweis auf die AGB in einer einseitigen Vertragserklärung enthalten, bedarf es einer schriftlichen Zustimmung durch die andere Vertragspartei, die sich nicht speziell auf das verwiesene Dokument oder die darin enthaltene Schiedsklausel beziehen muss.[307] Wird das die Schiedsklausel enthaltende Schriftstück jedoch nicht gleichzeitig mit der vertraglichen Erklärung zugänglich gemacht, so ist zur Wirksamkeit der Schiedsvereinbarung grundsätzlich ein gesonderter Hinweis auf die Schiedsklausel erforderlich.[308] Dieser Hinweis muss nicht derart ausgestaltet sein, dass der Text der Schiedsklausel wortwörtlich wiederholt wird. Anderenfalls handelte es sich nicht mehr um einen Hinweis, sondern bereits um die eigentliche Schiedsklausel. Ausreichend soll jedoch sein, wenn die Parteien auf die AGB im Vertrag Bezug nehmen, etwa mit der Formulierung „including the arbitration clause".[309]

Nur wenn aufgrund besonderer Umstände damit gerechnet werden kann, dass der Empfänger von der in den AGB enthaltenen Schiedsklausel Kenntnis hat, genügt die pauschale Bezugnahme auf dieses Regelwerk. Anerkannt ist dies etwa, wenn die Parteien in einer Branche tätig sind, in der üblicherweise schiedsgerichtliche Streiterledigung vereinbart wird. Gleiches gilt, wenn die Parteien in laufenden Geschäftsbeziehungen stehen und diese stets denselben Vertragsbedingungen und damit derselben Schiedsklausel unterstellen.[310] Im Falle der Entbehrlichkeit der Übersendung der AGB wegen laufender Geschäftsbeziehungen oder aufgrund Branchenüblichkeit entfällt jedoch nicht das Schriftlichkeitser-

---

[306] OLG München, Urt. v. 8.3.1995 - 7 U 5460/94, RIW 1996, S. 854 (855); Wackenhuth: Die Schriftform für Schiedsvereinbarungen nach dem UN-Übereinkommen und Allgemeine Geschäftsbedingungen, ZZP 99, S. 445 (458); Epping: a.a.O., S. 130, m. w. N.

[307] Epping: a.a.O., S. 150.

[308] Epping: a.a.O., S. 130; Wackenhuth: a.a.O., ZZP 99, S. 445 (459).

[309] Wackenhuth: a.a.O., ZZP 99, S. 445 (460); ausführlich zu dem Problem der nicht beigefügten AGB: Gildeggen: a.a.O., S. 64 ff.

[310] Epping: a.a.O., S. 130, m. w. N.; MünchKommZPO-Gottwald, Art. II UNÜ, Rdnr. 14, m. w. N.; Wackenhuth: a.a.O., ZZP 99, S. 445 (459); zur Frage der Anforderungen bei laufenden Geschäftsbeziehungen derselbe kritisch in ZZP 99, S. 445 (465); a. A. Hausmann in Reithmann / Martiny: Internationales Vertragsrecht, Rdnr. 2352: Eine Ausnahme von dem Erfordernis der schriftlichen Bezugnahme auf die Schiedsklausel solle nur dann in Betracht kommen, wenn die in Bezug genommen AGB der anderen Partei nachweislich bekannt waren; differenzierend dazu auch Lindacher: Schiedsklauseln und allgemeine Geschäftsbedingungen im internationalen Handelsverkehr, FS Habscheid, S. 167 (171) ff.

fordernis als solches; vielmehr entfällt nur die Erforderlichkeit der erneuten Mitversendung der AGB. Eine ausdrückliche Bezugnahme auf die AGB im Hauptvertrag ist weiterhin erforderlich.[311]

In dem Fall, dass beide Parteien in den dem Hauptvertrag beigefügten AGB die Streiterledigung durch Schiedsgerichte vorsehen, ist die Form des Art. II Abs. 2 UNÜ auch dann gewahrt, wenn die Schiedsklauseln inhaltlich voneinander abweichen (z. B. Schiedsorte in unterschiedlichen Ländern vorsehen). Nach richtiger Auffassung handelt es sich hierbei nicht um den notwendigen Inhalt der Schiedsvereinbarung als solchen, sondern um Schiedsverfahrensvereinbarungen.[312]

Das Zustandekommen einer Schiedsvereinbarung in allgemeinen Geschäftsbedingungen setzt also grundsätzlich voraus, dass der Vertragspartner von der Existenz der Schiedsvereinbarung wusste oder wissen musste.[313] Der Vertragspartner muss wenigstens eine ausreichende Möglichkeit der Kenntnisnahme zur Zeit des Vertragsschlusses gehabt haben.[314] Voraussetzung dafür ist auch, dass die AGB in der Vertragssprache, der Muttersprache des Empfängers oder einer Weltsprache abgefasst sind, denn der Empfänger ist nicht verpflichtet, sich diese übersetzen zu lassen.[315]

---

[311] Hausmann in Reithmann / Martiny: Internationales Vertragsrecht, Rdnr. 2350.

[312] Hausmann in Reithmann/Martiny: Internationales Vertragsrecht, Rdnr. 2344.

[313] Epping: a.a.O., S. 150; i. E. so auch Gildeggen: a.a.O., S. 71.

[314] Hausmann in Reithmann/Martiny: Internationales Vertragsrecht, Rdnr. 2349; Haas: Die Anerkennung und Vollstreckung ausländischer und internationaler Schiedssprüche, S. 171.

[315] Hausmann in Reithmann/Martiny: Internationales Vertragsrecht, Rdnr. 2349; Gildeggen: a.a.O., S. 81 ff.

1.1.3.2. Schiedsvereinbarungen mit Verbrauchern

Zweck des Schriftlichkeitserfordernisses ist zum einen die Sicherung der Beweisfunktion, insbesondere aber auch der Schutz und die Warnung vor Übereilung. Im Hinblick auf diese Intention ist es gerechtfertigt, im Verbraucherbereich strengere Maßstäbe an die Formbedürftigkeit anzulegen als im vollkaufmännischen Verkehr, auf den die Regelung des Art. II Abs. 2 UNÜ primär abzielt.[316] Um diese Funktionen der Schriftform zu gewährleisten, ist es sachgerecht zu verlangen, dass für die Wirksamkeit der Schiedsvereinbarung nach Art. II Abs. 2 UNÜ diese im Text der Vertragsurkunde selbst enthalten sein muss oder in den gewechselten Schreiben ausdrücklich auf die Schiedsklausel in den AGB hingewiesen wird.[317]

1.1.3.3. Schiedsvereinbarungen in elektronischen AGB

Die genannten Fallgruppen gilt es nun auf den elektronischen internationalen Vertragsschluss zu übertragen. Aufgrund der Zulässigkeit der elektronischen Form der Schiedsvereinbarung könnte man zu der Auffassung gelangen, dass auch elektronische AGB wirksam sind, die eine Schiedsvereinbarung enthalten. Diese These soll im Folgenden überprüft werden.

Im elektronischen wie im schriftlichen Rechtsverkehr greift der allgemeine Grundsatz, dass das Zustandekommen einer Schiedsvereinbarung voraussetzt, dass der Vertragspartner von der Existenz der Schiedsvereinbarung wusste oder wissen musste.

Sind die AGB nun in der von beiden Parteien unterzeichneten, also nach dem heutigen Stand der Technik in der Regel mittels digitaler Signatur versehenen, elektronischen Vertragsurkunde enthalten, ist eine darin befindliche Schiedsvereinbarung nach Art. II Abs. 2 UNÜ nach dem derzeitigen Stand der Diskussion im Ausschuss der Vereinten Nationen auch wirksam in den Vertrag einbezogen. Bei einem reinen Austausch von Emails, der nach überzeugender Auffassung mit dem Wechseln von Telegrammen i. S. v. Art. II Abs. 2 2. Alt. UNÜ vergleichbar ist, bedarf es einer solchen Unterzeichnung in Form der digitalen

---

[316] Hausmann in Reithmann/Martiny: Internationales Vertragsrecht, Rdnr. 2342; Gildeggen: Internationale Schieds- und Schiedsverfahrensvereinbarungen in Allgemeinen Geschäftsbedingungen, S. 57 (60).

[317] Gildeggen: Internationale Schieds- und Schiedsverfahrensvereinbarungen in Allgemeinen Geschäftsbedingungen, S. 83.

Signatur nicht. Denn in dem Fall des Telegramms ist die handschriftliche Unterzeichnung ebenfalls entbehrlich.[318]

Der Fall, dass dem Vertragspartner eines Verwenders von elektronischen AGB die Möglichkeit der Kenntnisnahme fehlt, scheint eher theoretischer Natur zu sein. In der Regel wird ein Verwender von AGB bei einem elektronischen Vertragsschluss diese in entsprechend leicht zugänglicher Weise auf seinen Internetseiten ablegen, so dass dem Vertragspartner die Kenntnisnahme bei entsprechendem Hinweis bei Vertragsschluss problemlos möglich ist. Der Fall der „nicht mitgeschickten AGB" wird bei elektronischem Vertragsschluss damit kaum vorkommen. Bereits der Hinweis im Vertrag auf die aus dem Internet abrufbaren AGB genügt. Teilweise wird die Zulässigkeit von bloßen „click wrap agreements", der Möglichkeit des Anklickens einer interaktiven Website, zwar bestritten, da anderenfalls weder Warn- noch Beweisfunktion gewahrt würden.[319] Diese Sichtweise entbehrt jedoch eines sachlichen Grundes. Eine solche technische Ausgestaltung kann keine andere Beurteilung erfahren als das bloße Beilegen von schriftlichen AGB zu einem schriftlichen Vertrag. Auch hier ist die tatsächliche Kenntnisnahme durch den Empfänger nicht zwingend gewährleistet. Die Möglichkeit der Kenntnisnahme ist jedoch hinreichend gegeben. Im kaufmännischen Bereich ist zudem anerkannt, dass die Schutzwürdigkeit der Vertragspartner wesentlich geringer ist als etwa im Verbraucherbereich. Für die Wahrung der Beweisfunktion muss lediglich sichergestellt werden, dass eine Ausdruckmöglichkeit sowohl für den Verwender als auch für den Empfänger der AGB gegeben ist. Besteht eine solche Ausdrucksmöglichkeit, kann keine Rede davon sein, dass mittels "click wrap agreements" die Wahrung der Beweisfunktion nicht sichergestellt ist.

Die Bezugnahme auf die allgemeinen Geschäftsbedingungen muss jedoch wenigstens in elektronischer Form erfolgen. Die bloße Übersendung der AGB per Email ohne Bezugnahme im Hauptvertrag ist weiterhin unzureichend für die Einbeziehung in einen Vertrag. Auch wenn der Verweis auf die AGB in einer einseitigen elektronischen Vertragserklärung enthalten ist, bedarf es einer schriftlichen, bzw. elektronischen Zustimmung durch die andere Vertragspartei.

---

[318] siehe Ausführungen zu Teil A, § 2 Kap. 1.1.1.

[319] Schack: Internationale Urheber-, Marken- und Wettbewerbsverletzungen im Internet, MMR 2000, S. 135 (140).

Ist der die Schiedsklausel enthaltende Link, etwa aufgrund des Auftritts technischer Probleme, nicht gleichzeitig mit der vertraglichen Erklärung zugänglich gemacht, ist - entsprechend den oben erläuterten Fallgruppen - zur Wirksamkeit der Schiedsvereinbarung grundsätzlich ein gesonderter Hinweis in dem elektronischen Hauptvertrag auf die in den AGB enthaltene Schiedsklausel erforderlich. Fehlt dieser, ist die Form des Art. II Abs. 2 UNÜ nicht gewahrt.

In dem Fall, dass aufgrund besonderer Umstände, etwa im Rahmen laufender Geschäftsbeziehungen oder aufgrund von Branchenüblichkeit, davon auszugehen ist, dass der Empfänger von der in einem Regelwerk enthaltenen Schiedsklausel Kenntnis hat, genügt die pauschale Bezugnahme auf dieses Regelwerk auch beim elektronischen Vertragsschluss. Insoweit ergeben sich keine Unterschiede zum Vertragsschluss im schriftlichen Rechtsverkehr. Keine Abweichung ergibt sich auch hinsichtlich der Sprache, in der die AGB abgefasst sein müssen. Der Verwender hat die Möglichkeit die Sprache des Hauptvertrages zu wählen; er kann jedoch auch auf die Muttersprache des Empfängers oder eine Weltsprache zurückgreifen.

Um einen reibungslosen Geschäftsverkehr in der Praxis zu gewährleisten, empfiehlt es sich, die AGB so auf den Internet-Seiten anzuordnen, dass der Vertragspartner vor dem Vertragsschluss gezwungen wird, die AGB zu akzeptieren. Um der Problematik der Abweichung von formellen Anforderungen des Art. II Abs. 2 UNÜ und der Frage des tatsächlichen materiellen Konsenses zu entgehen, erscheint der Weg des zwingenden "Scrollens" der AGB durch den Empfänger der Geeignete zu sein.

Im Verbraucherbereich sind die Anforderungen, die an eine nach Art. II Abs. 2 UNÜ formwirksame Schiedsvereinbarung zu stellen sind, entsprechend den obigen Ausführungen strenger. Auch beim elektronischen Vertragsschluss muss die Schiedsklausel in dem Hauptvertrag selbst enthalten sein. Ist sie in beigefügten bzw. abrufbaren AGB enthalten, muss zur wirksamen Einbeziehung im Hauptvertrag explizit auf die Schiedsklausel Bezug genommen werden. Eine bloße Bezugnahme auf die allgemeinen Geschäftsbedingungen wäre unzureichend.

Eine solche Auslegung von Art. II Abs. 2 UNÜ entspricht auch dem Meinungsstand des Ausschusses für das Schiedsgerichtswesen der UNCITRAL. Nach den aktuellen Bestrebungen auf UN-Ebene soll die elektronische Form im Rahmen des UNÜ der Schriftform mittels der genannten interpretativen Erklärung der Kommission gleichgestellt werden. In diesem Zusammenhang wird derzeit auch an einer Anpassung des UMG gearbeitet. Dabei wird der bisherige Art. 7 Abs. 2 S. 3 UMG, der bereits die Bezugnahme auf ein Schriftstück, das eine Schiedsklausel enthält, unter bestimmten Voraussetzungen gestattet, in Art. 7 Abs. 6 UMG-Ref. sinngemäß voraussichtlich beibehalten und weiter konkretisiert.[320] Nach dem letzten Entwurf dieses Ausschusses kann eine Schiedsvereinbarung auch in einem Vertrag durch eine Bezugnahme auf ein anderes Schriftstück wirksam getroffen werden, ungeachtet dessen, ob der Vertrag selbst nur mündlich oder durch konkludentes Verhalten und gerade nicht in schriftlicher Form geschlossen wurde. Unter dem Begriff der Schriftlichkeit soll zukünftig nach Art. 7 Abs. 2 UMG-Ref. jede Form verstanden werden, die die Möglichkeit einer dauerhaften Wiedergabe gewährleistet, insbesondere auch die elektronische Form.[321] Entscheidend für die Zulässigkeit der Bezugnahme auf AGB ist damit nach den Vorstellungen der UNCITRAL, dass, auch wenn der Hauptvertrag nicht schriftlich vorliegt, wenigstens die Schiedsklausel selbst in einem Schriftstück enthalten ist, auf das der Hauptvertrag Bezug nimmt. Nach den Vorstellungen des Ausschusses gehört zu dem Begriff des Schriftstücks auch immer das elektronische Dokument. Die letzte Fassung von Art. 7 Abs. 2 S. 2 UMG-Ref., die diskutiert wurde, lautet dementsprechend: „'Writing' means any form, including without limitation a data message, that provides a record of the agreement or is otherwise accessible so as to be usable for subsequent reference."[322]

Motiv der Schaffung des ursprünglichen Art. 7 Abs. 2 S. 3 UMG war seinerzeit einerseits die Beseitigung der Uneinigkeit und Unsicherheit bezüglich der Voraussetzungen, unter denen gem. Art. II Abs. 2 UNÜ der Abschluss einer Schiedsvereinbarung durch Bezugnahme auf AGB oder andere Regelwerke wirksam ist. Zum anderen sollte eine detailliertere Definition des Schriftformerfordernisses zu einer einheitlichen Auslegung nicht nur in-

---

[320] United Nations Commission on International Trade Law, Report of the Working Group on Arbitration on the work of its thirty-sixth session (New York, 4-8 March 2002), UN-Doc.A/CN.9/508, S. 8 (Stand Juni 2002).

[321] United Nations Commission on International Trade Law, Report of the Working Group on Arbitration on the work of its thirty-sixth session (New York, 4-8 March 2002), UN-Doc. A/CN.9/508, para. 25 (Stand Juni 2002).

[322] ebd.

nerhalb des Modellgesetzes selbst, sondern auch innerhalb des UNÜ beitragen.[323] Unterstellt man dieses Motiv auch heute noch dem Modellgesetzgeber bzw. dem mit der Überarbeitung des UMG betrauten Ausschuss, so folgt daraus auch die Zulässigkeit von elektronischen AGB, welche eine Schiedsvereinbarung enthalten, nach dem UNÜ. Die aktuelle Diskussion wurde ja gerade durch die neuen technischen Möglichkeiten der elektronischen Kommunikation angestoßen. Mit der beabsichtigten interpretativen Erklärung der Kommission[324] soll deutlich gemacht werden, dass die elektronische Form den Anforderungen von Art. II Abs. 2 UNÜ genügt. Die inhaltliche Beibehaltung von Art. 7 Abs. 2 S. 3 UMG bekräftigt, dass der Einsatz der elektronischen Form bereits heute für die Wirksamkeit einer Schiedsvereinbarung in allgemeinen Geschäftsbedingungen nach Art. II Abs. 2 UNÜ ausreichend sein soll. Lediglich um eine einheitliche Auslegung von Art. II Abs. 2 UNÜ zu gewährleisten, soll eine entsprechende interpretative Erklärung bzw. ein entsprechendes Protokoll ergehen.

1.2. Die Anforderungen nach Art. I Abs. 2 a) EuÜ

Nach Art. I Abs. 2 a) EuÜ muss eine Schiedsvereinbarung grundsätzlich als Schiedsklausel in einem Vertrag oder als eine eigenständige Schiedsabrede von den Parteien unterzeichnet oder in Briefen, Telegrammen oder Fernbschreiben, die sie gewechselt haben, enthalten sein. Nur in dem Fall, dass alle beteiligten Staaten eine weniger strenge Form für Schiedsvereinbarungen vorsehen, kann von diesen Formanforderungen abgewichen werden. Aus dem Wortlaut des Art. I Abs. 2 a) EuÜ erschließt sich nicht, ob darunter auch der elektronische Abschluss einer Schiedsvereinbarung subsumiert werden kann. Um diese Frage zu beantworten, muss man sich zunächst die Entstehung und den Anwendungsbereich des EuÜ in Abgrenzung zum UNÜ vergegenwärtigen.

---

[323] United Nations Commission on International Trade Law, Report of the Secretary-General: possible features of a model law on international commercial arbitration, UN-Doc. A/CN.9/207, para. 43; Epping, S. 141.

[324] Derzeit wird auch der Erlass eines Protokolls zum UNÜ diskutiert. Der Ausschuss sieht anderenfalls die Gefahr einer disharmonischen Entwicklung der Auslegung von Art. II UNÜ, da eine bloße interpretative Erklärung keine bindende Wirkung entfaltet; insbesondere würde Art. II Abs. 2 UNÜ nicht die letzte Fassung von Art. 7 Abs. 6 UMG-Ref. decken, der auch den Abschluss eines mündlichen Hauptvertrages für ausreichend erachtet, wenn die in Bezug genommene Schiedsklausel in schriftlicher Form vorliegt; eine endgültige Entscheidung diesbzgl. hat der Ausschuss bisher nicht getroffen; United Nations Commission on International Trade Law, Report of the Working Group on Arbitration on the work of its thirty-sixth session (New York, 4-8 March 2002), UN-Doc. A/CN.9/508, para. 43 ff.

1.2.1. Entstehung und Anwendungsbereich des EuÜ

Motiv der Verfasser des Europäischen Übereinkommens über die internationale Handelsschiedsgerichtsbarkeit vom 21.04.1961 war es, den europäischen Handel dadurch zu fördern, dass man Schwierigkeiten beseitigte, die die Gestaltung und Durchführung der internationalen Handelsschiedsgerichtsverfahren betrafen.[325] Bei der Ausarbeitung des Übereinkommens stand insbesondere die erfolgreiche Entwicklung von Regelungen im Vordergrund, die dann eingreifen sollten, wenn sich die Parteien zwar grundsätzlich auf die Unterwerfung unter ein Schiedsgericht zur Streiterledigung geeinigt, aber keine Vereinbarungen über den Ablauf des Verfahrens getroffen hatten.[326] Ziel des Übereinkommens war insoweit eine Ergänzung des bereits am 10. Juni 1958 unterzeichneten UNÜ durch ein eigenes europäisches Abkommen.[327] Das Europäische Übereinkommen geht regelmäßig von der Geltung des UN-Übereinkommens zwischen den beteiligten Staaten aus.[328] Das Verhältnis zwischen UNÜ und EuÜ bestimmt sich daher nach dem Grundsatz *lex posterior derogat legi priori*; das später in Kraft getretene Übereinkommen genießt also Vorrang.[329] Ferner ist der Grundsatz *lex specialis derogat legi generali* zu beachten.[330]

Der Unterschied der beiden Übereinkommen besteht im Wesentlichen darin, dass das UNÜ sich mit der Anerkennung von Schiedssprüchen befasst, während das EuÜ überwiegend Fragen der Schiedsvereinbarung, des Schiedsverfahrens und der Schiedssprüche regelt. Eine Kollision der beiden Übereinkommen kommt nur in wenigen Fällen in Betracht.[331]

Das EuÜ ist nach Art. 1 nur anzuwenden, wenn es sich um eine internationale Handelsstreitigkeit handelt, eine formwirksame Schiedsvereinbarung vorliegt und die Parteien ih-

---

[325] Mezger: Das europäische Übereinkommen über die internationale Handelsschiedsgerichtsbarkeit, RabelsZ 29 (1965), S. 231 (238); Hausmann in Reithmann/Martiny: Internationales Vertragsrecht, Rdnr. 2390.

[326] Gildeggen: Internationale Schieds- und Schiedsverfahrensvereinbarungen in Allgemeinen Geschäftsbedingungen, S. 90.

[327] Klein: Das Europäische Übereinkommen über die internationale Handelsschiedsgerichtsbarkeit, ZZP 1963, S. 342; Gildeggen: a.a.O., S. 95 m. w. N.; so auch Epping: Die Schiedsvereinbarung im internationalen privaten Rechtsverkehr, S. 124 ff.

[328] Schwab/Walter: Schiedsgerichtsbarkeit, Kommentar, S. 452.

[329] MünchKommZPO – Gottwald, Art. VII UNÜ, Rdnr. 8; dazu auch Schwab/Walter: a.a.O., S. 452 ff.

[330] Schwab/Walter: a.a.O., S. 454.

[331] Schwab/Walter: a.a.O., S. 452; MünchKommZPO-Gottwald, Art. VII UNÜ, Rdnr. 6.

ren Sitz in verschiedenen Vertragsstaaten haben.[332] International bedeutet die Verknüpfung mit mehr als einem Staat.[333] Der Begriff der Handelsstreitigkeit ist nicht nach nationalem Recht, sondern autonom zu bestimmen, d. h. es ist entsprechend dem Sinn und Zweck des Übereinkommens ein internationaler Maßstab anzulegen.[334] Dabei wird jedes Geschäft erfasst, das auf die Verbringung von Sachen, Kapital, Dienstleistungen oder sonstigen Leistungen gegen Entgelt von einem Land in ein anderes gerichtet ist und an dem mindestens ein Vertragspartner in beruflicher, satzungsmäßiger oder ähnlicher, nicht nur privater, Funktion beteiligt ist.[335] Damit ist es für die Anwendbarkeit des EuÜ nicht erforderlich, dass für beide Parteien ein internationales Handelsgeschäft vorliegt.[336] Im Hinblick auf eine etwaige Verbraucherbeteiligung ist die Auslegung des Begriffs der Handelsstreitigkeit jedoch umstritten.[337] Einigkeit besteht darin, dass keine Vertragspartei Kaufmann i. S. d. HGB sein muss.[338] Wenn beide Vertragspartner lediglich in privater Funktion handeln, liegt jedoch nach herrschender Auffassung kein Handelsgeschäft i. S. d. Art. 1 EuÜ vor.[339] Neben der Bundesrepublik haben derzeit über 20 Staaten dieses Übereinkommen unterzeichnet.[340]

---

[332] zum Anwendungsbereich des Übereinkommens siehe bei Gildeggen: a.a.O., S. 89 ff.; MünchKommZPO - Gottwald, Art. I EuÜ, Rdnr. 1 - 8; Albers in Baumbach/Lauterbach/Albers/Hartmann: ZPO, IntSchG, Schl-Anh. VI A 2, Art. 1 EuÜ, Rdnr. 1.

[333] Mezger: Das Europäische Übereinkommen über die Handelsschiedsgerichtsbarkeit, RabelsZ 29 (1965), S. 231 (238).

[334] Hausmann in Reithmann/Martiny: Internationales Vertragsrecht, Rdnr. 2392; Schwab/Walter: Schiedsgerichtsbarkeit, Kommentar, S. 442; Gildeggen: a.a.O., S. 93; Moller: Schiedsverfahrensnovelle und Europäisches Übereinkommen über die internationale Handelsschiedsgerichtsbarkeit, NZG 2000, S. 57 (58); a. A.: Klein: Das Europäische Übereinkommen über die internationale Handelsschiedsgerichtsbarkeit, ZZP 76, S. 342 (346), der die Auslegung des Begriffs der Handelsschiedsgerichtsbarkeit nach der lex fori vornehmen will; so auch Albers in Baumbach/Lauterbach/Albers/Hartmann: ZPO, IntSchG, Schl-Anh. VI A 2, Art. I EuÜ, Rdnr. 1; so auch Schütze/Tscherning/Wais: Handbuch des Schiedsverfahrensrechts, Rdnr. 466.

[335] Schlosser: Das Recht der internationalen privaten Schiedsgerichtsbarkeit, Rdnr. 78.

[336] Stein/Jonas/Schlosser: ZPO, Bd.7/2, vor § 1044, Rdnr. 35.

[337] zu diesem Streitstand siehe unter Teil B, § 2, Kap. 1.

[338] Mezger: a.a.O., S. 231 (240); MünchKommZPO - Gottwald, Art. I EuÜ, Rdnr. 7; Schwab/Walter: Schiedsgerichtsbarkeit, Kommentar, S. 442; v. Hülsen: Die Gültigkeit von internationalen Schiedsvereinbarungen, S. 37; Schlosser: Recht der internationalen privaten Schiedsgerichtsbarkeit, Rdnr. 78; Moller: Schiedsverfahrensnovelle und Europäisches Übereinkommen über die internationale Handelsschiedsgerichtsbarkeit, NZG 2000, S. 57 (58); Nagel/Gottwald: Internationales Zivilprozessrecht, S. 626.

[339] Stein/Jonas/Schlosser: ZPO, Bd.7/2, vor § 1044 Rdnr. 35.

[340] Vertragsstaaten des Übereinkommens sind: Belgien, Bosnien-Herzegowina, Bulgarien, Burkina-Faso (ehemals Obervolta); Dänemark, Frankreich, Italien, Jugoslawien, Kroatien, Kuba, Luxemburg, Mazedonien, Österreich, Polen, Rumänien, Russische Föderation, Slowakei, Slowenien, Sowjetunion (ehemalige), Spanien, Tschechische Republik, Türkei, Ukraine, Ungarn, Weißrussland (Quelle: Schwab/Walter: Schiedsgerichtsbarkeit, Kommentar, S. 443-444).

1.2.2. Die elektronische Form der Schiedsvereinbarung nach Art. I Abs. 2 a) EuÜ

Art. I Abs. 2 a) EuÜ verlangt, dass die Schiedsabrede, sei es als Vertragsklausel oder als gesonderte vertragliche Abrede, von beiden Parteien unterzeichnet oder dass die Abrede in Briefen, Telegrammen oder Fernschreiben enthalten ist, welche die Parteien gewechselt haben. Leichtere Formen sind zulässig, wenn in den nationalen Rechtsordnungen der Staaten beider Parteien nicht die Schriftform gefordert wird. Eine formlose Schiedsvereinbarung muss damit nach den Formvorschriften beider nationaler Rechtsordnungen zulässig sein. Zulässigkeit nach dem Recht nur eines der im Fall beteiligten Staaten ist nicht ausreichend.[341]

Bei der Regelung des EuÜ handelt es sich ebenfalls um eine unmittelbare Sachnorm.[342] Art. I Abs. 2 a) EuÜ legt damit für alle Vertragsstaaten die formellen Gültigkeitsvoraussetzungen einer in den Anwendungsbereich des EuÜ fallenden Schiedsvereinbarung fest. Nationale Formvorschriften sind, soweit es um die Anerkennung einer Schiedsvereinbarung nach dem EuÜ geht, daneben nicht anwendbar.[343]

Die Bedingungen, die an die Wahrung der Schriftform i. S. d. Art. I Abs. 2 EuÜ gestellt werden, entsprechen im Wesentlichen denen von Art. II Abs. 2 UNÜ.[344] Wie Art. II Abs. 2 UNÜ fordert Art. I Abs. 2 a) EuÜ die volle Schriftform. Halbe Schriftlichkeit genügt nicht.[345] Diesen Anforderungen an die Schriftform soll neben dem Brief- und Telegrammwechsel auch der Telexwechsel genügen. Die Aufzählungen in Art. I Abs. 2 EuÜ sind nur beispielhaft und nicht als abschließend anzusehen. So geht man davon aus, dass auch der Übermittlungsweg via Telefax erfasst ist.[346] Aufgrund der ausdrücklichen Gleichstellung von Briefen und Fernschreiben in Art. I Abs. 2 a) EuÜ sei klargestellt, dass die Bestimmung auch auf andere Formen einer zur schriftlichen Niederlegung führenden tele-

---

[341] OLG Köln, Urt. v. 16.12.1992 – 16 W 43/92, RIW, 1993, 499 (500); Schwab/Walter: Schiedsgerichtsbarkeit, Kommentar, S. 467; MünchKommZPO - Gottwald, Art. I EuÜ, Rdnr. 13.

[342] Schütze/Tscherning/Wais: Handbuch des Schiedsverfahrens, S. 306; Epping: Die Schiedsvereinbarung im internationalen privaten Rechtsverkehr, S. 69.

[343] Gildeggen: a.a.O., S. 101; BGH, Urt. v. 2.12.1982 - III ZR 85/81, NJW 1983, 1267 (1268).

[344] Stein/Jonas/Schlosser: ZPO, Bd.7/2, Anh. § 1044, Rdnr. 95; Rosenberg/Schwab/Gottwald: ZPO, S. 1124; Gildeggen: a.a.O., S. 102; Klein: Das Europäische Übereinkommen über die Handelsschiedsgerichtsbarkeit, ZZP 76 (1963), S. 342 (346).

[345] Schütze/Tscherning/Wais: Handbuch des Schiedsverfahrens, S. 306; Hausmann in Reithmann/Martiny: Internationales Vertragsrecht, Rdnr. 2400.

[346] Schütze/Tscherning/Wais: a.a.O., S. 306.

kommunikativen Verständigung entsprechend anzuwenden ist.[347] § 1031 ZPO n. F. selbst könne zwar nicht herangezogen werden, eine Diskrepanz zwischen Art. I Abs. 2 EuÜ und § 1031 ZPO sei aber kaum vorstellbar.[348] Grundsätzlich jedoch müsse die Schiedsvereinbarung von beiden Parteien unterzeichnet sein. Anders soll dies nur im Fall von gewechselten Briefen, Telegrammen oder Fernschreiben sein. Hier ist die Unterzeichnung gerade keine Wirksamkeitsvoraussetzung, sondern ausschließlich die Wechselseitigkeit.[349]

Unter Zugrundelegung dieser Argumentation ergibt die Auslegung von Art. I Abs. 2 a) EuÜ, dass auch der elektronische Abschluss einer Schiedsvereinbarung den Formanforderungen des EuÜ genügt. Für die Zulässigkeit der elektronischen Schiedsvereinbarung spricht, dass - entsprechend eines Telegramms oder Telefaxes - die Möglichkeit der schriftlichen Niederlegung entscheidend ist. Diese ist im elektronischen Verkehr im Wege des Ausdruckes der elektronischen Willenserklärungen ebenfalls gegeben. Dass es für den Ausdruck einer zusätzlichen manuellen Eingabe in den PC bedarf, kann keine andere Beurteilung der Rechtslage rechtfertigen. Eine solche Auslegung wird auch dadurch gestützt, dass die Formvorschrift des EuÜ derjenigen des UNÜ entsprechen soll und, wie bereits festgestellt, nach dem UNÜ die Schiedsvereinbarung in elektronischer Form getroffen werden kann.[350]

Nach Art. I Abs. 2a, 2. Alt. EuÜ genügt ferner im Verhältnis zwischen Staaten, die in ihrem Recht für Schiedsvereinbarungen nicht die Schriftform fordern, jede Vereinbarung, die in den nach diesen Rechtsordnungen zulässigen Formen abgeschlossen ist. Damit wird eine alternative Anknüpfung für Schiedsvereinbarungen ermöglicht, die den Anforderungen der staatsvertraglichen Sachnorm nicht entsprechen. Dies ist Ausdruck des Günstigkeitsprinzips.[351]

Es ist unklar, welche Staaten dabei in einem solchen Verfahren als „beteiligt“ anzusehen sind. Nach herrschender Auffassung gehören nur die Vertragsstaaten des Übereinkom-

---

[347] Hausmann in Reithmann/Martiny: Internationales Vertragsrecht, Rdnr. 2400; Stein/Jonas/Schlosser: ZPO, Bd.7/2; Anh. § 1044, Rdnr. 95.

[348] MünchKommZPO-Gottwald, Art. I EuÜ, Rdnr. 11.

[349] MünchKommZPO-Gottwald, Art. I EuÜ, Rdnr. 12.

[350] a. A.: Moller: Schiedsverfahrensnovelle und Europäisches Übereinkommen über die internationale Handelsschiedsgerichtsbarkeit, S. 57 (58).

mens dazu, in denen die Parteien bei Abschluss des Schiedsvertrages ihren Wohnsitz oder ihren gewöhnlichen Aufenthalt haben.[352] Nach weiterer Auffassung soll jedoch auch das Recht eines Drittstaates maßgeblich sein, wenn die Parteien vereinbart haben, dass auf die Schiedsvereinbarung das Recht dieses dritten Staates anwendbar ist. Verlangt das Recht dieses Drittstaates die Schriftform für eine wirksame Schiedsvereinbarung, so soll ein mündlicher Vertrag unwirksam sein, auch wenn dies nach dem Recht der Staaten, in denen die Parteien ihren Wohnsitz haben, ausreichend wäre.[353] Sei der umgekehrte Fall gegeben, dass die Vertragsstaaten Schriftform verlangten, das anwendbare Recht des Drittstaates hingegen nicht, genüge ebenfalls nicht die mündliche Vereinbarung.[354] Darüber hinaus wird vertreten, dass auch das Recht des Staates, das auf das Schiedsverfahren anwendbar ist, das Ortstatut des Schiedsgerichts sowie das Recht des Vollstreckungsstaates in Betracht gezogen werden müssten.[355]

Einzig praktikable und dem Zweck des Übereinkommens entsprechende Interpretation von Art. I Abs. 2 a, 2. Alt EuÜ ist, dass nur das Recht der unmittelbar „beteiligten Vertragsstaaten" für die Bestimmung der Formwirksamkeit der Vereinbarung maßgeblich sein kann. „Beteiligte Vertragsstaaten" in diesem Kontext sind, der herrschenden Auffassung folgend, nur solche Vertragsstaaten des Übereinkommens, in denen die Parteien bei Abschluss des Schiedsvertrages ihren Wohnsitz oder ihren gewöhnlichen Aufenthalt haben. Im Anwendungsbereich des EuÜ richten sich die Wirksamkeitsvoraussetzungen allein nach dem Übereinkommen.[356] Haben die aus Vertragsstaaten stammenden Parteien ein Recht vereinbart, das geringere Anforderungen an die Form einer Schiedsvereinbarung stellt, genügt diese geringere Form den Anforderungen des EuÜ nicht. Diese Situation ist vergleichbar mit dem Fall, dass das Recht eines dritten Staates, dem der Schiedsvertrag nach dem Kollisionsrecht der beteiligten Vertragsstaaten unterliegt, formfreie Schiedsver-

---

[351] Epping: a.a.O., S. 69.

[352] v. Hülsen: Die Gültigkeit von internationalen Schiedsvereinbarungen, S. 63; Mezger: Das Europäische Übereinkommen über die internationale Handelschiedsgerichtsbarkeit, RabelsZ 29 (1965), S. 231 (248), Schlosser: Das Recht der internationalen privaten Schiedsgerichtsbarkeit, Rdnr. 376, Schütze/Tscherning/Wais: Handbuch des Schiedsverfahrens, Rdnr. 566; Gildeggen: a.a.O., S. 104, Epping: a.a.O., S. 68 m. w. N.; Schwab/Walter: Schiedsgerichtsbarkeit, Kommentar, S. 468.

[353] Schwab/Walter: a.a.O., S. 468.

[354] ebd.; Stein/Jonas/Schlosser: ZPO, Bd. 7/2, Anh. § 1044, Rdnr. 95.

[355] Schwab/Walter: a.a.O., S. 468; Klein: Das Europäische Übereinkommen über die internationale Handelsschiedsgerichtsbarkeit, ZZP 76 (1963), S. 342 (346).

[356] Albers in Baumbach/Lauterbach/Albers/Hartmann: ZPO, § 1031, Rdnr. 2.

träge für gültig hält.[357] Um eine „hinkende" Formgültigkeit zu vermeiden, kann nach Art. I Abs. 2 a) EuÜ nicht auf das Kollisionsrecht abgestellt werden.[358] Folge davon ist, dass das EuÜ in diesem Fall keine Anwendung findet, mag die Schiedsvereinbarung nach dem Kollisionsrecht der beteiligten Vertragsstaaten auch gültig sein. Gleiches gilt im Falle des durch die Parteien vereinbarten Rechts.

Gegen die Berücksichtigung des Rechts des Exequaturstaates spricht das Gebot der Rechtssicherheit, da möglicherweise in der Einredesituation der Ort der Vollstreckung des zu erwartenden Schiedsspruchs noch gar nicht feststeht oder gar für die Vollstreckung mehrere Staaten in Betracht kommen können.[359] Im Falle einer nach dem EuÜ zulässigen Blankoschiedsklausel wäre anderenfalls auch nicht absehbar, welche Formerfordernisse die Schiedsvereinbarung im konkreten Fall erfüllen muss.[360] Für eine etwaige Berücksichtigung des Rechts des Ortes des Schiedsverfahrens ergeben sich aus dem Wortlaut von Art. I Abs. 2 a) EuÜ keinerlei Anhaltspunkte. Zudem könnte auch eine Kumulierung der anwendbaren Formvorschriften das von Art. I Abs. 2 EuÜ angestrebte Ziel vereiteln, da möglicherweise immer eine der dann anwendbaren Vorschriften eine verhältnismäßig strengere Form fordert.[361]

1.2.3. Die Schiedsvereinbarung in elektronischen allgemeinen Geschäftsbedingungen

Fraglich ist, ob nach dem EuÜ auch die Einbeziehung von elektronischen allgemeinen Geschäftsbedingungen zulässig ist, welche eine Schiedsklausel enthalten.

Nach den Vorgaben des EuÜ besteht die Möglichkeit, eine Schiedsvereinbarung über allgemeine Geschäftsbedingungen zu treffen. Voraussetzung ist jedoch, dass diese Bestandteil des (Haupt-) Vertrages geworden sind.[362] Sind sie einem Brief oder Fernschreiben lediglich beigelegt, so kommt eine wirksame Schiedsvereinbarung erst zustande, wenn die Geschäftsbedingungen im Rahmen eines Schriftwechsels zwischen den Partei-

[357] Stein/Jonas/Schlosser: ZPO, Bd.7/2, Anh. § 1044, Rdnr. 95.

[358] v. Hülsen: Die Gültigkeit von internationalen Schiedsvereinbarungen, S. 64.

[359] Epping: a.a.O., S. 68.

[360] Gildeggen: a.a.O., S. 104.

[361] v. Hülsen: Die Gültigkeit von internationalen Schiedsvereinbarungen, S. 62.

[362] MünchKommZPO-Gottwald, Art. I EuÜ, Rdnr. 14.

en von der anderen Partei ausdrücklich akzeptiert wurden. Etwas anderes gilt nur, wenn die Parteien Vertragsstaaten angehören, die an die Einbeziehung von allgemeinen Geschäftsbedingungen geringere Anforderungen stellen.[363] So wurde in der Rechtsprechung eine formgültige Vereinbarung in AGB zwischen einem deutschen und einem österreichischem Unternehmen bejaht, weil sowohl nach österreichischem Recht als auch nach ehemaligem deutschen Recht (§ 1027 ZPO a.F.) die Formanforderungen erfüllt waren.[364]

Aufgrund der Entsprechung von UNÜ und EuÜ wird die zu Art. II Abs. 2 UNÜ vorhandene Rechtsprechung und Literatur in Bezug auf die Formanforderungen an Schiedsvereinbarungen in AGB auf Art. I Abs. 2 a 1. Alt EuÜ übertragen.[365] Muss also hinsichtlich der Zulässigkeit von Schiedsklauseln in AGB nach dem UNÜ und nach dem EuÜ keine unterschiedliche Beurteilung erfolgen, können die bereits oben zum UNÜ gewonnenen Erkenntnisse auf das EuÜ übertragen werden.[366] Im Ergebnis bedeutet das, dass Schiedsvereinbarungen sowohl im kaufmännischen Bereich als auch im Verbraucherbereich wirksam über allgemeine Geschäftsbedingungen in einen Vertrag einbezogen werden können.[367] Dies gilt auch für die Einbeziehung von AGB über elektronische Medien.

Nach UNÜ und EuÜ ist es also grundsätzlich erforderlich, dass im Falle einer Schiedsklausel in AGB im kaufmännischen Verkehr diese dem Vertrag unmittelbar beigefügt werden, wenn sie nicht bereits unmittelbar in der Vertragsurkunde selbst enthalten sind. Ist dies nicht der Fall, muss in der Regel ausdrücklich im Hauptvertrag auf den Ausschluss der staatlichen Gerichtsbarkeit hingewiesen werden, es sei denn, dass Schiedsklauseln in der jeweiligen Branche üblich sind oder aufgrund bereits laufender Geschäftsbeziehungen davon ausgegangen werden kann, dass die die Schiedsklausel enthaltenden AGB der Vertragspartei bekannt sind. Im Verbraucherbereich ist ein ausdrücklicher Hinweis in der Vertragsurkunde auf die in den AGB enthaltene Schiedsklausel immer erforderlich. Im

---

[363] MünchKommZPO-Gottwald, Art. I EuÜ, Rdnr. 14; BGH, Urteil vom 25. Mai 1970 – VII ZR 157/68 in WM 1970, S. 1050 (1052).

[364] BGH, Urteil vom 25. Mai 1970 – VII ZR 157/68 in WM 1970, S. 1050 (1052).

[365] Gildeggen: a.a.O., S. 102.

[366] vgl. dazu Teil A, § 2, Kap.1.1.3.

[367] zu der Frage, ob Verbrauchersachen überhaupt in den Anwendungsbereich des EuÜ fallen siehe unter Teil B, § 2, Kap. 1.

Falle des elektronischen Vertragsschlusses gelten, wie gesehen, diesbezüglich keine Besonderheiten.

Ergänzend gilt es zu bemerken, dass nach dem EuÜ wie nach dem UNÜ der Abschluss einer Schiedsvereinbarung durch ein kaufmännisches Bestätigungsschreiben ausgeschlossen ist. Die widerspruchslose Entgegennahme eines solchen Schreibens ist keine - stillschweigende - Zustimmung zu einer Schiedsvereinbarung. Der Schutz der anderen Partei verlangt vielmehr ein ausdrücklich erklärtes Einverständnis in einem Brief, einem Telegramm oder einem Fernschreiben.[368] Eine nachträgliche Unterzeichnung des Schiedsvertrages, d. h. eine Unterzeichnung nach Entstehen der Streitigkeit, reicht jedoch grundsätzlich für eine wirksame Schiedsvereinbarung aus.[369]

2. Kollisionsrechtliche Regelung außerhalb des Anwendungsbereichs von Staatsverträgen

Die Frage nach der Wirksamkeit von elektronisch geschlossenen Schiedsvereinbarungen in internationalem Kontext außerhalb des Anwendungsbereichs von Staatsverträgen ist ebenfalls noch offen. Maßgeblich für deren Beantwortung ist, welches Recht in diesem Fall auf die Schiedsvereinbarung anwendbar ist. Das sog. Statut der Schiedsvereinbarung ist dabei von dem Statut des Schiedsverfahrens und dem Statut der Hauptsache streng zu unterscheiden. Das anwendbare Recht ergibt sich dabei entweder aus einer Parteiwahl oder, bei fehlender Parteiwahl, aus dem anwendbaren Kollisionsrecht.

2.1. Rechtslage vor der Reform des deutschen Schiedsrechts

Vor der Reform des deutschen Schiedsverfahrensrechts zum 01.01.1998 entschied in der Exequatursituation in erster Linie der Wille der Parteien über die Frage, welches Recht auf die Schiedsvereinbarung Anwendung finden sollte.[370] In der ZPO fand sich zwar keine explizite Kollisionsnorm, jedoch war dies ganz herrschende Meinung in Literatur und Recht-

[368] MünchKommZPO-Gottwald, Art. I EuÜ, Rdnr. 12; Hausmann in Reithmann/Martiny: Internationales Vertragsrecht, Rdnr. 2400.

[369] OLG Köln, Urt. v. 18.05.1992 – 19 U 22/92, RIW 1992, S. 760.

[370] Schwab/Walter: Schiedsgerichtsbarkeit, Kommentar, S. 458; Haas: Die Anerkennung und Vollstreckung anationaler Schiedssprüche, S. 69 m. w. N.: diese primäre Anknüpfung an den Parteiwillen wurde unabhängig von der Beantwortung der Frage nach der Rechtsnatur der Schiedsvereinbarung vorgenommen; Maier: Handbuch der Schiedsgerichtsbarkeit, Rdnr. 547; von Hoffmann: Internationale Handelsschiedsgerichtsbarkeit, S. 64.

sprechung.[371] Es wurde unterstellt, dass der Wille der Parteien regelmäßig dahin ging, den Schiedsvertrag dem gleichen Recht zu unterstellen wie den Hauptvertrag.[372] Man ging insoweit von einer ungeschriebenen Kollisionsregel aus.[373] Überwiegend wurde dabei in direkter oder analoger Anwendung mangels ausdrücklicher Kollisionsnormen Art. 27, 28, 11 EGBGB herangezogen.[374] Ein deutsches Schiedsgericht wandte das deutsche IPR zur Ermittlung des für die Wirksamkeit und für das Zustandekommen des Schiedsvertrages maßgeblichen Rechts an.[375] Das Kollisionsrecht war heranzuziehen, wenn die internationalen Abkommen und deren kollisionsrechtlichen Regelungen unanwendbar waren und ferner - wie es die Abkommen im Rahmen der Anerkennung und Vollstreckung zulassen - wenn die Anerkennung aufgrund günstigeren nationalen Rechtsstattfinden sollte.[376] So konnte etwa eine nach Art. II Abs. 2 UNÜ formunwirksame Schiedsklausel nach autonomen Recht formwirksam sein.[377] Dies folgte in entsprechender Anwendung aus Art. VII Abs. 1 UNÜ. Hatten die Parteien keine auf den Schiedsvertrag bezogene Rechtswahl getroffen, sollte nach überwiegender Auffassung davon auszugehen sein, dass Schiedsvereinbarung und Hauptvertrag nach dem stillschweigenden Parteiwillen (Art. 27 Abs. 1 S. 2 EGBGB) demselben Recht unterliegen.[378]

Man begründete den Rückgriff auf die Kollisionsnormen für vertragliche Schuldverhältnisse mit der Rechtsnatur der Schiedsvereinbarung als privatrechtlichen Vertrag mit prozes-

---

[371] Schlosser: Das Recht der internationalen privaten Schiedsgerichtsbarkeit, Rdnr. 222 ff.; BGH Urt. v. 28.11.1963 – VII ZR 112/62, BGHZ 40, S. 320 (322).

[372] BGH Urt. v. 28.11.1963 – VII ZR 112/62, BGHZ 40, S. 320 (323); Maier: Handbuch der Schiedsgerichtsbarkeit, Rdnr. 547.

[373] Schwab/Walter: Schiedsgerichtsbarkeit, Kommentar, S. 458.

[374] v. Hülsen: Die Gültigkeit von internationalen Schiedsvereinbarungen, S. 66; Hausmann in Reitmann/Martiny: Internationles Vertragsrecht, Rdnr. 2438; Thümmel.: Die Schiedsvereinbarung zwischen Formzwang und favor validitatis, FS Schütze, S. 935 (939) m. w. N.; Schwab/Walter: Schiedsgerichtsbarkeit, Kommentar, S. 458.

[375] BGH, Urt. v. 28.11.1963 – VII ZR 112/62, BGHZ 40, S. 320 (322); OLG Hamburg, Urt. v. 22.09.1978 – 14 U 76/77 in RIW 1979, S. 482 (483); Gildeggen: a.a.O., S. 157 m. w. N.

[376] Gildeggen: a.a.O., S. 152.

[377] Gildeggen: a.a.O., S. 44.

[378] BGH, Urt. v. 28.11.1963 – VII ZR 112/62, BGHZ 40, S. 320 (323); BGH, Urt. v. 19.12.1968 - VII ZR 83 u. 84/66, BGHZ 51, 255 (257); v. Hülsen: Die Gültigkeit von internationalen Schiedsvereinbarungen, S. 110; Mezger: Formerfordernis der Vollmacht zum Abschluss eines deutsch-italienischen Kaufvertrages mit Schiedsabrede, Anmerkung zu OLG Hamburg, Urt. v. 22.09.1978 – 14 U 76/77 in RIW 1979, S. 482 (491); Hausmann: Einheitliche Anknüpfung von internationalen Gerichtsstands- und Schiedsvereinbarungen?, FS Werner Lorenz, S. 359 (365); v. Hoffmann: Internationale Handelsschiedsgerichtsbarkeit, S. 101 ff.

sualen Wirkungen.[379] Teilweise wurde auch allgemein von einem entsprechenden kollisionsrechtlichen Grundsatz des deutschen Rechts gesprochen.[380] Nach Art. 31 Abs. 1 EGBGB beurteilte sich das Zustandekommen und die Wirksamkeit der Schiedsvereinbarung nach dem Recht, das anzuwenden war, wenn die Schiedsvereinbarung wirksam gewesen wäre. Das war entweder das von den Parteien nach Art. 27 EGBGB gewählte Recht oder das aufgrund fehlender Rechtswahl nach Art. 28 EGBGB objektiv ermittelte Recht. Die Wirksamkeit der Rechtswahlvereinbarung für den Schiedsvertrag bestimmte sich dabei wieder nach dem Recht, das gemäß Art. 27 Abs. 4, Art. 31 Abs. 1 EGBGB anwendbar war.[381]

Entscheidend für die Wirksamkeit einer Schiedsvereinbarung war damit, dass sie nach der von den Parteien gewählten Rechtsordnung formwirksam war.[382] Art. 11 Abs. 1 EGBGB sieht vor, dass ein Rechtsgeschäft gültig ist, wenn es die Formerfordernisse des Rechts erfüllt, das auf das seinen Gegenstand bildende Rechtsverhältnis anzuwenden ist, oder die Anforderungen des Rechtes des Staates, in dem es vorgenommen wird. § 1027 ZPO a. F. war also seinerzeit anwendbar, wenn entweder die Schiedsvereinbarung auch inhaltlich deutschem Recht unterlag oder wenn die Schiedsvereinbarung in Deutschland abgeschlossen wurde.[383]

Die Anwendbarkeit des deutschen internationalen Privatrechts wurde ferner damit begründet, dass der deutsche Gesetzgeber mit der Übernahme des Europäischen Vertragsrechtsübereinkommens (EVÜ) die Vorschrift des Art. I Abs. 2d) EVÜ, die Gerichtsstands- und Schiedsvereinbarungen ausdrücklich aus dem Anwendungsbereich des Übereinkommens ausnahm, nicht mit in das EGBGB mit übernommen habe.[384]

---

[379] BGH Urt. v. 30.1.1957 - V ZR 80/55, BGHZ 23, 198 (200); Thümmel: Die Schiedsvereinbarung zwischen Formzwang und favor validitatis, FS Schütze, S. 938 (940).

[380] v. Hülsen: Die Gültigkeit von internationalen Schiedsvereinbarungen, S. 66.

[381] Gildeggen:a.a.O., S. 159 f.

[382] zur Frage der stillschweigenden Rechtswahl und den Grenzen der Rechtswahlfreiheit, sowie des anwendbaren Rechts bei fehlender Rechtswahl siehe bei Gildeggen: a.a.O., S. 160 ff.

[383] Gildeggen: a.a.O., S. 176.

[384] Hausmann in Reithmann/Martiny: Internationales Vertragsrecht, Rdnr. 2438; Gildeggen: a.a.O., S. 158; Basedow: Vertragsstatut und Arbitrage nach neuem IPR, in Jahrbuch für die Praxis der Schiedsgerichtsbarkeit, S. 4 (5).

Kritik an der Anknüpfung der Formwirksamkeit nach den Regeln des IPR wurde laut, da es sich bei einer Schiedsvereinbarung nicht um einen materiellrechtlichen Vertrag, sondern um einen reinen Prozessvertrag handeln sollte. Somit sollten die Regeln des internationalen Prozessrechts anzuwenden sein.[385] Da sowohl die Vereinbarung eines ausländischen Gerichtsstandes als auch die Vereinbarung eines ausländischen Schiedsgerichts die internationale Zuständigkeit derogiere, sollte es nur konsequent sein, die Schiedsvereinbarung ebenso wie die Gerichtsstandsvereinbarung prozessrechtlich zu begreifen. Daher sollte eine Schiedsvereinbarung den prozessualen Formvorschriften der deutschen lex fori, also dem § 1027 ZPO a. F., entsprechen.[386] Teilweise wurde als Argument angeführt, dass die derogativen Wirkungen von Gerichtsstands- und Schiedsklauseln identisch seien, sodass außerhalb des staatsvertraglich vereinheitlichten Anwendungsbereichs Schiedsklauseln an §§ 38, 40 ZPO zu messen seien und sie insbesondere dann unwirksam sein sollten, wenn die ausschließliche Zuständigkeit eines staatlichen deutschen Gerichts vorgeschrieben war.[387] Begründet wurde diese Auffassung damit, dass anderenfalls die Voraussetzungen des § 38 ZPO einfach durch Vereinbarung eines Schiedsgerichts umgangen werden konnten.[388] Zur Bestimmung des Schiedsvertragsstatuts sollte daher insgesamt in der Exequatursituation nicht von den Art. 27 ff. EGBGB auszugehen sein, sondern von den Kollisionsnormen der auf das Schiedsverfahren anwendbaren Rechtsordnung.[389]

Auch in der Einredesituation hatte nach herrschender Ansicht das staatliche Gericht in entsprechender Anwendung von Art. 27 ff. EGBGB das auf die Schiedsvereinbarung anwendbare Recht bestimmen.[390] Nach anderer Auffassung hingegen sollte es nach dessen nationalem Recht die Wirksamkeit der Schiedsvereinbarung beurteilen. Ein deutsches Gericht sollte damit § 1027 ZPO anwenden.[391] Hatten die Parteien den Schiedsvertrag

---

[385] Geimer: Internationales Zivilprozessrecht, Rdnr. 3786.

[386] Hausmann: Einheitliche Anknüpfung internationaler Gerichtsstands- und Schiedsvereinbarungen?, FS Lorenz, S. 359 (376 f.).

[387] Samtleben: Prorogationsbeschränkungen und Schiedsklauseln im internationalen Geschäftsverkehr, IPRax 1981, S. 43 (45); a. A.: Hausmann: a.a.O., FS Lorenz, S. 359 (363 ff.).

[388] Samtleben: a.a.O., S. 43 (45).

[389] Hausmann: a.a.O., FS Lorenz, S. 359 (378).

[390] Hausmann in Reithmann/Martiny: Internationales Vertragsrecht, Rdnr. 2438; derselbe in: Einheitliche Anknüpfung internationaler Gerichtsstands- und Schiedsvereinbarungen? FS Lorenz, S. 359 (376); BGH Urt. v. 28.11.1963 – VII ZR 112/62 , BGHZ 40, S. 320 (322); v. Hülsen: Die Gültigkeit von internationalen Schiedsvereinbarungen, S. 110.

[391] Hausmann: Einheitliche Anknüpfung internationaler Gerichtsstands- und Schiedsvereinbarungen?, FS Lorenz, S. 359 (377).

insgesamt einem ausländischen Recht unterstellt, hatte das deutsche Gericht das Bestehen des Schiedsvertrages nach diesem Recht zu beurteilen.[392]

[392] Schwab/Walter: Schiedsgerichtsbarkeit, Kommentar, 5. Auflage, München 1995, S. 430; Gildeggen: a.a.O., S. 177; a. A.: Schlosser: Das Recht der internationalen privaten Schiedsgerichtsbarkeit, Rdnr. 401.

2.2. Anforderungen an eine wirksame Schiedsvereinbarung nach neuem Recht

Es ist zunächst zu erörtern, ob es nach heute geltendem deutschen Recht außerhalb des Anwendungsbereichs internationaler Verträge zulässig ist, das auf die Schiedsvereinbarung anwendbare Recht durch Parteivereinbarung festzulegen. In einem zweiten Schritt gilt es zu untersuchen, ob von diesem Wahlrecht auch die Anforderungen erfasst werden, die an die Form einer Schiedsvereinbarung zu stellen sind.

2.2.1. Zulässigkeit der Parteivereinbarung

Auch nach der Reform des deutschen Schiedsverfahrensrechts wird grundsätzlich von der Zulässigkeit einer Parteivereinbarung des auf die Schiedsvereinbarung anwendbaren Rechts ausgegangen.[393] Nach dem Willen der Bundesregierung ergibt sich die Zulässigkeit der Parteivereinbarung hinsichtlich des Statuts der Schiedsvereinbarung aus der Inkorporierung des UNÜ in die ZPO. Nach der Implementierung des Übereinkommens in § 1061 Abs. 1 ZPO gilt das Abkommen als nationales Recht. Das bedeutet, dass es auch immer im Verhältnis zu Nichtvertragsstaaten anzuwenden ist. Anerkennung und Vollstreckung im Ausland ergangener Schiedssprüche sind damit in umfassender Weise staatsvertraglich geregelt. Nach der Rücknahme des „Vertragsstaatenvorbehalts" soll § 1061 ZPO heute gar nur noch deklaratorische Bedeutung zukommen.[394] Der Vertragsstaatenvorbehalt in Art. I Abs. 3 UNÜ besagt, dass jeder Staat die Anwendung des Übereinkommens auf diejenigen Schiedssprüche beschränken kann, die in einem anderen Vertragsstaat ergangen sind. Ohne Bedeutung soll dabei sein, ob die Staaten, denen die Parteien angehören, dem Übereinkommen beigetreten sind.[395] Deutschland hatte seinerzeit diesen Vertragsstaatenvorbehalt eingelegt.[396] Inzwischen wurde er jedoch wieder zurückgenommen.[397]

[393] Schwab/Walter: Schiedsgerichtsbarkeit, Kommentar, S. 458; Lachmann: Handbuch für die Schiedsgerichtspraxis, Rdnr. 195.

[394] Begründung der Bundesregierung zum Entwurf eines Gesetzes zur Neuregelung des Schiedsverfahrensrechts, BT-Drs. 13/5274, S. 61; MünchKommZPO-Münch, § 1061, Rdnr. 3; Nagel/Gottwald: Internationales Zivilprozessrecht, S. 617.

[395] Schwab/Walter: a.a.O., S. 435.

[396] Bekanntmachung über das Inkrafttreten des Übereinkommens über die Anerkennung und Vollstreckung ausländischer Schiedssprüche vom 23.3.1962, BGBl. 1962, II, S.102 ff.

[397] Bekanntmachung über den Geltungsbereich des Übereinkommens über die Anerkennung und Vollstreckung ausländischer Schiedssprüche vom 3.12.1998, BGBl. 1999, II S. 7.

Nach der Auffassung der Bundesregierung ist Folge davon, dass das UNÜ im deutschen Rechtskreis immer als das anwendbare Recht anzusehen ist. Da in Art. V Abs. 2 UNÜ den Parteien ausdrücklich das Recht eingeräumt wird, eine Vereinbarung über das auf die Schiedsvereinbarung anwendbare Recht zu treffen, könnten damit die Parteien eines Schiedsvertrages für den Fall, dass kein anderer Staatsvertrag Anwendung findet, immer das auf die Schiedsvereinbarung anwendbare Recht selbst bestimmen.

Nach anderer Auffassung soll sich die Zulässigkeit einer Parteivereinbarung über das auf die Schiedsvereinbarung anwendbare Recht weiterhin aus Art. 27 ff. EGBGB ergeben.[398] Das den deutschen Regeln des internationalen Privatrechts zugrundeliegende EVÜ habe zwar in Art. 1 Abs. 2 d) Schiedsvereinbarungen ausdrücklich von dem Anwendungsbereich des Übereinkommens ausgenommen. Da der deutsche Gesetzgeber aber das Übereinkommen nicht als solches übernommen, sondern mit Ausnahme von Art. 1 Abs. 2d) EVÜ in die Vorschriften des EGBGB inkorporiert habe, würden dessen vertragsrechtliche Normen auch weiterhin für Schiedsvereinbarungen gelten.[399] Zwingende Voraussetzung für die Möglichkeit einer Rechtswahl nach dieser Auffassung ist jedoch ein internationaler Bezug. Dieser soll bereits gegeben sein, wenn der materielle Streitgegenstand oder das schiedsrichterliche Verfahren ihn aufweisen.[400] Teilweise wird auf das Erfordernis des Auslandsbezuges sogar verzichtet, so dass auch bei reinen Inlandsfällen die Derogation zulässig sein soll.[401] Hätten die Parteien keine ausdrückliche Rechtswahl getroffen, soll sich das Statut der Schiedsvereinbarung gem. Art. 27 Abs. 1 S. 2 EGBGB nach dem stillschweigenden Parteiwillen richten. Dieser ergebe sich regelmäßig aus dem auf den Hauptvertrag anwendbaren Recht.[402] Insoweit wird kein Unterschied zwischen neuem und altem Recht gesehen.

---

[398] Lachmann: Handbuch für die Schiedsgerichtspraxis, Rdnr. 195; Ebbing: Schiedsvereinbarungen in Gesellschaftsverträgen, NZG 1998, S. 281 (288); Kronke: Internationale Schiedsverfahren nach der Reform, RIW 1998, S. 257 (258).

[399] Kronke: a.a.O., S. 257 (258).

[400] Schlosser: Das Recht der internationalen privaten Schiedsgerichtsbarkeit, Rdnr. 231.

[401] Hausmann in Reithmann/Martiny: Internationales Vertragsrecht, Rdnr. 2252; Geimer: Internationales Zivilprozessrecht, Rdnr. 1760; Lachmann: Handbuch für die Schiedsgerichtspraxis, Rdnr. 195.

[402] Lachmann: a.a.O., Rdnr. 196; OLG München, Urt. v. 07.04.1989 – 23 U 6310/88, RIW 1990, S. 585 (586).

Dem wird entgegengehalten, dass Rechtswahlklauseln für den materiell-rechtlichen Hauptvertrag regelmäßig nicht das Statut der Schiedsvereinbarung bestimmen können.[403] Mangels Rechtswahl richtet sich das Schiedsvertragsstatut zudem nach dem Recht des Schiedsortes. Das Statut der Hauptsache sei nur in Betracht zu ziehen, wenn der Schiedsort noch nicht festgelegt worden ist.[404] Ein Statutenwechsel sei jedoch unvermeidlich, wenn zu einem späteren Zeitpunkt der Ort des Schiedsverfahrens feststehe. Sei hinsichtlich des Schiedsverfahrensrechts eine Rechtswahl getroffen worden, so greife diese auch auf das Schiedsvertragsstatut durch. Dies soll jedoch nicht gelten, wenn das Schiedsverfahrensrecht durch den oder die Schiedsrichter festgelegt wurde.[405]

Ein weiterer Ansatz leitet die Möglichkeit der Parteien nach neuem deutschen Recht, das auf die Schiedsvereinbarung anwendbare Recht durch Parteiwahl festzulegen, aus der Kollisionsnorm des § 1059 Abs. 2 Nr. 1 a) ZPO ab. Auf den ersten Blick scheine es zwar, als sei nach der neuen Regelung dem Gedanken, dass die Parteien das anwendbare Schiedsverfahrensrecht frei wählen könnten, der Boden entzogen.[406] Aufgrund der Änderung der Rechtslage in Deutschland soll nach dieser Auffassung jedoch auch die Kollisionsrechtslage neu zu prüfen sein. Anders als bisher enthalte das Gesetz mit § 1025 ff. ZPO nun eine Regelung, die ausdrücklich ihren eigenen Anwendungsbereich abstecke. Danach sei der von den Parteien oder dem Schiedsgericht (§ 1043 ZPO) bestimmte Schiedsort für das anwendbare Schiedsverfahrensrecht maßgeblich. Finde das Verfahren an einem deutschen Schiedsort statt, kämen die §§ 1025 ff. ZPO zur Anwendung. Die freie Wahl des Schiedsverfahrensrechts durch die Parteien sei auf den ersten Blick aufgrund des eingeführten Territorialitätsprinzips unzulässig. Aus der Neuregelung könne man schließen, dass bei deutschem Schiedsort auch immer die Formvorschrift des § 1031 ZPO anwendbar sein soll. Für die Berücksichtigung des Parteiwillens wäre dann kein Raum mehr.[407] Gegen diese Schlussfolgerung spricht jedoch andererseits die Bestimmung des § 1059 Abs. 2 Nr. 1a) ZPO. Danach unterliegt ein Schiedsspruch der Aufhebung, wenn die belastete Partei begründet geltend macht, dass die zugrundeliegende Schiedsvereinbarung ungültig war und zwar nach dem Recht, dem die Parteien sie unter-

---

[403] Geimer: Internationales Zivilprozessrecht, Rdnr. 3790.

[404] Geimer: a.a.O., Rdnr. 3789.

[405] ebd.

[406] Thümmel: Die Schiedsvereinbarung zwischen Formzwang und favor validitatis, FS Schütze, S. 935 (940).

[407] ebd.

stellt haben oder, falls die Parteien hierüber nichts bestimmt haben, nach deutschem Recht. Aus dieser Formulierung soll sich ergeben, dass das Gesetz offenkundig von einem Wahlrecht der Parteien bezüglich des auf die Schiedsvereinbarung und ihrer Gültigkeitsvoraussetzungen anwendbaren Rechts ausgeht.[408]

Dennoch soll die bisher herrschende Auffassung nicht übernommen werden können. Die anwendbare Kollisionsnorm sei vielmehr direkt aus § 1059 Abs. 2 Nr. 1a) ZPO zu entwickeln. Damit könnten die Parteien das für die Schiedsvereinbarung und für die Formanforderungen maßgebliche Recht weiterhin frei wählen, wobei auch der hypothetische Parteiwille Berücksichtigung finden soll. Sei eine Rechtswahl nicht feststellbar, so soll das Recht des Schiedsortes Anwendung finden, bei deutschem Aufhebungs- oder Einredeverfahren wegen § 1059 Abs. 2 Nr. 1 a) ZPO also das deutsche Recht.[409]

Gleich welcher Ansicht man folgen mag, es soll den Parteien auch nach neuem deutschem Recht die Möglichkeit offen stehen, das auf die Schiedsvereinbarung anwendbare Recht durch Parteivereinbarung zu bestimmen. Die Argumentationsweise des Gesetzgebers ist dabei jedoch die Überzeugendste. Durch die Inkorporierung des UNÜ in das deutsche Schiedsverfahrensrecht in § 1061 Abs. 1 S. 1 ZPO ist das UNÜ nationales Recht geworden. Immer dann also, wenn das deutsche Schiedsverfahrensrecht im Rahmen der Vollstreckung ausländischer Schiedssprüche Anwendung findet, ist auch die Regelung des § 1061 ZPO anzuwenden. Verweist das deutsche Recht zwingend auf das UN-Übereinkommen, so sind dessen Regelungen auch unabhängig davon heranzuziehen, ob der eigentliche Anwendungsbereich des UNÜ eröffnet ist. Es kommt also nur darauf an, dass ein deutsches Gericht die Vollstreckbarkeit eines ausländischen Schiedsspruchs zu prüfen hat. Ob die an dem Schiedsverfahren beteiligten Staaten Vertragsstaaten des UNÜ sind, spielt keine Rolle mehr.

Die Inkorporierung des UNÜ in das deutsche Recht hat zur Folge, dass auch Art. V Abs. 1 a) UNÜ zwingend anzuwenden ist, der eine Wahl des auf die Schiedsvereinbarung anwendbaren Rechts durch die Parteien gestattet. Die Auffassung, dass § 1059 Abs. 2 Nr. 1 a) ZPO Kollisionsnorm sein soll, greift zu kurz. Die Regelung des

---

[408] Thümmel: a.a.O., S. 935 (941).

[409] Thümmel: a.a.O., S. 935 (942).

§ 1059 ZPO, welcher die Aufhebung eines Schiedsspruchs anordnet, wenn die zugrundeliegende Schiedsvereinbarung nicht den Anforderungen des auf sie anzuwendenden Rechts entspricht, ist lediglich konsequente Folge der aus § 1061 Abs. 1 S. 1 ZPO i. V. m. Art. V Abs. 1 a) UNÜ folgenden Freiheit der Parteien, das auf die Schiedsvereinbarung anwendbare Recht selbst zu bestimmen, jedoch keine eigene Kollisionsnorm.

2.2.2. Ausnahme von der Rechtswahlmaxime - Die Form der Schiedsvereinbarung?

Dieses Recht der Parteien, das Statut der Schiedsvereinbarung selbst zu bestimmen, ist hinsichtlich der Form der Schiedsvereinbarung jedoch möglicherweise beschränkt.

Nach überwiegender Auffassung soll bei deutschem Schiedsort die Formvorschrift des § 1031 ZPO zwingend anzuwenden sein. § 1031 ZPO kann durch die Wahl einer fremden Rechtsordnung nicht abbedungen werden.[410] Als Begründung wird § 1059 Abs. 2 Nr. 1 a) ZPO und Art. 34 Abs. 2 a) (i) UMG angeführt, welche die Formvoraussetzungen von der Rechtswahlmaxime ausnehmen sollen.[411] Das neue deutsche Schiedsrecht enthalte mit § 1025 ZPO eine einseitige Kollisionsregel, die für die Form der Schiedsvereinbarungen als lex specialis die Kollisionsnormen des EGBGB verdrängt. Liegt der Ort des Schiedsverfahrens in Deutschland, ist damit Art. 11 EGBGB nicht mehr anzuwenden.[412] Haben die Parteien die Schiedsvereinbarung einem fremden Recht unterstellt, bestimmt sich im Aufhebungsverfahren die Formwirksamkeit kumulativ nach § 1031 ZPO und dem gewählten Recht.[413] Die Rechtswahlfreiheit greift also erst dann ein, wenn eine Schiedsvereinbarung nach §§ 1029, 1031 ZPO wirksam getroffen wurde.[414] Die etwas unklare Formulierung in § 1059 II Nr.1 a ZPO sei als *lapsus linguae* ohne Bedeutung, da eine andere Auslegung der Einschätzung der Gesetzesverfasser und dem Ver-

---

[410] Begründung zum Entwurf eines Gesetzes zur Neuregelung des Schiedsverfahrensrechts, BT-Drs. 13/5274, S. 36; MünchKommZPO-Münch, § 1031 ZPO, Rdnr. 9; Zöller/Geimer: ZPO, § 1031 ZPO, Rdnr. 1; Epping: Die Schiedsvereinbarung im internationalen privaten Rechtsverkehr, S. 95.

[411] Begründung zum Entwurf eines Gesetzes zur Neuregelung des Schiedsverfahrensrechts, BT-Drs. 13/5274, S. 36; MünchKommZPO-Münch, § 1031 ZPO, Rdnr. 9.

[412] Epping: Die Schiedsvereinbarung im internationalen privaten Rechtsverkehr, S. 95; Zöller/Geimer: § 1031 ZPO, Rdnr. 1.

[413] Musielak/Voit: ZPO, § 1031 ZPO, Rdnr. 17; a. A. MünchKommZPO-Münch, § 1031 ZPO, Fn. 37.

[414] Musielak/Voit: ZPO, § 1031 ZPO, Rndr. 17.

ständnis des Vorbildes (Art. 34 Abs. 1 a) (i) und Art. 36 Abs. 1 a) (i) i. V. m. Art. 7 UMG) widerspräche.[415]

Dem wird entgegnet, dass auch bei inländischem Schiedsort die Formvorschriften des deutschen Rechts nicht anzuwenden sein sollen, wenn die Parteien die Vereinbarung einem anderen Recht unterstellt haben.[416] Über Art. 11 EGBGB könne vielmehr die Wahl des auf die Schiedsvereinbarung anwendbaren Rechts die Wahrung der Form des § 1031 ZPO entbehrlich werden lassen.[417] Angesichts der Rechtsnatur der Schiedsvereinbarung als privatrechtlichem Vertrag mit prozessualen Wirkungen sei Art. 11 Abs. 1 EGBGB anwendbar.[418] Danach ist ein Rechtsgeschäft formgültig, wenn es die Formerfordernisse des Rechts erfüllt, welches auf das seinen Gegenstand bildende Rechtsverhältnis anzuwenden ist oder das Recht des Staates, in dem es vorgenommen wird. Kritik erfährt die Auffassung der Bundesregierung insoweit, als die Annahme, dass die Parteien das auf die Form der Schiedsvereinbarung anwendbare Recht zukünftig nicht mehr bestimmen könnten, dem Wortlaut des § 1059 Abs. 2 Nr. 1 a) ZPO nicht zu entnehmen sei. Es sei zudem kein Grund ersichtlich, warum das auf die Schiedsvereinbarung anwendbare Recht mit dem anwendbaren Verfahrensrecht zwingend identisch sein müsse. Eine solche Regelung sei auch nicht praktikabel, da das Verfahrensrecht vom Ort des Schiedsverfahrens abhängig sei. Zum Zeitpunkt des Abschlusses der Schiedsvereinbarung stünde der Ort des Schiedsverfahrens aber unter Umständen noch gar nicht fest.[419]

Bei deutschem Schiedsort steht den Parteien zwar grundsätzlich die Rechtswahl hinsichtlich des Statuts der Schiedsvereinbarung offen, diese Rechtswahl hat jedoch richtigerweise keinen Einfluss auf die Formanforderungen, die an die Schiedsklausel gestellt werden. Diese ist grundsätzlich an den Vorgaben des § 1031 ZPO und denen des nach der Parteivereinbarung auf die Schiedsklausel anwendbaren Rechts zu messen. Für eine kumulati-

---

415 MünchKommZPO-Münch: § 1031 ZPO, Rdnr. 9.

416 Albers in Baumbach/Lauterbach/Albers/Hartmann: ZPO, § 1031 ZPO, Rdnr. 2; Thümmel: Die Schiedsvereinbarung zwischen Formzwang und favor validitatis, FS Schütze, S. 935 (941), der die anwendbare Kollisionsnorm direkt aus § 1059 Abs. 2 Nr. 1 a) entwickelt; ablehnend dazu Epping: a.a.O., S. 95 (Fn. 214).

417 Ebbing: Schiedsvereinbarungen in Gesellschaftsverträgen, NZG 1998, S. 281 (288).

418 Schütze: Schiedsgericht und Schiedsverfahren, Rdnr. 108; i. E. so auch Kronke: Internationale Schiedsverfahren nach der Reform, RIW 1998, S. 257 (259).

419 Ebbing: a.a.O., S. 281 (288).

ve Anwendung des Rechts des Ortes des Schiedsverfahrens und des vereinbarten Rechts spricht zum einen der Wille des Gesetzgebers, zum anderen der Parteiwille:

Grund für die Unabdingbarkeit der deutschen Formvorschrift ist nach dem Willen des Gesetzesverfassers die Vergleichbarkeit mit den Vorgaben des UNÜ. Auch bei Art. V Abs. 1 lit. a) UNÜ ist anerkannt, dass im Falle einer Schiedsvereinbarung, welche die Formanforderungen des Art. II UNÜ nicht erfüllt, dem Schiedsspruch die Anerkennung zu versagen ist, gleich welchem Recht die Parteien die Schiedsvereinbarung unterstellt haben. Gleiches muss auch für die Formvorschrift des § 1031 ZPO gelten.[420] Andererseits entspricht die Anwendung des von den Parteien gewählten Rechts auf die Schiedsvereinbarung nur dem Parteiwillen. Gerade dadurch, dass die Parteien diesbezüglich eine Rechtswahl treffen, stellen sie möglicherweise ganz bewusst andere bzw. zusätzliche formale Anforderungen an die Schiedsvereinbarung. Diesen besonderen Parteiwillen gilt es zu berücksichtigen. Eigene Bedeutung erlangt das von den Parteien gewählte Recht der Schiedsvereinbarung nur, wenn dieses strengere Anforderungen an die Form der Schiedsvereinbarung stellt als das deutsche Recht. So kann beispielsweise das gewählte Recht der Wirksamkeit einer Schiedsvereinbarung in einem kaufmännischen Bestätigungsschreiben entgegenstehen, welches bekanntlich nach § 1031 Abs. 2 ZPO eine zulässige Form der Schiedsvereinbarung ist. Das auf die Schiedsvereinbarung anwendbare Recht kann jedoch möglicherweise bei einer dauerhaften Geschäftsbeziehung von einer Partei gerade unter diesem Gesichtspunkt ganz bewusst so gewählt worden sein, um den Abschluss einer Schiedsvereinbarung in einer solchen Form von vornherein auszuschließen. Dieser Parteiwille bliebe bei anderer Auffassung unberücksichtigt. Eine kumulative Anwendung beider Rechtsordnungen, der deutschen und der von den Parteien gewählten, entspricht damit gerade der Interessenlage der Parteien.

Bei ausländischem Schiedsort steht den Parteien ebenfalls das Recht zu, das auf die Schiedsvereinbarung anwendbare Recht frei zu bestimmen. In der Exequatursituation bestimmen sich die Formerfordernisse dann immer nach Art. II UNÜ.[421] Dies folgt aus der Regelung des § 1059 Abs. 2 Nr. 1 a) ZPO. In der Einredesituation hingegen ist in umge-

[420] Begründung der Bundesregierung zum Entwurf eines Gesetzes zur Neuregelung des Schiedsverfahrensrechts, BT-Drs. 13/5274, S. 36.

[421] Epping: Die Schiedsvereinbarung im internationalen privaten Rechtsverkehr, S. 95; MünchKommZPO-Münch, § 1031 ZPO, Rdnr. 10.

kehrter Anwendung des § 1025 Abs. 1 ZPO auf das Recht des Schiedsortes abzustellen. Anderenfalls besteht möglicherweise die Gefahr, dass eine Schiedsvereinbarung nach dem Rechtsanwendungsergebnis des Einrederichters wirksam, nach dem am Schiedsort anzuwendenden Recht unwirksam ist. Dies hätte zur Folge, dass die Parteien weder gerichtlichen noch schiedsgerichtlichen Rechtsschutz beanspruchen könnten.[422]

Steht der Schiedsort noch nicht fest oder hat man sich möglicherweise auf ein elektronisch durchgeführtes Schiedsverfahren ohne bisherige Festlegung eines konkreten Schiedsortes geeinigt, ergibt sich das auf die Form der Schiedsvereinbarung anwendbare Recht aus Art. 11 EGBGB.[423] In diesem Fall ist das deutsche Recht und damit § 1031 ZPO anzuwenden, wenn entweder das Statut der Schiedsvereinbarung insgesamt dem deutschen Recht unterfällt oder der Schiedsvertrag in Deutschland abgeschlossen wurde.

2.2.3. Zulässigkeit elektronischer Schiedsvereinbarungen

Für den elektronischen Geschäftsverkehr bedeutet dies nach autonomem deutschen Kollisionsrecht Folgendes: Außerhalb des Anwendungsbereichs internationaler Staatsverträge ist im Falle eines in Deutschland stattfindenden Schiedsverfahrens eine elektronisch geschlossene Schiedsvereinbarung im Rahmen des § 1031 ZPO sowohl im kaufmännischen Verkehr, als auch im Verbraucherbereich zulässig. Etwas anderes kann sich nur aus dem kumulativ heranzuziehenden, von den Parteien als auf die Schiedsvereinbarung anwendbar erklärten Recht ergeben. Insoweit bedarf es hier immer einer weiteren Einzelfallprüfung.

Bei ausländischem Schiedsort ist die Wirksamkeit der Schiedsvereinbarung in der Exequatursituation an Art. II UNÜ zu messen. Grundsätzlich kann von der Zulässigkeit elektronischer Schiedsvereinbarungen nach dem UNÜ ausgegangen werden.[424] In der Einredesituation folgt die Zulässigkeit dem jeweils anwendbaren Recht des Schiedsortes. Sieht dieses Recht die Zulässigkeit der elektronischen Schiedsvereinbarung vor, können die Parteien die Schiedsabrede auch in elektronischer Form treffen.

---

[422] so Epping: Die Schiedsvereinbarung im internationalen privaten Rechtsverkehr, S. 121-122.

[423] Epping: a.a.O., S. 123.

[424] siehe Teil A, § 2 Kap. 1.1.1.

Steht der Schiedsort noch nicht fest oder handelt es sich um ein virtuelles Schiedsverfahren, folgen die durch den Einrederichter an die Schiedsvereinbarung zu stellenden Anforderungen Art. 11 EGBGB. Wie gesehen, ist danach die Schiedsvereinbarung gültig, wenn sie nach dem Recht, das auf das seinen Gegenstand bildende Rechtsverhältnis anzuwenden ist, formwirksam ist. Es genügt auch, dass die Vereinbarung die Formerfordernisse des Rechts des Staates erfüllt, in dem es vorgenommen wurde. Ist auf die Schiedsvereinbarung insgesamt deutsches Recht anzuwenden oder wurde die Schiedsvereinbarung in Deutschland getroffen, kommt § 1031 ZPO zur Anwendung, der die elektronisch geschlossene Schiedsvereinbarung grundsätzlich gestattet.

2.2.4. Anwendbares Recht bei fehlender Rechtswahl

Haben die Parteien eine auf die Schiedsvereinbarung anwendbare Rechtsordnung nicht bestimmt, stellt sich die Frage, welches Recht hinsichtlich der Formwirksamkeit der Schiedsvereinbarung außerhalb des Anwendungsbereichs geltender Staatsverträge anzuwenden ist.

Bei inländischem Schiedsort ist zwingend das deutsche Schiedsverfahrensrecht anzuwenden, so dass sich die Formanforderungen aus § 1031 ZPO ergeben. Haben die Parteien keine Rechtswahl getroffen, gibt es auch kein weiteres kumulativ heranzuziehendes nationales Recht. Die Wirksamkeit einer elektronisch getroffenen Schiedsvereinbarung richtet sich in diesem Fall ausschließlich nach § 1031 ZPO.

Bei ausländischem Schiedsort wird, wie gesehen, vertreten, dass die Vorschriften des EGBGB weiterhin analog heranzuziehen sind, obgleich es sich bei der Schiedsvereinbarung nach überwiegender Ansicht um einen Prozessvertrag handelt.[425] Insoweit wird kein Unterschied zur alten Rechtslage gemacht. Den Parteien stünde zunächst die Möglichkeit einer Rechtswahl offen (Art. 27 EGBGB). Nach diesem von den Parteien gewählten Recht wäre dann auch die Formwirksamkeit der Schiedsvereinbarung nach Art. 11 Abs. 1 S. 1 EGBGB zu prüfen. Nutzten sie dieses Recht nicht und träfen keine

---

[425] Schwab/Walter: Schiedsgerichtsbarkeit, Kommentar, S. 468; Albers in Baumbach/Lauterbach/Albers/Hartmann: ZPO, § 1029, Rdnr. 11, der jedoch der Auffassung ist, dass es sich bei einer Schiedsvereinbarung um einen privatrechtlichen Vertrag über prozessuale Beziehungen handelt; Schütze: Schiedsgericht und Schiedsverfahren, S. 66; zum alten Recht bereits: v. Hülsen: Die Gültigkeit von internationalen Schiedsvereinbarungen, S. 66; Schlosser: Das Recht der internationalen privaten Schiedsgerichtsbarkeit, Rdnr. 363 ff; BGH, Beschl. v. 21.9.1993 - XI ZR 52/92, NJW-RR 1993, S. 1519 (1520).

Rechtswahl, soll das auf die Schiedsvereinbarung anwendbare Recht aus Art. 28 EGBGB folgen. Wie dieses bei einem elektronisch geschlossenen Vertrag zu ermitteln ist, soll an dieser Stelle noch offen bleiben und aufgrund der Komplexität Gegenstand des zweiten Abschnitts der Untersuchung sein, der das in der Sache anzuwendende Recht behandelt. Dies gilt an dieser Stelle auch für die Einschränkungen, die sich hinsichtlich einer Rechtswahl im Rahmen des Verbraucherbereichs aus Art. 29, 29a EGBG ergeben. Die dort gefundenen Ergebnisse könnten nach dieser Auffassung auf die Ermittlung des Schiedsvertragsstatuts entsprechend übertragen werden.

Nach dem auf diese Weise ermittelten und damit auf die Schiedsvereinbarung anwendbaren Recht richtet sich nach dieser Auffassung gem. Art. 11 Abs. 1 S. 1 EGBGB die Frage der zulässigen Form der Schiedsvereinbarung. Alternativ könne auch auf das Recht des Staates zurückgegriffen werden, in dem die Rechtshandlung vorgenommen wurde. Vorgenommene Rechtshandlung im Sinne von Art. 11 Abs. 1 EGBGB ist hier der Abschluss der Schiedsvereinbarung.[426]

In konsequenter Fortführung der hier zu bevorzugenden herrschenden Auffassung ist in diesem Fall jedoch das auf die Schiedsvereinbarung anwendbare Recht ebenfalls aus den Vorschriften des UNÜ zu entwickeln.[427] Maßgeblich ist insoweit wieder ausschließlich Art. II UNÜ, der die elektronische Schiedsvereinbarung grundsätzlich gestattet. Bei ausländischem Schiedsort kommt eine Vollstreckung nach deutschem Recht nur in Betracht, wenn die dem Schiedsspruch zugrundeliegende Schiedsvereinbarung den Anforderungen des Art. II UNÜ genügt, gleich welchem Recht die Parteien die Schiedsvereinbarung unterstellt haben.[428] Da es auf eine Rechtswahl der Parteien nicht ankommt, gilt das Gleiche bei fehlender Vereinbarung über das Schiedsvertragsstatut. Das auf die Schiedsvereinbarung im übrigen anwendbare Recht ist gem. Art. V Abs. 1 a) UNÜ für den Fall, dass die Parteien es nicht bestimmt haben, das Recht des Landes, in dem der Schiedsspruch ergangen ist.

---

[426] v. Hülsen: Die Gültigkeit von internationalen Schiedsvereinbarungen, S. 66.

[427] Epping: a.a.O.S. 95; MünchKommZPO-Münch, § 1031 ZPO, Rdnr. 10.

[428] Hußlein-Stich: Das UNCITRAL-Modellgesetz über die internationale Handelsschiedsgerichtsbarkeit, S. 179; Begründung der Bundesregierung zum Entwurf eines Gesetzes zur Neuregelung des Schiedsverfahrensrechts, BT-Drs. 13/5274, S. 36.

In der Einredesituaton kommt bei noch nicht feststehendem Schiedsort bzw. bei einem virtuellen Schiedsverfahren in Anwendung von Art. 11 Abs. 1 S. 1 EGBGB das über Art. 28 EGBGB anwendbare Recht oder das Ortsrecht des Abschlusses der Schiedsvereinbarung in Betracht. Hier ist im Einzelfall gesondert zu prüfen, inwieweit eine elektronische Schiedsvereinbarung zulässig ist.

Teil B: Das anwendbare Recht im elektronisch geschlossenen Vertrag mit Schiedsabrede im inländischen Schiedsverfahren

Seit langem wird in der schiedsrechtlichen Fachliteratur die Frage diskutiert, welches materielle Recht in einem Vertrag mit Schiedsabrede anwendbar ist, wenn es sich um ein internationales Schiedsverfahren handelt. Hat ein Schiedsrichter einen Fall zu entscheiden, der keinerlei Auslandsbezüge aufweist, so hat er bei fehlender Rechtswahl der Parteien inländisches Recht anzuwenden.[429] Die Frage des anwendbaren Rechts ist bei internationalen Schiedsverfahren für ein in Deutschland durchgeführtes Schiedsverfahren oft schwierig zu beantworten, wenn die Parteien das anwendbare Recht nicht bestimmt haben. Transferiert man die Problematik auf Verträge, die elektronisch geschlossen wurden, wird die Problemstellung noch komplexer. Die folgende Untersuchung beschränkt sich auf ein in Deutschland durchgeführtes Schiedsverfahren mit Auslandsberührung. Der Schwerpunkt der Arbeit liegt dabei in der Auslegung und Anwendung des neu eingeführten § 1051 ZPO.

§ 1 Das anwendbare Recht im kaufmännischen Verkehr: Zulässigkeit einer Rechtswahl und Folgen der fehlenden Rechtswahl

Zunächst stellt sich die Frage, inwieweit die Parteien das in der Sache anzuwendende Recht in einem elektronisch geschlossenen Vertrag mit Schiedsabrede selbst wählen können bzw. welche Staatsverträge oder kollisionsrechtlichen Regelungen hierbei maßgeblich sind. In einem zweiten Schritt gilt es zu untersuchen, welches Recht das anzuwendende ist, wenn eine Rechtswahl nicht getroffen wurde. Grundsätzlich gestattet das deutsche Recht in § 1051 Abs. 1 ZPO, das bei einem Schiedsverfahren in der Sache anwendbare Recht frei zu bestimmen. Möglicherweise könnte diese Rechtswahlfreiheit der Parteien jedoch durch internationale Staatsverträge und das deutsche internationale Privatrecht eingeschränkt sein.

---

[429] Schlosser: Das Recht der internationalen privaten Schiedsgerichtsbarkeit, Rdnr. 728.

1. Bedeutung internationaler Staatsverträge

Die Frage, ob und inwieweit ein Schiedsgericht im Hinblick auf das in der Hauptsache anwendbare Recht an solche international bestehenden Staatsverträge, die materiellrechtliche Bestimmungen treffen, gebunden ist, soll im Rahmen dieser Arbeit exemplarisch anhand des Übereinkommens der Vereinten Nationen über Verträge über den internationalen Warenkauf vom 11. April 1980 ("United Nations Convention on Contracts for the International Sale of Goods (CISG)") untersucht werden. Ferner wird die Bedeutung des Europäischen Übereinkommens über die internationale Handelsschiedsgerichtsbarkeit (EuÜ) vom 21.04.1961 für internationale Schiedsverfahren herausgearbeitet. Da das UN-Übereinkommen über die Anerkennung und Vollstreckung ausländischer Schiedssprüche vom 10. Juni 1958 (UNÜ) keine allgemeine Regelung über das in der Sache anzuwendende Recht enthält, kann es in diesem Zusammenhang außer Betracht bleiben.

1.1. Das Wiener UN-Kaufrecht (CISG)

Zu klären ist, ob internationale völkerrechtliche Verträge, wie etwa das CISG, auch in Schiedsverfahren zwingend als das in der Sache anzuwendende Recht heranzuziehen sind, wenn der sachliche Anwendungsbereich des jeweiligen Übereinkommens eröffnet ist.

Nach herrschender Auffassung in der Literatur und nach schiedsgerichtlicher Rechtsprechung soll ein Schiedsrichter ein internationales Übereinkommen, das sich auf den Gegenstand des Schiedsverfahrens bezieht, anwenden, wenn der Fall keinerlei Berührungspunkte zu einem Staat hat, der diesem Übereinkommen nicht angehört. Gehören also alle am Schiedsverfahren beteiligten Parteien Nationalitäten an, deren Staaten dem Übereinkommen beigetreten sind, ist es grundsätzlich auch anzuwenden.[430] Für den Fall, dass die Voraussetzungen des Art. 1 Abs.1 lit a) oder b) CISG vorliegen und die Parteien keine abweichende Rechtswahl getroffen haben, sind auch Schiedsgerichte verpflichtet das CISG anzuwenden.[431] In Deutschland dürfe die zwingende Anwendbarkeit des CISG als unangefochten gelten. Diese Rechtsauffassung hatte sich bereits zu den Vorläufern des

---

[430] Schlosser: a.a.O., Rdnr. 728.

[431] Staudinger/Magnus (1999), Art. 1 CISG, Rdnr. 120; Achilles: Kommentar zum UN-Kaufrechtsübereinkommen (CISG), Art. 1, Rdnr. 10; Internationales Schiedsgericht der Bundeskammer der gewerblichen Wirtschaft in Österreich, Schiedssprüche SCH-4366 und SCH-4318 vom 15.06.1994, RIW 1995, S. 590 ff. mit Anmerkung von Schlechtriem, S. 592 (593).

CISG, den Haager Kaufgesetzen EKG und EAG, durchgesetzt.[432] In einem von dem Schiedsgericht der Bundeskammer der gewerblichen Wirtschaft in Österreich entschiedenen Fall führte die Wahl des österreichischen Rechts, also eines nationalen Rechts eines Vertragsstaates des Übereinkommens, zu der Anwendbarkeit des CISG. Nach Auffassung des Schiedsgerichts hatte sich die Einigung der Parteien damit auf das entsprechende nationale Recht, einschließlich des CISG als Sonderrecht für internationale Kaufverträge, und nicht nur auf das - unvereinheitlichte - interne Kaufrecht bezogen.[433] Die Anwendbarkeit des Übereinkommens folgte in diesem Fall aus Art. 1 Abs.1 lit. b) CISG.

Gegen diese herrschende Auffassung spricht, dass gerade in Schiedsverfahren der Parteiautonomie besondere Bedeutung zukommt. Durch eine zwingende Geltung völkerrechtlicher Übereinkommen, wie etwa des CISG, entsteht die Gefahr, diesen das Schiedsverfahrensrecht durchziehenden Grundsatz der Parteiautonomie mehr und mehr auszuhöhlen. Andererseits gilt es zu berücksichtigen, dass es den Parteien immer möglich ist, die Geltung des CISG durch Wahl des in der Sache anwendbaren Rechts oder auch nur durch bloße Abwahl des CISG zu verhindern. Denn nach Art. 6 CISG können die Parteien die Anwendung dieses Übereinkommens ausschließen. Diese Abwahl kann sowohl ausdrücklich als auch konkludent erfolgen.[434] Der Ausschluss des CISG kann wirksam erklärt werden, ohne dass die Parteien zugleich das stattdessen anwendbare Recht bestimmen müssen.[435] Er kann sogar stillschweigend erfolgen.[436] Ein nachträglicher Ausschluss des CISG ist im gerichtlichen Prozess noch bis zur letzten mündlichen Verhandlung möglich und kann auch hier sogar noch stillschweigend angenommen werden, wenn die Parteien übereinstimmend auf der Basis des internen Rechts argumentieren.[437] Es bedarf für die Abwahl des CISG also nicht der Wahrung einer besonderen Form. Vielmehr überlässt man den Parteien die größtmögliche Freiheit, die Geltung des Übereinkommens gänzlich oder teilweise auszuschließen.[438]

---

[432] Schlechtriem: Anmerkung zu den Schiedssprüchen SCH-4366 und SCH-4318 des internationalen Schiedsgerichts der Bundeskammer der gewerblichen Wirtschaft in Österreich vom 15.06.1994, RIW 1995, S. 592 (593).

[433] Internationales Schiedsgericht der Bundeskammer der gewerblichen Wirtschaft in Österreich, Schiedsspruch SCH-4366 vom 15.06.1994, RIW 1995, S. 390.

[434] Soergel - Lüderitz/Fenge, Art. 6 CISG, Rdnr. 1.

[435] Staudinger/Magnus (1999), Art. 6 CISG, Rdnr. 17.

[436] Staudinger/Magnus: a.a.O., Rdnr. 20.

[437] Staudinger/Magnus: a.a.O., Rdnr. 51.

[438] Staudinger/Magnus: a.a.O., Rdnr. 8.

Die Anwendung des CISG soll bereits ausgeschlossen sein, wenn Folge einer Schiedsvereinbarung ein bestimmter Schiedsort ist, der nicht in einem Vertragsstaat liegt. Aus dem Schiedsort sei in der Regel auf das in der Sache anwendbare Recht zu schließen. Liegt der Schiedsort in einem Nichtvertragsstaat, sei damit auch das CISG nicht mehr anwendbar.[439] Bei Maßgeblichkeit des Rechts eines Vertragsstaates soll das CISG hingegen grundsätzlich anzuwenden sein.[440]

Steht es also den Parteien auf solch einfachen Wegen frei, die Anwendbarkeit des CISG auszuschließen, können sie diesen Ausschluss sogar noch in der letzten mündlichen Verhandlung des Schiedsverfahrens erklären, kann von einer Beschränkung der Parteiautonomie kaum die Rede sein. Es spricht also nichts dagegen, für den Fall, dass die sachlichen Anwendungsvoraussetzungen des CISG gegeben sind, zunächst von der zwingenden Anwendbarkeit des Übereinkommens auszugehen. Entspricht dies nicht dem Parteiwillen, können die am Schiedsverfahren beteiligten Parteien jederzeit bis zum Ende der letzten mündlichen Verhandlung die Anwendbarkeit formlos oder gar stillschweigend ausschließen.

Teilweise wird angeführt, dass die Regeln dieses Abkommens unter bestimmten Voraussetzungen im Rahmen der „lex mercatoria“ zu berücksichtigen seien. Dies gelte auch, wenn weder die Parteien noch die maßgebende *lex contractus* dies vorgesehen hätten.[441] Ein Schiedsgericht habe im Rahmen des § 1051 Abs. 2 ZPO auch die Normen eines völkerrechtlichen Übereinkommens, wie etwa des CISG, auf einen konkreten Vertrag dann anzuwenden, wenn es an einer entsprechenden kollisionsrechtlichen Verweisung durch die Parteien fehle bzw. wenn die am Rechtsstreit beteiligten Staaten nicht sämtlich zu den Vertragsstaaten gehörten.[442]

Dem wird zu Recht entgegengehalten, dass eine solche Interpretation des § 1051 Abs. 2 ZPO der allgemeinen juristischen Quellenlehre zuwiderläuft. In einem sol-

---

[439] Staudinger/Magnus(1999), Art. 6 CISG, Rdnr. 37; Honsell: Kommentar zum UN-Kaufrecht, Art. 6, Rdnr. 6; Martiny in Reithmann/Martiny: Internationales Vertragsrecht, Rdnr. 645; a. A.: Sandrock: Welches Kollisionsrecht hat ein internationales Schiedsgericht anzuwenden? RIW 1992, S. 785 (787).

[440] Staudinger/Magnus (1999), Art. 6 CISG, Rdnr. 37.

[441] Sandrock: Objektive Anknüpfung von Verträgen nach § 1051 Abs. 2 ZPO, RIW 2000, S. 321 (327) m. w. N.

[442] ebd.; zu Begriff und Bedeutung der lex mercatoria s. u. Teil B, § 1, Kap. 2.3.1.3.

chen Fall fehlt es an der unverzichtbaren Transformation der völkerrechtlichen Konvention, die das Übereinkommen zu einem Teil des innerstaatlichen Rechts macht.[443] § 1051 Abs. 2 ZPO kann einem Schiedsgericht keine Befugnis übertragen, Normen aus einem derartigen völkerrechtlichen Übereinkommen auf einen Vertrag anzuwenden, wenn es an einer entsprechenden Verweisung durch die Parteien fehlt und sich die Anwendbarkeit auch nicht aus entsprechenden Ratifikationen der jeweils beteiligten Staaten ergibt.[444]

Geht man nun auch bei Schiedsverfahren grundsätzlich von der Geltung des CISG bei grenzüberschreitenden Warenkäufen aus, ist zu prüfen, ob der Anwendungsbereich des Übereinkommens eröffnet ist und der Anwendung nicht eine Rechtswahl der Parteien entgegensteht. Wie gesehen, lässt der Staatsvertrag in Art. 6 CISG eine Rechtswahl der Parteien zu. Für den Fall, dass eine Rechtswahl jedoch unterblieben ist und auch keine bloße Abwahl des Übereinkommens vorliegt, enthält das Abkommen automatisch anzuwendende materiell-rechtliche Bestimmungen. Zusätzlich stellt sich die Frage, ob der Wirksamkeit eines elektronisch geschlossenen Vertrages nach dem CISG dessen elektronische Abschlussform entgegensteht.

Das CISG ist anwendbar, wenn dessen sachlicher, räumlicher und persönlicher Anwendungsbereich eröffnet ist.[445] Es findet auf Kaufverträge über Waren zwischen Parteien Anwendung, die ihre Niederlassung in verschiedenen Staaten haben, wenn diese Staaten Vertragsstaaten des Abkommens sind (Art.1 Abs.1 lit. a) CISG). Ferner ist es heranzuziehen, wenn die Regeln des internationalen Privatrechts zur Anwendung des Rechts eines Vertragsstaates führen (Art. 1 Abs.1 lit. b) CISG). Nach Art. 3 Abs. 1 CISG ist es auch auf Werk- und Werklieferungsverträge anwendbar, es sei denn der Besteller hat einen wesentlichen Teil der zu verarbeitenden Stoffe selbst zur Verfügung gestellt. Es gilt nicht für Verbraucherverträge, da Art. 2 lit. a) CISG den Kauf von Waren zum persönlichen Gebrauch oder den Gebrauch in der Familie oder im Haushalt ausnimmt, es sei denn, dass der Verkäufer weder wusste, noch wissen musste, dass die Ware für einen solchen Gebrauch gekauft wurde.

---

[443] Sandrock: Objektive Anknüpfung von Verträgen nach § 1051 Abs. 2 ZPO, RIW 2000, S. 321 (328).

[444] ebd.

[445] vgl. dazu im Einzelnen: Staudinger/Magnus (1999), Art. 1 CISG, Rdnr. 1 ff. m. w. N.; Soergel - Lüderitz/Fenge, Art. 1 CISG, Rdnr. 1 ff. m. w. N.; Honsell: Kommentar zum UN-Kaufrecht, Art. 1, Rdnr.1 ff, m. w. N.; Schlechtriem/Herber, Art. 1 CISG Rdnr. 1 ff.

Weitere Ausnahmen sind der Kauf aufgrund von Zwangsversteigerungen, der Kauf von Wertpapieren und Zahlungsmitteln, Schiffen und Luftfahrzeugen und elektrischer Energie (Art. 2 lit.c CISG). Ebenso gilt es offensichtlich nicht für den Bereich der Online-Versteigerungen, da Art. 2 lit. b) CISG Versteigerungen ausnimmt.[446] Da das UN-Kaufrecht auch bei Dienstleistungen unanwendbar ist (Art. 3 Abs. 2 CISG), ist es nach der deutschen Literatur wohl auch nicht im Falle der „information download" heranzuziehen.[447] Anders soll dies jedoch bei der Überlassung von Standard-Software sein. Bei Überlassung einer solchen Software über das Internet soll das UN-Kaufrecht vielmehr Anwendung finden, da eine Differenzierung danach, ob die Software nun in Diskettenform, bzw. in Form von CD-Roms oder nur als Datensatz überlassen werden soll, nicht angebracht erscheint.[448] Insgesamt ergeben sich damit hinsichtlich der Frage der materiellen Anwendbarkeit des Übereinkommens in Schiedsverfahren keine Unterschiede zu internationalen Kaufverträgen ohne Schiedsabrede.

Fällt der für die schiedsrichterliche Entscheidung maßgebliche Vertrag in den Anwendungsbereich des UN-Kaufrechtsübereinkommens und haben die Parteien keine anderweitige Rechtswahl getroffen sowie keine Abwahl des CISG vereinbart, könnte eine Anwendung des Übereinkommens möglicherweise an der elektronischen Form des Vertrages scheitern.

Dies ist jedoch nicht der Fall. Nach Art. 11 CISG braucht ein Kaufvertrag im Sinne des Übereinkommens nicht schriftlich abgeschlossen oder nachgewiesen zu werden und unterliegt auch sonst keinen Formvorschriften. Die elektronische Form genügt damit in jedem Fall den Anforderungen des CISG.[449] Anzumerken ist in diesem Zusammenhang aber, dass sich die Formfreiheit nur auf die kaufvertraglichen Elemente des Vertrages bezieht. Abreden mit nicht unmittelbar kaufvertraglichen Inhalten, wie etwa die im Vertrag enthaltene Schiedsvereinbarung, unterfallen weiterhin den Formerfordernissen des nationalen Rechts.[450]

---

[446] Scherer: Rechtsprobleme bei Vertragsschluss via Internet, DB 2000, S. 1009 ff.

[447] ebd.; zum Anwendungsbereich des CISG vgl. u. a. bei Staudinger/Magnus (1999), zu Art. 1 CISG, Rdnr. 1 ff.

[448] Mankowski: Internet und besondere Aspekte des Vertragsrechts (II), CR 1999, S. 581 (586), m. w. N.

[449] Staudinger/Magnus (1999), Art. 11 CISG, Rdnr. 7.

[450] Achilles: Kommentar zum UN-Kaufrechtsübereinkommen (CISG), Art.11, Rdnr. 1.

Der Grundsatz der Formfreiheit greift allerdings nach herrschender Meinung nicht, wenn der Vorbehalt des Art. 96 mit den Wirkungen des Art. 12 CISG von einem Vertragsstaat eingelegt wurde.[451] Durch die Einlegung dieses Vorbehalts kann ein Vertragsstaat verhindern, dass, für den Fall, dass sein nationales Recht eine strengere Form an den wirksamen Abschluss eines Kaufvertrages stellt, diese strengeren Formvorschriften über das Übereinkommen umgangen werden. Soweit eine Partei ihre Niederlassung in dem betreffenden Vorbehaltsstaat hat, ist die Anwendbarkeit von Art. 11 CISG, der einen formlosen Vertragsschluss ermöglicht, ausgeschlossen.[452] In diesem Fall wird das Prinzip der Formfreiheit für den Vertragsschluss außer Kraft gesetzt. Statt dessen sollen nach weit überwiegender Auffassung die vom internationalen Privatrecht berufenen Formvorschriften gelten.[453]

Nach anderer Ansicht sollen unmittelbar die Formvorschriften des Vorbehaltsstaates zur Anwendung kommen.[454] Aus der Entstehungsgeschichte der Vorschrift ergebe sich, dass den Delegierten diese Problematik durchaus bewusst war. Um die Akzeptanz des Übereinkommens, insbesondere in den sozialistischen Ländern, zu sichern, habe man sich für die unmittelbare Anwendung der Formvorschriften des Vorbehaltsstaats entschieden. Habe eine Vertragspartei ihre Niederlassung in einem Vorbehaltsstaat, nach dessen Recht der Kaufvertrag formbedürftig ist, so sei die Formfreiheit selbst dann ausgeschlossen, wenn nach den Regeln des Internationalen Privatrechts im konkreten Fall auf den Kaufvertrag gar nicht das Recht des Vertragsstaates anzuwenden sei.[455]

Wesentliches Argument der herrschenden Meinung gegen diese Auffassung ist, dass ein derart weitreichender Eingriff in das Internationale Privatrecht der Vertragsstaaten dem CISG weder unterstellt werden könne, noch aus der Entstehungsgeschichte der Art. 12, 96 CISG zu entnehmen sei.[456] Anderenfalls würde der Vorbehaltsstaat mit der allseitig

---

[451] Staudinger/Magnus (1999), Art. 11 CISG, Rdnr. 1.

[452] Achilles: Kommentar zum UN-Kaufrechtsübereinkommen (CISG), Art. 12 CISG, Rndr. 1.

[453] Staudinger/Magnus (1999), Art. 12 CISG, Rdnr. 8 m. w. N.; Schlechtriem/Schlechtriem, Art. 12 CISG, Rdnr. 2.

[454] Reinhart: Kommentar zum Übereinkommen der vereinten Nationen vom 11. April 1980 über Verträge über den internationalen Warenkauf, Art. 12, Rdnr. 3; dazu auch Rehbinder: Vertragsschluss nach UN-Kaufrecht im Vergleich zu EAG und BGB, in Schlechtriem: Einheitliches Kaufrecht und nationales Obligationenrecht, S. 149 (154 ff.); Staudinger/Magnus (1999), Art. 12 CISG, Rdnr. 8 m. w. N.

[455] Reinhart: a.a.O., Art. 12, Rdnr. 3.

[456] Staudinger/Magnus (1999), Art. 12 CISG, Rdnr. 8.

beanspruchten Geltung seiner Formvorschriften das IPR anderer Vertragsstaaten verdrängen und seine Formvorschriften zu einem international geltenden Einheitsrecht machen.[457]

Eine solch dominierende Geltung des nationalen Rechts des Vorbehaltsstaates ist jedoch abzulehnen. Vielmehr ist die Vorschrift dahingehend zu verstehen, dass für den Fall, dass ein Staat den Vorbehalt eingelegt hat, die Bestimmungen des Übereinkommens unanwendbar sind. Es soll aber auch nicht das Gegenteil gelten. Findet die Vorschrift des Art. 11 CISG wegen eines Vorbehalts nach Art. 96, 12 CISG keine Anwendung, so herrscht ein Zustand, als hätte das Übereinkommen über die Form des Kaufvertrages nichts gesagt.[458] Daher gilt eine nationale Formvorschrift des Vorbehaltsstaates nur, wenn die Rechtswahl der Parteien zur Anwendung des Rechts des Vorbehaltsstaates führt oder wenn mangels Rechtswahl das anwendbare internationale Privatrecht auf das Recht des Vorbehaltsstaates verweist.[459]

Folgt man, wie hier geschehen, der herrschenden Ansicht, muss nach den anwendbaren Vorschriften, die nach Regeln des internationalen Privatrechts ermittelt wurden, im jeweiligen Einzelfall geprüft werden, ob der Abschluss eines Kaufvertrages über elektronische Medien zulässig ist.

Deutschland hat den Vorbehalt aus Art. 96 CISG nicht eingelegt.[460] Bei einem in Deutschland durchgeführten Schiedsverfahren muss das Schiedsgericht daher nur unter den in Art. 12, 96 CISG genannten Voraussetzungen, nämlich dass mindestens eine der Parteien ihre Niederlassung in einem Vorbehaltsstaat hat, das Formstatut des Kaufvertrages nach Art. 11 EGBGB ermitteln.[461]

Zusammenfassend ist festzustellen, dass das CISG auch in Schiedsverfahren zwingend heranzuziehen ist, sobald der Anwendungsbereich des Übereinkommens eröffnet ist und die Parteien die Anwendbarkeit des Übereinkommens nicht ausgeschlossen oder keine

---

[457] Schlechtriem/Schlechtriem, Art. 12 CISG, Rdnr. 2.

[458] Honsell:Kommentar zum UN-Kaufrecht, Art. 12 CISG, Rdnr. 4.

[459] ebd.

[460] Schlechtriem/Schlechtriem: a.a.O., Rdnr. 2.

[461] vgl. für das staatliche Gericht bei Schlechtriem/Schlechtriem, Art. 12 CISG, Rdnr. 2.

anderweitige Rechtswahl getroffen haben. Hat keine der beteiligten Parteien ihren Sitz oder ihre Niederlassung in einem Vorbehaltsstaat im Sinne der Art. 96, 12 CISG, ist auch der elektronische Abschluss des Kaufvertrages nach Art. 6 CISG zulässig. Anderenfalls muss nach dem anwendbaren IPR das anwendbare Sachrecht ermittelt und im Einzelfall geprüft werden, ob der Abschluss eines elektronischen Kaufvertrages zulässig ist. Die Wirksamkeit der in einem solchen Vertrag enthaltenen Schiedsvereinbarung richtet sich dann immer nach dem anwendbaren nationalen Recht.[462]

1.2. Anwendbarkeit des Europäischen Übereinkommens über die internationale Handelsschiedsgerichtsbarkeit (EuÜ) vom 21.04.1961

Das Europäische Übereinkommen über die internationale Handelsschiedsgerichtsbarkeit (EuÜ) wurde von über 25 europäischen Staaten ratifiziert. Es findet Anwendung auf Schiedsvereinbarungen, die zum Zwecke der Regelung von bereits entstandenen oder künftig entstehenden Streitigkeiten aus internationalen Handelsgeschäften zwischen natürlichen und juristischen Personen geschlossen werden, sofern diese bei Abschluss der Vereinbarung ihren gewöhnlichen Aufenthalt oder ihren Sitz in verschiedenen Vertragsstaaten haben sowie auf die schiedsrichterlichen Verfahren und auf Schiedssprüche, die sich auf solche Schiedsvereinbarungen gründen (Art. I EuÜ).[463]

Im Anwendungsbereich des Übereinkommens hat ein Schiedsgericht auch dessen Vorschriften zur Ermittlung des auf die Sache anwendbaren Rechts zu berücksichtigen. Nach dem Abkommen steht es den Parteien gem. Art. VII Abs. 1 S. 1 EuÜ frei, das Recht zu vereinbaren, das durch das Schiedsgericht in der Hauptsache angewendet werden soll. Haben die Parteien das anwendbare Recht jedoch nicht bestimmt, so hat gem. Art. VII Abs. 1 S. 2 EuÜ das Schiedsgericht das Recht anzuwenden, „auf das die Kollisionsnormen hinweisen, von denen auszugehen das Schiedsgericht für jeweils richtig erachtet". In beiden Fällen hat das Schiedsgericht die Bestimmungen des Vertrages und bestehende Handelsbräuche zu berücksichtigen (Art. VII Abs. 1 S. 3 EuÜ).

---

[462] vgl. dazu Teil A, § 2.

[463] zum Anwendungsbereich des Übereinkommens siehe Teil A, § 2, 1.2.1. m. w. N.

1.2.1. Rechtswahl der Parteien nach Art. VII Abs. 1 S. 1 EuÜ

Hinsichtlich der im EuÜ gewährten Rechtswahlmöglichkeit ist es grundsätzlich nicht erforderlich, dass das von den Parteien gewählte Recht eine hinreichende Beziehung zu dem zugrundeliegenden Sachverhalt aufweist. Die in Art. VII Abs. 1 EuÜ normierte Rechtswahlfreiheit gilt insoweit uneingeschränkt (sog. neutrales Recht).[464] Dabei haben die Parteien die Möglichkeit, Normen aus verschiedenen Rechtsordnungen zu kombinieren oder nur ein Kollisionsrecht zu bestimmen. Es ist auch möglich, nichtstaatliche Normensysteme wie das Völkerrecht, allgemeine Rechtsgrundsätze, die lex mercatoria oder die UNIDROIT-Prinzipien als das anwendbare Recht zu bestimmen.[465] Die Parteien können das Schiedsgericht jedoch von der Anwendung jeden Rechts gem. Art. VII Abs. 2 EuÜ nur befreien, wenn auch das auf das schiedsrichterliche Verfahren anwendbare Recht dies gestattet.[466]

Strittig ist, inwieweit dieses Wahlrecht der Parteien Begrenzungen unterliegt. Nach einer Ansicht ist einzige Beschränkung der Rechtswahlfreiheit der ordre public. Da diese Vorbehaltsklausel sich in allen Landesrechten finde, könnten sowohl gegenüber inländischen wie gegenüber ausländischen Schiedssprüchen anstößige Ergebnisse vermieden werden, ohne dass das Übereinkommen berührt werde.[467] In der weit überwiegenden Literatur hingegen wird eine solch weite Auslegung des Begriffs der Rechtswahlfreiheit der Parteien zu Recht abgelehnt. Insbesondere muss die Sonderanknüpfung des nationalen IPR, etwa in den Fragen der Rechts- und Geschäftsfähigkeit, sowie der gesetzlichen Vertretung von natürlichen und juristischen Personen berücksichtigt werden, da das nationale Recht durch das EuÜ hier nicht derogiert wird.[468] Bei bestimmten Fragen ist zwingend an das

---

[464] Hausmann in Reithmann/Martiny: Internationales Vertragsrecht, Rdnr. 2428: MünchKommZPO-Gottwald, Art. VII EuÜ, Rdnr. 3; Klein: Das Europäische Übereinkommen über die internationale Handelsschiedsgerichtsbarkeit, ZZP 76 (1963), S. 342 (350); Moller: Schiedsverfahrensnovelle und Europäisches Übereinkommen über die Internationale Handelsschiedsgerichtsbarkeit, NZG 2000, S. 57 (68); v. Hoffmann: Internationale Handelsschiedsgerichtsbarkeit, S. 128; Gentinetta: Befreiung der internationalen Handelsschiedsgerichtsbarkeit von der „nationalen Umklammerung"?, RIW/AWD 1969, S. 46 (52)

[465] Moller: Schiedsverfahrensnovelle und Europäisches Übereinkommen über die internationale Handelsschiedsgerichtsbarkeit, NZG 2000, S. 57 (68).

[466] v. Hoffmann: Internationale Handelsschiedsgerichtsbarkeit, S. 128.

[467] Mezger: Das Europäische Übereinkommen über die internationale Handelsschiedsgerichtsbarkeit, RabelsZ 29 (1965), S. 231 (279).

[468] Hausmann in Reithmann/Martiny: Internationales Vertragsrecht, Rdnr. 2428; Kaiser: Das europäische Übereinkommen über die internationale Handelsschiedsgerichtsbarkeit vom 21. April 1961, S. 148; v. Hoffmann: Internationale Handelsschiedsgerichtsbarkeit, S. 128; Schlosser: Das Recht der internationalen privaten Schiedsgerichtsbarkeit, Rdnr. 739; Stein/Jonas/Schlosser: ZPO, Bd. 7/2, Anh. zu § 1044 I, II, Rdnr. 128; Schwab/Walter: Schiedsgerichtsbarkeit, Kommentar, S. 537; MünchKommZPO-Gottwald, Art. VII EuÜ, Rdnr. 4; Moller: Schiedsverfahrensnovelle und Europäisches Übereinkommen über die Internationale Handelschiedsgerichtsbarkeit, NZG 2000, S. 57 (67).

nationale Recht anzuknüpfen. Dass das EuÜ immer vorgehen soll, ist nicht einsichtig. Ein derartig weitgehender Eingriff des Übereinkommens in das nationale Recht ist nicht beabsichtigt gewesen.[469] Hinsichtlich der Frage der Rechts- und Geschäftsfähigkeit folgt dies bereits aus dem EuÜ selbst.[470] So ist nach Art. VI Abs. 1 S. 1 EuÜ zur Beantwortung der Frage nach der Fähigkeit der Parteien eine gültige Schiedsvereinbarung zu treffen, nur das für die Parteien persönlich maßgebliche Recht heranzuziehen. Eine etwaige Parteivereinbarung über das anwendbare Recht wäre in diesem Zusammenhang nicht zu berücksichtigen. Dort, wo nach rechtsvergleichendem Standard Fragen zwingend anzuknüpfen sind, könne Art. VII EuÜ keine Anwendung finden.[471]

Die Rechtswahlfreiheit der Parteien soll andererseits nach teilweise vertretener Auffassung auch nicht nur auf vertragliche Ansprüche begrenzt sein. Der Begriff der „Streitigkeit aus einem internationalen Handelsgeschäft" im Sinne des EuÜ erfasse auch Ansprüche aus unerlaubter Handlung, culpa in contrahendo (c. i. c.), etc., sofern sie nur im Zusammenhang mit dem Vertragsverhältnis entstanden seien.[472] Gleiches gelte auch für Ansprüche aus ungerechtfertigter Bereicherung.[473]

Dem wird entgegengehalten, dass zwar dem Wortlaut des Art. VII Abs.1 S.1 EuÜ eine Beschränkung auf Schuldverhältnisse nicht zu entnehmen sei, eine solche wortgetreue Auslegung entspreche jedoch nicht dem Sinn des Eu-Übereinkommens. Die Verfasser hätten nicht die Aufgabe gehabt, eine so weitreichende Änderung des internationalen Privatrechts herbeizuführen.[474] Vielmehr bestünden für andere Anwendungsbereiche als die der Schuldverhältnisse, wie etwa bei unerlaubten Handlungen, Urheberrechtsverletzungen und Ansprüchen im Rahmen des unlauteren Wettbewerbs, zwingende Anknüpfungsregeln. Einer restrikitven Auslegung sei daher der Vorzug zu geben.[475]

---

[469] MünchKommZPO-Gottwald, Art. VII EuÜ, Rdnr. 4.

[470] ebd.

[471] Schlosser: Das Recht der internationalen privaten Schiedsgerichtsbarkeit, Rdnr. 739.

[472] MünchKommZPO-Gottwald, Art. VII EuÜ, Rdnr. 4.

[473] Hausmann in Reithmann/Martiny: Internationales Vertragsrecht, Rdnr. 2428.

[474] Schwab/Walter: Schiedsgerichtsbarkeit, Kommentar, S. 537.

[475] v. Hoffmann: Internationale Handelsschiedsgerichtsbarkeit, S. 128.

Bei genauerer Betrachtung fällt auf, dass die Vertreter der dargestellten Meinungen sich im Grunde nicht widersprechen. Maßstab für die Beurteilung der Frage der Begrenzung der Rechtswahlfreiheit in der Sache muss der Begriff des internationalen Handelsgeschäfts sein. Liegt ein internationales Handelsgeschäft nicht vor, ist der Anwendungsbereich des Übereinkommens nicht eröffnet, was zur Folge hat, dass auch eine Rechtswahl der Parteien nach Art. VII Abs. 1 S. 1 EuÜ nicht in Betracht kommt.

Der Begriff des internationalen Handelsgeschäfts ist autonom auszulegen und darf nicht anhand der nationalen Rechtsordnungen bestimmt werden.[476] Handelsgeschäft ist nach allgemeiner Auffassung jedes Geschäft, das auf die Erbringung von Leistungen gegen Entgelt gerichtet ist und an dem mindestens eine Partei nicht in privater Funktion beteiligt ist.[477] Dabei sollen Streitigkeiten in diesem Sinne nicht nur solche über Vertragspflichten sein, erfasst werden vielmehr auch gesetzliche Ansprüche aus unerlaubter Handlung, c.i.c. oder aus ungerechtfertigter Bereicherung, sofern diese Ansprüche in hinreichend engem Kontakt mit dem abgeschlossenen Handelsgeschäft stehen.[478] Es kann sich aus einem solchen Vertragsverhältnis auch ein deliktischer Anspruch ergeben, der nach der ersten Auffassung nicht vom EuÜ erfasst sein soll. Bei genauerer Untersuchung wird jedoch deutlich, dass die Vertreter der erstgenannten Auffassung lediglich von deliktischen Ansprüchen ohne jeden Bezug zu einem vertraglichen Verhältnis ausgegangen sind, die von dem Anwendungsbereich des EuÜ ausgenommen sein sollten. Dies wird in der weiteren exemplarischen Nennung anderer Ansprüche, wie etwa aus dem Wettbewerbsrecht oder aufgrund von Urheberrechtsverletzungen, deutlich. Bei diesen Anspruchsgrundlagen kommt es auf eine vertragliche Verbindung der Parteien nicht an. Es handelt sich um rein gesetzliche Anspruchsgrundlagen. Das EuÜ ist jedoch lediglich auf Streitigkeiten aus Verträgen unter Ausschluss jedenfalls rein gesetzlicher Schuldverhältnisse beschränkt.[479] Dies bedeutet, dass in einem solchen Fall der Anwendungsbereich des EuÜ schon von vornherein nicht eröffnet ist.

---

[476] MünchKomm ZPO-Gottwald, Art. I EuÜ, Rdnr. 7; Stein/Jonas/Schlosser: ZPO, Bd. 7/2, vor § 1044 Rdnr. 35; Mezger: Das Europäische Übereinkommen über die Handelsschiedsgerichtsbarkeit, RabelsZ 29 (1965), S. 231 (238), vgl. dazu bereits Teil A, § 2, Kap. 1.2.1.

[477] vgl. statt vieler: Hausmann in Reithmann/Martiny: Internationales Vertragsrecht, Rdnr. 2393.

[478] Hausmann in Reithmann/Martiny: Internationales Vertragsrecht, Rdnr. 2394.

[479] Mezger: a.a.O., S. 231 (241).

Wesentliches Kriterium für die Eröffnung des Anwendungsbereich des EuÜ ist also der Begriff des Handelsgeschäfts. Liegt ein solches nicht vor, kommt auch eine Rechtswahl der Parteien nach Art. VII Abs. 1 S. 1 EuÜ nicht in Betracht, da das EuÜ auf diesen Rechtsstreit dann überhaupt nicht anwendbar ist.

1.2.2. Ermittlung des anwendbaren Rechts bei fehlender Rechtswahl

Umstritten ist die Ermittlung des anwendbaren Rechts nach Art. VII Abs. 1 S. 2 EuÜ, wenn die Parteien das anwendbare Recht nicht bestimmt haben.

Nach herrschender Ansicht geht der Staatsvertag bei fehlender Rechtswahl davon aus, dass in einem ersten Schritt zunächst einmal das Kollisionsrecht festgelegt wird. Das EuÜ gebe aber diesbezüglich keine bestimmte Anknüpfungsmethode vor und überwinde damit die früher vielfach angenommene Bindung an das Kollisionsrecht der lex fori.[480] Der Schiedsrichter sei dennoch bei der Anknüpfung nicht völlig frei. Er solle von den beteiligten Kollisionsrechten ausgehen, also den Normen der Staaten, welche über die Streitsache und die Parteien einen Bezug zu der zu entscheidenden Streitigkeit aufweisen.[481] Dies ergebe sich bereits aus dem Wortlaut des Art. VII Abs. 1 S. 2 EuÜ, der ausdrücklich verlange, dass der Schiedsrichter zunächst eine Kollisionsnorm zu bestimmen habe, aus der sich erst das anwendbare Sachrecht ergebe.[482] Die Schiedsrichter seien damit im Gegensatz zu den Parteien nicht frei, das ihnen passend erscheinende materielle Recht eines bestimmten Staates festzulegen, sondern hätten zunächst das Kollisionsrecht eines Staates festzulegen, nach welchem das auf die Sache anwendbare Recht zu ermitteln sei. Das Schiedsgericht habe nur die Freiheit der Wahl der Kollisionsnorm.[483] Dabei sei es nicht auf die globale Wahl eines einzigen IPR beschränkt, sondern könnte auch einzelne Komplexe des Rechtsstreits nach Kollisionsnormen verschiedener Staaten beurteilen.[484] Häufig zögen die Schiedsgerichte bei der Ermittlung des anwendbaren Kollisionsrechts die jeweili-

---

[480] zur Anwendung der lex fori durch das Schiedsgericht siehe bei Böckstiegel: Die Bestimmung des anwendbaren Rechts in der Praxis internationaler Schiedsgerichtsverfahren, FS Beitzke, S. 443 (446ff.).

[481] Martiny: Die Bestimmung des anwendbaren Sachrechts durch das Schiedsgericht, FS Schütze, S. 529 (532); Hausmann in Reithmann/Martiny: Internationales Vertragsrecht, Rdnr. 2429; Maier: Handbuch für die Schiedsgerichtspraxis, S. 478 ff.

[482] MünchKommZPO-Gottwald, Art. VII EuÜ, Rdnr. 5; Stein/Jonas/Schlosser: ZPO, Bd. 7/2, Anh. zu § 1044 I, II, Rdnr. 129; Moller: Schiedsverfahrensnovelle und Europäisches Übereinkommen über die internationale Handelsschiedsgerichtsbarkeit, NZG 2000, S. 57 (68).

[483] Hausmann in Reithmann/Martiny: Internationales Vertragsrecht, Rdnr. 2429.

[484] ebd.; Stein/Jonas/Schlosser: ZPO, Bd. 7/2, Anh. zu § 1044 I, II, Rdnr. 129.

gen Kollisionsregeln kumulativ heran. Führen sie zum gleichen Ergebnis, so haben die kollisionsrechtliche Frage keine praktische Relevanz.[485] Wenn sie divergierten, müsse das Schiedsgericht die für den Rechtsstreit geeignetste Kollisionsnorm auswählen.[486] Das Schiedsgericht sei also auch bei der Wahl des Kollisionsrechts nicht völlig frei. Eine andere Auslegung könnte zu einem nicht unerheblichen Maß an Rechtsunsicherheit führen.[487] Möglicherweise werde das Schiedsgericht auch manipulierbar.[488] Es habe daher vielmehr nach den Vorgaben des EuÜ einen geeigneten Anknüpfungspunkt zu suchen.[489]

Wesentliches Argument für diese Auffassung ist, dass auf diese Weise einerseits einer willkürlichen Rechtswahl durch das Schiedsgericht vorgebeugt wird, andererseits aber auch das notwendige Maß an Flexibilität hinsichtlich der Ermittlung des in der Sache anwendbaren Rechts erreicht wird.[490] Das Schiedsgericht ist so nicht starr an ein bestehendes Kollisionsrecht gebunden.[491]

In der älteren Literatur wurde hingegen vertreten, dass das Schiedsgericht das anwendbare materielle Recht völlig frei bestimmen könne.[492] Das Schiedsgericht könne für jeden Einzelfall Anknüpfungsregeln ohne Rücksicht auf die positiven Systeme des internationalen Privatrechts der in Frage kommenden Länder ausarbeiten, was praktisch darauf hinausliefe, dass die Rechtswahl durch das Schiedsgericht erfolge. Dies sollte auch dem Geist der Konvention entsprechen.[493]

---

485 Martiny: a.a.O., S. 529 (532).

486 Hausmann in Reithmann/Martiny: Internationales Vertragsrecht, Rdnr. 2429; Schwab/Walter: Schiedsgerichtsbarkeit, Kommentar, S. 537; MünchKommZPO-Gottwald, Art. VII EuÜ, Rdnr. 6; v. Hoffmann: Internationale Handelsschiedsgerichtsbarkeit, S. 130.

487 Gottwald: Die sachliche Kontrolle internationaler Schiedssprüche durch staatliche Gerichte, FS Nagel, S. 54 (63); Böckstiegel: Die Bestimmung des anwendbaren Rechts in der Praxis internationaler Schiedsgerichte, FS Beitzke, S. 443 (451).

488 MünchKommZPO-Gottwald, Art. VII EuÜ, Rdnr. 6.

489 Gentinetta: Befreiung der internationalen Handelsschiedsgerichtsbarkeit von der „nationalen Umklammerung"?, RIW/AWD 1969, S. 46 (53).

490 MünchKommZPO-Gottwald, Art. VII EuÜ, Rdnr. 6.

491 v. Hoffmann: Internationale Handelsschiedsgerichtsbarkeit, S. 130.

492 Kaiser: Das europäische Übereinkommen über die internationale Handelsschiedsgerichtsbarkeit vom 21. April 1961, S. 150 f., m. w. N.; Mezger: a.a.O., S. 231 (279).

493 Mezger: a.a.O., S. 231 (279).

Dem wurde und wird entgegengehalten, dass eine solche Auslegung, die ggf. sogar sachgerechter wäre, schwerlich mit dem Wortlaut der Vorschrift vereinbar sei. Sinn der Vorschrift sei es, das Schiedsgericht davon zu entbinden, die Kollisionsnormen seines Sitzes anwenden zu müssen.[494] Es könne die Kollisionsregeln anwenden, die der Streitigkeit entsprechen und ein vernünftiges Ergebnis erwarten ließen.[495]

Der herrschenden Auffassung ist bereits aufgrund des eindeutigen Wortlauts der Vorschrift der Vorzug zu geben. In der aktuellen Literatur wird an einer solchen Auslegung der Konvention auch nicht mehr gezweifelt. Zu beachten ist jedoch, dass die Befugnis des Schiedsgerichts zur Auswahl des anwendbaren Kollisionsrechts enger ist, als die der Parteien. Da das Schiedsgericht nur befugt ist, kollisionsrechtliche Vorschriften zu wählen, die regelmäßig auf nationales Recht verweisen, ist eine materielle Anwendung nichtstaatlichen Rechts in Gestalt der UNIDROIT-Principles, der Lando-Principles oder gar der Grundsätze der lex mercatoria ausgeschlossen.[496]

Im Hinblick auf einen elektronisch geschlossenen Vertrag mit Schiedsabrede ergeben sich letztlich keine Besonderheiten im Verhältnis zu einem schriftlich geschlossenen Vertrag. Damit muss ein Schiedsgericht auch bei einem elektronisch geschlossenen Vertrag, der in den Anwendungsbereich des EuÜ fällt und in dem keine Rechtswahl durch die Parteien getroffen wurde, zunächst das einschlägige Kollisionsrecht ermitteln. Daraus ergibt sich dann in einem zweiten Schritt das in der Sache anzuwendende, grundsätzlich staatliche, Recht.

1.2.3. Berücksichtigung der Bestimmungen des Vertrages und von Handelsbräuchen

Zwar ergeben sich hinsichtlich der Berücksichtigung der vertraglichen Vereinbarungen und der Handelsbräuche keine Besonderheiten für den elektronischen Geschäftsverkehr; diese Untersuchung bietet jedoch Gelegenheit, diese Fragestellung im Rahmen eines Exkurses erneut aufzugreifen.

---

[494] Schwab/Walter: Schiedsgerichtsbarkeit, Kommentar, S. 537.

[495] ebd., m. w. N.

[496] Moller: Schiedsverfahrensnovelle und Europäisches Übereinkommen über die internationales Handelsschiedsgerichtsbarkeit, NZG 2000, S. 57 (68).

Art. VII Abs. 1 S. 3 EuÜ normiert, dass das Schiedsgericht sowohl im Falle der Rechtswahl als auch in dem Fall, dass die Parteien das in der Hauptsache anzuwendende Recht nicht festgelegt haben, die Bestimmungen des Vertrages und bestehende Handelsbräuche berücksichtigen muss. Diese Regelung bezieht sich nach überwiegender Auffassung nur auf die materielle Rechtsanwendung und nicht auf das anwendbare Kollisionsrecht nach Art. VII Abs. 1 S. 2 EuÜ.[497] Es soll nur darum gehen, dass das Schiedsgericht in der Sache selbst die Vertragsbestimmungen und Handelsbräuche berücksichtigt. Die Vorschrift soll aber nicht die Rechtswahl nach Art. VII Abs. 1 S. 1 und 2 EuÜ tangieren.[498] Überzeugendes Argument der herrschenden Auffassung ist, dass andernfalls, zumindest für die Rechtswahl der Parteien nach Art. VII Abs. 1 S. 1 EuÜ, die Erwähnung der Vertragsbestimmungen in Art. VII Abs. 1 S. 3 EuÜ überflüssig ist. Die Rolle der Vertragsbestimmungen sei ja bereits in den ersten beiden Sätzen des Art. VII Abs. 1 EuÜ geregelt.[499]

Nach anderer Ansicht soll die Berücksichtigung der Vertragsbestimmungen und der Handelsbräuche nur auf kollisionsrechtlicher Ebene, nämlich im Rahmen der Ermittlung des anwendbaren Rechts, möglich sein.[500] Diese Ansicht ist jedoch als in sich nicht schlüssig abzulehnen. Während sich einerseits die Anwendbarkeit der Vertragsbestimmungen und Handelsbräuche auf die Ermittlung des anwendbaren Rechts beschränke, soll nach dieser Auffassung gleichzeitig den Schiedsrichtern die Kompetenz zustehen, ohne die Prüfung des anwendbaren Kollisionsrechts das materiell anwendbare Recht frei zu bestimmen.[501] Dies würde bedeuten, dass ein Schiedsrichter, da ohnehin in der Rechtsfindung völlig frei, keinerlei Beschränkungen hinsichtlich der Bestimmung des anwendbaren Rechts unterläge und damit auch im Hinblick auf die Anwendung bestehender Handelsbräuche frei wäre. Andererseits könnte er, da nicht an das anwendbare Kollisionsrecht gebunden, auch immer bestehende Handelsbräuche heranziehen. Art. VII Abs. 1 S. 3 EuÜ wäre nach diesem Verständnis überflüssig. Dies kann nicht gewollt sein, so dass der herrschenden Meinung der Vorzug zu geben ist.

---

[497] MünchKommZPO-Gottwald, Art. VII EuÜ, Rdnr. 7; Mezger: a.a.O., S. 231 (280).

[498] Schwab/Walter: Schiedsgerichtsbarkeit, Kommentar, S. 538; so auch Gentinetta: Befreiung der internationalen Handelsschiedsgerichtsbarkeit von der „nationalen Umklammerung", RIW/AWD 1969, S. 46 (53).

[499] MünchKommZPO-Gottwald, Art. VII EuÜ, Rdnr. 7; Mezger: a.a.O., S. 231 (280).

[500] Kaiser: Das europäische Übereinkommen über die internationale Handelsschiedsgerichtsbarkeit vom 21. April 1961, S. 150 f.

[501] ebd.

Höchst strittig ist in diesem Zusammenhang jedoch, ob die Handelsbräuche primär oder nur sekundär heranzuziehen sind, also das in der Sache anwendbare nationale Recht verdrängen können oder zumindest gleichwertig neben dem anwendbaren materiellen Recht stehen. Handelsbräuche - die sog. lex mercatoria[502]- sind nach dem Wortlaut des Art. VII Abs. 1 S. 3 EuÜ bei der Anwendung des materiell anwendbaren Rechts lediglich zu „berücksichtigen". Bereits der Wortlaut der Vorschrift spricht damit gegen eine übergeordnete Anwendung der Handelsbräuche.[503] Sie dienen vielmehr als Auslegungshilfe innerhalb des auf die Hauptsache anwendbaren Rechts.[504] Etwas anderes kann nur gelten, wenn die Parteien bestimmte Handelsbräuche neben dem in der Sache anwendbaren Recht ausdrücklich als auf den Rechtsstreit anwendbar erklären.[505]

Nach anderer Auffassung sollen Handelsbräuche gleichberechtigt neben dem materiell anwendbaren Recht anzuwenden sein. Sei die Anwendung des nationalen Binnenrechts nur eine Notlösung, weil es keine Normen des internationalen Ursprungs gebe, dann sei ein internationaler Handelsbrauch geeigneter als eine nationale Sachnorm und als internationale Sachnorm vorrangig vor nationalem Recht anzuwenden.[506] Aus dem Wortlaut sei nicht zu entnehmen, dass das nationale Recht zwingend den Handelsbräuchen vorgehe. Man könne gerade im Gegenteil behaupten, dass es dem Schiedsgericht vorgeschrieben sei, Handelsbräuche zu berücksichtigen und nicht ungeachtet zu lassen.[507] Zudem würde Art. VII Abs. 1 S. 3 EuÜ bei anderer Auslegung inhaltslos, da sich in diesem Fall der Umfang, in dem Vertrag und Handelsbräuche zu berücksichtigen seien, nicht unmittelbar aus der Konvention ergebe, sondern aus dem anwendbaren nationalen Recht.[508]

Diese Ansicht überzeugt nicht. Insbesondere im Hinblick auf das in Art. VII Abs. 1 S. 1 EuÜ den Parteien gewährte Recht, die anwendbare Rechtsordnung frei zu bestim-

---

[502] zum Begriff der sog. „lex mercatoria" siehe unten Teil B, § 1, Kap. 2.3.1.3.1.

[503] MünchKommZPO-Gottwald, Art. VII EuÜ, Rdnr. 8; Mezger: Das Europäische Übereinkommen über die Handelsschiedsgerichtsbarkeit, RabelsZ 29 (1965), S. 231 (280); Schwab/Walter: Schiedsgerichtsbarkeit, Kommentar, S. 538; Kaiser: Das europäische Übereinkommen über die internationale Handelsschiedsgerichtsbarkeit vom 21. April 1961, S. 148 f.; a. A.: v. Hoffmann: Internationale Handelschiedsgerichtsbarkeit, S. 124.

[504] Schlosser: Das Recht der internationalen privaten Schiedsgerichtsbarkeit, Rdnr. 737.

[505] MünchKommZPO-Gottwald, Art. VII EuÜ, Rdnr. 8.

[506] v. Hoffmann: Internationale Handelsschiedsgerichtsbarkeit, S. 127.

[507] v. Hoffmann: a.a.O., S. 124.

[508] ebd.

men, kann eine gar übergeordnete oder auch gleichrangige Geltung der Handelsbräuche nicht angenommen werden. Dieses Recht der Parteien würde anderenfalls durch die Hintertür wieder eingeschränkt, wenn die lex mercatoria für eine zwingende Rechtsvorschrift gehalten würde.[509] Widerspricht ein Handelsbrauch einer Regelung des von den Parteien gewählten materiellen Rechts, so muss der Handelsbrauch zwingend zurücktreten. Hingegen kann in dem Fall, dass ein Handelsbrauch in einem bestimmten Rechtsverhältnis besteht und das von den Parteien oder dem Schiedsgericht über die Kollisionsnorm gewählte Recht einen derartigen Handelsbrauch nicht kennt, der Handelsbrauch zur Auslegung des anwendbaren Rechts herangezogen werden.[510] Sie können aber niemals Vorrang vor der aus Parteiautonomie resultierenden Rechtswahl haben oder gleichberechtigt neben ihr stehen. Aus dem Wortlaut der Konvention ergibt sich, dass diese Grundsätze nicht nur im Falle einer Parteivereinbarung über das anwendbare Recht greifen, sondern auch im Falle des Fehlens einer Rechtswahl.

Nach Art. VII Abs. 1 S. 3 EuÜ hat das Schiedsgericht „in beiden Fällen" die Bestimmungen des Vertrages und die Handelsbräuche zu berücksichtigen. Die Formulierung „in beiden Fällen" bezieht sich auf Art. VII Abs. 1 S. 1 und 2 EuÜ, erfasst damit also sowohl den Fall der bestehenden wie der nicht bestehenden Rechtswahl. „In beiden Fällen" können also Handelsbräuche nur subsidiär Berücksichtigung finden.

1.2.4. Entscheidung nach Billigkeit

Gem. Art. VII Abs. 2 EuÜ können die Parteien das Schiedsgericht auch ermächtigen, die zwischen ihnen entstandene Streitigkeit nach Billigkeit zu entscheiden, wenn das für das schiedsrichterliche Verfahren maßgebende Recht dies gestattet (sog. „amiable composition"). Wiederum ergeben sich für den elektronischen Vertragsschluss hier keine Besonderheiten. Der Vollständigkeit halber soll jedoch kurz auf die Probleme eingegangen werden, die diese Regelung mit sich bringt.

Nach dem Wortlaut des Art. VII Abs. 2 EuÜ bestehen hinsichtlich der Billigkeitsentscheidung zwei Voraussetzungen: Zum einen müssen die Parteien sich auf eine Billigkeitsentscheidung geeinigt haben, zum anderen muss das für das schiedsrichterliche Verfahren

[509] so auch Schlosser: Das Recht der internationalen privaten Schiedsgerichtsbarkeit, Rdnr. 737.

[510] MünchKommZPO-Gottwald, Art. VII EuÜ, Rdnr. 8.

maßgebliche Recht die Billigkeitsentscheidung erlauben. Maßgebliches Verfahrensrecht in diesem Sinne soll dabei nicht nur das nationale Verfahrensrecht sein. Es sollen vielmehr auch Verfahrens- und Schiedsordnungen dazugehören, wie etwa die ICC- oder UNCITRAL-SchGO.[511] Da Art. IV Abs. 1 b) Nr. 3 EuÜ den Parteien auch die Freiheit zur Verfahrensgestaltung einräume, könne für Art. VII Abs. 2 EuÜ nichts anderes gelten.[512] Dem wird entgegengehalten, dass unter dem Begriff des Schiedsverfahrensrechts in Art. VII Abs. 2 EuÜ nur das nationale Schiedsrecht zu verstehen sei.[513]

Für die erst genannte Auslegung des Begriffs des Schiedsverfahrensrechts spricht, dass Art. IV Abs. 1 b) Nr. 2 EuÜ den Parteien gestattet, den Schiedsort selbst festzulegen. Folgt man der Ansicht, die unter dem Begriff des Schiedsverfahrensrechts nur das nationale Recht und nicht auch die Schiedsordnungen versteht, müssten die Parteien, wollten sie eine Billigkeitsentscheidung herbeiführen, diese in dem Schiedsvertrag vereinbaren und zur Zulässigkeit dieser Vereinbarung einen Schiedsort wählen, dessen nationales Verfahrensrecht die Billigkeitsentscheidung gestattet. Sogar wenn sie gar keine Wahl hinsichtlich des Schiedsortes treffen, soll das Schiedsgericht verpflichtet sein, den Ort des Schiedsverfahrens so auszuwählen, dass der Entscheidung ex aequo et bono zur Wirksamkeit verholfen wird.[514] Unterläuft ihnen hingegen der faux pas, einen Schiedsort auszuwählen, dessen Schiedsverfahrensrecht die Billigkeitsentscheidung nicht erlaubt, wäre die Wahl der Billigkeitsentscheidung unwirksam. Dies erscheint kaum sachgerecht.

Gegen die überwiegende Auffassung, dass die jeweilige, von den Parteien für auf das Schiedsverfahren anwendbar erklärte, Schiedsordnung mit dem Begriff des Schiedsverfahrensrechts gemeint ist, spricht hingegen der Wortlaut des Art. VII Abs. 2 EuÜ. Danach geht das Übereinkommen von dem „für das schiedsrichterliche Verfahren maßgebenden Recht“ aus. Der Widerspruch, der sich zwischen Art. IV und Art. VII EuÜ ergibt, soll nur so zu erklären sein, dass das Übereinkommen eben nicht ohne Rückgriff auf das nationale

---

[511] MünchKommZPO-Gottwald, Art. VII EuÜ, Rdnr. 9; Deutsche Fassung der ICC-SchGO siehe bei Schwab/Walter: Schiedsgerichtsbarkeit, Kommentar, S. 629; Deutsche Fassung der UNCITRAL-SchGO siehe ebd., S. 656.

[512] Schwab/Walter: Schiedsgerichtsbarkeit, Kommentar, S. 538.

[513] Kaiser: Das europäische Übereinkommen über die internationale Handelsschiedsgerichtsbarkeit vom 21. April 1961, S. 154.

[514] Gentinetta: Befreiung der internationalen Handelschiedsgerichtsbarkeit von der „nationalen Umklammerung“?, RIW/AWD 1969, S. 46 (52).

Recht auskommt.[515] Schiedsgerichtsordnungen sind daher mit dem OLG Frankfurt nicht als Verfahrensrecht i. S. d. Art. VII Abs. 2 EuÜ anzusehen, sondern vielmehr als ein Statut, das in ein nationales Verfahrensrecht eingegliedert ist.[516] Der Begriff des auf das Verfahren anwendbaren Rechts meint dabei das Recht des Spruchlandes.[517] Zwar geht das EuÜ dem deutschen Schiedsverfahrensrecht im Rahmen seines Anwendungsbereichs grundsätzlich vor,[518] hier verweist das EuÜ jedoch gerade wieder auf die nationalen Schiedsgesetze zurück und gestattet die Billigkeitsentscheidung nur, wenn die nationalen Gesetze sie erlauben. Dem kann auch nicht die Rechtsprechung entgegengehalten werden. Teilweise wird angeführt, der BGH habe in einem Verfahren aus dem Jahr 1985 entschieden, dass für die Zulässigkeit einer Billigkeitsentscheidung in dem zugrundeliegenden Fall die Schiedsordnung der Internationalen Handelskammer in Paris maßgeblich gewesen sei.[519] Dies ist so nicht richtig. In dem entschiedenen Fall hat der BGH lediglich das Vorliegen einer Parteivereinbarung über die Entscheidung ex aequo et bono verneint und damit die Zulässigkeit der Billigkeitsentscheidung nach der im Fall anwendbaren ICC-SchGO abgelehnt.[520] Hinsichtlich einer allgemeinen Auslegung von Art. VII Abs. 2 EuÜ hingegen schweigt die Entscheidung. Es wird lediglich zusätzlich von der Anwendbarkeit des deutschen Schiedsverfahrensrechts gesprochen.[521]

Die Bedeutung dieses Streitstandes ist jedoch gering, da die für die internationale Schiedsgerichtsbarkeit wesentlichen nationalen Schiedsverfahrensrechte wie auch die wesentlichen Schiedsordungen, so etwa in Art. 13 ICC-, 15 UNCITRAL- und 22 ECE-SchGO geschehen, die Billigkeitsentscheidungen zulassen.[522]

---

[515] Kaiser: Das europäische Übereinkommen über die internationale Handelsschiedsgerichtsbarkeit vom 21. April 1961, S. 154.

[516] OLG Frankfurt, Urt. v. 26.10.1983 – 21 U 2/83, RIW 1984, S. 400.

[517] so auch Gentinetta: Befreiung der internationalen Handelsschiedsgerichtsbarkeit von der „nationalen Umklammerung"?, RIW/AWD 1969, S. 46 (52f.).

[518] Albers in Baumbach/Lauterbach/Albers/Hartmann: ZPO, § 1025, Rdnr. 6; Begründung zum Entwurf eines Gesetzes zur Neuregelung des Schiedsverfahrensrechts (Schiedsverfahrens-Neuregelungs-Gesetz, SchiedsVfG), BT-Drs. 13/5274, S. 31.

[519] BGH, Urt. v. 26.09.1985 – III ZR 16/84, NJW 1986, S. 1436 ff.

[520] BGH, Urt. v. 26.09.1985 – III ZR 16/84, NJW 1986, S. 1436 (1437).

[521] BGH, Urt. v. 26.09.1985 – III ZR 16/84, NJW 1986, S. 1436.

[522] Schlosser: Das Recht der internationalen privaten Schiedsgerichtsbarkeit, Rdnr. 748.

Der Fall, dass die Parteien sich auf die Billigkeitsentscheidung in der Schiedsvereinbarung explizit geeinigt haben, das zugrundeliegende nationale Schiedsrecht die Billigkeitsentscheidung auch gestattet, eine für anwendbar erklärte Schiedsordnung hingegen den Billigkeitsentscheid verbietet, ist noch nicht diskutiert worden. Er ist sicherlich eher theoretischer Natur. Sollte er dennoch zu entscheiden sein, würde nach der hier bevorzugten Auslegung des Begriffs des Schiedsverfahrensrechts im Sinne des reinen nationalen Rechts nur zu ermitteln sein, ob die Parteien sich nun wirklich auf eine Billigkeitsentscheidung geeinigt haben oder nicht. Es gilt dann abzuwägen, was von schwererem Gewicht ist, die explizite Festlegung auf die Billigkeitsentscheidung oder die Wahl einer Schiedsgerichtsordnung, die die Entscheidung ex aequo et bono verbietet. In der Regel wird wohl der ausdrücklichen Einigung der Parteien auf die Billigkeitsentscheidung in der Schiedsvereinbarung der Vorzug zu geben sein. Man kann dies etwa mit Regelungen in allgemeinen Geschäftsbedingungen vergleichen, die ebenfalls regelmäßig durch eine im Vertrag getroffene Individualvereinbarung verdrängt werden.

Bei deutschem Schiedsort und der damit verbundenen Anwendbarkeit des deutschen Schiedsverfahrensrecht (entsprechend dem Territorialgrundsatz)[523] ist nach der hier vertretenen Auffassung die Billigkeitsentscheidung gem. § 1051 Abs. 3 S. 1 ZPO zulässig, wenn sich dies auch aus dem zugrunde zu legenden Parteiwillen ergibt.

2. Anwendbarkeit des deutschen Kollisionsrechts, insb. des Europäischen Vertragsrechtsübereinkommens von 1980 (EVÜ)

Häufig wurde und wird die Frage diskutiert, ob das in Deutschland geltende internationale Privatrecht auch für inländische Schiedsgerichte, also Schiedsgerichte, die ihren Sitz in Deutschland haben, hinsichtlich der Bestimmung des anwendbaren Rechts maßgeblich ist. Diese Frage soll im Rahmen dieses Abschnitts, zum einen im Hinblick auf die Zeit vor der Reform des Schiedsverfahrensrechts von 1998, zum anderen hinsichtlich der Verpflichtung des deutschen Gesetzgebers zur Berücksichtigung des EVÜ bei dem Erlass des neuen Schiedsverfahrensrechts sowie anhand der heutigen Rechtslage in Deutschland untersucht werden. In einem zweiten Schritt gilt es dann zu prüfen, wie die Vorschriften des EGBGB im Hinblick auf elektronisch geschlossene Verträge auszulegen sind.

---

[523] zum Anwendungsbereich des deutschen Schiedsverfahrensrechts vgl. Teil A, § 1, Kap. 3.

2.1. Anwendbarkeit des EGBGB vor der Reform des Schiedsverfahrensrechts

Vor der Reform des deutschen Schiedsverfahrensrechts zum 01.01.1998 waren die Vorschriften des EGBGB nur in staatlichen Verfahren maßgeblich.[524] Das Römische Übereinkommen über das auf vertragliche Schuldverhältnisse anwendbare Recht war auf Schiedsverfahren nach weit überwiegender Auffassung nicht anwendbar. Die Schiedsgerichte waren hieran nicht gebunden.[525] Außerhalb des Anwendungsbereiches von internationalen Staatsverträgen sollte für die Ermittlung des anwendbaren Kollisionsrechts der Sitz des Schiedsgerichts maßgeblich sein.[526] Argument für die Anwendung des Rechts des formalen Sitzes des Schiedsgerichts war, dass dieses Kollisionsrecht mit dem Streitgegenstand am engsten verbunden sei.[527]

Kritik wurde an dieser Lehre laut, da über den Sitz des Schiedsgerichts häufig der Zufall entschied und eine solche Bestimmung des in der Sache anwendbaren Rechts daher als kaum tragbar erschien.[528] Lag der Sitz des Schiedsgerichts gar in einem Land, mit dem der Vertrag und seine Parteien „nichts zu tun hatten", so sollte es kaum zu rechtfertigen sein, dass ausgerechnet das Kollisionsrecht eines solchen Drittstaates über die Anknüpfung des Vertrages entschied.[529] Ggf. konnte die Anwendung der lex fori dem gemeinsamen Parteiwillen sogar widersprechen.[530] Im Weiteren wurde vorgebracht, dass diese Sichtweise zu einer unerträglichen Rechtsunsicherheit führen konnte, da in vielen Fällen die Parteien in ihrer Schiedsvereinbarung noch nicht den Sitz des Schiedsgerichts festgelegt hatten. Bevor der Sitz des Schiedsgerichts nicht festgelegt worden sei, konnte man dann nicht wissen, welches Kollisionsrecht und folglich welches Vertragsstatut anwendbar war.[531]

---

[524] Maier: Handbuch des Schiedsgerichtsbarkeit, Rdnr. 545.

[525] Martiny: Die Bestimmung des anwendbaren Sachrechts durch das Schiedsgericht, FS Schütze, S. 529 (531).

[526] Schwab/Walter: Schiedsgerichtsbarkeit. Kommentar, 5. Auflage, München 1995, S. 484 m. w. N.; v. Hoffmann: Internationale Handelsschiedsgerichtsbarkeit, S. 111; Sandrock: Welches Recht hat ein internationales Schiedsgericht anzuwenden?, RIW 1992, S. 785 (786) m. w. N.

[527] Schütze/Tscherning/Wais: Handbuch des Schiedsverfahrens, Rdnr. 585 (S. 319); Mann: Internationale Schiedsgerichte und nationale Rechtsordnung, ZHR 130 (1968), S. 97 ff.

[528] Sandrock: Welches Kollisionsrecht hat ein internationales Schiedsgericht anzuwenden?, RIW 1992, S. 785 (787).

[529] Sandrock: a.a.O., S. 785 (788).

[530] ebd.

[531] Sandrock: a.a.O., S. 785 (789).

Die Vertreter der sog. neuen Lehre stellten aufgrund dieser Kritikpunkte die Bestimmung des anwendbaren Rechts in das Ermessen des Schiedsgerichts selbst. Das Schiedsgericht sollte sich auf ein ihm angemessen erscheinendes Kollisionsrecht stützen.[532] Grenze dieser Ermessensentscheidung war, dass sich die getroffene Rechtswahl noch als sachgerecht erweisen musste. Teilweise wurde im Rahmen dieser Lehre sogar vertreten, dass das Schiedsgericht ohne Bestimmung des anwendbaren Kollisionsrechts im Wege der sog. „voie directe" unmittelbar das anwendbare Sachrecht festlegen könne.[533]

Ein Teil dieser „neuen Lehre" ging hingegen von der Anwendbarkeit des Europäischen Vertragsrechtsübereinkommens von 1980 (EVÜ) nur für den Fall aus, dass der Anwendungsbereich des EVÜ eröffnet war. Auch Schiedsgerichte müssten in der Sache selbst das Übereinkommen anwenden und zwar auf jeden Fall immer dann, wenn alle Schiedsverfahrensparteien aus Gemeinschaftsstaaten kamen und der zugrundeliegende Rechtsstreit keinen Bezug zu irgendeinem Nicht-EWG-Staat hatte.[534] Auf den Schiedsvertrag sollte es jedoch nicht anwendbar sein, allenfalls sollte hier eine analoge Anwendung in Betracht kommen.[535] Ein Schiedsrichter hatte nach dieser Auffassung wie ein staatlicher Richter ein internationales Übereinkommen, das sich auf den Gegenstand des Schiedsverfahrens bezog, anzuwenden, wenn der Fall keinerlei Berührungspunkte zu einem Staat hatte, der diesem Übereinkommen nicht angehörte.[536] Zudem sollte auch keine Veranlassung bestehen, einem Schiedsgericht über die Wahl unter vorhandenen nationalen Kollisionsrechten hinaus die Befugnis zu geben, Kollisionsregeln frei zu erfinden.[537]

---

[532] Sandrock: Die Fortbildung des materiellen Rechts durch die internationale Schiedsgerichtsbarkeit, in: Böckstiegel: Rechtsfortbildung durch internationale Schiedsgerichtsbarkeit, S. 21 (68); Martiny: Die Bestimmung des anwendbaren Sachrechts durch das Schiedsgericht, FS Schütze, S. 529 (531); Sandrock: Welches Kollisionsrecht hat ein internationales Schiedsgericht anzuwenden?, RIW 1992, S. 785 (789).

[533] ablehnend dazu Sandrock: Welches Kollisionsrecht hat ein internationales Schiedsgericht anzuwenden?, RIW 1992, S. 785 (789), Fn. 34.

[534] Schlosser: Das Recht der internationalen privaten Schiedsgerichtsbarkeit, Rdnr. 117.

[535] ebd.

[536] Schlosser: a.a.O., Rdnr. 728.

[537] ebd.

Für den beschriebenen Fall erschien diese Auffassung überzeugend. Nach der herrschenden Auffassung in der „neuen Lehre“ jedoch sollte die Bestimmung des anwendbaren Rechts generell im Ermessen der Schiedsgerichte stehen.[538] Neben dem Prinzip der Parteiautonomie sollte eine zweite kollisionsrechtliche „Ur“-Norm bestehen, die lautete: Das Schiedsgericht ist ermächtigt, für den Fall, dass die Parteien keine Rechtswahl getroffen haben, das auf den Vertrag anwendbare Recht selbst nach eigenem Ermessen zu bestimmen.[539] Nach der sog. Konkordanz- oder Konvergenzlösung sollte das Schiedsgericht jedoch für den Fall, dass diejenigen Kollisionsrechte, deren Berücksichtigung sich nach dem Sitz des Schiedsgerichts, nach der Nationalität der Parteien, nach dem Schwerpunkt des Vertrages und nach sonstigen relevant erscheinenden Gesichtspunkten empfehle und welche hinsichtlich einer bestimmten Anknüpfung übereinstimmten, an diese Konkordanz gebunden sein.[540] Diese Vermutung war jedoch widerlegbar.[541]

Mit der Reform des deutschen Schiedsverfahrensrechts zum 01.01.1998 hat sich dieser Rechtsstreit erledigt. Mit Einführung des neuen § 1051 ZPO wurde die Ermittlung des anwendbaren Rechts nahezu identisch an die Vorgaben des EGBGB angepasst. Das deutsche internationale Privatrecht hatte seinerzeit aus Gründen der Überschaubarkeit die entsprechenden Normierungen des EVÜ in die Art. 27 – 37 EGBGB integriert. In den Art. 1 - 21 des EVÜ sind Kollisionsregelungen enthalten, die umfassende Geltung für alle vertraglichen Schuldverhältnisse beanspruchen. Raum für abweichende Vorschriften des autonomen deutschen internationalen Privatrechts besteht insoweit nicht.[542] Das EVÜ, auf dem die Art. 27 ff. EGBGB beruhen, hat jedoch die Schiedsvereinbarungen ausdrücklich aus seinem Anwendungsbereich ausgenommen (Art. 1 Abs. 2 d) EVÜ). Diese Einschränkung wurde nicht in die in Deutschland maßgebliche Parallelbestimmung des Art. 37 EGBGB übernommen, da sie als selbstverständlich galt.[543]

---

[538] Sandrock: Die Fortbildung des materiellen Rechts durch die internationale Schiedsgerichtsbarkeit, in: Böckstiegel: Rechtsfortbildung durch internationale Schiedsgerichtsbarkeit, S. 21 (68); Martiny: Die Bestimmung des anwendbaren Sachrechts durch das Schiedsgericht, FS Schütze, S. 529 (531).

[539] Sandrock: a.a.O., S. 21 (67).

[540] Sandrock: a.a.O., S. 21 (68).

[541] Sandrock: a.a.O., S. 21 (69).

[542] Rüßmann: Internationalprozessrechtliche und internationalprivatrechtliche Probleme bei Vertragsschlüssen im Internet unter besonderer Berücksichtigung des Verbraucherschutzes, in: Tauss/Kollbeck/Mönnikes: Deutschlands Weg in die Informationsgesellschaft, S. 709 (733).

[543] Martiny: Die Bestimmung des anwendbaren Sachrechts durch das Schiedsgericht, FS Schütze, S. 529 (532).

Dennoch soll nach teilweise vertretener Auffassung nunmehr durch die Neuregelung des § 1051 ZPO die international verbreitete These von der gewohnheitsrechtlichen Bildung eines Sonderkollisionsrechts für Schiedsverfahren verworfen und stattdessen die These von der Geltung des staatlichen Kollisionsrechts verankert worden sein.[544] Ob dies tatsächlich der Fall ist, wird noch zu untersuchen sein.[545]

2.2. Völkerrechtliche Verpflichtung zur Berücksichtigung des EVÜ für den deutschen Gesetzgeber im Rahmen der Reform von 1998

In diesem Zusammenhang wurde und wird diskutiert, ob der deutsche Gesetzgeber bei der durchgeführten Reform des Schiedsverfahrensgesetzes hinsichtlich der Regelung des anwendbaren Rechts in internationalen Schiedsverfahren an die Vorgaben des EVÜ gebunden war.

Nach der Begründung der Bundesregierung soll das EVÜ (und damit die Vorschriften des in Deutschland geltenden EGBGB) bei der Bestimmung des anwendbaren Rechts heranzuziehen sein. Auch beim Erlass des neuen Schiedsverfahrensrechts sei daher darauf zu achten gewesen, dass die neuen Vorschriften mit Artikel 3 ff. des EG-Übereinkommens über das auf vertragliche Schuldverhältnisse anzuwendende Recht in Einklang stünden.[546] Die Vorschriften des genannten Übereinkommens fänden zwar gem. Art. 1 Abs. 2 des Vertragsgesetzes innerstaatlich keine unmittelbare Anwendung, sondern würden – um die Überschaubarkeit des deutschen internationalen Privatrechts zu gewährleisten – als Vorschriften des EGBGB (Art. 27 ff. EGBGB) gelten. Sie seien jedoch auf völkerrechtlicher Ebene bindend. Der Auffassung der seinerzeit eingesetzten Reformkommission, dass die Artikel 27 ff. EGBGB nur für die staatlichen Gerichte gelten, folge das Gesetz nicht. Dies entspreche dem Willen der Verfasser des EG-Übereinkommens. Auch in internationalen Schiedsverfahren müsse daher für die Frage des auf den Hauptvertrag anwendbaren Rechts das EG-Übereinkommen Anwendung finden. In dem Bericht von Giuliano/Lagarde zu dem Übereinkommen hieße es entsprechend, dass dann, wenn die Schiedsklausel Bestandteil des Vertrages sei, sich die Ausschlussklausel des Art. 1 Abs. 2 d) EVÜ nur auf

---

[544] Zöller/ Geimer: ZPO, § 1051, Rdnr. 2.

[545] siehe dazu Teil B, § 1, Kap. 2.3.

[546] Begründung zum Gesetzentwurf der Bundesregierung zur Neuregelung des Schiedsverfahrensrechts (Schiedsverfahrens-Neuregelungsgesetz – SchiedsVfG), BT-Drs. 13/5274, S. 52.

die Klausel selbst, nicht jedoch auf den Hauptvertrag – und damit nicht auf die Frage des materiell anwendbaren Rechts beziehe.[547]

Dem wird entgegengehalten, dass eine solche Bindung des deutschen Gesetzgebers an die Vorgaben des EVÜ nicht bestanden habe.[548] Einer Gesetzesbegründung komme auch keine Gesetzeskraft zu.[549] Sie sei für die Auslegung des Gesetzes zudem nicht verbindlich. Folgte man der Ansicht der Bundesregierung, hätte ein Schiedsgericht ohnehin das ausführlichere EVÜ und nicht das EGBGB anzuwenden.[550] Der Ansicht der Bundesregierung widerspreche bereits der Wortlaut des Übereinkommens, da Art. 1 Abs. 2 d) EVÜ Schiedsvereinbarungen ausdrücklich aus seinem Anwendungsbereich ausgenommen habe.[551]

Eine völkerrechtliche Verpflichtung zur Anwendung des EVÜ soll auch nicht aus dem Zusammenhang von EVÜ und EuGVÜ (Europäisches Gerichtsstands- und Vollstreckungsübereinkommen vom 27.09.1968) folgen, da das EuGVÜ nur das Verfahren vor den staatlichen Gerichten betreffe. Es spreche sogar vielmehr dafür, dass das EVÜ nur die staatliche Gerichtsbarkeit heranzuziehen habe. Letztlich widerspreche der Ansicht der Bundesregierung insbesondere auch die derzeitige Staatenpraxis anderer europäischer Länder, da beispielsweise England, Frankreich und die Niederlande eigene Kollisionsregeln für Schiedsgerichte geschaffen hätten. Wäre der deutsche Gesetzgeber bei der Schaffung des neuen Schiedsverfahrensrechts an die Vorgaben des EVÜ gebunden gewesen, hätte außerdem § 1051 Abs. 3 ZPO nicht eingeführt werden dürfen, da die Parteien ein Schiedsgericht nicht einfach von der Anwendung des Kollisionsrechts befreien könnten.[552]

---

[547] Begründung zum Gesetzentwurf der Bundesregierung zur Neuregelung des Schiedsverfahrensrechts (Schiedsverfahrens-Neuregelungsgesetz – SchiedsVfG), BT-Drs. 13/5274, S. 52.

[548] Junker: Deutsche Schiedsgerichte und Internationales Privatrecht, FS Sandrock, S. 443 (453); Solomon: Das vom Schiedsgericht in der Sache anzuwendende Recht nach dem Entwurf eines Gesetzes zur Neuregelung des Schiedsverfahrensrechts, RIW 1997, S. 981 (989); Sandrock: Die objektive Anknüpfung von Verträgen nach § 1051 Abs. 2 ZPO, RIW 2000, S. 321 (323).

[549] Junker: Deutsche Schiedsgerichte und Internationales Privatrecht, FS Sandrock, S. 443 (453).

[550] ebd.

[551] Martiny: Die Bestimmung des anwendbaren Sachrechts durch das Schiedsgericht, FS Schütze, S. 529 (532).

[552] Junker: a.a.O., S. 443 (453), so auch Sandrock: Die objektive Anknüpfung von Verträgen nach § 1051 Abs. 2 ZPO, RIW 2000, S. 321 (323).

Deutschland sei als Vertragsstaat des Römischen Schuldvertragsübereinkommens nicht verpflichtet, dessen Kollisionsnormen auch für Schiedsgerichte vorzuschreiben. Der Gesetzgeber könne von diesen Kollisionsnormen gerade abweichen.[553] Durch die Regelung des neuen § 1051 ZPO sei letztlich jedoch nichts gewonnen, da man sich ebenso, wie vor Erlass des § 1051 ZPO, frage, ob ein Schiedsgericht die Vorschriften des EGBGB beachten müsse. Da das Schiedsgericht nicht an das Kollisionsrecht des Schiedsortes gebunden sei, sei kein Grund ersichtlich, wozu eine Bindung des Gesetzgebers an das EVÜ gut sein solle. Der Gesetzgeber ließe im Rahmen der Anerkennung und Vollstreckung eines Schiedsspruchs auch nicht prüfen, ob das Schiedsgericht seine Sachentscheidung in Übereinstimmung mit den staatlichen Kollisionsnormen getroffen habe.[554] Insgesamt habe daher keine völkerrechtliche Verpflichtung zur Anwendung des EVÜ für den deutschen Gesetzgeber bestanden.[555]

In dem Bericht der Kommission zur Neuregelung des Schiedsverfahrens in Deutschland aus dem Jahr 1994 wurde eine Bindung des deutschen Gesetzgebers an das EVÜ ebenfalls abgelehnt. Die Kommission war der Auffassung, dass die Art. 27 ff. EGBGB nur für die staatlichen Gerichte maßgeblich seien, nicht jedoch für internationale Schiedsgerichte.[556] Da internationale Schiedsverfahren im Gegensatz zu staatlichen Gerichtsverfahren in einem Land stattfänden, welches in der Regel nicht der Heimatstaat einer der beiden Parteien sei und in dem auch keine vertraglichen Hauptpflichten zu erfüllen seien, erscheine es nicht plausibel, wenn das anwendbare Recht zwingend nach dessen – mit Blick auf ein staatliches Gerichtsverfahren geschaffenes – Kollisionsrecht zu beurteilen wäre. Es handele sich regelmäßig lediglich um das Kollisionsrecht eines neutralen Drittstaates. Daher würden die Art. 27 ff. EGBGB der Schaffung kollisionsrechtlicher Sondervorschriften für internationale Schiedsverfahren auch nicht entgegenstehen.[557]

---

[553] Solomon: Das vom Schiedsgericht in der Sache anzuwendende Recht nach dem Entwurf eines Gesetzes zur Neuregelung des Schiedsverfahrensrechts, RIW 1997, S. 981 (989).

[554] Solomon: a.a.O, S. 981 (988).

[555] Junker: Deutsche Schiedsgerichte und internationales Privatrecht, FS Sandrock, S. 443 (453); so auch Sandrock: Die objektive Anknüpfung von Verträgen nach § 1051 Abs. 2 ZPO, in RIW 2000, S. 321 (323).

[556] Bericht der Kommission zur Neuordnung des Schiedsverfahrensrechts mit einem Diskussionsentwurf zur Neuregelung des zehnten Buches der ZPO und Begründung zu den einzelnen Vorschriften, Februar 1994, S. 167.

[557] ebd.

Maßgeblich für die Beurteilung dieser Frage können nur die Motive der Verfasser des Europäischen Übereinkommens selbst sein. Nach dem Wortlaut des Art. 1 Abs. 2 d) EVÜ scheint es, als sei die internationale Schiedsgerichtsbarkeit vollständig von dem Übereinkommen ausgenommen. In dem Bericht von Giuliano/Lagarde wird entsprechend betont, dass Schieds- und Gerichtsstandsvereinbarungen von dem Anwendungsbereich des Übereinkommens ausgenommen seien.[558] Jedoch ergibt sich, wie die Begründung der Bundesregierung zu Recht formuliert, aus dem Bericht auch, dass sich dieser Anwendungsausschluss nur auf das Schiedsvereinbarungsstatut, nicht jedoch auf das in der Sache anwendbare Recht erstreckt.[559] Der Ausschluss der Schiedsvereinbarungen betrifft nur die verfahrensrechtlichen Aspekte und das Zustandekommen, die Rechtsgültigkeit und die Wirkungen dieser Vereinbarungen. Bei einer Schiedsklausel als Bestandteil eines Vertrages bezieht sich der Ausschluss nur auf die Klausel selbst, nicht jedoch auf den gesamten Vertrag.[560] Strittig war bei der Ausarbeitung des EVÜ nur, ob die Schiedsvereinbarung als solche nicht ebenfalls von dem Übereinkommen erfasst werden sollte.[561] Nach der Denkschrift zum Übereinkommen war maßgeblicher Grund für den Ausschluss der Schiedsvereinbarungen aus dem Anwendungsbereich des EVÜ die enge Verknüpfung von Schiedsvereinbarungen mit dem Prozessrecht. Daher sollte sich der Ausschluss nicht auf verfahrensrechtliche Aspekte beschränken, sondern er sollte insgesamt die Voraussetzungen und Wirkungen solcher Vereinbarungen betreffen.[562]

Was sind nun die „Voraussetzungen und Wirkungen" solcher Schiedsvereinbarungen? Unter dem Begriff „Voraussetzungen" sind alle Bedingungen zu verstehen, die erfüllt sein müssen, um einer Schiedsvereinbarung zur Wirksamkeit zu verhelfen. Dies richtet sich nach dem auf die Schiedsvereinbarung anwendbaren Recht, dem Schiedsvereinbarungsstatut. Das in der Sache anwendbare Recht ist davon jedoch unabhängig.

---

[558] Bericht über das Übereinkommen über das auf vertragliche Schuldverhältnisse anzuwendende Recht von Mario Giuliano und Paul Lagarde, BT-Drs. 10/503, S. 33 (43).

[559] so auch MünchKommZPO-Münch, § 1051 ZPO, Rdnr. 4; zustimmend wohl auch Zöller/Geimer: ZPO, § 1051 ZPO, Rdnr.2; Schütze: Schiedsgericht und Schiedsverfahren, Rdnr. 175.

[560] Bericht über das Übereinkommen über das auf vertragliche Schuldverhältnisse anzuwendende Recht von Mario Giuliano und Paul Lagarde, BT-Drs. 10/503, S. 33 (44).

[561] zum Streit der einzelnen Delegationen siehe ebenfalls den Bericht über das Übereinkommen über das auf vertragliche Schuldverhältnisse anzuwendende Recht von Mario Giuliano und Paul Lagarde, BT-Drs. 10/503, S. 33 (43 f.).

[562] Denkschrift zum Übereinkommen über das auf vertragliche Schuldverhältnisse anzuwendende Recht, BT-Drs. 10/503, S. 21 (23).

Unter dem Begriff der „Wirkung“ einer Schiedsvereinbarung ist die prozessrechtliche Bedeutung einer solchen Vereinbarung zu verstehen. Diese ist bei einer internationalen Schiedsvereinbarung immer nach der lex fori zu beurteilen.[563] Die Frage nach der prozessrechtlichen Folge ist wiederum unabhängig von der lex causae zu beantworten. Nach deutschem Recht ermittelt sich die Wirkung einer Schiedsvereinbarung nach § 1032 Abs. 1 ZPO. Sie hat zur Folge, dass eine Klage auf eine entsprechende Rüge einer Vertragspartei hin von einem deutschen Gericht als unzulässig abgewiesen wird, es sei denn, dass das Gericht feststellt, dass die Schiedsvereinbarung nichtig, unwirksam oder undurchführbar ist. Auch hier spielt das in der Sache anwendbare Recht keine Rolle.

Insgesamt ist der in Art. 1 Abs. 2 d) enthaltene Ausschluss von Schiedsvereinbarungen aus dem EVÜ damit nur hinsichtlich des Schiedsvereinbarungsstatuts und hinsichtlich der prozessualen Wirkungen einer Schiedsvereinbarung zu verstehen. Die Ermittlung des in der Sache anzuwendenden Rechts in Schiedsverfahren ist davon nicht erfasst. Der Auffassung des Gesetzgebers, der sich bei der Neukonzeption des deutschen Schiedsrechts an die Vorgaben des EVÜ gebunden fühlte, ist daher zu beizupflichten.

2.3. Zwingende Anwendbarkeit des EVÜ für ein deutsches Schiedsgericht

Abgesehen von der Diskussion, ob der deutsche Gesetzgeber zur Übernahme des Übereinkommens bei der Einführung des neuen § 1051 ZPO verpflichtet war, stellt sich insbesondere heute für Schiedsrichter eines in Deutschland stattfindenden Verfahrens die Frage, ob sie, für den Fall, dass die Parteien das anwendbare Recht nicht bestimmt haben, bei der Bestimmung des materiell anwendbaren Rechts an das EGBGB gebunden und die Vorschriften des EGBGB zwingend anzuwenden sind. Dabei kommt es entscheidend auf das Verhältnis von EGBGB und § 1051 ZPO an. Auch wenn die Parteien eine Rechtswahl getroffen haben, stellt sich die Frage, ob das EGBGB berücksichtigt werden muss, da die Parteien dann hinsichtlich der Rechtswahl den kollisionsrechtlichen Grenzen des Übereinkommens unterliegen würden. Zudem könnte ein Schiedsgericht möglicherweise zur unmittelbaren Anwendung des EVÜ verpflichtet sein.

---

[563] Schütze: Schiedsgericht und Schiedsverfahren, Rdnr. 125 m. w. N.

2.3.1. Vorliegen einer Rechtswahl

Haben die Parteien eines Schiedsverfahrens das in der Sache anzuwendende Recht bestimmt, fragt sich, an welchen Vorschriften die Wirksamkeit der getroffenen Rechtswahl zu messen ist.[564] Ein deutsches Schiedsgericht wird zunächst auf die Regelung des § 1051 ZPO zurückgreifen. Möglicherweise unterliegt die Rechtswahl der Parteien jedoch auch den Einschränkungen der Art. 27 ff. EGBGB.

Zur Beantwortung dieser Frage ist zunächst das Verhältnis von Art. 27 EGBGB zu § 1051 Abs. 1 ZPO zu untersuchen. Unklar ist, welche der beiden Vorschriften bei einer durch die Parteien vorgenommenen Rechtswahl hinsichtlich ihrer Wirksamkeit maßgeblich ist, bzw. ob die in § 1051 Abs. 1 ZPO festgeschriebene Rechtswahlfreiheit möglicherweise der in Art. 27 ff. EGBGB entspricht.

2.3.1.1. Das Verhältnis von Art. 27 EGBGB und § 1051 Abs. 1 ZPO

Bei Vorliegen einer Rechtswahl ergeben sich auf den ersten Blick keine Besonderheiten für den Fall, dass Art. 27 EGBGB anstelle von § 1051 Abs. 1 ZPO zur Bestimmung des anwendbaren Rechts herangezogen wird. Art. 27 EGBGB wie auch § 1051 Abs. 1 ZPO lassen offensichtlich die freie Rechtswahl der Parteien zu. Haben die Parteien im kaufmännischen Geschäftsverkehr eine Rechtswahl getroffen, ergeben sich auch hinsichtlich elektronisch geschlossener Verträge mit Rechtswahlklausel keine Besonderheiten. Der Unterschied liegt lediglich in der Form der Vereinbarung.

Fraglich ist jedoch, ob der Begriff des frei wählbaren Rechts in Art. 27 EGBGB mit dem Begriff in § 1051 Abs. 1 ZPO identisch ist, bzw. welche Rechtsvorschriften nach der ZPO im Verhältnis zu Art. 27 EGBGB im Einzelnen als auf den Rechtsstreit anwendbar erklärt werden können. Denn Art. 27 EGBGB spricht nur von dem gewählten „Recht", § 1051 Abs. 1 ZPO hingegen von den für anwendbar erklärten „Rechtsvorschriften". Es handelt sich also letztlich um die Frage, ob nach beiden Vorschriften den Parteien die gleiche Freiheit hinsichtlich des anwendbaren Rechts offen steht, bzw. welches Recht die Parteien jeweils für anwendbar erklären können. Käme man zu dem Ergebnis, dass unter dem Begriff der Rechtswahlfreiheit nach dem EVÜ etwas anderes zu verstehen ist, als

[564] Zum anwendbaren Recht in staatlichen Gerichtsverfahren siehe bei Rüßmann: Verbraucherschutz im Internet, K & R 1998, S. 129 (134 ff.).

unter demjenigen des § 1051 Abs. 1 ZPO, kommt es für die Frage nach der Zulässigkeit der getroffenen Rechtswahl ggf. entscheidend auf das Verhältnis von ZPO und EVÜ an.

Gem. § 1051 Abs. 1 ZPO sind die Parteien des Schiedsverfahrens berechtigt, die auf die Streitigkeit anwendbaren Rechtsvorschriften frei zu bestimmen. Aus der Formulierung des § 1051 Abs. 1 ZPO ergibt sich hinsichtlich dieser Freiheit keinerlei Beschränkung. Die Parteien können nicht nur eine auf den Rechtsstreit anwendbare Gesamtrechtsordnung wählen, sie sind vielmehr auch befugt, einzelne Rechtsvorschriften verschiedener Rechtsordnungen zu vereinbaren oder auch anationales Recht der Streitentscheidung zugrunde zu legen.[565] Da Schiedsgerichten die Billigkeitsentscheidung offensteht, ist es auch nur im Falle einer Schiedsklausel möglich, einen Vertrag derart zu „entnationalisieren" und außerstaatliches Recht für anwendbar zu erklären.[566] Verschiedene Teile des Vertrages können dabei verschiedenen Rechtsordnungen unterworfen und verschiedene Rechtsordnungen können kombiniert werden. Verweisen die Parteien auf das Recht eines Staates, soll dies immer als Verweis auf das Sachrecht und nicht auf das Kollisionsrecht dieses Staates zu verstehen sein, es sei denn, dass die Parteien ausdrücklich die Geltung des Kollisionsrechts eines bestimmten Staates vereinbart haben.[567]

Eine solch große Freiheit hinsichtlich der Rechtswahl gibt es nach herrschender Ansicht bei Anwendung des Art. 27 Abs. 1 EBGBG nicht. Zwar können die Parteien den Vertrag auch nach den Vorgaben des EVÜ einem Recht unterstellen, zu dem er sonst keine Beziehungen aufweist (sog. neutrales Recht).[568] Es ist auch möglich verschiedenes Recht festzulegen, je nachdem wer von den Parteien klagen wird. Sogar das Los kann über das

---

[565] Begründung der Bundesregierung zum Entwurf eines Gesetzes zur Neuregelung des Schiedsverfahrensrechts, BT-Drs. 13/5274, S. 52; Schwab/Walter: Schiedsgerichtsbarkeit, Kommentar, S. 539; MünchKommZPO-Münch, § 1051 ZPO, Rdnr. 8 m. w. N.; MünchKommBGB-Martiny, Art. 27 EGBGB, Rdnr. 20; Kropholler: Internationales Privatrecht, S. 444; Michaels: Privatautonomie und Privatkodifikation, Zur Anwendbarkeit und Geltung allgemeiner Vertragsrechtsprinzipien, RabelsZ 62 (1998), S. 580 (598); Canaris: Die Stellung der „UNIDROIT Principles" und der „Principles of European Contract Law" im System der Rechtsquellen, in Basedow: Europäische Vertragsrechtsvereinheitlichung und deutsches Recht, S. 5 (20); dazu auch Sonnenberger: Das Internationale Privatrecht im dritten Jahrtausend – Rückblick und Ausblick, ZVglRWiss 100 (2001), S. 107 (123 f.).

[566] v. Bar: Internationales Privatrecht, Bd. II, Rdnr. 425.

[567] Begründung der Bundesregierung zum Entwurf eines Gesetzes zur Neuregelung des Schiedsverfahrensrechts, BT-Drs. 13/5274, S. 52.

[568] Palandt-Heldrich, Art. 27 EGBGB, Rdnr. 3; Lorenz, E.: Die Rechtswahlfreiheit im internationalen Schuldvertragsrecht, RIW 87, S. 569 (570 f.); Mankowski: Anmerkung zu OLG Düsseldorf, Urt. v. 14.01.1994 – 17 U 129/93, RIW 1994, S. 421 (422 f.), der sich gegen eine inhaltliche Kontrolle der Rechtswahl als solcher ausspricht; MünchKomm-BGB-Martiny, Art. 27 EGBGB, Rdnr. 20; Soergel-v.Hoffmann, vor Art. 27 EGBGB, Rdnr. 20; Kegel/Schurig: Internationales Privatrecht, S. 570.

anwendbare Recht entscheiden.[569] Nach herrschender Auffassung jedoch darf kein nichtstaatliches Recht vereinbart werden.[570] Wenn die Parteien außerstaatliche Regelwerke für anwendbar erklären, sollen sie vielmehr den zwingenden Vorschriften des objektiven (staatlichen) Vertragsstatuts unterworfen sein.[571] Die Zulässigkeit der Kombination verschiedener Rechtsordnungen ist umstritten.[572] Auch die Möglichkeit, das Kollisionsrecht eines Staates für anwendbar zu erklären, soll nach herrschender Auffassung nach Art. 27 EGBGB nicht bestehen.[573]

Für die Zulässigkeit einer getroffenen Rechtswahl kann es also unter Umständen durchaus entscheidend sein, welche der beiden Rechtsvorschriften nun durch ein inländisches Schiedsgericht anzuwenden ist.

Dieses Problem wurde vom Gesetzgeber nicht gesehen. Da er sich bei der Gesetzgebung an das EVÜ gebunden fühlte, könnte man zu der Auffassung gelangen, dass zur Auslegung des Begriffs der „Rechtsvorschriften" in § 1051 Abs.1 ZPO der Begriff des „Rechts" in Art. 27 EGBGB heranzuziehen ist. Dies wird jedoch bisher nicht diskutiert. Vielmehr herrscht offensichtlich einmütig die Auffassung, dass der Begriff der Rechtsvorschriften in § 1051 Abs.1 ZPO autonom zu bestimmen ist.[574]

Da der deutsche Gesetzgeber bei der Transformation des EVÜ in deutsches Recht ausdrücklich in Art.1 Abs.2 des Zustimmungsgesetzes vom 25.07.1986 die unmittelbare Anwendung des EVÜ innerstaatlich ausgeschlossen hat, kommt es für die Beantwortung

---

[569] BGH, Urt. v. 03.10.1956 – V ZR 32/55, WM 56, S. 1432 (1434); Soergel – v. Hoffmann, Art. 27 EGBGB, Rdnr. 7; Kegel/Schurig: Internationales Privatrecht, S. 570.

[570] Soergel – v. Hoffmann, Art. 27 EGBGB, Rdnr. 12;. Kropholler: Internationales Privatrecht, S. 443 f.; v. Bar,: Internationales Privatrecht, Bd. II, Rdnr. 425; Michaels: Privatautonomie und Privatkodifikation, Zur Anwendbarkeit und Geltung allgemeiner Vertragsrechtsprinzipien, RabelsZ 62 (1998), S. 580 (597).

[571] Kropholler: a.a.O., S. 443 f.

[572] Solomon: Das vom Schiedsgericht in der Sache anzuwendende Recht nach dem Entwurf eines Gesetzes zur Neuregelung des Schiedsverfahrensrechts, RIW 1997, S. 981 (982); Kronke: Internationale Schiedsverfahren nach der Reform, RIW 1998, S. 257 (262); so auch Sandrock: Die objektive Anknüpfung von Verträgen nach § 1051 Abs. 2 ZPO, RIW 2000, S. 321 (322).

[573] Palandt-Heldrich, Art. 27 EGBGB, Rdnr. 2; Kropholler: Internationales Privatrecht, S. 444; a. A.: Schröder: Vom Sinn der Verweisung im internationalen Schuldvertragsrecht, IPRax, 1987, S. 89 (92); dazu Pirrung: Internationales Privat- und Verfahrensrecht nach dem Inkrafttreten der Neuregelung des deutschen IPR, Köln 1987; Lorenz, W.: Vom alten zum neuen internationalen Schuldvertragsrecht, IPRax, 1987, S. 269 (276).

[574] zu diesem Problem Canaris: Die Stellung der „UNIDROIT Principles" und der „Principles of European Contract Law" im System der Rechtsquellen, in Basedow: Europäische Vertragsrechtsvereinheitlichung und deutsches Recht, S. 5 (20).

dieser Frage insoweit auf das Verhältnis von EGBGB und ZPO an. Die Vorschriften des EVÜ besitzen nach dem Willen des deutschen Gesetzgebers niemals Vorrang vor dem autonomen deutschen IPR.[575] Der Gesetzgeber hat ausdrücklich angeordnet, dass die einschlägigen staatsvertraglichen Vorschriften innerhalb der Bundesrepublik nicht unmittelbar anwendbar sind.[576] Eine direkte Anwendung des EVÜ kommt aus diesem Grunde auch in Schiedsverfahren nach deutschem Recht nicht in Betracht.

Nach der Gesetzesbegründung soll nun der Vorrang von Art. 27 ff. EGBGB im Wesentlichen nur bei der Ermittlung des anwendbaren Rechts gem. § 1051 Abs. 2 ZPO Bedeutung haben, nämlich wenn die Parteien bezüglich des in der Sache anwendbaren Rechts nichts bestimmt haben.[577] Die Frage, „welches" Recht die Parteien nach § 1051 Abs. 1 ZPO im Verhältnis zu den Vorgaben des EGBGB wählen können, wird nicht diskutiert.

Um hinsichtlich des Verhältnisses von EGBGB und den Regelungen der ZPO die Rechtsansicht des Gesetzgebers zu ermitteln, muss daher auf die Aussagen im Regierungsentwurf zu § 1051 Abs. 2 ZPO zurückgegriffen werden. Im Falle der fehlenden Rechtswahl soll nach der Begründung der Bundesregierung zum Gesetzentwurf zur Auslegung des unbestimmten Rechtsbegriffs der „engsten Verbindungen" in § 1051 Abs. 2 ZPO auf die übrigen Absätze des Art. 28 EGBGB zurückzugreifen sein.[578] Dies folge aus der bereits erörterten Bindung der Bundesrepublik Deutschland an das EG-Schuldvertragsübereinkommen.[579]

Offenbar glaubt der Gesetzgeber einer Bindung an die Vorgaben des EVÜ zu genügen, indem er die Regelungen des EGBGB zur Auslegung der deutschen Rechtsvorschriften heranzieht. Überträgt man diese Vorgehensweise auf die Regelung des § 1051 Abs. 1 S. 1 ZPO, müsste man zur Auslegung des Begriffs der „Rechtsvorschriften", welche die Parteien für auf den Rechtsstreit anwendbar erklären können, die Regelung

---

[575] Palandt-Heldrich, vor Art. 27 EGBG, Rdnr. 1.

[576] MünchKommBGB-Martiny, vor Art. 27 EGBGB, Rdnr. 14.

[577] Begründung zum Entwurf eines Gesetzes zur Neuregelung des Schiedsverfahrensrechts (Schiedsverfahrens-Neuregelungsgesetz – SchiedsVfG), BT-Drs. 13/5274, S. 52.

[578] Begründung zum Entwurf eines Gesetzes zur Neuregelung des Schiedsverfahrensrechts, (Schiedsverfahrens-Neuregelungsgesetz – SchiedsVfG), BT-Drs. 13/5274, S. 53.

[579] ebd.

des Art. 27 Abs. 1 EGBGB maßgeblich heranziehen. Dies würde dazu führen, dass beispielsweise nichtstaatliches Recht oder auch eine Entscheidung nach Billigkeit, wie sie in § 1051 Abs. 3 ZPO ausdrücklich vorgesehen ist, nicht mehr zulässig wäre. Von der Zulässigkeit der Billigkeitsentscheidung geht der Gesetzgeber jedoch mit der Begründung aus, dass im Gegensatz zu einem staatlichen Gericht, das immer an materielles Recht gebunden sei und Billigkeitsgesichtspunkte nur insoweit zur Grundlage seiner Entscheidung machen könne, als das Gesetz dies erlaube, in der internationalen Schiedsgerichtsbarkeit Billigkeitsentscheidungen seit jeher eine größere Rolle spielten. Daher liege es nahe, den Parteien ausdrücklich die Entscheidung nach Billigkeit statt streng nach Recht und Gesetz zu gestatten. Jedoch sei auch im Schiedsverfahren die Entscheidung nach Recht und Gesetz die Regel und die Entscheidung allein nach Billigkeit die Ausnahme.[580]

Konsequent ist eine solche Rechtsauffassung nicht. Einerseits soll auch das Schiedsgericht an die Vorgaben des EGBGB gebunden sein, andererseits sollen alle Regelungen, die das EGBGB trifft, unberücksichtigt bleiben, wenn die Parteien eine Entscheidung nach Billigkeit vereinbaren, die, wie bereits gesehen, nach Art. 3 Abs. 1 S. 1 EVÜ bzw. Art. 27 Abs. 1 S. 1 EGBGB grundsätzlich unzulässig ist. Zurückzuführen sind solche Ungereimtheiten wohl darauf, dass sowohl das EGBGB als auch das UNCITRAL-Modellgesetz Pate für das neue Schiedsverfahrensrecht stand.

Was gilt nun, wenn die Parteien eines Vertrages mit Schiedsklausel im Anwendungsbereich des EVÜ nichtstaatliches Recht vereinbart oder zwei verschiedene Rechtsordnungen kombiniert haben? Welches Recht hat ein Schiedsgericht dann anzuwenden?

---

[580] Begründung zum Entwurf eines Gesetzes zur Neuregelung des Schiedsverfahrensrechts (Schiedsverfahrens-Neuregelungsgesetz – SchiedsVfG), BT-Drs. 13/5274, S. 53.

Nach einer Auffassung soll die Vereinbarung nichtstaatlichen Rechts über § 1051 Abs. 3 ZPO ermöglicht werden, der eine Entscheidung nach Billigkeit gestattet. Wenn es möglich sei, eine Billigkeitsentscheidung anzuordnen, dann solle es den Parteien auch freistehen, dem Schiedsgericht Regeln vorzugeben, an denen es seine Billigkeitsentscheidung ausrichten solle.[581] Dies dürften einerseits auch Regeln sein, die von Privatpersonen verfasst sind, soweit sie auch tatsächlich der Billigkeit entsprächen. Erst recht fielen darunter Regelwerke, wie die „UNIDROIT-Principles" und die „Principles of European Contract Law", die eine Billigkeitsprüfung der Schiedsgerichte nicht zu fürchten bräuchten.[582]

Nach dieser Auffassung wird zwar ein Weg gefunden, dem von den Parteien für anwendbar erklärten Recht zur Geltung zu verhelfen. Überzeugen kann diese Auffassung jedoch ebenfalls nicht, da sie das eigentliche Problem, nämlich die Frage nach der Bindung eines inländischen Schiedsgerichts an die Vorgaben des EVÜ, nicht löst.

Die Beantwortung dieser Frage ergibt sich aus der systematischen Stellung der einzelnen Regelwerke. Üblicherweise haben im deutschen IPR völkerrechtliche Verträge Vorrang vor dem in Art. 3 ff. EGBGB geregelten deutschen Kollisionsrecht. Dies folgt bereits aus dem Wortlaut des Art. 3 Abs. 2 S. 1 EGBGB. Aufgrund der Tatsache, dass aber gerade hinsichtlich des EVÜ eine unmittelbare Anwendung des Übereinkommens in Art. 1 Abs. 2 des Zustimmungsgesetzes vom 25.07.1986[583] durch den Gesetzgeber ausgeschlossen wurde, gilt dieser Vorrang hier nicht. Völkerrechtliche Verträge sind gem. Art. 3 Abs. 2 S. 1 EGBGB vorrangig zu berücksichtigen, wenn die betreffende Vereinbarung in Kraft getreten ist, d. h. wenn insbesondere die erforderliche Anzahl von Ratifikationsurkunden hinterlegt ist und diese in unmittelbar anwendbares innerstaatliches Recht transformiert worden ist. Dies ist jedoch bei den Kollisionsnormen der Art. 1 – 21 des EG-Schuldvertragsübereinkommen nicht der Fall.[584]

---

[581] Canaris: Die Stellung der „UNIDROIT Principles" und der „Principles of European Contract Law" im System der Rechtsquellen, in Basedow: Europäische Vertragsrechtsvereinheitlichung und deutsches Recht, S. 5 (20); so auch Sonnenberger: Das Internationale Privatrecht im dritten Jahrtausend – Rückblick und Ausblick, in ZVglRWiss 100 (2001), S. 107 (123).

[582] Canaris: a.a.O., S. 5 (20).

[583] Gesetz zu dem Übereinkommen vom 19. Juni 1980 über das auf vertragliche Schuldverhältnisse anzuwendende Recht vom 25. Juli 1986, BGBl 1986, II, S. 809 – 824.

[584] Palandt-Heldrich, Art. 3 EGBGB, Rdnr. 6.

Das hat zur Folge, dass das völkerrechtliche Übereinkommen gegenüber dem nationalen Recht keinen Vorrang genießt, es vielmehr nie unmittelbare Anwendung finden kann. Damit stehen die Regelungen der Art. 27 ff. EGBGB und des § 1051 ZPO gleichrangig als geltendes Bundesrecht nebeneinander. Als lex specialis für den Fall, dass über eine schuldrechtliche Streitigkeit ein Schiedsgericht entscheiden soll, hat sich der deutsche Gesetzgeber dafür entschieden, dass die Parteien eines internationalen Vertrages, der eine Schiedsklausel enthält, nicht an die Restriktionen des deutschen staatlichen IPR gebunden sein sollen. Dies bedeutet, dass die Regelung des § 1051 ZPO den Art. 27 ff. EGBGB immer vorgeht, wenn die Parteien sich der Entscheidung eines Schiedsgerichts unterworfen haben. Dem steht auch nicht entgegen, dass die Bundesregierung bei Erlass des neuen § 1051 ZPO an die Vorgaben des EVÜ gebunden war.[585] Da der Gesetzgeber eine unmittelbare Anwendung und damit den Vorrang des EVÜ bzw. EGBGB ausgeschlossen hat, sind die getroffenen Regelungen der ZPO als lex specialis für das deutsche Schiedsrecht autonom auszulegen. Die Vorgaben des EGBGB sind nicht zwingend zu berücksichtigen.

Bei der Frage, welches Recht die Parteien eines solchen Verfahrens in der Hauptsache für anwendbar erklären können, hat sich ein inländisches Schiedsgericht also auch für den Fall, dass der Sachverhalt eigentlich dem Anwendungsbereich des EVÜ unterfällt, nur an den Vorgaben des § 1051 Abs. 1 ZPO zu orientieren. Eine Auslegung des § 1051 Abs. 1 ZPO hat tatsächlich autonom zu erfolgen. Den Parteien stehen in diesem Fall die bereits oben erwähnten Gestaltungsmöglichkeiten hinsichtlich der Rechtswahl offen. Sie können sowohl nationales Recht wählen, verschiedene Rechtsordnungen kombinieren, eine Billigkeitsentscheidung vereinbaren (§ 1051 Abs. 3 ZPO) als auch nichtstaatliches Recht für anwendbar erklären.[586]

Zu beachten ist, dass, wie die Regelungen der Art. 27, 28 EGBGB, das gesamte Schuldvertragsrecht und damit auch die Regelung des § 1051 Abs. 1 ZPO technikneutral ist. Es kommt also für die Anwendung der genannten Vorschriften nicht darauf an, ob ein Vertrag

---

[585] Vgl. Teil B, § 1, Kap.2.2.

[586] widersprüchlich dazu Geimer: Internationales Zivilprozessrecht, Rdnr. 3869, der den Parteien die Möglichkeit der Rechtswahl nach Art. 27 EGBGB eröffnet, diese aber nicht auf eine staatliche Rechtsordnung beschränken will; zur Frage der Anwendbarkeit der lex mercatoria als nichtstaatliches Recht siehe unten, Teil B, § 1, Kap. 2.3.1.3.

„konventionell“ oder via Internet geschlossen wird.[587] Hinsichtlich der Ermittlung des auf den Vertrag anwendbaren Rechts nach § 1051 Abs. 1 ZPO spielt es keine Rolle, ob der Vertragsschluss elektronisch oder in herkömmlicher, in der Regel schriftlicher, Form vorgenommen wurde.

2.3.1.2. Art. 34 EGBGB als Grenze der Rechtswahlfreiheit

Grenze der Rechtswahl der Parteien ist nach herrschender Auffassung im kaufmännischen Bereich auch bei Schiedsverfahren die Regelung des Art. 34 EGBGB, wonach zwingendes deutsches Recht nicht umgangen werden kann.[588] Dazu gehören insbesondere zwingende Bestimmungen des öffentlichen Wirtschaftsrechts und damit die Rückwirkung dieser öffentlich-rechtlichen Verbote auf internationale privatrechtliche Schuldverhältnisse.[589] Dieser Auffassung ist auch der Gesetzgeber.[590]

Sofern betroffene Drittstaaten wenigstens einen ernsthaften Bezug zu den jeweiligen „Wertbewegungen“ haben, sollen auch deren zwingende Eingriffsnormen des vertragsstatutsfremden öffentlichen Wirtschaftsrechts heranzuziehen sein.[591] Einer der Haupteinwände gegen die Berücksichtigung von Normen außerhalb des Vertragsstatuts, nämlich die Befürchtung, dadurch würden unbestimmt viele und evtl. kollidierende Eingriffsnormen verschiedener Länder zur Anwendung berufen, sei durch die bisher untersuchte Schiedspraxis nicht bestätigt worden.[592]

---

587 Junker: Internationales Vertragsrecht im Internet, RIW 1999, S. 809 (816); i. E. so auch Mehrings: Internet-Verträge und internationales Vertragsrecht, CR 1998, S. 613 (615 ff.); Mankowski: Das Internet im internationalen Vertrags- und Deliktsrecht, RabelsZ 63 (1999), S. 203 - (209); für den Bereich des Urheberrechts erstmals Hoeren: IPR und EDV-Recht, Kollisionsrechtliche Anknüpfung bei internationalen EDV-Verträgen, CR 1993, S. 129 - 134.

588 Thomas in Thomas/Putzo: Zivilprozessordnung, § 1051, Rdnr. 2; Schwab/Walter: Schiedsgerichtsbarkeit, Kommentar, S. 539; Zöller/Geimer: ZPO, § 1051, Rdnr. 3; zweifelnd Albers in Baumbach/Lauterbach/Albers/Hartmann, ZPO, § 1051, Rdnr. 2.; Wichard: Die Anwendung der UNIDROIT-Prinzipien für internationale Handelsverträge durch Schiedsgerichte und staatliche Gerichte, RabelsZ 60 (1996), S. 269 (274) m. w. N.; a. A.: Musielak/Voit, ZPO, § 1051 Rdnr. 3 m. w. N.

589 MünchKommBGB-Martiny, Art. 34 EGBGB, Rdnr. 1.

590 Begründung zum Entwurf eines Gesetzes zur Neuregelung des Schiedsverfahrensrechts, (Schiedsverfahrens-Neuregelungsgesetz – SchiedsVfG), BT-Drs. 13/5274, S. 52.

591 Schlosser: Das Recht der internationalen privaten Schiedsgerichtsbarkeit, Rdnr. 740; Zöller/Geimer: ZPO, § 1051 Rndr. 4; Drobnig: Internationale Schiedsgerichtsbarkeit und wirtschaftsrechtliche Eingriffsnormen, FS Kegel, S. 95 (116).

592 Drobnig: a.a.O., S. 95 (117 f.); so auch Kronke: Internationale Schiedsverfahren nach der Reform, RIW 1998, S. 257 (263 f.).

Nach einer vermittelnden Ansicht soll es auf die Gesamtumstände des Einzelfalles ankommen, ob auf Eingriffsnormen einer dritten Rechtsordnung zurückzugreifen ist. Es gebe keine allgemeine Regel, wonach für internationale Schiedsgerichte bei der Sachentscheidung zwingende Normen einer dritten Rechtsordnung zwingend seien, noch eine Regel, dass zwingende Normen einer dritten Rechtsordnung nicht beachtet werden dürften.[593] Gegen eine zwingende Anwendbarkeit solcher Normen einer einzelnen Rechtsordnung, die eine einzelne Partei begünstige, spreche, dass die andere Partei bei den Vertragsverhandlungen gerade die Möglichkeit habe, auf der Vereinbarung der ihr günstigen Rechtsordnung zu bestehen. Tue sie das nicht, so habe sie damit ihre Bereitschaft zum Verzicht auf die Segnungen dieser Rechtsordnung zu erkennen gegeben. In der Regel sei der unterzeichnete Vertrag in dieser Form von beiden Parteien akzeptiert. Die Parteien zögen dann den so gefundenen Ausgleich ihrer wirtschaftlichen Interessen dem Nicht-Abschluss des Vertrages vor. Gerade dies sei Ausdruck der Parteiautonomie. Ein späteres Berufen auf die begünstigenden Vorschriften des eigenen Rechts wäre unlauter und würde gegen Treu und Glauben, nämlich gegen den Grundsatz „pacta sunt servanda", verstoßen.[594] Dies bedeute jedoch nicht, dass der Schiedsrichter nicht ggf. solche „zwingenden" Rechtsnormen bei der Sachentscheidung berücksichtigen könne, wenn er es für angemessen halte. Es müssten jedoch besondere Umstände vorliegen, wenn von dem im Vertrag manifestierten Parteiwillen abgewichen werden solle. Dies sei etwa der Fall, wenn eine im internationalen Geschäft erfahrene Partei bei der anderen Vertragspartei, der eine solche Erfahrung fehle, irrige Vorstellungen über die Folgen der Rechtswahl geweckt oder gefördert habe oder unzulässigen Druck auf die andere Vertragspartei ausgeübt habe, um ihre Rechtswahl durchzusetzen.[595] Ein solches Verhalten sei vom Schiedsgericht ebenfalls zu bewerten und könne ggf. zur Nichtanerkennung des gewählten Rechts führen.[596]

Nach anderer Auffassung wird eine Beschränkung der Rechtswahlfreiheit der Parteien über Art. 34 EGBGB generell abgelehnt.[597] Die Grenze der Rechtswahlfreiheit sei erst bei

---

[593] Lörcher: Wie zwingend sind in der internationalen Handelsschiedsgerichtsbarkeit zwingende Normen einer „dritten" Rechtsordnung?, BB, Beil. 17, 1993, S. 3 (7).

[594] Lörcher: a.a.O., S. 3 (6).

[595] Lörcher: a.a.O., S. 3 (6 f.).

[596] Lörcher: a.a.O., S. 3 (7).

[597] Musielak/Voit, ZPO, § 1051, Rdnr. 3; Solomon: Das vom Schiedsgericht in der Sache anzuwendende Recht nach dem Entwurf eines Gesetzes zur Neuregelung des Schiedsverfahrensrechts, RIW 1997, S. 981 (983); so auch Martiny: Die Bestimmung des anwendbaren Sachrechts durch das Schiedsgericht, FS Schütze, S. 529 (537 ff.).

einem Verstoß gegen den ordre public (§ 1059 Abs 2. Nr. 2 b) ZPO erreicht. Ein solcher könne ggf. darin bestehen, dass sich das Schiedsgericht bei der Anwendung einer Rechtsordnung oder im Rahmen einer Billigkeitsentscheidung über zwingendes deutsches Recht hinweggesetzt habe. Auch ein entsprechender Parteiwille sei in diesem Zusammenhang dann unbeachtlich.[598] Dafür, dass die Rechtswahl der Parteien nach § 1051 Abs. 1 ZPO entsprechend den Art. 27 ff. EGBGB beschränkt sein sollte, fänden sich allenfalls diffuse Anklänge in der Begründung des Gesetzgebers zum Entwurf über ein neues Schiedsverfahrensgesetz.[599] Begründung für diese Auffassung ist insbesondere, dass in § 1051 ZPO selbst keine Schranken der Rechtswahl enthalten seien und es angesichts der Zielrichtung des neuen Schiedsverfahrensrechts, das im Interesse einer Stärkung Deutschlands als Schiedsort internationaler Schiedsverfahren eine möglichst einfache und für die Parteien überschaubare Regelung treffen wollte, unvereinbar wäre, wenn die scheinbar grenzenlos gewährte Wahlfreiheit durch das nationale Kollisionsrecht wieder eingeschränkt würde.[600]

Nach einem eigenständigen Anknüpfungsmodell für die Schiedsgerichtsbarkeit soll die Anknüpfung von Eingriffsnormen, wie des Art. 34 EGBGB, unabhängig von dem im übrigen auf ein Rechtsverhältnis anwendbaren Recht sein.[601] Der zwingende Geltungsanspruch ordnungsrechtlicher Bestimmungen verlange nach einer Verweisung, die ohne Rücksicht auf das gemäß IPR berufene Statut (*internationalprivatrechtliche lex causae*) erfolgt. Dies trage der Tatsache Rechnung, dass es bei der Anknüpfung von Eingriffsrecht nicht allein auf interindividuelle, sondern auch auf die gesamtwirtschaftliche Richtigkeit von Rechtsgeschäften ankomme.[602] Nach dem Modell der sonderanknüpfungsrechtlichen „Rule of Reason" wird ein Weg kollisionsrechtlicher Interessenabwägung verfolgt. Lösungsansatz soll dabei die Beziehungsnähe bzw. das Ordnungsanliegen betroffener Rechtsordnungen sein.[603] Abwägungskriterien sollen die In- und Auslandsbeziehungen des Sachverhalts, der Schutzzweck und das Anwendungsinteresse der jeweiligen Ordnungsnor-

---

[598] Musielak/Voit, ZPO, § 1051, Rdnr. 3.

[599] Solomon: Das vom Schiedsgericht in der Sache anzuwendende Recht nach dem Entwurf eines Gesetzes zur Neuregelung des Schiedsverfahrensrechts, RIW 1997, S. 981 (983).

[600] Musielak/Voit, ZPO, § 1051, Rdnr. 3.

[601] Schnyder: Anwendung ausländischer Eingriffsnormen durch Schiedsgerichte – Überlegungen zu einem Grundsatzentscheid des Schweizer Bundesgerichts, RabelsZ 59 (1995), S. 293 (302).

[602] ebd., m. w. N.

[603] Schnyder: a.a.O., S. 293 (303).

men, die Feststellung und Entscheidung eines etwaigen Konflikts zwischen in- und ausländischen Rechtsanwendungsinteressen sowie die Festlegung der konkreten Rechtsfolgen und deren Auswirkungen auf die privatrechtliche lex causae sein.[604] Eine abschließende Beurteilung des Falles, dass in einem Schiedsverfahren eine Eingriffsnorm der lex fori mit einer Norm der lex causae in Konflikt gerät, wird jedoch nicht getroffen.

Um die Frage der Anwendbarkeit des Art. 34 EGBGB und damit der zwingenden Geltung von Eingriffsnormen für die deutsche Schiedsgerichtsbarkeit abschließend beantworten zu können, muss man sich Rechtsnatur und Zielsetzung dieser Normen nochmals vor Augen führen.

Eingriffsnormen i. S. d. Art. 34 EGBGB sind solche international zwingenden Normen, die sich ohne Rücksicht auf das Wirkungsstatut der von ihnen berührten zivilrechtlichen Verhältnisse, d. h. also auch gegen eine Rechtswahl, durchsetzen. Dies ist der Fall, wenn die Vorschrift den Sachverhalt, unabhängig von dem nach den allgemeinen Regeln auf den Vertrag anzuwendenden Recht, zwingend regeln will.[605] Dazu gehören insbesondere Außenwirtschaftsbestimmungen, welche die Ein- und Ausfuhr von Waren, Dienstleistungen, Kapital und Zahlungsmitteln regeln,[606] Währungs- und Devisenvorschriften,[607] Vorschriften, welche die Marktordnung und den Wettbewerb regeln (insbesondere kartellrechtliche Vorschriften)[608], sowie kapitalmarktrechtliche Vorschriften und Vorschriften, die den Anlegerschutz bezwecken.[609] So kann eine Parteivereinbarung niemals wirksam Ein- oder Ausfuhrbestimmungen oder wettbewerbsrechtliche Vorschriften umgehen.

---

[604] Schnyder: a.a.O., S. 293 (303 f.).

[605] BAG, Urt. v. 24.8.1989 – 2 AZR 3/89, BAGE, 63, S. 17 (30 ff.) = RIW 1990 S. 754 ff. = IPRax 1991, S. 407 ff.; MünchKommBGB-Martiny, Art. 34 EGBGB, Rndr. 7.

[606] MünchKommBGB-Martiny, Art. 34 EGBGB, Rndr. 63; Staudinger/Magnus (2002), Art. 34 EGBGB, Rdnr. 107 f.; ausführlich zu den einzelnen Eingriffsnormen siehe bei Limmer in Hausmann/Martiny: Internationales Vertragsrecht, Rdnr. 405 ff.; Staudinger/Magnus, Art. 34 EGBGB, Rndr. 86 ff.

[607] MünchKommBGB-Martiny, Art. 34 EGBGB, Rndr. 74; Erman-Hohloch, BGB, 10. Aufl., Art. 34 EGBGB, Rdnr. 9.

[608] Staudinger/Magnus (2002), Art. 34 EGBGB, Rdnr. 106; MünchKommBGB-Martiny, Art. 34 EGBGB, Rndr. 75.

[609] Erman-Hohloch, BGB, 10. Aufl., Art. 34 EGBGB, Rdnr. 101 ff.; MünchKommBGB-Martiny, Art. 34 EGBGB, Rndr. 76.

Ferner gehören zu den zwingenden Eingriffsnormen teilweise Normen des Verbraucherrechts,[610] des Boden- und Grundstücksverkehrsrechts,[611] sowie des Erwerbs- und Berufstätigkeitsrechts.[612]

Hinsichtlich der Frage, inwieweit und welche staatlichen Eingriffsnormen Berücksichtigung finden müssen, sind drei verschiedene Konstellationen zu beachten: Zum einen gilt es die Reichweite der zwingenden Bestimmungen des gewählten oder objektiv auf den Vertrag anwendbaren Rechts, also des Schuldstatuts, zu ermitteln. Ferner geht es um den Einfluss zwingender Vorschriften der lex fori sowie eine etwaige Geltung drittstaatlicher Normen, die weder dem Schuldstatut noch der lex fori angehören.[613]

2.3.1.2.1. Eingriffsnormen des Schuldstatuts und der lex fori

Für die zwingende Anwendung von Art. 34 EGBGB und damit der zwingenden Anwendung von Eingriffsnormen des deutschen Rechts, auch im Rahmen von Schiedsverfahren, spricht bereits die politische Zielsetzung dieser Regelung. Dies gilt zumindest in den Fällen, in denen das deutsche Recht ohnehin Schuldstatut ist[614] bzw. bei deutschem Schiedsort, wenn das deutsche Recht als lex fori zu berücksichtigen ist.

Der wesentliche Grund für die Heranziehung solcher sog. Eingriffsnormen liegt nicht im Schutz der Vertragsparteien. Primäres Ziel der Vorschrift ist es insbesondere öffentliche Interessen, also staats- und wirtschaftspolitische Interessen, zu schützen (sog. Gemeinwohlvorschriften).[615] Zwar ist in Art. 34 EGBGB offen geblieben, welchem Gebiet des deutschen Rechts die zwingenden Bestimmungen zugehören, es soll jedoch für die Auslegung des Begriffs der zwingenden Bestimmungen, ohne Rücksicht auf deren privat- oder öffentlich-rechtliche Natur, sowohl auf die in Betracht kommenden zwingenden Vorschriften wirtschaftspolitischen Gehalts als auch auf sozialpolitische Vorschriften zum Schutz

---

[610] Erman-Hohloch, BGB, 10. Aufl., Art. 34 EGBGB, Rdnr. 15; MünchKommBGB-Martiny, Art. 34 EGBGB, Rndr. 79.

[611] Staudiner/Magnus (2002), Art. 34 EGBGB, Rdnr. 86 ff.; Erman-Hohloch, BGB, 10. Aufl., Art. 34 EGBGB, Rdnr. 16; MünchKommBGB-Martiny, Art. 34 EGBGB, Rndr. 81.

[612] Erman-Hohloch, BGB, 10. Aufl., Art. 34 EGBGB, Rndr. 16; MünchKommBGB-Martiny, Art. 34 EGBGB, Rndr. 82.

[613] MünchKommBGB-Martiny, Art. 34 EGBGB, Rdnr. 3; Staudinger/Magnus (2002), Art. 34 EGBGB, Rdnr. 14 ff.

[614] sog. Schuldstatutstheorie; vgl. Kropholler: Internationales Privatrecht, S. 481 f.

[615] MünchKommBGB-Martiny, Art. 34 EGBGB, Rndr. 12.

Einzelner zurückzugreifen sein.[616] Sinn und Zweck von Eingriffsnormen, wie etwa von Exportkontroll-, Preiskontroll-, Arbeitsschutz-, Kartell- und Wettbewerbsbestimmungen, ist es, unabhängig vom Willen der Vertragsparteien, bestimmte wirtschaftspolitische Vorstellungen des Gesetzgebers durchzusetzen. Die betroffenen Normen dienen daher nicht lediglich den Parteiinteressen, sondern nehmen vielmehr im wirtschaftspolitischen Ordnungsinteresse des betreffenden Staates Einfluss auf die Wirksamkeit, den Inhalt oder den Ablauf des Rechtsverhältnisses zwischen Privaten. Dieses Rechtsverhältnis wollen sie zwingend gestalten.[617] Sie werden daher auch nicht durch Vereinbarung der schiedsrichterlichen Entscheidungsbefugnis dispositiv.

Zweite Zielrichtung von Eingriffsnormen ist der sozialpolitische Bereich. So wird teilweise das Sonderprivatrecht (Verbraucherschutzrecht, Wohnungsmietrecht, Arbeitsrecht) den Eingriffsnormen zur Seite gestellt und als eigener Normenkomplex gesondert angeknüpft.[618] Auch diese Regelungen sind grundsätzlich der Parteidisposition entzogen.

Die Argumentation der Auffassung, die insgesamt eine Bindung an das EGBGB und damit auch an Art. 34 EGBGB mit der Begründung ablehnt, dass eine Einschränkung der Rechtswahlfreiheit schon vom Wortlaut der Vorschrift des § 1051 Abs. 1 ZPO her nicht in Betracht komme, übersieht, dass sich der Gesetzgeber bei Erlass des Gesetzes an die Vorgaben des EVÜ gebunden fühlte. Er sah also, da ohnehin Art. 34 EGBGB zwingend anzuwenden war, keine Veranlassung eine solche Beschränkung der Rechtswahl in den Wortlaut der Vorschrift aufzunehmen. Die Zielrichtung der Reform des deutschen Schiedsrechts allein, nämlich den Schiedsstandort Deutschland attraktiver zu machen, sollte zudem auch sicherlich nicht potentiellen „Eingriffsnormverletzern" die Flucht in das Schiedsrecht ermöglichen. Dies kann kaum Intention des Gesetzgebers gewesen sein.

Im Ergebnis bedeutet dies, dass Schiedsgerichte bei der praktischen Durchführung der Sonderanknüpfung zunächst immer die Eingriffsnormen des Vertragsstatuts, also der lex

---

[616] Erman-Hohloch, BGB, 10. Aufl., Art. 34 EGBGB, Rdnr. 7.

[617] Berger: Devisenrecht in der internationalen Wirtschaftsschiedsgerichtsbarkeit, ZvglRWiss 96 (1997), S. 316 (317 f.).

[618] MünchKommBGB-Martiny, Art. 34 EGBGB, Rndr. 13.

causae, zu beachten haben.[619] Die Eingriffsnormen des Sitzlandes des Schiedsgerichts sind ebenfalls regelmäßig zu beachten, da anderenfalls die Aufhebung durch die staatlichen Sitzgerichte droht.[620] Haben die Parteien eines ausländischen Schiedsverfahrens das deutsche Recht als Vertragsstatut gewählt, sind über Art. 34 EGBGB ohnehin die Eingriffsnormen des deutschen Rechts zwingend heranzuziehen. Haben die Parteien ein ausländisches Vertragsstatut gewählt, liegt der Sitz des Schiedsgerichts jedoch im Gebiet der Bundesrepublik, gilt dies ebenfalls.

2.3.1.2.2. Eingriffsnormen einer dritten Rechtsordnung

Zwingende Normen einer dritten Rechtsordnung muss auch ein deutsches Schiedsgericht nicht zwingend berücksichtigen. Dies gilt auch für die staatlichen Gerichte, da in Art. 34 EGBGB nicht die Regelung des Art. 7 Abs. 1 EVÜ übernommen wurde.[621]

Art. 7 Abs.1 EVÜ sieht vor, dass ausländische Eingriffsnormen zwingend heranzuziehen sind. Bei der Umsetzung des Art. 7 EVÜ hat der Gesetzgeber jedoch lediglich Art. 7 Abs. 2 EVÜ in deutsches Recht umgesetzt, nachdem zahlreiche Bedenken an der Regelung des Art. 7 Abs. 1 EVÜ laut geworden waren.[622] Damit hat sich der Gesetzgeber nach herrschender Auffassung jedoch nicht generell gegen eine Sonderanknüpfung ausgesprochen, vielmehr hat er eine bewusste Regelungslücke geschaffen, deren Schließung die Rechtsfortbildung vornehmen soll.[623] Die Frage, ob ausländische Eingriffsnormen ggf. doch Anwendung finden sollen, hat die deutsche Rechtsprechung für die staatliche Gerichtsbarkeit nunmehr auf materiellrechtlicher Ebene gelöst. In einer bewussten Verletzung ausländischen zwingenden Rechts kann danach möglicherweise ein sittenwidriges Verhalten i. S. d. § 138 BGB oder eine vorsätzliche sittenwidrige Schädigung i. S. d. § 826 BGB

---

[619] Berger: Devisenrecht in der internationalen Wirtschaftsschiedsgerichtsbarkeit, ZVglRWiss 96 (1997), S. 316 (332); so auch Schnyder: Zur Anwendung ausländischer Eingriffsnormen durch Schiedsgerichte – Überlegungen zu einem Grundsatzentscheid des Schweizer Bundesgerichts, RabelsZ 59 (1995), S. 293 (298 f.), der aber für die Entwicklung eigener Anknüpfungsregeln für die Schiedsgerichtsbarkeit plädiert.

[620] Berger: Devisenrecht in der internationalen Wirtschaftsschiedsgerichtsbarkeit, ZVglRWiss 96 (1997), S. 316 (332).

[621] zur Bedeutung fremder zwingender Bestimmungen im IPR siehe bei erstmals bei Wengler: Die Anknüpfung des zwingenden Schuldrechts im internationalen Privatrecht, ZVglRWiss 54 (1941), S. 168 – 212; Übersicht bei Limmer in Reithmann/Martiny: Internationales Vertragsrecht, Rdnr. 450 ff.

[622] MünchKommBGB-Martiny, Art. 34 EGBGB, Rdnr. 44 ff.; Palandt-Heldrich, Art. 34 EGBGB, Rdnr. 1; Junker: Empfiehlt es sich Art. 7 EVÜ zu revidieren oder aufgrund der bisherigen Erfahrungen zu präzisieren? IPRax 2000, S. 65 (72) m. w. N.

[623] Limmer in Reithmann/Martiny: Internationales Vertragsrecht, Rdnr. 451; MünchKommBGB-Martiny, Art. 34 EGBGB, Rdnr. 48; Erman-Hohloch, BGB, 10. Aufl., Art. 34 EGBGB, Rdnr. 17.; Schurig: Zwingendes Recht, „Eingriffsnormen" und neues IPR, in RabelsZ 1990, S. 217 (235).

zu sehen sein.[624] Denkbar ist auch ein Verstoß gegen ein gesetzliches Verbot (§ 134 BGB) oder eine ausländische Eingriffsnorm als Leistungshindernis.[625] Jedoch sollen nach dem BGH ausländische öffentlich-rechtliche Normen grundsätzlich nicht unmittelbar anwendbar sein.[626]

In der Literatur hat sich in Hinblick auf die Berücksichtigung drittstaatlicher Eingriffsnormen durch staatliche Gerichtsbarkeit im wesentlichen folgender Meinungsstand herausgebildet:[627]

Nach der herrschenden Schuldstatuttheorie finden ausländische Eingriffsnormen Berücksichtigung, soweit eine fremde Rechtsordnung durch Rechtswahl oder kraft objektiver Anknüpfung den Vertrag regelt.[628] Drittstaatliche Normen werden nach dieser Theorie, entsprechend der bisherigen Rechtsprechung, allenfalls im materiellen Recht berücksichtigt.[629] Kritiker der Schuldstatuttheorie werfen dieser u. a. vor, dass sie den faktischen Zwang, den Eingriffsnormen dritter Staaten ausübten, völlig ignoriere.[630] Ferner sei kein Grund ersichtlich, warum das Interesse des Staates, der das Vertragsstatut stellt, von vornherein höher bewertet wird, als Regelungsansprüche anderer Staaten, zu denen das Rechtsverhältnis ebenfalls Bezüge aufweise.[631]

---

[624] Junker: Empfiehlt es sich Art. 7 EVÜ zu revidieren oder aufgrund der bisherigen Erfahrungen zu präzisieren? IPRax 2000, S. 65 (72) m. w. N.; kritisch dazu MünchKommBGB-Martiny, Art. 34 EGBGB, Rndr. 45 ff.; Soergel-v. Hoffmann, Art. 34 EGBGB, Rdnr. 80.

[625] Kropholler: Internationales Privatrecht, S. 483.

[626] BGH, Urt. v. 17.12.1959 - VII ZR 198/58, BGHZ 31, S. 367 (370 - 371).

[627] ausführlicher Überblick bei Schiffer: Normen ausländischen „öffentlichen" Rechts in internationalen Handelsschiedsverfahren, S. 69 ff.; Ungeheuer: Die Beachtung von Eingriffsnormen in der internationalen Handelsschiedsgerichtsbarkeit, S. 109 ff.

[628] Limmer in Reithmann/Martiny: Internationales Vertragsrecht, Rdnr. 452; Erman - Hohloch, BGB, 10. Aufl., Art. 34 EGBGB, Rdnr. 21; Kropholler: Internationales Privatrecht, S. 481 f.; Palandt-Heldrich, Art. 34 EGBGB, Rdnr. 6.; Schäfer: Eingriffsnormen im deutschen IPR – eine neverending story?, FS Sandrock, 1995, S. 37 (41 ff.); Schiffer: Normen ausländischen „öffentlichen" Rechts in internationalen Handelsschiedsverfahren, S. 69 m. w. N.

[629] Limmer in Reithmann/Martiny: Internationales Vertragsrecht, Rdnr. 453; Palandt-Heldrich, Art. 34 EGBGB, Rdnr. 6 m. w. N.; kritisch dazu Schurig: Zwingendes Recht, „Eingriffsnormen" und neues IPR, RabelsZ 54 (1990), S. 217 (236).

[630] Schäfer: Eingriffsnormen im deutschen IPR – eine neverending story?, FS Sandrock, 1995, S. 37 (42).

[631] MünchKommBGB-Martiny, Art. 34, Rndr. 35; Schäfer: Eingriffsnormen im deutschen IPR – eine neverending story?, FS Sandrock, 1995, S. 37 (42).

Die sog. Machttheorie berücksichtigt die Eingriffsnormen einer dritten (ausländischen) Rechtsordnung, wenn der dritte Staat die Macht besitzt diese auch durchzusetzen.[632] Dies soll sich insbesondere nach dem Lageort des Vermögens richten. Ausländische politische und wirtschaftspolitische Vorschriften, die Schuldverträge verbieten oder nachträglich in Rechte aus Schuldverträgen eingreifen, sollen nur dann anzuwenden sein, wenn der ausländische Staat, der sie erlassen hat, die Macht besitzt, sie auch durchzusetzen.[633] Die Machttheorie wird heute überwiegend als zu eng abgelehnt.[634] Zudem sei das Kriterium „Macht" zu unbestimmt.[635]

Das Territorialitätsprinzip hingegen geht von der Anwendbarkeit ausländischer Eingriffsnormen aus, wenn es sich um Geschehnisse oder Gegenstände handelt, die sich im ausländischen Staat abspielen bzw. dort belegen sind.[636] Positive Wirkung dieses Prinzips ist, dass fremde Normen insoweit zu beachten sind, als sie im fremdem Staat belegene Sachen und Rechte sowie dort zu vollziehende Handlungen betreffen.[637] Welche privatrechtlichen Folgen ihre Beachtung haben sollen, soll sich nach dem jeweiligen Schuldstatut richten.[638] Negative Wirkung dieses Prinzips ist die Abwehr extraterritorialer Geltungsansprüche.[639] Wesentlicher Kritikpunkt an diesem Prinzip ist, dass es nur auf räumliche Kriterien abstellt und andere Kriterien als die Belegenheit möglicherweise leicht unberücksichtigt bleiben können.[640]

---

[632] Kegel: Begriffs- und Interessenjurisprudenz im internationalen Privatrecht, FS Lewald, S. 259 (279); Limmer in Reithmann/Martiny: Internationales Vertragsrecht, Rdnr. 454; Erman-Hohloch, BGB, 10. Aufl., Art. 34 EGBGB, Rdnr. 21 m. w. N.; Soergel-v. Hoffmann, Art. 34 EGBGB, Rdnr. 85 m. w. N.; MünchKommBGB-Martiny, Art. 34 EGBGB, Rdnr. 29; Schiffer: Normen ausländischen „öffentlichen" Rechts in internationalen Handelsschiedsverfahren, S. 103 ff.

[633] Soergel-v. Hoffmann, Art. 34 EGBGB, Rdnr. 85.

[634] Soergel-v. Hoffmann, a.a.O., Rdnr. 89.

[635] MünchKommBGB-Martiny, Art. 34 EGBGB, Rdnr. 37.

[636] BGHZ 31, 367 (371); Bydlinski: Die kollisionsrechtliche Behandlung devisenrechtlicher Leistungsbeschränkungen, JBL 1959, S. 526 (530); derselbe in: Anmerkung zu OGH Wien, Urt. v. 24.6.1959 - 6Ob 204/59, ZfRV 2 (1961), S. 18 (27); Schulze: Das öffentliche Recht im internationalen Privatrecht, S. 206; Soergel-v. Hoffmann, Art. 34 EGBGB, Rdnr. 84; MünchKommBGB-Martiny, Art. 34 EGBGB, Rdnr. 28.

[637] MünchKommBGB-Martiny, Art. 34 EGBGB, Rdnr. 28.

[638] ebd.

[639] ebd.

[640] MünchKommBGB-Martiny, Art. 34 EGBGB, Rdnr. 36 m. w. N.; dazu auch Soergel-v. Hoffmann, Art. 34 EGBGB, Rndr. 84; ablehnend dazu auch Palandt-Heldrich, Art. 34 EGBGB, Rdnr. 6.

Mehr und mehr setzt sich die Lehre von der Sonderanknüpfung durch. Danach sind fremde Eingriffsnormen dann anzuwenden, wenn deren sachliche Voraussetzungen erfüllt sind, diese angewandt sein wollen, der Sachverhalt eine „enge Verbindung" zum jeweiligen nationalen Recht aufweist und die ausländischen Eingriffsnormen auch einer inhaltlichen Überprüfung standhalten.[641] Der Begriff der inhaltlichen Überprüfung meint dabei einen gewissen Interessen- und Wertegleichklang (sog. „shared values"), der vorliegen muss, wenn eine ausländische Eingriffsnorm bei Vorliegen eines engen Zusammenhangs Berücksichtigung finden soll.[642] Ein enger Zusammenhang der ausländischen Eingriffsnorm mit der zugrundeliegenden Streitigkeit wird regelmäßig angenommen, wenn der Erfüllungsort im betroffenen Drittstaat liegt,[643] der Schuldner seinen tatsächlichen gewöhnlichen Aufenthalt oder seine gewerbliche Niederlassung in diesem normsetzenden Staat hat[644] oder das jeweilige Vermögen, über das verfügt werden soll, in diesem Drittstaat belegen ist.[645] Das Kriterium der „engen Verbindung" entspricht insoweit dem Wortlaut des Art. 7 Abs. 1 EVÜ.

Ähnliche Überlegungen wird auch ein deutscher Schiedsrichter anstellen. Er kann eine fremde Eingriffsnorm eines dritten Staates berücksichtigen, wenn er es für angemessen erachtet. Grundsätzlich jedoch muss ein Schiedsgericht - anders als ein staatliches Gericht - frei in der Prüfung sein, ob diese zwingende Vorschrift im konkreten Fall tatsächlich zwingend anzuwenden ist.[646] Bei der Einzelfallprüfung ist von den beschriebenen Maßstäben ausgehen, wie sie in Art. 7 Abs. 1 EVÜ enthalten sind. Argument für eine Bindung auch der Schiedsgerichte an drittstaatliche Eingriffsnormen ist, dass im Hinblick auf die

---

[641] Kropholler: Internationales Privatrecht, S. 484; MünchKommBGB-Martiny, Art. 34, Rdnr. 33, 48; Soergel-v. Hoffmann, Art. 34 EGBGB, Rndr. 95; Schurig: Zwingendes Recht, „Eingriffsnormen" und neues IPR, RabelsZ 54 (1990), S. 217 (236 ff.); Geimer: Internationales Zivilprozessrecht, Rdnr. 3870a; Limmer in Reithmann/Martiny: Internationales Vertragsrecht, Rdnr. 458; Lorenz, E.: Die Rechtswahlfreiheit im internationalen Schuldvertragsrecht, RIW 1987, S. 569 (581 ff.); so bereits Schlosser, Das Recht der internationalen privaten Schiedsgerichtsbarkeit, Rdnr. 740; ablehnend Schäfer: Eingriffsnormen im deutschen IPR – eine neverending story?, FS Sandrock, 1995, S. 37 (45 ff.); a. A. Palandt-Heldrich, Art. 34 EGBGB, Rdnr. 6.; zur Entwicklung dieser Theorie siehe bei Schiffer: Normen ausländischen „öffentlichen" Rechts in internationalen Handelsschiedsverfahren, S. 106 ff.

[642] Kropholler: a.a.O., S. 484 f.; Hentzen: Zur Anwendung fremden Eingriffsrechts seit der IPR-Reform, RIW 1988, S. 508 (510); dazu auch MünchKommBGB-Martiny, Art. 34 EGBGB, Rdnr. 121 ff. m. w. N.; so auch Remien: Außenwirtschaftsrecht in kollisionsrechtlicher Sicht, Zur internationalen Reichweite von Aus- und Einfuhrverboten, RabelsZ 54 (1990), S. 431 (472).

[643] dazu Schiffer: Normen ausländischen „öffentlichen" Rechts in internationalen Handelsschiedsverfahren, S. 127 ff.; MünchKommBGB-Martiny, Art. 34, Rndr. 105; Soergel-v.Hoffmann, Art. 34 EGBGB, Rdnr. 95.

[644] MünchKommBGB-Martiny, Art. 34, Rndr. 106; Soergel-v.Hoffmann, Art. 34 EGBGB, Rdnr. 95.

[645] MünchKommBGB-Martiny, Art. 34, Rndr. 107; Soergel-v.Hoffmann, Art. 34 EGBGB, Rdnr. 95.

[646] Lörcher: Wie zwingend sind in der internationalen Handelsschiedsgerichtsbarkeit zwingende Normen einer „dritten" Rechtsordnung? BB 1993, Beil. 17, S. 3 (6).

Entwicklung der Schiedsgerichtsbarkeit zur echten Rechtsprechung und der Herausbildung eines „Fallrechts" internationaler Schiedsgerichte, diese sich auch um zwischenstaatliche Rücksichtnahme und internationale Entscheidungsharmonie bemühen sollten. Dies gilt auch, wenn Schiedsrichter nicht Repräsentanten eines Staates sind. [647] Eine solche Bindung der Schiedsgerichte ist zudem der Rechtssicherheit nur förderlich.[648]

Ist eine Eingriffsnorm weder Bestandteil der lex causae, noch der Rechtsordnung des Sitzlandes, handelt es sich um eine drittstaatliche Eingriffsnorm. Weist ein Rechtsstreit auch eine Verbindung zu Eingriffsnormen einer anderen Rechtsordnung als der des Vertragsstatuts auf, müssen diese in der Regel Berücksichtigung finden.[649] Ihre Anwendbarkeit hängt auch im schiedsrichterlichen Verfahren davon ab, ob die Vorschrift einen vom Vertragsstatut unabhängigen Geltungswillen besitzt und eine enge Verbindung zum Erlassstaat besteht.[650] Wenn der räumliche Geltungsbereich der betreffenden Norm ausdrücklich geregelt ist, kommt der Geltungswille klar zum Ausdruck. Ist dies nicht der Fall, muss er durch Auslegung ermittelt werden.[651]

Ferner muss nach der hier favorisierten Lehre von der Sonderanknüpfung ihr sachlicher Anwendungsbereich eröffnet sein und auf der Interessen- und Wertungsebene die jeweilige Eingriffsnorm den Vorgaben des auf den Rechtsstreit anwendbaren Rechts entsprechen. Der Wertegleichklang im Rahmen der internationalen Wirtschaftsschiedsgerichtsbarkeit soll jedoch nur gegeben sein, wenn der Inhalt der Eingriffsnorm mit internationalen Standards vereinbar ist, wie sie im transnationalen ordre public (*ordre public réellement international*) verkörpert sind. Damit sind solche Eingriffsnormen nicht anzuwenden, die im Lichte der Rechtsvergleichung als grob anstößig erscheinen.[652]

---

[647] Schiffer: Normen ausländischen „öffentlichen" Rechts in internationalen Handelsschiedsverfahren, S. 148 ff.; Berger: Devisenrecht in der internationalen Wirtschaftsschiedsgerichtsbarkeit, ZVglRWiss 96 (1997), S. 316 (330).

[648] Berger: a.a.O., S. 316 (331).

[649] so auch Berger: a.a.O., S. 316 (328).

[650] Berger: a.a.O., S. 316 (331, 333); Schiffer: Normen ausländischen „öffentlichen" Rechts in internationalen Handelsschiedsverfahren, S. 191.

[651] Schiffer: Normen ausländischen „öffentlichen" Rechts in internationalen Handelsschiedsverfahren, S. 186 m. w. N.

[652] Berger: a.a.O., S. 316 (331 f.).

Aufgrund einer möglichen Kontrolle des Schiedsspruches durch staatliche nationale Gerichte empfiehlt es sich regelmäßig, mögliche Eingriffsnormen aller am Schiedsverfahren in irgendeiner Art und Weise beteiligten Staaten zu beachten. Dazu gehören insbesondere die Eingriffsnormen der Staaten, in denen die Anerkennung und Vollstreckung des Schiedsspruches erfolgen soll, oder anderer Staaten, mit deren Rechtsordnung das schiedsrichterliche Verfahren in Berührung kommt, so etwa das Recht des Landes der Belegenheit vollstreckungsfähiger Vermögensgüter.[653] Insoweit lassen sich hier auch die Grundsätze des Territorialitätsprinzips heranziehen.[654] Für den Fall des elektronischen Vertragsschlusses gilt insoweit nichts anderes. Alle Rechtsordnungen, die von dem entstandenen Rechtsstreit in irgendeiner Form betroffen sind oder es auch nur sein könnten, sollten auf eine mögliche Verletzung von Eingriffsnormen hin überprüft werden. Insbesondere gilt dies natürlich für den Vollstreckungsstaat. Die für das staatliche Gerichtsverfahren entwickelten Kriterien, wie das des Erfüllungsortes, des Sitzes bzw. der Niederlassung der Parteien oder des Ortes der belegenen Sache, können auf den Fall des elektronischen Vertragsschlusses entsprechend übertragen werden. Ein Schiedsgericht sollte sich jedoch, um sich nicht selbst in seiner Arbeit zu blockieren, auf evidente Verstöße gegen Eingriffsnormen beschränken.

2.3.1.2.3. Normenkollisionen

Im Fall einander widersprechender Eingriffsnormen verschiedener Rechtsordnungen (sog. Problem des positiven Normenkonflikts[655]) soll ein Schiedsgericht nach einer Auffassung zwischen den jeweiligen Regelungsinteressen den je nach dem in Frage stehenden Normenkomplex bestimmen, abwägen und die anwendbare Vorschrift danach ermitteln, welches Regelungsinteresse vorzugswürdig ist.[656] Vorzugswürdig seien etwa das jeweilige Schutzinteresse oder eine Anwendung des jeweils regelungsintensiveren Rechts.[657]

---

[653] Berger: a.a.O., S. 316 (324); kritisch dazu bereits Schiffer: Normen ausländischen „öffentlichen" Rechts in internationalen Handelsschiedsverfahren, S. 182 ff., der diesen pragmatischen Ansatz ablehnt, sondern vielmehr aufgrund dessen, dass die Vollstreckung lediglich Surrogat der Erfüllung eines eingeklagten Anspruchs ist, eine enge Verbindung des Vollstreckungsstaates i. S. d. Sonderanknüpfungstheorie bejaht. Sie sei zu behandeln sei, wie die Erfüllung durch eine Partei.

[654] so auch Schiffer: Normen ausländischen „öffentlichen" Rechts in internationalen Handelsschiedsverfahren, S. 177 ff.

[655] Schiffer: a.a.O., S. 198.

[656] MünchKommBGB-Martiny, Art. 34 EGBGB, Rdnr. 120.

[657] ebd.

Diese Abgrenzungskriterien werden jedoch teilweise als zu unscharf empfunden.[658] Stattdessen wurde die kumulative Anwendung der Normen ausländischen „öffentlichen" Rechts gefordert. Dabei sollte sich die jeweils strengere Vorschrift durchsetzen. Begründet wurde diese Auffassung damit, dass es den Schiedsparteien als korrekten und ordentlichen Geschäftsleuten obliege, wenn sie im internationalen Bereich Geschäfte tätigen, die Einhaltung der einschlägigen Rechtsvorschriften aller berührten Rechtsordnungen sicherzustellen.[659] Möglich wäre es aber auch, dass man die Rechtsordnung anwendet, die am wenigsten Verbote ausspricht.[660]

Ein Lösungsansatz, der stets der lex fori den Vorrang einräumen will,[661] soweit sie eine der betroffenen Rechtsordnungen ist, wird überwiegend mit der Begründung abgelehnt, dass auch eigenes zwingendes Recht nur unter der Rücksichtnahme auf die Interessen fremder Staaten angewendet werden könnte.[662]

Eine territoriale Aufspaltung soll in Betracht kommen, wenn sich ein Vertrag auf mehrere Rechtsordnungen bezieht und sich dabei jeweils ein Komplex auf nur eine Rechtsordnung erstreckt. Die jeweilige Rechtsordnung setze sich dann jedoch nur insoweit durch, als die Verbindung zu ihr reiche.[663] Soweit es sich tatsächlich um einen teilbaren Sachverhalt handelt, ist dieser Ansatz plausibel. Dies dürfte jedoch die Ausnahme bleiben. Sobald es sich um einen einheitlichen, nicht aufteilbaren Vorgang handelt, geht diese Lösung ins Leere.[664]

In Anlehnung an den Wortlaut des heutigen Art. 28 Abs. 1 EGBGB wurde teilweise auch gefordert, dass die „öffentlich-rechtlichen" Normen des Staates anzuwenden sein sollten,

---

[658] Schiffer: a.a.O., S. 202.

[659] Wengler: Die Anknüpfung des zwingenden Schuldrechts im internationalen Privatrecht, ZVglRWiss, 54 (1941), S. 168 (194 f.); Schiffer: a.a.O., S. 200 f., m. w. N.

[660] Rehbinder: Zur Politisierung des Internationalen Privatrechts, JZ 1973, S. 151 (157); MünchKommBGB-Martiny, Art. 34 EGBGB, Rdnr. 120, Schiffer: a.a.O., S. 201.

[661] Erman-Hohloch, BGB, 10. Aufl., Art. 34 EGBGB, Rdnr. 25, Palandt-Heldrich, Art. 34 EGBGB, Rdnr. 6.

[662] MünchKommBGB-Martiny, Art. 34 EGBGB, Rdnr. 120 m. w. N.; ablehnend auch Schiffer: Normen ausländischen „öffentlichen" Rechts in internationalen Handelsschiedsverfahren, S. 201.

[663] Soergel-v.Hoffmann, Art. 34 EGBGB, Rdnr. 104; zustimmend MünchKommBGB-Martiny, Art. 34 EGBGB, Rdnr. 119.

[664] MünchKommBGB-Martiny: Art. 34, Rdnr. 120; Schiffer: a.a.O., S. 201 f.

der am stärksten von dem Vertrag betroffen ist und damit die engste Verbindung zum Rechtsstreit aufweist.[665] Dieses Kriterium alleine wurde jedoch ebenfalls noch als zu ungenau empfunden, dennoch wurde es in der Lehre von der Sonderanknüpfungskollisionsnorm aufgegriffen und an das Ende eines ganzen Prüfungsschemas gestellt. Dieser kombinierte Lösungsvorschlag, die sog. Sonderanknüpfungskollisionsnorm, will im Wege einer stufenweisen Prüfung die Interessen der betroffenen Parteien einerseits, andererseits die Interessen der mit dem Sachverhalt eng verbundenen ausländischen Staaten berücksichtigen. Dabei sollen auch die Eingriffsnormen dieser beteiligten Staaten anzuwenden sein.[666] Dieser Lösungsansatz kann als der heute in der Literatur herrschende angesehen werden.[667] Überzeugendes Argument dieses Ansatzes ist die Verbindung der größtmöglichen Berücksichtigung der beteiligten Staatsinteressen mit dem der Sicherstellung der möglichst umfassenden Vollstreckbarkeit des schiedsrichterlichen Urteils. Entscheidendes letztes Kriterium bei der Ermittlung der Sonderanknüpfungskollisionsnorm durch das Schiedsgericht ist dabei ebenfalls das Kriterium der engsten Verbindung des jeweiligen Staates zum Rechtsstreit.[668] Wie eine solche „engste" Verbindung ggf. zu ermitteln ist, ist offen. In der Regel wird bei diesem Lösungsansatz dafür insbesondere auf den Vollstreckungsstaat abgestellt.[669] Dennoch kann maßgeblich auch der Sitz bzw. die Niederlassung der Parteien oder der Erfüllungsort sein.

Für die Entscheidung eines Schiedsgerichtes über eine Streitigkeit, die im Rahmen eines elektronischen Vertrages entstanden ist, ergeben sich keine Besonderheiten. Kann die Leistung auch über das Internet bzw. im Wege der elektronischen Kommunikation mittels Datentransfer erbracht werden, wird die engste Verbindung wohl regelmäßig der Erfüllungsort sein, da hier auch regelmäßig der Sitz bzw. die Niederlassung einer Vertragspartei liegen wird.

---

[665] so bereits Sailer: Gefahrübergang, Eigentumsübergang, Verfolgungs- und Zurückbehaltungsrecht beim Kauf beweglicher Sachen im internationalen Privatrecht, S. 75; Schiffer: a.a.O., S. 202.

[666] Schiffer: a.a.O., S. 203 (Schema der stufenweisen Prüfung vgl. S. 204); Schiffer: Sonderanknüpfung ausländischen „öffentlichen" Rechts in der internationalen Handelsschiedsgerichtsbarkeit, ZVglRWiss 90 (1991) S. 390 (402 ff.).

[667] Schwab/Walter: Schiedsgerichtsbarkeit, Kommentar, S. 540 f.

[668] Schiffer: Normen ausländischen „öffentlichen" Rechts in internationalen Handelsschiedsverfahren, S. 204.

[669] ebd.

2.3.1.3. Lex mercatoria – Eine anwendbare Rechtsordnung i. S. d. § 1051 Abs. 1 ZPO?

Zudem stellt sich die Frage, inwieweit die Parteien befugt sind, im Rahmen der durch § 1051 Abs. 1 ZPO gewährten Rechtswahlfreiheit die sog. „lex mercatoria" als auf den Rechtsstreit anwendbare „Rechtsordnung" zu erklären.

2.3.1.3.1. Die lex mercatoria

In großen Teilen der (internationalen) Literatur wird vertreten, dass sich im internationalen Verkehr von selbst ein einheitliches Handelsgewohnheitsrecht entwickelt habe, die sog. lex mercatoria oder New Law Merchants.[670] Rechtsnatur und Existenz der sog. „lex mercatoria" sowie deren Inhalt sind höchst umstritten. Gleiches gilt für ihren Geltungsgrund und ihr Verhältnis zum staatlichen Recht, da sie ganz verschiedenen Rechtsquellen entnommen wird.[671] Unter dem Begriff der „lex mercatoria" werden internationale Vertragsbedingungen, internationale Handelsbräuche, internationale Abkommen und allgemeine Rechtsgrundsätze zusammengefasst.[672]

In der deutschen staatlichen Gerichtsbarkeit wird eine unmittelbare Anwendung der lex mercatoria überwiegend abgelehnt. Der staatliche Richter habe sich an das Kollisionsrecht der lex fori zu halten.[673] Die Vereinbarung der lex mercatoria als gem. Art. 27 EGBGB auf einen Vertrag anwendbares Recht hat nach herrschender Auffassung keinen Bestand, sie geht ins Leere.[674] Art. 27 EGBGB erfasst nur das staatliche Recht.

Allenfalls kann die lex mercatoria in der staatlichen Gerichtsbarkeit neben dem – in Anwendung des nationalen Rechts ermittelten – Vertragsstatut subsidiär Berücksichtigung

---

[670] Kegel/Schurig: Internationales Privatrecht, S. 110; zur Entstehung und Entwicklung der „lex mercatoria" siehe bei: Blaurock: Übernationales Recht des internationalen Handels, ZEuP 1993, S. 247 (249 ff.); Spickhoff: Internationales Handelsrecht vor Schiedsgerichten und vor staatlichen Gerichten, RabelsZ 56 (1992), S. 116 ff.

[671] MünchKommBGB-Martiny, Art. 27 EGBGB, Rdnr. 31; Kropholler: Internationales Privatrecht, S. 97; v. Hoffmann: Internationales Privatrecht, S. 62 f.; Spickhoff: a.a.O., S. 116 (133); Überblick bei Stein, U.: Lex mercatoria: Realität und Theorie, Frankfurt am Main 1995.

[672] Soergel-v.Hoffmann, Art. 27 EGBGB, Rdnr. 14; eine Auflistung im Rahmen der lex mercatoria geltender Rechtsgrundsätze siehe bei Berger: Internationale Wirtschaftsschiedsgerichtsbarkeit, S. 374 ff.

[673] MünchKommBGB-Martiny, Art. 27 EGBGB, Rdnr. 32; Soergel-v.Hoffmann: Art. 27 EGBGB, Rdnr. 16; Erman-Hohloch, BGB, 10. Aufl., Art. 27 EGBGB, Rdnr. 9; Blaurock: a.a.O., ZEuP 1993, S. 247 (264).

[674] Sandrock: Welches Kollisionsrecht hat ein internationales Schiedsgericht anzuwenden, RIW 1992, S. 785 (785-787); MünchKommBGB-Martiny, Art. 27 EGBGB, Rdnr. 32; v. Bar: Internationales Privatrecht, Bd. I, Allgemeine Lehren, Rdnr. 114.

finden. Nach allgemeiner Auffassung soll der Rechtswahl der lex mercatoria eine materiellrechtliche Bedeutung insoweit zukommen, als in diesem Fall ein nationales Rechtssystem mittels objektiver Anknüpfung zu ermitteln ist. Die Grenzen dieses ermittelten nationalen Rechts sind dann jedoch der durch die Parteien vorgenommenen materiellrechtlichen Verweisung auf die lex mercatoria zu entnehmen.[675]

In der internationalen Schiedsgerichtsbarkeit ist der Fall, dass die Parteien die lex mercatoria als die auf den Vertrag anwendbare Rechtsordnung erklärt haben, anders zu beurteilen. Zwar umfassen die von der Schiedsgerichtspraxis und Lehre ausgearbeiteten Regeln der lex mercatoria in erster Linie allgemeine Rechtsgrundsätze wie Treu und Glauben. Dennoch wird sie in der Schiedspraxis zunehmend als eine ausgebildete Rechtsordnung angesehen, mit deren Hilfe auch Einzelfallentscheidungen getroffen werden können.[676] Die Praxis der Schiedsgerichte wird als eine der Hauptquellen der international einheitlichen „lex mercatoria" angesehen.[677] Aufgrund der Tatsache, dass Schiedsgerichte sowohl in Staatsverträgen, als auch in zahlreichen nationalen Rechtsordnungen zur Billigkeitsentscheidung befugt seien, sei Schiedsgerichten erst recht eine Entscheidung nach den Grundsätzen der lex mercatoria möglich.[678] Nach ganz überwiegender Auffassung soll dazu jedoch eine ausdrückliche oder stillschweigende Verweisung der Parteien auf die lex

---

[675] MünchKommBGB-Martiny, Art. 27 EGBGB, Rdnr. 32; Soergel-v.Hoffmann: Art. 27 EGBGB, Rdnr. 16.

[676] Martiny: Die Bestimmung des anwendbaren Sachrechts durch das Schiedsgericht, FS Schütze, S. 529 (537); Berger: Internationale Wirtschaftsschiedsgerichtsbarkeit, S. 385 – 387; ablehnend Lionnet: Handbuch der internationalen und nationalen Schiedsgerichtsbarkeit, S. 250 (252); Solomon: Das vom Schiedsgericht in der Sache anzuwendende Recht nach dem Entwurf eines Gesetzes zur Neuregelung des Schiedsverfahrensrechts, RIW 1997, S. 981 (982); Junker: Deutsche Schiedsgerichte und internationales Privatrecht, FS Sandrock, S. 443 (460); dazu auch Rensmann: Anationale Schiedssprüche, S. 100 ff.; a. A. Spickhoff: Internationales Handelsrecht vor Schiedsgerichten und staatlichen Gerichten, RabelsZ 56 (1992), S. 116 (134), der davon ausgeht, dass der lex mercatoria nur im Rahmen der Billigkeitsentscheidung Bedeutung zukommt; die ausdrückliche Anordnung der Parteien nach Billigkeit zu entscheiden, könne als Ermächtigung umgedeutet werden, insoweit nach Billigkeit zu entscheiden, als die Billigkeit durch feste Regeln der lex mercatoria konkretisiert werde; dagegen auch Gottwald: Die sachliche Kontrolle internationaler Schiedssprüche durch staatliche Gerichte, in: Beiträge zum Internationalen Verfahrensrecht und zur Schiedsgerichtsbarkeit, FS Nagel, S. 54 (64 f.); kritisch auch v. Breitenstein: Rechtsordnung und „Lex Mercatoria" – Zur vergeblichen Suche nach einem „anationalen" Recht für die internationale Arbitrage, FS Sandrock, S. 111 - 135.

[677] Kegel/Schurig: Internationales Privatrecht, S. 111; Schurig: Europäisches Zivilrecht: Vielfalt oder Einerlei?, FS Großfeld S. 1089 (1100).

[678] MünchKommBGB-Martiny, Art. 27 EGBGB, Rdnr. 33; Soergel-v. Hoffmann, Art. 27 EGBGB, Rdnr. 17; Canaris: Die Stellung der „UNIDROIT Principles" und der „Principles of European Contract Law" im System der Rechtsquellen, in Basedow: Europäische Vertragsrechtsvereinheitlichung und das deutsche Recht, S. 5 (20); Wichard: Die Anwendung der UNIDROIT-Prinzipien für internationale Handelsverträge durch Schiedsgerichte und staatliche Gerichte, RabelsZ 60 (1996), S. 269 (278).

mercatoria erforderlich sein. Fehle es daran, so könne man erwarten, dass das Schiedsgericht ein nationales Recht als Vertragsstatut ermittelt.[679]

Insbesondere in der älteren Literatur wurde insgesamt eine Anwendung der „lex mercatoria“ als eine ausgebildete Rechtsordnung abgelehnt.[680] Da es sie überhaupt nicht gebe, könne sie auch keinem Gericht als Entscheidungsgrundlage zur Verfügung stehen, gleichgültig ob es sich um ein staatliches Gericht oder ein privates Schiedsgericht handele. Etwas, das nicht existiere, könne man auch nicht dadurch schaffen, dass man ihm einen Namen gebe.[681]

Heute findet die sog. lex mercatoria ihre Konkretisierung immer mehr in Listen und elektronischen Datenbanken, wie etwa der „Transnational Law Database (TLDB)“[682] des Centers for Transnational Law (CENTRAL) in Köln.[683] Die bisher immer wieder als Crux empfundene fehlende Transparenz der Grundsätze der lex mercatoria soll nun mit den Mitteln der elektronischen Kommunikation überwunden werden. Studien zeigten, dass transnationales Recht in der internationalen Praxis angewandt werde.[684] So gaben in einer durch das CENTRAL durchgeführten Umfrage unter international tätigen Juristen etwa ein Drittel der Befragten an, aus ihrer Praxis Fälle zu kennen, in denen während der Verhandlung eines grenzüberschreitenden Vertrags oder in einer Rechtswahlklausel eines Vertrags Bezug auf transnationales Recht genommen wurde. Bei sogar ca. 42% lag der Anteil der Praktiker, die im Rahmen internationaler Schiedsverfahren mit der Anwendung transnationalen Rechts in Berührung gekommen waren.[685]

---

[679] MünchKommBGB-Martiny, Art. 27 EGBGB, Rdnr. 34; Soergel-v.Hoffmann, Art. 27 EGBGB, Rdnr. 17.

[680] v. Bar: Internationales Privatrecht, Bd. 1, Allgemeine Lehren, Rdnr. 105; so auch noch Lionnet: Handbuch der internationalen und nationalen Schiedsgerichtsbarkeit, S. 252, der die Lehre von der lex mercatoria als „intellectual fascination“ beschreibt; so auch Sandrock: Die Fortbildung des materiellen Rechts durch die Internationale Schiedsgerichtsbarkeit, in Böckstiegel: Rechtsfortbildung durch Internationale Schiedsgerichtsbarkeit, S. 21 (59).

[681] v. Bar: a.a.O., Rdnr. 105.

[682] http://web.archive.org/web/20030201163150/http://www.tldb.de/.

[683] weitere ähnliche, ausländische Listen nennt Berger: Lex mercatoria online, RIW 2002, S. 256 (258, Fn. 22).

[684] Berger: a.a.O., S. 256 (257); vgl. dazu Ergebnisse der CENTRAL-Umfrage in Berger/Dubberstein/ Lehmann/Petzold: Anwendung transnationalen Rechts in der internationalen Vertrags- und Schiedspraxis, Hintergrund, Methode und ausgewählte Ergebnisse einer Umfrage des Center for Transnational Law, ZVglRWiss 101 (2002), S. 12 (25 ff.).

[685] Berger/Dubberstein/Lehmann/Petzold: a.a.O., S. 12 (25 ff.).

Problematisch an der theoretischen Diskussion über die Regeln der lex mercatoria war aber bisher gerade immer, dass der Inhalt dieser Grundsätze nicht abschließend festgelegt werden konnte und letztlich unklar blieb, was genau sich hinter dem Begriff lex mercatoria verbirgt. Datenbanken, wie die von CENTRAL entwickelte „Transnational Law Database", sollen nun das fehlende Bindeglied zwischen der Theorie des transnationalen Rechts und der internationalen Rechtspraxis herstellen. Zum ersten Mal hätten Praktiker und Wissenschaftler so über das Internet Zugang zu einer solchen Online-Arbeitshilfe.[686] Das „www" eröffne die idealen Rahmenbedingungen für ein weltweites Archiv der lex mercatoria, während das Konzept einer offenen Liste von Prinzipien und Regeln, die niemals umfassend und abgeschlossen ist, dessen Charakter als „law in action" Rechnung trage.[687]

2.3.1.3.2. Die lex mercatoria als anwendbare Rechtsordnung i. S. d. § 1051 Abs. 1 ZPO

In der internationalen Schiedsgerichtsbarkeit wird die Wahl der lex mercatoria als in der Sache anwendbares Recht regelmäßig für zulässig erachtet. Wenigstens subsidiär soll eine entsprechende Rechtswahl der Parteien Bedeutung erlangen. Die Frage jedoch, ob die sog. lex mercatoria auch als anwendbare Rechtsordnung i. S. d. § 1051 Abs. 1 ZPO angesehen werden kann, ist bisher ungeklärt.

Der Wille des Gesetzgebers in diesem Punkt wird auch aus der Gesetzesbegründung zunächst nicht deutlich. Danach sollen die Parteien nicht auf die Wahl einer Gesamtrechtsordnung beschränkt sein. Sie könnten vielmehr auch Rechtsvorschriften aus verschiedenen nationalen Rechten oder auch solche, die auf internationaler Ebene erarbeitet worden sind, wählen.[688] Was unter dem Begriff der Rechtsvorschriften, die auf internationaler Ebene erarbeitet worden sind, zu verstehen ist, bleibt zunächst offen.

Im Bericht der Kommission zur Neuordnung des Schiedsverfahrensrechts aus dem Jahr 1994 wurde der Wortlaut des § 1051 Abs. 1 ZPO mit den Vorgaben des UNCITRAL-

---

[686] Berger: Lex Mercatoria online, RIW 2002, S. 256 (257).

[687] Berger: a.a.O., S. 256 (261).

[688] Begründung zum Entwurf eines Gesetzes zur Neuregelung des Schiedsverfahrensrechts (Schiedsverfahrens-Neuregelungsgesetz – SchiedsVfG), BT-Drs. 13 / 5274, S. 52.

Modellgesetz begründet. Zudem sollte eine solche Regelung dem Trend neuerer nationaler Gesetze, wie etwa Art. 1054 Abs. 1 der niederländischen ZPO oder des französischen Art. 1496 c. pr. c., entsprechen.[689]

Nach herrschender Auffassung in der Literatur wird die Anwendbarkeit transnationalen Rechts, der sog. lex mercatoria, als anwendbares Recht i. S. d. § 1051 Abs. 1 ZPO zunächst grundsätzlich befürwortet.[690] Es wird jedoch auch hier differenziert. Zwar könne man die lex mercatoria nicht unter den Begriff der „Rechtsvorschriften" subsumieren, sie könnte jedoch in Analogie zu Art. 27 Abs. 3 EGBGB als sog. materiellrechtliche Verweisung anerkannt werden, deren Geltung nur insoweit in Frage komme, als sie mit den zwingenden Vorschriften der allgemeinen lex contractus vereinbar seien.[691] Da das UN-Kaufrecht deutsches Recht für internationale Verträge sei, habe der Gesetzgeber mit der Formulierung „Vorschriften, die auf internationaler Ebene erarbeitet worden sind", offensichtlich an die „UNIDROIT Principles for International Commercial Contracts" sowie an die „Principles of European Contract Law" und ähnliche „Restatements", „Guides", etc. gedacht. Die wenig konkretisierte lex mercatoria dürfe man mit diesen Regelwerken jedoch nicht auf eine Stufe stellen.[692] Begründet wird diese herrschende Auffassung ferner damit, dass der deutsche Gesetzgeber - abgesehen von einer unwesentlichen Ausnahme - den Wortlaut des Vorbildes von § 1051 ZPO, nämlich Art. 28 Abs. 1 UMG, übernommen habe. Diese Bestimmung werde jedoch in internationalem Gleichklang dahingehend ausgelegt, dass die Parteien nicht daran gebunden sein sollten, ihren Vertrag irgendeinem innerstaatlichen Recht zu unterwerfen. Sie sollten vielmehr statt dessen nach dieser Bestimmung die Befugnis haben, Regelungen außerhalb jeglichen innerstaatlichen Rechts zum Inhalt ihres Vertrages werden zu lassen. Dazu gehörten die internationalen Überein-

---

[689] Bericht der Kommission zur Neuordnung des Schiedsverfahrensrechts mit einem Diskussionsentwurf zur Neuregelung des zehnten Buches der ZPO und Begründung zu einzelnen Vorschriften, Februar 1994, S. 168.

[690] Junker: Neuere Entwicklungen im internationalen Privatrecht, RIW 1998, S. 741 (745) m. w. N.; derselbe in: Deutsche Schiedsgerichte und Internationales Privatrecht, FS Sandrock, S. 443 (461); Berger: Das neue deutsche Schiedsverfahrensrecht, DZWir 1998, S. 45 (52); Sandrock: Objektive Anknüpfung von Verträgen nach § 1051 Abs. 2 ZPO, RIW 2000, S. 321 (322) m. w. N.; Martiny: Die Bestimmung des anwendbaren Sachrechts durch das Schiedsgericht, FS Schütze, S. 529 (536 f.); Albers in Baumbach/Lauterbach/Albers/Hartmann: ZPO, § 1051 ZPO, Rdnr. 4.

[691] Sandrock: Die objektive Anknüpfung von Verträgen nach § 1051 Abs. 2 ZPO, RIW 2000, S. 321 (322); derselbe in: Die objektive Anknüpfung von Verträgen nach § 1051 Abs. 2 ZPO in der Fassung des SchiedsVFG von 1997, in FS Sturm, S. 1645 – 1671 (1649).

[692] Kronke: Internationale Schiedsverfahren nach der Reform, RIW 1998, S. 257 (262); so auch Canaris: Die Stellung der „UNIDROIT Principles" und der „Principles of European Contract Law" im System der Rechtsquellen, in Basedow: Europäische Vertragsrechtsvereinheitlichung und das deutsche Recht, S. 5 (20).

kommen der „general principles of law" sowie die sog. lex mercatoria.[693] Da diese „Principles" jedoch Lücken aufwiesen, müsse die Wahl eines staatlichen Rechts hinzukommen, um diese durch ein geschlossenes staatliches Rechtssystem zu schließen.[694]

Nach der herrschenden Auffassung kann also die lex mercatoria allein nicht als anwendbares Recht gewählt werden. Es bedarf daneben immer der Wahl bzw. der Ermittlung einer allgemeinen lex contractus, die durch die Regeln der lex mercatoria nur ergänzt werden kann, soweit diese nicht den allgemein gewählten bzw. ermittelten Rechtsvorschriften entgegenstehen.

Nach weitergehender Auffassung soll aufgrund der Zulässigkeit der Billigkeitsentscheidung nach § 1051 Abs. 3 ZPO auch die Vereinbarung der lex mercatoria als alleinige anwendbare Rechtsordnung möglich sein. Zwar zielte die Vorschrift des § 1051 Abs. 1 ZPO primär auf Normenwerke wie die der „UNIDROIT-Principles of International Commercial Contracts" oder der „Lando Principles of European Contract law", da sich jedoch insbesondere die UNIDROIT-Prinzipien nach Absatz 2 ihrer Präambel zwar nicht unmittelbar als lex mercatoria, aber doch als mögliche Interpretation derselben verstünden, wäre es wenig überzeugend, eine unmittelbare Vereinbarung der lex mercatoria gleichwohl für nicht möglich zu halten.[695] „A maiore ad minus" müsse man im Hinblick auf die Zulässigkeit der Billigkeitsentscheidung von der Geltung einer nichtstaatlichen Rechtsordnung, wie der lex mercatoria, ausgehen.[696]

Teilweise wird die Wahl der lex mercatoria als anwendbares Recht aber auch für unzulässig gehalten. Die „Working Group" sei sich schließlich bei der Entwicklung des UNCITRAL-Modellgesetzes einig gewesen, dass die lex mercatoria nicht unter den Begriff „rules of law" subsumiert werden dürfe.[697] Da das deutsche Schiedsrecht und damit auch § 1051 Abs. 1 ZPO in Anlehnung an das UNCITRAL-Modellgesetz entstanden ist, schei-

---

[693] Sandrock: Die objektive Anknüpfung von Verträgen nach § 1051 Abs. 2 ZPO, RIW 2000, S. 321 (322).

[694] Siehr: Internationales Privatrecht, S. 559.

[695] Pfeiffer: Die Entwicklung des Internationalen Vertrags-, Schuld- und Sachenrechts 1997 – 1999, NJW 1999, S. 3674 (3678); so auch Nagel/Gottwald: Internationales Zivilprozessrecht, § 16, Rdnr. 42, S. 610 f.

[696] Pfeiffer: a.a.O., S. 3674 (3678), m. w. N.

[697] Hußlein-Stich: Das UNCITRAL-Modellgesetz über die internationale Handelsschiedsgerichtsbarkeit, S. 143; UN-Doc. A/CN.9/245, para. 94.

det nach dieser Auffassung die Wahl der lex mercatoria als in der Sache anwendbares Recht grundsätzlich aus.

Harsche Kritik aus der Literatur erfährt die Regelung des § 1051 ZPO insgesamt. Einerseits wirke der Versuch des Gesetzgebers durch die Neuregelung des § 1051 ZPO den Schiedsgerichten zu sagen, wie sie das anzuwendende Recht kollisionsrechtlich bestimmen sollten, deplatziert, da die Parteien wirksam andere Weisungen erteilen könnten und der Staat sich um die Einhaltung dieser Regeln ohnehin nicht zu kümmern beabsichtige.[698] Schiedsgerichte schöpften ihre Legitimation vielmehr allein aus dem Parteiwillen. Hinsichtlich der anzuwendenden Normen unterlägen sie nur der Weisungsbefugnis der Parteien. Bei der Entscheidung der Schiedsgerichte ziehe sich der Staat in Wahrheit aus der Rechtsfindung ganz zurück und überließe den Parteien das Feld; aus seiner Sicht entstehe vielmehr ein rechtsfreier Raum.[699] Andererseits könne man jedoch auch nicht davon ausgehen, dass durch Schiedsgerichte ein neues „internationales" oder „transnationales" Recht geschaffen werde.[700] Es werde zwar möglicherweise von den Schiedsgerichten eine gleichmäßige Anwendung von entwickelten Regeln gewährleistet, diese würden jedoch nicht das staatliche Recht durchdringen.[701]

Konsequenz dieser Auffassung ist, legt man zugrunde, dass die internationale Schiedsgerichtsbarkeit nicht fähig ist „internationales" oder „transnationales" Recht zu schaffen, dass ein solches auch nicht eine anwendbare Rechtsordnung i. S. d. § 1051 Abs. 1 ZPO sein kann.

Diese Argumentationslinie ist jedoch wenig überzeugend. Ihr Ausgangspunkt ist bereits unzutreffend. Richtig ist, dass Schiedsgerichte auf der einen Seite ihre Legitimation aus dem Auftrag der Parteien schöpfen. Nicht vergessen werden darf jedoch, dass gerade der Staat eine solche Entscheidung durch Schiedsgerichte für zulässig und vollstreckbar erklärt hat. Auch hat er sich im Rahmen der Zwangsvollstreckung von Schiedssprüchen nicht aus der Kontrolle derselben zurückgezogen. Es war auch nicht die Absicht des Ge-

[698] Schurig: Europäisches Zivilrecht: Vielfalt oder Einerlei?, FS Großfeld, S. 1089 (1101).

[699] ebd.

[700] ebd.

[701] Schurig: a.a.O., S. 1089 (1102).

setzgebers einen rechtsfreien Raum zu schaffen, noch ist dies tatsächlich geschehen. So behält schließlich der Staat den staatlichen Gerichten die abschließende Entscheidung über die Zuständigkeit der Schiedsgerichte vor (§ 1040 Abs. 3 S. 2 ZPO).[702] Andererseits steht den staatlichen Gerichten die ordre-public-Kontrolle von ausländischen Schiedssprüchen gem. § 1061 i. V. m. Art. V Abs. 2 b) UNÜ bzw. gem. § 1059 Abs. 2 Ziff. 2b) ZPO von inländischen Schiedssprüchen zu. Dies sind neben vielen weiteren nur zwei Beispiele, die verdeutlichen, dass der Staat sich gerade nicht völlig aus den nationalen bzw. internationalen Schiedsverfahren zurückgezogen hat.

Um die Frage der Zulässigkeit der Vereinbarung der lex mercatoria als anwendbare Rechtsordnung i. S. d. § 1051 Abs. 1 ZPO zu beantworten, gilt es sich die genannten Erwägungsgründe der Reformkommission nochmals vor Augen zu führen.

In Anbetracht der Anlehnung des Wortlautes von § 1051 Abs. 1 ZPO an Art. 28 UNCITRAL-Modellgesetz erscheint die Annahme der Zulässigkeit der Vereinbarung der „lex mercatoria" als anwendbare Rechtsordnung auf den ersten Blick nicht abwegig. Nach beiden Regelungen können die Parteien die auf den Rechtsstreit anwendbaren „Rechtsvorschriften" frei wählen. Bei genauerer Betrachtung wird jedoch recht bald deutlich, dass die Erklärung der Parteien, der entstandene Rechtsstreit solle nur nach den Grundsätzen der lex mercatoria entschieden werden, keine Rechtswahl i. S. d. § 1051 Abs. 1 ZPO darstellt, sondern vielmehr die Ermächtigung des Schiedsgerichts zur Entscheidung nach Billigkeit i. S. d. § 1051 Abs. 3 ZPO.[703] Die Schöpfer des UNCITRAL-Modellgesetzes waren sich letztlich einig, dass die Grundsätze der lex mercatoria nicht unter den Begriff der „Rechtsvorschriften" oder „rules of law" i. S. d. Art. 28 Abs. 1, S. 1 UMG subsumiert werden können.[704] Sie haben sich explizit gegen die Anwendung der lex mercatoria als von den Parteien wählbare Rechtsvorschriften ausgesprochen. Die Reformkommission des deutschen Schiedsrechts hat in der Begründung zu ihrem Gesetzentwurf im Zusammenhang mit der nun geltenden Regelung des § 1051 Abs. 1 ZPO nochmals deutlich darauf hingewiesen, dass die zukünftige deutsche Regelung der Frage, welches Recht die Parteien eines Schiedsverfahrens als in der Sa-

[702] Begründung der Bundesregierung zum Entwurf eines Gesetzes zur Neuregelung des Schiedsverfahrensrechts (Schiedsverfahrens-Neuregelungsgesetz, SchiedsVfG), BT-Drs. 13/5274, S. 26.

[703] So auch Lionnet: Handbuch der internationalen und nationalen Schiedsgerichtsbarkeit, S. 252.

[704] UN-Doc. A/CN/.9/245, para. 94.

che anwendbar erklären können, dem Art. 28 Abs. 1 S. 1 UMG entspricht.[705] Fußt das deutsche Recht jedoch auf den Regeln des UNCITRAL-Modellgesetzes, sind die deutschen Vorschriften auch anhand der Regelungen des Modellgesetzes auszulegen. Knüpft man für die Auslegung des § 1051 Abs. 1 ZPO an den Willen der Schöpfer des UNCITRAL-Modellgesetzes an, die eine Rechtswahl der lex mercatoria für unzulässig halten, muss für die Auslegung der deutschen Regelungen Gleiches gelten.

Dem entspricht auch die Begründung der Bundesregierung. Sie ging seinerzeit davon aus, dass solche Rechtsvorschriften für anwendbar erklärt werden können, die „auf internationaler Ebene erarbeitet worden sind".[706] Offensichtlich ist die Bundesregierung also hier einmütig mit der Kommission, die das Gesetz zwei Jahre zuvor entworfen hatte, ganz selbstverständlich davon ausgegangen, dass eine Anwendung der lex mercatoria in Anlehnung an das UNCITRAL-Modellgesetz ausgeschlossen ist. Denn spricht man von „Vorschriften", bedarf es unter Berücksichtigung dieser Wortwahl grundsätzlich auch einer schriftlichen Fixierung dieser Rechtsregeln. Allein die Fixierung in Urteilen von einzelnen Schiedsgerichten als sog. *case law* kann nach deutschem Rechtsverständnis dafür nicht ausreichen. Vielmehr erfordert der Begriff eine über eine gewisse Zeit andauernde Übung, die nach einigen Jahren, wenn nicht gar Jahrzehnten, zu einer übereinstimmenden schriftlichen Niederlegung solcher Prinzipien und Handelsbräuche führt.

Betrachtet man etwa die Entstehung der Regelungen der INCOTERMS, so stellt man fest, dass diese bereits auf eine lange Entwicklungsgeschichte zurückblicken können. Sie wurden mittels zweier Untersuchungen aus den Jahren 1923 und 1928 über die Auslegung von handelsüblichen Klauseln in verschiedenen Ländern entwickelt und erstmals im Jahr 1936 von der Internationalen Handelskammer mit Hauptsitz in Paris (ICC) veröffentlicht.[707] Seit dieser ersten Veröffentlichung erfolgten Revisionen in den Jahren 1953, 1967, 1976, 1980 und 1990 und 2000, die immer wieder die technischen Weiterentwicklungen in der Transporttechnik und die daraus resultierenden Änderungen in der Praxis berücksichtig-

---

[705] Bericht der Kommission zur Neuordnung des Schiedsverfahrensrechts mit einem Diskussionsentwurf zur Neuregelung des zehnten Buches der ZPO und Begründung zu einzelnen Vorschriften, Februar 1994, S. 168.

[706] Begründung der Bundesregierung zum Entwurf eines Gesetzes zur Neuregelung des Schiedsverfahrensrechts (Schiedsverfahrens-Neuregelungsgesetz, SchiedsVfG), BT-Drs. 13/5274, S. 52.

[707] Bredow/Seiffert: Incoterms 1990, S. Rdnr. 3.

ten.[708] Die INCOTERMS enthalten insbesondere die in der Praxis gehandhabte Pflichtenaufteilung und deren Definition in internationalen Kaufverträgen.[709] Über mehr als sechs Jahrzehnte beobachtet damit die ICC die Entwicklung dieser Bräuche im internationalen Handel und hat sich bei Entwicklung und Revision der INCOTERMS an der weltweiten Praxis orientiert. Durch schriftliche Niederlegung und aufgrund offizieller Empfehlung der UNCITRAL zur Anwendung in Kaufverträgen im Jahr 1992,[710] kann man im Handelsverkehr von einer weltweiten Bekanntheit dieser Regeln ausgehen. Im Falle einer Erklärung der Anwendbarkeit dieser Regeln kann die Gefahr einer etwaigen, für eine Partei möglicherweise nachteiligen, Rechtsunsicherheit nahezu ausgeschlossen werden.

Eine entsprechende Manifestierung solcher Regelwerke, „die auf internationaler Ebene erarbeitet worden sind“, wird man bereits im Hinblick auf den Gesichtspunkt der Vermeidung von Rechtsunsicherheit unter den Parteien verlangen dürfen. Zusätzlich bedarf es dann aber auch immer noch der schriftlichen Niederlegung, wie dies etwa bei den UNIDROIT-Principles of International Commercial Contracts oder den sog. „Lando Principles of European Contract Law" der Fall ist.[711] Das Schlagwort der lex mercatoria vermittelt jedoch kaum eine entsprechende Rechtssicherheit.[712]

Dem kann die Regelung des § 1051 Abs. 3 ZPO entgegengehalten werden, wonach ein Schiedsgericht zur Entscheidung nach Billigkeit ermächtigt werden kann. Denn wenn die Parteien das Schiedsgericht zur Entscheidung nach Billigkeit ermächtigen können, muss es erst recht möglich sein, das Schiedsgericht zur Entscheidung nach den Grundsätzen der lex mercatoria zu verpflichten. Dieses „argumentum a maiore ad minus“ ist in sich schlüssig. Es fragt sich jedoch, wie eine solche „Rechtswahl“ der Parteien in die Systematik der deutschen Regelung des § 1051 ZPO einzuordnen ist. Dazu bedarf es einer näheren Untersuchung des Begriffs der Billigkeit bzw. des Begriffs der Entscheidung „ex aequo et bono“ bzw. des „amiable compositeur“.

---

[708] Bredow/Seiffert: Incoterms 1990, S. Rdnr. 3.

[709] Bredow/Seiffert: a.a.O., S. Rdnr. 4.

[710] ebd.

[711] so auch Sandrock: Neue Lehren zur internationalen Schiedsgerichtsbarkeit und das klassische Interntationale Privat- und Prozessrecht, FS Stoll, S. 661 (677).

[712] Lionnet: Handbuch der internationalen und nationalen Schiedsgerichtsbarkeit, S. 252.

Bereits im Rahmen des UNCITRAL-Modellgesetzes für die internationale Handelsschiedsgerichtsbarkeit wurde die Bedeutung dieser Begriffe heftig diskutiert. Die Begriffe der Entscheidung „ex aequo et bono" und der des „amiable compositeur" werden im UNCITRAL-Modellgesetz synonym gebraucht.[713] Ihre Bedeutung liegt in der Befreiung der Schiedsrichter von der Bindung an nationales Recht. Den Schiedsrichtern wird ein gewisses Maß an Flexibilität eingeräumt und es werden so Entscheidungen ermöglicht, die ohne Berücksichtigung staatlichen Rechts zu einer gewissen Einzelfallgerechtigkeit führen sollen.[714] Jedoch ist im Rahmen des UNCITRAL-Modellgesetzes anerkannt, dass, für den Fall, dass die Parteien das Schiedsgericht zur Entscheidung nach Billigkeit ermächtigt haben, die Schiedsrichter auch nach den Grundsätzen der lex mercatoria entscheiden können.[715] Die „amiable composition" impliziere regelmäßig die Entscheidung nach der „lex mercatoria".[716] Wird also unter der Ermächtigung zur Entscheidung nach Billigkeit eine Ermächtigung zur Entscheidung nach den Grundsätzen der lex mercatoria erkannt, muss dies im Umkehrschluss natürlich ebenso gelten, d. h. dass in der Wahl der lex mercatoria als in der Sache anwendbaren „Rechts" die Ermächtigung zur Billigkeitsentscheidung unter Berücksichtigung der Grundsätze der lex mercatoria zu erkennen ist.

Das deutsche Recht hat in § 1051 Abs. 3 und 4 ZPO die Regelung des Art. 28 Abs. 3 und 4 des UNCITRAL-Modellgesetzes übernommen.[717] Damit ist es auch im Sinne des Modellgesetzes auszulegen. Der deutsche Gesetzgeber hat an die Anwendung der Grundsätze der lex mercatoria also nur im Rahmen der Ermächtigung der Schiedsrichter zur Entscheidung nach Billigkeit gedacht.

So verstanden, greift dann auch das erwähnte *argumentum a maiore ad minus* wieder. Wenn die Parteien das Schiedsgericht zur Entscheidung nach Billigkeit ermächtigen können, können sie erst Recht eine Entscheidung nach den Grundsätzen der lex mercatoria begehren. Sie ermächtigen das Schiedsgericht durch die Rechtswahl der lex mercatoria konkludent zur Billigkeitsentscheidung unter Berücksichtigung der Grundsätze der lex

---

[713] Hußlein-Stich: Das UNCITRAL-Modellgesetz über die internationale Handelsschiedsgerichtsbarkeit, S. 148.

[714] ebd.

[715] Hußlein-Stich: a.a.O., S. 152 m. w. N.

[716] ebd.

[717] Begründung der Bundesregierung zum Entwurf eines Gesetzes zur Neuregelung des Schiedsverfahrensrechts (Schiedsverfahrens-Neuregelungsgesetz, SchiedsVfG), BT-Drs. 13/5274, S. 53.

mercatoria. Grundlage der schiedsrichterlichen Abwägungsentscheidung sollen dann die Regeln der lex mercatoria sein. Legt das Schiedsgericht im Einzelfall andere Erwägungsgründe der Entscheidung zugrunde, führt dies indes nicht zur Möglichkeit der Aufhebung des Schiedsspruchs, wenn nicht die Entscheidung ein Verstoß gegen den ordre-public darstellt. Es erscheint jedoch kaum vorstellbar, dass die Grundsätze der lex mercatoria, die letztlich nichts anderes sind als Erfahrungen aus Billigkeitsentscheidungen bzw. -erwägungen, die unter besonderer Berücksichtigung von Treu und Glauben entstanden sind, gegen den ordre public verstoßen.

Andererseits gibt es tatsächlich den von der Kommission zur Neuregelung des Schiedsverfahrens beschriebenen Trend in anderen nationalen Rechtsordnungen hin zur Zulässigkeit der Rechtswahl der lex mercatoria. Das französische Recht hat in § 1496 c. pr. c. bestimmt, dass der Schiedsrichter die Streitigkeit entsprechend den Rechtsvorschriften, welche die Parteien gewählt haben, entscheidet. Diese Regelung wird jedoch in Frankreich so verstanden, dass das anwendbare Recht, das zu bestimmen ist, auch „anationales" Recht des internationalen Wirtschaftsverkehrs, also die „lex mercatoria" sein kann.[718] Eine entsprechende Regelung findet sich in Art. 1056 c. p. c im niederländischen Recht.[719] Diese Regelungen sind zwar Vorgänger des UNCITRAL-Modellgesetzes, deren Trend das Modellgesetz zwar folgen wollte, aber wie bereits gesehen, hat man sich in bei der Entwicklung des Modellgesetzes jedoch gegen eine Subsumtion der lex mercatoria unter den Begriff der „rules of law" als anwendbare Rechtsordnung im Sinne des Art. 28 Abs. 1 S. 1 UNCTRAL-Modellgesetz ausgesprochen.[720]

Im Falle der Anwendbarkeit von § 1051 ZPO ist die Wahl der Parteien, eine zwischen ihnen bestehende bzw. zukünftig entstehende Streitigkeit durch ein Schiedsgericht nach den Grundsätzen der lex mercatoria entscheiden zu lassen, also als eine Ermächtigung zur Entscheidung nach Billigkeit i. S. d. § 1051 Abs. 3 ZPO anzusehen. Entscheidungsgrundlage des Schiedsgerichts ist in diesem Fall die lex mercatoria. Im Einzelfall kann jedoch von den Grundsätzen der lex mercatoria abgewichen werden, solange darin noch kein ordre-public-Verstoß liegt.

---

718 Lionnet: Handbuch der internationalen und nationalen Schiedsgerichtsbarkeit, S. 255, m. w. N.

719 zum englischen Wortlaut des niederländischen Gesetzestextes siehe bei Hußlein-Stich: Das UNCITRAL-Modellgesetz über die internationale Handelsschiedsgerichtsbarkeit, S. 142, Fn. 705.

720 UN-Doc. A/CN.9/245, para. 94; Hußlein-Stich: a.a.O., S. 143 m. w. N.

Ende der 90er Jahre wurde in der Literatur die Existenz einer sog. „lex informatica" oder auch eines „Cyberlaw" für den Internet-Bereich diskutiert.[721] Nach Ansicht insbesondere US-amerikanischer Autoren sollte es unangemessen sein, im globalen Cyberspace Rechtsverhältnisse nach nationalem Recht zu beurteilen. Statt dessen müsse ein transnationales „Cyberlaw" zur Anwendung gelangen, das aus den speziellen Bräuchen und Verkehrssitten des Internet sowie aus allgemein anerkannten Rechtsgrundsätzen bestehe.[722] Die Entwicklung der letzten Jahre hat jedoch gezeigt, dass sich die anfängliche Euphorie um eine neue „lex informatica" bzw. um ein spezielles „Cyberlaw" als unbegründet herausgestellt hat. In der aktuellen Literatur wird dies nicht mehr ansatzweise diskutiert. Die zahlreichen gesetzlichen Regelungen aufgrund der Besonderheiten des elektronischen Geschäftsverkehrs, die in den letzten Jahren allein in Deutschland und Europa Eingang in das nationale Recht gefunden haben, machen deutlich, dass es sich bei dem Geschäftsverkehr im Internet nicht um einen besonderen Rechtsraum oder gar um einen rechtsfreien Raum handelt. Vielmehr wird das Internet mit seinen in der Rückschau nicht allzu großen Besonderheiten in das bestehende Rechtssystem integriert. Gleiches gilt damit auch für die Integration des Internet in anationale Rechtsregeln. Neue anationale Rechtsregeln für den Bereich des elektronischen Geschäftsverkehrs wurden nicht geschaffen. Vielmehr sind die bereits bekannten Grundsätze und Bräuche des Handelsverkehrs auch auf elektronisch geschlossene Verträge zu übertragen. Von einem besonderen „Cyberlaw" zu sprechen ist heute bereits überholt.

2.3.2. Die Bedeutung des EVÜ im Falle des Fehlens der Rechtswahl

Im Falle des Fehlens einer Rechtswahl der Parteien hat ein Schiedsgericht nach § 1051 Abs. 2 ZPO das Recht des Staates anzuwenden, mit dem der Gegenstand des Verfahrens die engsten Verbindungen aufweist.

Haben die Parteien eine Rechtswahl nicht getroffen, stellt sich die Frage, ob es nach § 1051 Abs. 2 ZPO einem Schiedsgericht freisteht, das auf vorliegendes Vertragsverhältnis anwendbare Sachrecht „par voie directe" zu bestimmen, ohne dass eine kollisionsrechtliche Regel Anwendung finden muss. Nach herrschender Auffassung kommt jedoch

---

[721] so beispielsweise vertreten bei Ginsburg: Die Rolle des nationalen Urheberrechts im Zeitalter der nationalen Urheberrechtsnormen, in GRUR 2000, S. 97 (102), m. w. N.

[722] v. Hinden: Persönlichkeitsverletzungen im Internet, S. 259.

die Zulässigkeit einer solchen „Direktbestimmung" nicht in Betracht, da § 1051 Abs. 2 ZPO die Anwendung des gleichen Kollisionsrechtssatzes anordnet, wie Art. 4 Abs. 1 S. 1 EVÜ.[723] § 1051 Abs. 2 ZPO ist dabei selbst schon eine Kollisionsnorm, die einem Schiedsgericht eine solche Möglichkeit verwehrt.[724] Nach herrschender Auffassung verweist § 1051 Abs. 2 ZPO auch nicht auf nationales Kollisionsrecht, sondern ausschließlich auf das Sachrecht eines Staates.[725]

Ob bzw. inwieweit ein Schiedsgericht bei der Ermittlung des anwendbaren Rechts nach § 1051 Abs. 2 ZPO an die Vorgaben des EVÜ und damit an Art. 28 EGBGB gebunden ist, ist umstritten. Ein großer Teil der Literatur lehnt eine Bindung der Schiedsgerichte an die Vermutungsregeln des Art. 28 EGBGB ab und will diese Vorschrift allenfalls im Rahmen einer freiwilligen Ermessensentscheidung der Schiedsgerichte angewandt wissen. Es gibt jedoch auch eine nicht zu vernachlässigende Zahl an Stimmen in der Literatur, welche die Vorschriften des EGBGB auch für die Schiedsgerichtsbarkeit für zwingend erachten. Zudem stellt sich dann im elektronischen Geschäftsverkehr die Frage, wie die Regelungen des Art. 28 Abs. 2 – 4 EGBGB auszulegen sind.

2.3.2.1. Zwingende Anwendbarkeit von Art. 28 EGBGB

Im Falle der fehlenden Rechtswahl soll nach der Begründung der Bundesregierung zum Gesetzentwurf über die Neuregelung des Schiedsverfahrensrechts vom 12.07.1996 zur Auslegung des unbestimmten Rechtsbegriffs der „engsten Verbindungen" in § 1051 ZPO auf die übrigen Absätze des Art. 28 EGBGB zurückzugreifen sein.[726] Dies folgt nach dieser Auffassung aus der bereits erörterten Bindung der Bundesrepublik Deutschland an das EG-Schuldvertragsübereinkommen. Da es sich bei den Vermutungen der Absätze 2 - 4 des Art. 28 EGBGB jedoch ausnahmslos um widerlegbare Vermutungen handele, soll es dem Schiedsrichter auch in Anwendung dieser Bestimmungen des EGBGB nicht verwehrt

---

[723] Sandrock: Die objektive Anknüpfung von Verträgen nach § 1051 Abs. 2 der deutschen ZPO in der Fassung des SchiedsVfG von 1997, FS Sturm, S. 1645 (1652), m. w. N.; Begründung der Bundesregierung zum Entwurf eines Gesetzes zur Neuregelung des Schiedsverfahrensrechts, BT-Drs. 13/5274, S. 52, die im Gegensatz dazu auf die Zulässigkeit des „voie directe"-Verfahrens in Frankreich und den Niederlanden hinweist, dies für das deutsche Recht jedoch ablehnt.

[724] Schwab/Walter: Schiedsgerichtsbarkeit - Kommentar, S. 540.

[725] Zöller/Geimer: ZPO, § 1051, Rdnr. 5; Musielak/Voit, ZPO, § 1051, Rndr. 7; Schwab/Walter: a.a.O., S. 539 (540); Begründung der Bundesregierung zum Entwurf eines Gesetzes zur Neuregelung des Schiedsverfahrensrechts, BT-Drs. 13/5274, S. 53.

[689] Begründung der Bundesregierung zum Entwurf eines Gesetzes zur Neuregelung des Schiedsverfahrensrechts, BT-Drs. 13/5274, S. 53.

sein, das Sachrecht eines anderen Staates anzuwenden, wenn im konkreten Fall andere Anknüpfungspunkte ein deutlich stärkeres Gewicht haben.[727]

In der Begründung des ersten Entwurfs der zuständigen Reformkommission wurde der Wortlaut von § 1051 Abs. 2 ZPO noch auf andere Erwägungsgründe zurückgeführt. In der Formulierung, es sei das Recht anzuwenden, mit dem der Rechtsstreit die „engsten Verbindungen" aufweist, werde zwar von dem Wortlaut des Art. 28 Abs. 2 UMG abgewichen, der verlange, dass das Schiedsgericht das Recht anwende, welches das von ihm für anwendbar erachtete Kollisionsrecht bestimme. Darin soll jedoch keine sachliche Abweichung von den Vorgaben des UMG zu sehen sein, sondern vielmehr lediglich eine Konkretisierung des dort normierten schiedsrichterlichen Ermessens.[728] Dieses Ermessen bedeute nicht, dass die Schiedsrichter in der Wahl des Kollisionsrechts völlig frei seien und hierüber zur Anwendung eines materiellen Rechts kommen könnten, das mit dem Gegenstand keinerlei oder deutlich geringere Verbindung aufweist als ein anderes Sachrecht. Die Ausübung dieses schiedsrichterlichen Ermessens müsse vielmehr im Ergebnis zu einem Sachrecht führen, das mit dem Gegenstand des Verfahrens die engsten Verbindungen aufweist.[729] Lediglich zur Auslegung des unbestimmten Rechtsbegriffs der „engsten Verbindungen" soll naheliegenderweise auf die Absätze 2 ff. des Art. 28 EGBGB zurückzugreifen sein.[730] Das Schiedsgericht könne jedoch ggf. ebenfalls das Sachrecht eines anderen Staates anwenden, wenn im konkreten Fall andere Anknüpfungspunkte ein deutlich stärkeres Gewicht hätten, denn bei den Vermutungen des Art. 28 EGBGB handele es sich um widerlegbare Vermutungen.[731] Eine Bindung des deutschen Schiedsrechts an die Vorgaben des EVÜ lehnte bereits die Reformkommission ab.

---

[727] Begründung der Bundesregierung zum Entwurf eines Gesetzes zur Neuregelung des Schiedsverfahrensrechts, BT-Drs. 13/5274, S. 53.

[728] Bericht der Kommission zur Neuordnung des Schiedsverfahrensrechts mit einem Diskussionsentwurf zur Neuregelung des zehnten Buches der ZPO und Begründung zu einzelnen Vorschriften, Februar 1994, S. 169.

[729] ebd.

[730] ebd.

[731] Bericht der Kommission zur Neuordnung des Schiedsverfahrensrechts mit einem Diskussionsentwurf zur Neuregelung des zehnten Buches der ZPO und Begründung zu einzelnen Vorschriften, Februar 1994, S. 170.

Diese Stellungnahmen des Gesetzgebers und der Reformkommission sind auf große Kritik in der Literatur gestoßen. Sie ließen Schiedsrichter im Unklaren darüber, ob nun für sie der reine Grundsatz der „engsten Verbindung" oder auch die Regelungen der Art. 27 ff. EGBGB gelten sollten.[732] Es sei jedoch müßig nach dem idealisierten Willen des Gesetzgebers zu forschen, vielmehr falle das IPR der Schiedsgerichte grundsätzlich aus dem Rahmen des EVÜ, so dass § 1051 Abs. 2 ZPO ausschließlich nach seinem Wortlaut auszulegen sei, welcher der zur Kenntnisnahme des internationalen Schiedsrichters bestimmte Text sei. Der Wortlaut des § 1051 Abs. 2 ZPO beschränke sich lediglich auf die engste Verbindung und nehme gerade keine Verweisung auf Art. 28 EGBGB vor. Durch den Wortlaut des § 1051 Abs. 2 ZPO werde vielmehr eine unmittelbare Anwendung der ordentlichen Kollisionsnormen des EGBGB gerade ausgeschlossen, die staatlichen Kollisionsnormen seien also nicht zwingender Natur.[733] Eine Anwendung der staatlichen Kollisionsnormen sei auch inhaltlich nicht geboten. Das Schiedsgericht könne sich zwar an den Maßstäben dieser Vorschrift orientieren, sei aber nicht in jedem Fall an ihre Vermutungen gebunden.[734] Damit sei Art. 27 ff. EGBGB bei der Ermittlung des anwendbaren Sachrechts nicht zu berücksichtigen.[735] Das Kollisionsrecht für Schiedsgerichte sei von demjenigen für staatliche Gerichte getrennt zu behandeln.[736]

Hingegen wird mit der amtlichen Gesetzesbegründung auch in Teilen der Literatur argumentiert, dass § 1051 Abs. 2 ZPO inhaltlich den Art. 28 Abs. 1 S. 1 EGBGB wiederhole und damit auf die Absätze 2 - 4 zur Auslegung des unbestimmten Rechtsbegriffs der „engsten Verbindung" zurückgegriffen werden müsse, falls nicht der Gesamtvertrag ergebe, dass der Hauptvertrag engere Verbindungen zu einem anderen Staat aufweise.[737] Es müssten wohl auch die Vermutungen des Art. 28 II - IV EGBGB in § 1051 Abs. 2 ZPO

---

[732] Moller: Schiedsverfahrensnovelle und Europäisches Übereinkommen über die internationale Handelsschiedsgerichtsbarkeit, NZG 2000, S. 57 (68).

[733] Schwab/Walter: a.a.O., S. 539.

[734] Martiny: Die Bestimmung des anwendbaren Sachrechts durch das Schiedsgericht, in FS für Schütze, S. 529, (538 ff.); derselbe in: Europäisches Internationales Vertragsrecht – Ausbau oder Konsolidierung, ZEuP 1999, S. 246 (247).

[735] Moller: a.a.O., S. 57 (69).

[736] Junker: Deutsche Schiedsgerichte und Internationales Privatrecht (§ 1051 ZPO), FS Sandrock, S. 443 (461).

[737] Zöller/Geimer: ZPO, § 1051, Rdnr. 5; Thomas in Thomas/Putzo: ZPO, § 1051, Rdnr. 3; so wohl auch Münch-KommZPO-Münch, § 1051 Rndr. 13; Pfeiffer: Die Entwicklung des Internationalen Vertrags-, Schuld-, und Sachenrechts 1997 – 1999, NJW 1999, S. 3674 (3678); Lachmann: Handbuch für die Schiedsgerichtspraxis, Rdnr. 943; Schütze: Schiedsgericht und Schiedsverfahren, S. 101 f., Rdnr. 177; Otto: Säumnis in internationalen Schiedsverfahren, IPRax 2002, S. 164 (165).

hineingelesen werden.[738] Die zwingende Anwendung von Art. 28 EGBGB folge aus der Bindung der Bundesrepublik an das EG-Schuldvertragsübereinkommen.[739]

Dagegen wird eingewandt, Schiedsgerichte hätten, anders als staatliche Gerichte, keine lex fori, d. h., sie seien nicht unmittelbar an staatliche Rechtssetzung gebunden, sondern vielmehr nur an den Parteiwillen.[740] Bei der Frage, welches Kollisionsrecht ein Schiedsgericht anzuwenden habe, gehe es damit im Grunde allein um die Ermittlung des Parteiwillens. Auch wenn die Parteien kein Recht gewählt hätten, habe das Schiedsgericht das anwendbare Recht nach Maßgabe der Interessen der Parteien zu bestimmen. Allein vor diesem Hintergrund sei der Streit über das vom Schiedsgericht anzuwendende Kollisionsrecht zu beurteilen. Teilweise werde für die Frage des anzuwendenden Kollisionsrechts auf den Sitz des Schiedsgerichts abgestellt. Andere Meinungen in der Literatur stellten auf die für das Schiedsverfahren geltende Rechtsordnung ab, was häufig auf dasselbe hinauslaufe. Die Wahl des Schiedsortes soll in der Regel jedoch kein Indiz für einen hypothetischen Parteiwillen hinsichtlich der materiellen Entscheidungsgrundlage liefern. Der Schiedsrichter habe die Freiheit, unabhängig von dem am Schiedsort geltenden Kollisionsrecht das anwendbare Recht zu bestimmen (sog. Bestimmung des anwendbaren Kollisionsrechts durch den Schiedsrichter nach eigenem Ermessen). Grundlage seiner Entscheidung müsse dabei immer der hypothetische Parteiwille sein.[741]

Eine Bindung der Schiedsrichter an das EVÜ wird noch aus weiteren Gründen abgelehnt. Sie folge zum einen nicht aus dem EVÜ selbst, zum anderen führe auch die Auslegung des § 1051 ZPO nicht zwingend zu dessen Anwendbarkeit.[742] Zwar sei es denkbar und vielleicht sogar wahrscheinlich, dass ein Schiedsrichter im Rahmen seiner Entscheidung die Regeln der Art. 27 ff. EGBGB als mögliche Kollisionsnorm heranziehe. Im eigentlichen Sinne daran gebunden werde er sich aber nur dann fühlen, wenn der Sachverhalt nur Beziehungen zu Vertragsstaaten des Übereinkommens aufweise. In anderen Fällen, in denen etwa in den betroffenen Staaten von Art. 27 ff. EGBGB abweichende Kollisionsnor-

[738] so seinerzeit noch Junker: Neuere Entwicklungen im Internationalen Privatrecht, RIW 1998, S. 741 (745).

[739] Lachmann: Handbuch für die Schiedsgerichtspraxis, Rdnr. 943.

[740] Solomon: Das vom Schiedsgericht in der Sache anzuwendende Recht nach dem Entwurf eines Gesetzes zur Neuregelung des Schiedsverfahrensrechts, RIW 97, S. 981 (987).

[741] Solomon: a.a.O., S. 981 (988); Schwab/Walter: Schiedsgerichtsbarkeit, Kommentar, S. 540.

[742] Schwab/ Walter: a.a.O., S. 539.

men gelten, bestehe unter dem Gesichtspunkt der Konkretisierung des schiedsrichterlichen Ermessens kein Grund für die Erwartung, dass das Schiedsgericht gerade gemäß den Vermutungen des Art. 28 EGBGB entscheide. Die Regeln des Art. 28 EGBGB seien lediglich als eine Auslegungshilfe zur Bestimmung dieser engsten Verbindung heranzuziehen. Die engste Verbindung könne sich aber auch noch nach anderen als den dort genannten Kriterien bestimmen.[743] Ein Rückgriff auf Art. 28 EGBGB verstehe sich nicht von selbst, auch wenn dies von der Bundesregierung gewünscht sei.[744]

Dies lasse sich auch aus der Fassung des § 1051 ZPO nicht hinreichend entnehmen. Die Systematik der Regelung lege vielmehr die gegenteilige Auslegung nahe. Da allein der Grundsatz der engsten Verbindung übernommen worden sei, nicht aber die weiteren Konkretisierungen in Art. 28 EGBGB in Form der Vermutungsregelungen, müsse man nach herkömmlichen Auslegungsgrundsätzen davon ausgehen, dass diese für § 1051 ZPO gerade nicht gelten sollten.[745] Eine zwingende Anwendung des EVÜ sei damit nicht gegeben. Vielmehr habe also der Schiedsrichter das anwendbare Recht regelmäßig nach eigenem Ermessen zu bestimmen, was jedoch im Einzelfall durchaus auch zur Anwendung der Regelungen des EVÜ führen könne. Art. 4 EVÜ sei insoweit als eine narrative Kollisionsnorm anzusehen.[746]

§ 1051 ZPO enthält eine Regelung über das anwendbare Sachrecht, die sich grundsätzlich an Art. 28 UMG orientiert. In Übereinstimmung mit dem Modellgesetz und anders als nach Art. 15 EVÜ können die Parteien bei ausdrücklicher Rechtswahl grundsätzlich auch auf das Kollisionsrecht eines Staates verweisen. Dem Art. 4 Abs. 1 EVÜ jedoch und nicht dem Art. 28 Abs. 2 UMG soll dagegen das anwendbare Recht folgen, wenn die Parteien das anwendbare Recht nicht bestimmt haben. Nach der Begründung der Bundesregierung zur Gesetzesreform folge aus der Bindung der Bundesrepublik Deutschland an das EG-Schuldvertragsübereinkommen, dass zur Auslegung des unbestimmten Rechtsbegriffs der

[743] Musielak/Voit: ZPO, § 1051, Rdnr. 6; Voit: Privatisierung der Gerichtsbarkeit, JZ 1997, S. 120 (123 f.); Moller: Schiedsverfahrensnovelle und Europäisches Übereinkommen über die internationale Handelsschiedsgerichtsbarkeit, NZG 2000, S. 57 (69); Schütze: Die Bestimmung des anwendbaren Rechts im Schiedsverfahren und die Feststellung seines Inhalts, FS Böckstiegel, S. 715 (717); Kronke: Internationale Schiedsverfahren nach der Reform, RIW 1998, S. 257 (263).

[744] Solomon: Das vom Schiedsgericht in der Sache anzuwendende Recht nach dem Entwurf eines Gesetzes zur Neuregelung des Schiedsverfahrensrechts, RIW 1997, S. 981 (985).

[745] Voit: Privatisierung der Gerichtsbarkeit, JZ 1997, S. 120 (123 f.).

[746] Jayme/Kohler: Europäisches Kollisionsrecht, IPRax 1998, S. 417 (425).

„engsten Verbindungen" auf die übrigen Absätze des Art. 28 EGBGB zurückzugreifen sei. Diese Überlegung sei zwar in den Gesetzestext nicht eingegangen. Man müsse sich hier jedoch die Frage stellen, ob sich nicht doch der universalistische Zug des EVÜ (Art. 2) durchsetze, wenn der Ort des schiedsrichterlichen Verfahrens in Deutschland liegt.[747]

Die Anwendung der Vorschriften des EGBGB soll jedoch nicht obligatorisch sein, da der Gesetzgeber aufgrund der falschen Annahme, man sei an das EVÜ gebunden, gehandelt habe. Wenn das EVÜ für Schiedsverfahren keine Vorgaben mache, bestehe kein Grund die Art. 27 ff. EGBGB für das Schiedsverfahren verbindlich zu machen. Es handele sich vielmehr um eine Ermessensentscheidung des Schiedsgerichts, welches Recht im Einzelfall die „engsten Verbindungen" zum Streitstand aufweise.[748] Auch aus dem Bericht von Giuliano/Lagarde zum EVÜ folge lediglich, dass eine Schiedsvereinbarung ein rechtswahlbegründender Umstand i. S. d. Art. 3 Abs. 1 EVÜ sein könne. Das bedeute, dass ein Schiedsgericht seiner kollisionsrechtlichen Entscheidung das EVÜ zugrunde legen könne, wobei die Betonung auf „könne" liege.[749] Das EVÜ sei auf völkerrechtlicher Ebene für die Ausgestaltung von Schiedsverfahren jedoch nicht verbindlich. Es sei auch nicht der Wille des deutschen Gesetzgebers erkennbar, auf einfachgesetzlicher Ebene die Vorschriften des § 1051 Abs. 1, 2 ZPO im Lichte der Art. 27 ff. EGBGB auszulegen, da die Gesetzesmaterialien zeigten, dass sich ihre Verfasser eher widerwillig der (falschen) Einsicht gebeugt hätten, das EVÜ wolle auch für Schiedsverfahren Kollisionsnormen vorgeben.[750]

Wie bereits festgestellt, ist die Vorschrift des § 1051 ZPO grundsätzlich autonom auszulegen. Eine Bindung an die Vorgaben des EVÜ besteht nicht.[751] Denn mit der Regelung des § 1051 ZPO hat der deutsche Gesetzgeber eine für Schiedsverfahren eigene Kollisionsnorm geschaffen.[752] Ein Schiedsgericht hat im Falle der fehlenden Rechtswahl der Parteien eines Schiedsverfahrens das anwendbare Recht nach den zum Streitgegenstand „engsten Verbindungen" zu ermitteln. Dabei können die Schiedsrichter ihre Ermessensentscheidung anhand der in Art. 28 Abs. 2 - 4 EGBGB aufgestellten Abwägungskriterien

---

[747] Jayme/Kohler: Europäisches Kollisionsrecht, IPRax 1998, S. 417 (426).

[748] Junker: Deutsche Schiedsgerichte und internationales Privatrecht (§1051 ZPO), FS Sandrock, S. 443 (457).

[749] Junker: a.a.O.,S. 443 (453).

[750] ebd.

[751] siehe dazu bereits die Ausführungen in Teil B, § 1 Kap. 2.3.1.1.

[752] so auch Schwab/Walter: Schiedsgerichtsbarkeit, Kommentar, S. 540.

ausrichten, sie müssen dies jedoch nicht tun. Die dort aufgestellten Vermutungen können einem Schiedsrichterkollegium jedoch möglicherweise die Suche nach dem anwendbaren Recht erleichtern, da sie ihm konkrete Kriterien an die Hand geben, nach denen das anwendbare Sachrecht ermittelt werden kann. Erscheint im Einzelfall jedoch eine andere Anknüpfung sachgerechter, hat das Schiedsgericht die Vorgaben des EGBGB zu ignorieren. Dies gilt auch dann, wenn alle an dem Schiedsverfahren beteiligten Parteien aus Vertragsstaaten des EVÜ kommen.

2.3.2.2. Auslegung von Art. 28 EGBGB bei elektronisch geschlossenen Verträgen

Gleichgültig welche Auffassung man hinsichtlich der Frage vertritt, ob ein Schiedsgericht zur Bestimmung des anwendbaren Rechts an die Vorgaben des EGBGB zwingend gebunden ist oder ob es ihm freisteht, die Regelungen des EGBGB anzuwenden, stellt sich im Fall, dass die Parteien das anwendbare Recht nicht bestimmt haben und ein Schiedsgericht die Vorschrift des Art. 28 EGBGB zur Ermittlung des anwendbaren Sachrechts heranzieht, das Problem, wie die Vermutungsregeln des Art. 28 EGBGB bei elektronisch geschlossenen Verträgen auszulegen sind. Im Falle der Rechtswahl durch die Parteien wird ein Schiedsgericht aufgrund der besonderen Regelung in § 1051 Abs. 1 ZPO nicht auf Art. 27 EGBGB zurückgreifen. Es ergeben sich bei elektronischem Vertragsschluss zudem auch keine Besonderheiten, da die Parteien nach § 1051 ZPO durch formlose Vereinbarung die anzuwendenden Rechtsvorschriften bestimmen können.[753]

Gem. Art. 28 Abs. 1 EGBGB ist für den Fall, dass das anwendbare Recht nicht vereinbart wurde, das Recht des Staates anzuwenden, mit dem der Vertrag die engsten Verbindungen aufweist. Art. 28 Abs. 2 - 4 EGBGB stellt zur Ermittlung des anwendbaren Rechts widerlegbare Vermutungsregeln auf. Diese Untersuchung beschränkt sich auf die Auslegung der bedeutsamsten Regelung in diesem Zusammenhang, nämlich Art. 28 Abs. 2 EGBGB.

Für den an dieser Stelle untersuchten Bereich des kaufmännischen Verkehrs ist auf Art. 28 Abs. 2 S. 2 EGBGB abzustellen. Danach wird vermutet, wenn der Vertrag in Ausübung einer gewerblichen oder beruflichen Tätigkeit einer Partei geschlossen wurde, wel-

[753] Musielak/Voit: ZPO, § 1051 ZPO, Rdnr. 2; dazu siehe auch oben unter Teil B, § 1, Kap. 2.3.1.1.

che die für den Vertrag charakteristische Leistung erbringt, dass dieser die engsten Verbindungen zu dem Staat aufweist, in dem diese Partei ihre Hauptniederlassung hat.

Art. 28 Abs. 2 S. 1 EGBGB hat nur Bedeutung im nichtgeschäftlichen Bereich, also in der Regel bei Verträgen zwischen Privatpersonen.[754] Der Begriff der beruflichen oder gewerblichen Tätigkeit in Art. 28 Abs. 2 S. 2 EGBGB erfasst jede, auf eigene Rechnung und auf eigenes Risiko ausgeübte Tätigkeit, die dem Erwerb von Einkommen dient.[755] Für den kaufmännischen Verkehr findet daher die Vermutungsregel des Art. 28 Abs. 2 S. 2 EGBGB Anwendung. Sie gilt jedoch auch für die freiberufliche oder künstlerische Tätigkeit.[756]

Art. 28 Abs. 2 S. 2 EGBGB knüpft für den Fall, dass die Parteien das Recht nicht bestimmt haben, im kaufmännischen Verkehr an den Ort der Hauptniederlassung an bzw., für den Fall, dass die für den Vertrag charakteristische Leistung von einer anderen Niederlassung erbracht wird, an deren Sitz.

Auch bei elektronisch geschlossenen Verträgen führt die Vermutung des Art. 28 Abs. 2 S. 2 EGBGB zur Hauptniederlassung bzw. vertragsabwickelnden Niederlassung desjenigen, der Waren oder Dienstleistungen anbietet.[757] Dabei kommt es immer auf die Niederlassung desjenigen an, der die für den Vertrag charakteristische Leistung erbringt.

Das Internet soll dabei nach überwiegender Auffassung allein Marketing- oder Vertriebsmethoden aus der „real world" substituieren und bietet für einige Leistungsarten auch das Instrument zur Erfüllung. Es habe als solches aber weder Einfluss auf Gesellschaftsstruk-

---

[754] MünchKommBGB-Martiny, Art. 28 EGBGB, Rdnr. 40.

[755] Soergel-v.Hoffmann, Art. 28 EGBGB, Rdnr. 59; MünchKommBGB-Martiny, Art. 28 EGBGB, Rdnr. 44.

[756] Soergel-v.Hoffmann, Art. 28 EGBGB, Rdnr. 59.

[757] Mankowski: Das Internet im internationalen Vertrags- und Deliktsrecht, RabelsZ 63 (1999), S. 203 (220); Sandrock: Neue Herausforderungen an das Internationale Wirtschaftsrecht, ZVglRWiss 99, 227 (236); Junker: Internationales Vertragsrecht im Internet, RIW 1999, S. 809 (818), Heldrich/Palandt: BGB, Art. 28 EGBGB, Rdnr. 4; Mehrings: Internet-Verträge und internationales Vertragsrecht, CR 1998, 613 (617).

turen und Gesellschaftsformen, noch auf die Grundstrukturen der Betriebsorganisation.[758] Insbesondere im „Business-to-Business-Bereich", also dem hier untersuchten kaufmännischen Bereich, handele es sich um eine Verlagerung im Abschlussmodus der Verträge während bereits laufender Geschäftsbeziehungen. Das Internet substituiere andere Kommunikationsmittel, bringe aber keine neue Qualität der Geschäftsbeziehungen mit sich.[759]

2.3.2.2.1. Der Server als Niederlassung i. S. d. Art. 28 Abs. 2 S. 2 EGBGB

Teilweise wurde diskutiert, ob die Nutzung eines bestimmten Servers an einem anderen Ort als dem Sitz des anbietenden Unternehmens eine Niederlassung i. S. d. Art. 28 Abs. 2 S. 2 EGBGB begründen könne.[760] Wenn der Server in die Betriebsorganisation des Anbieters eingebunden sei, die sowohl den Vertragsschluss als auch die spätere Vertragsabwicklung betreue, sollte nach teilweise vertretener Auffassung in der Regel eine Niederlassung anzunehmen sein.[761] Entscheidend soll jedoch allein die Funktion für den Vertrag innerhalb der Gesamtorganisation sein, nicht die bloße technische Anlage. Denn zu berücksichtigen sei, dass der Standort des Servers angesichts der technischen Möglichkeiten immer unerheblicher werde. Denn der konkrete Server könne jederzeit ersetzt oder auch örtlich verändert werden.[762]

Nach überzeugender Ansicht ist der Standort des Servers, über welchen der Anbieter seine Geschäfte abwickelt, grundsätzlich unerheblich.[763] Aufgrund der Tatsache, dass er jederzeit ersetzt werden kann und es damit schon an der für eine Niederlassung entspre-

---

[758] Mankowski: Das Internet im internationalen Vertrags- und Deliktsrecht, RabelsZ 63 (1999), S. 203 (223); derselbe in: Internet und besondere Aspekte des Internationalen Vertragsrechts (II), CR 1999, S. 581 (585).

[759] Mankowski: a.a.O., S. 203 (225); so auch Sonnenberger: Das Internationale Privatrecht im dritten Jahrtausend – Rückblick und Ausblick, ZVglRWiss 100 (2001), S. 107 (129).

[760] Mankowski: a.a.O., S. 203 (226); Wildemann: Vertragsschluss im Netz, S. 139.

[761] Mankowski: a.a.O., S. 203 (226).

[762] Mankowski: a.a.O., S. 203 (226).

[763] Mankowski: a.a.O., S. 203 (227); Wildemann: Vertragsschluss im Netz, S. 140; Sandrock: Neue Herausforderungen an das Internationale Wirtschaftsrecht durch Digitalisierung, Europäisierung, Globalisierung, Erschöpfung der öffentlichen Finanzen, Streben nach Kosteneffizienz und Spezialisierung, ZVglRWiss 98 (1999), S. 227 (236); zustimmend wohl auch Scherer: Rechtsprobleme bei Vertragsschluss via Internet, DB 2000, S. 1009 (1011); ebenso Spindler: Kapitalmarktgeschäfte im Binnenmarkt – Der Einfluss der E-Commerce-Richtlinie auf das Internationale Vertragsrecht, IPRax 2001, S. 400 (406).

chenden Dauerhaftigkeit fehlt, ist der Serverstandort nicht als Anknüpfungskriterium geeignet. Er erfüllt lediglich Hilfsfunktionen.[764]

Einen entsprechenden Gedanken verfolgt letztlich derzeit auch die UNCITRAL. Bei den Beratungen zu einer künftigen Konvention zum Abschluss elektronischer Verträge wurde in Art. 7 Abs. 4 des Konventionsentwurfes festgelegt, dass der Ort, an dem sich die technische Ausrüstung für die elektronische Kommunikation befindet, keinen „place of business" begründen kann. Die Bezeichnung „place of business" meint hier den Ort der ständigen Geschäftstätigkeit.[765] Dem durchaus vergleichbar ist der Ort der Niederlassung i. S. d. Art. 28 Abs. 2 EGBGB. Nach dem vorliegenden Konventionsentwurf sollen auch Email-Adresse sowie ein Domain-Name keine Vermutung für einen „place of business" darstellen.[766] Aufgrund der örtlichen Ungebundenheit der technischen Ausrüstung lässt sich eine Anknüpfung an deren Standort nicht hinreichend begründen.

2.3.2.2.2. Das Internet als Leistungsort

Der Einsatz elektronischer Kommunikation hat im Hinblick auf die Auslegung von Art. 28 Abs. 2 EGBGB insgesamt keinen solch großen Einfluss, wie man es auf den ersten Blick vermuten könnte. Wie auch der zugrundeliegende Art. 4 Abs. 2 EVÜ enthält Art. 28 Abs. 2 EGBGB keine Anknüpfungselemente, die sich auf die Vertragsbegründung beziehen, sondern nur solche, die an die für den Vertrag charakteristische Leistung anknüpfen. Der Einsatz der elektronischen Kommunikation betrifft jedoch in den meisten Fällen gerade den Vertragsabschluss.[767] Die für den Vertrag charakteristische Leistung wird in der Vielzahl der Fälle in der „real world" erbracht, d. h. die Kaufsache wird geliefert, die Dienstleistung erbracht, das Werk wird erstellt. In diesem Zusammenhang wird Art. 28 EGBGB wie auch Art. 27 EGBGB zu Recht als „technikneutral" bezeichnet.[768]

---

[764] Spindler: Kapitalmarktgeschäfte im Binnenmarkt, Der Einfluss der E-Commerce-Richtlinie auf das Internationale Vertragsrecht, IPRax 2001, S. 400 (401); Junker: Internationales Vertragsrecht im Internet, RIW 1999, S. 809 (818); Hoeren: Grundzüge des Internetrechts, S. 184.

[765] v. Bernstorff: Der Abschluss elektronischer Verträge, RIW 2002, S. 179 (180); zu den Entwicklungen bei der UNCITRAL bereits Graf von Bernstorff: Ausgewählte Rechtsprobleme des Electronic Commerce, RIW 2000, S. 14 (18 ff.).

[766] Zur UNCITRAL-Konvention siehe bei v. Bernstorff: Der Abschluss elektronischer Verträge, RIW 2002, S. 179 (181).

[767] Sonnenberger: Das internationale Privatrecht im dritten Jahrtausend – Rückblick und Ausblick, ZvglRWiss 100 (2001), S. 107 (129).

[768] Junker: Internationales Vertragsrecht im Internet, S. 809 (816); Hoeren: Grundzüge des Internetrechts, S. 183.

Anders könnte jedoch der Fall zu beurteilen sein, bei dem auch die für den Vertrag charakteristische Leistung mittels elektronischer Kommunikation, sprich über das Internet, erbracht wird. Beispiele hierfür sind etwa die Erledigung von Bankgeschäften, das sog. online-Banking, der Download von Software, Musik oder Videofilmen, die entgeltliche Übermittlung von redaktionellen Texten oder Forschungsergebnissen, die entgeltliche Zurverfügungstellung von Datenbanken, Chatrooms oder entgeltliche Versteigerungen, also sämtliche Dienstleistungen, die direkt über das Internet erbracht werden können.[769]

In der Literatur wird vermutet, dass es in diesen Fällen nicht immer gelingen könnte, auch diese Leistungen am Ort des Anbieters zu lokalisieren.[770] In der frühen ersten Phase der Diskussion über die Einordnung der rechtlichen Vorgänge in Zusammenhang mit den technischen Möglichkeiten der elektronischen Kommunikation wurde in Deutschland diskutiert, ob etwa im Fall des automatischen Downloads von Browser-Software nicht der Schwerpunkt der vertraglichen Abwicklung auf dem Rechner des Kunden stattfinde, da dort die Initialisierung des Modems und die Registrierung erfolge.[771] Diese Ansicht wurde jedoch sehr bald von der herrschenden Auffassung verworfen. Die Anknüpfung nach Art. 28 Abs. 2 S. 2 EGBGB führe auch im Falle des Software Downloads zunächst zum Recht der handelnden Niederlassung des Leistungsanbieters, also zum Recht am Ort der Niederlassung des Vertreibers der Browser-Software.[772] Das Abstellen auf den Rechner des Kunden als Schwerpunkt der vertraglichen Abwicklung wird abgelehnt, da es anderenfalls zu einer generellen Anwendung von Art. 28 Abs. 5 EGBGB und damit zu einem „Subsystem" für bestimmte Vertragstypen kommen würde.[773] Es leuchte nicht ein, warum die von einem anderen Ort aus organisierte und gesteuerte automatische Leistung anders anzuknüpfen sein soll, als eine Leistung in der *real world*.[774] Der Ort, an dem die Vertragsleistung erbracht werde, also der Erfüllungsort, spiele allein für die Widerlegung der Re-

---

769 Überblick über Dienstleistungsarten im Internet siehe bei Härting: Die Gewährleistungspflichten von Internet-Dienstleistern, CR 2001, S. 37- 43.

770 So etwa Sonnenberger: Das internationale Privatrecht im dritten Jahrtausend – Rückblick und Ausblick, ZvglRWiss 100 (2001), S. 107 (130).

771 Koch: Internet-Recht, S. 52.

772 so bereits Busse: Softwarevertrieb in Netzen, CR 1996, S. 389 (392); Klimek/Sieber: Anwendbares Recht beim Vertrieb digitalisierbarer Waren über das Internet am Beispiel der Softwareüberlassung, ZUM 1998, S. 902 (905).

773 Mankowski: Internet und besondere Aspekte des Internationalen Vertragsrechts (I), CR 1999, S. 512 (515); zustimmend Spindler: Kapitalmarktgeschäfte im Binnenmarkt – Der Einfluss der E-Commerce-Richtlinie auf das Internationale Vertragsrecht, IPRax 2001, S. 400 (406).

774 Mankowski: a.a.O., S. 512 (515).

gelvermutung im Rahmen des Art. 28 Abs. 5 EGBGB eine Rolle. Die elektronische Leistungserbringung ausschließlich über das Internet soll jedoch nicht zu einer generellen Delokalisierung der einzelnen Leistungshandlung führen. Zwar könne Art. 32 Abs. 2 EGBGB keine Berücksichtigung mehr finden, dies sei jedoch aufgrund der geringen praktischen Bedeutung von Art. 32 Abs. 2 EGBGB nicht relevant.[775] Die Ermittlung der für den Vertrag charakteristischen Leistung soll vielmehr auch in diesem Fall keinen internetspezifischen Besonderheiten unterliegen. Bei Kaufverträgen sei Anbieter der charakteristischen Leistung der Verkäufer, bei Dienstverträgen der Dienstleistungserbringer.[776] Sei der Leistungsgegenstand „Information", so erbringe der Anbieter dieser Information die vertragscharakteristische Leistung. Handele es sich um Softwaredownload, erbringe derjenige die für den Vertrag charakteristische Leistung, der die Software zur Verfügung stelle.[777] Die Leistung „on the net" sei daher für die Regelanknüpfung nach Art. 28 Abs. 2 S. 2 EGBGB ohne Bedeutung.[778]

Um die Bedeutung des Erfüllungsortes „Internet" für die kollisionsrechtliche Anknüpfung vollständig erfassen zu können, bedarf es zunächst einer eingehenden Erläuterung des Begriffs „der für den Vertrag charakteristischen Leistung" i. S. d. Art. 28 Abs. 2 EGBGB und einer systematischen Einordnung der Vermutungen von Art. 28 Abs. 2 – 4 EGBGB im Verhältnis zu der Generalklausel des Art. 28 Abs. 1 EGBGB:

Der Begriff der engsten Verbindungen eines Vertrages zu dem Recht eines Staates i. S. d. Art. 28 Abs. 1 EGBGB wird durch die Vermutungen des Art. 28 Abs. 2 EGBGB konkretisiert.[779] Zur Feststellung, zu welchem Staat der Vertrag die engsten Verbindungen aufweist, ist also immer zunächst zu prüfen, ob eine der Vermutungsregeln des Art. 28 Abs. 2 EGBGB eingreift, und ggf. dementsprechend das in der Sache anwendbare Recht zu bestimmen. Ist eine Anknüpfung nach den Vermutungen grundsätzlich möglich, kann sich eine andere Anknüpfung des Vertrages über Art. 28 Abs. 5 EGBGB ergeben, wenn sich im Einzelfall aus der Gesamtheit der Umstände ergibt, dass der Vertrag engere

---

[775] Mankowski: Das Internet im internationalen Vertrags- und Deliktsrecht, RabelsZ 63 (1999), S. 203 (228).

[776] Taupitz/Kritter: Electronic Commerce – Probleme bei Rechtsgeschäften im Internet, JUS 1999, S. 839 (843).

[777] Hoeren: Grundzüge des Internetrechts, S. 183.

[778] Mankowski:a.a.O., S. 203 (228).

[779] Heldrich/Palandt, BGB, Art. 28 EGBGB, Rdnr. 1; Soergel-v. Hoffmann, Art. 28 EGBGB, Rdnr. 13; MünchKomm-BGB-Martiny, Art. 28 EGBGB, Rdnr. 2.

Verbindungen zu einem anderen Staat aufweist.[780] Ist hingegen eine Anknüpfung nach diesen Vermutungsregeln nicht möglich, ist Abs. 2 nicht anwendbar (Art. 28 Abs. 2 S. 3 EGBGB). In diesem Fall ist das anwendbare Recht durch eine unmittelbar und primär stattfindende Gesamtabwägung zu ermitteln.[781] Dabei kommen alle Berührungspunkte des Vertragsverhältnisses in Betracht, aus denen sich eine objektive Anknüpfung, wie sie von Art. 28 EGBGB bezweckt ist, ergeben kann. Im Rahmen der durchzuführenden Gesamtabwägung sollen dabei die überwiegenden Beziehungen eines Vertrages zu einer Rechtsordnung festgelegt werden.[782] Eine non liquet Entscheidung ist unzulässig.[783]

Nach der Vermutungsregel des Art. 28 Abs. 2 S. 2 EGBGB soll für die objektive Anknüpfung in der Regel die (Haupt-)Niederlassung desjenigen Vertragspartners maßgeblich sein, der die für den Vertrag charakteristische Leistung erbringt. Unter der vertragscharakteristischen Leistung versteht man die Leistung, die dem betreffenden Vertragstyp seine Eigenart verleiht und ihn so von anderen Verträgen unterscheidet.[784] Diese Leistung muss quasi den Schwerpunkt der vertraglichen Verpflichtungen bilden.[785] Bei entgeltlichen Verträgen ist regelmäßig nicht die Geldzahlung die für den Vertrag charakteristische Leistung, sondern die dem Vertragstyp zuzuordnende Naturalleistung, also die spezifische Sach-, Tätigkeits,- oder Zeitleistung.[786] Bei Kaufverträgen ist dies die Verkäuferleistung, beim Werkvertrag die Unternehmerleistung, beim Dienstvertrag das Erbringen der Dienstleistung, beim Mietvertrag die Überlassung der Mietsache, etc..[787]

Für die Einordnung von Leistungen, die über das Internet erbracht werden können, kommen verschiedene dieser genannten Vertragstypen in Betracht. Der Download von Stan-

---

[780] Soergel-v. Hoffmann, Art. 28 EGBGB, Rdnr. 14.

[781] Erman-Hohloch, BGB, 10. Aufl. Art. 28 EGBGB, Rdnr. 18; Soergel-v. Hoffmann, Art. 28 EGBGB, Rdnr. 16; v. Bar: Internationales Privatrecht (II), Besonderer Teil, Rdnr. 490.

[782] Erman-Hohloch, BGB, 10. Aufl., Art. 28 EGBGB, Rdnr. 10.

[783] ebd.

[784] Heldrich/Palandt: BGB, Art. 28 EGBGB, Rdnr. 2; Erman-Hohloch, BGB, 10. Aufl., Art. 28 EGBGB, Rdnr. 22; MünchKommBGB–Martiny, Art. 28 EGBGB, Rdnr. 30; v. Bar: Internationales Privatrecht (II), Besonderer Teil, Rdnr. 495.

[785] Soergel-v. Hoffmann: Art. 28 EGBGB, Rdnr. 23.

[786] Erman-Hohloch, BGB, 10. Aufl., Art. 28 EGBGB, Rdnr. 22; MünchKommBGB-Martiny, Art. 28 EGBGB, Rdnr. 30; Kropholler: Internationales Privatrecht, S. 447.

[787] weitere Beispiele siehe bei Erman-Hohloch, BGB, 10. Aufl., Art. 28 EGBGB, Rdnr. 22; Soergel-v. Hoffmann: Art. 28 EGBGB, Rdnr. 24.

dard-Software wird regelmäßig als Kaufvertrag i. S. d. § 433 BGB anzusehen sein.[788] Gleiches muss beim Download von Musik oder Spielfilmen gelten. Bei individuell hergestellter Software ist hingegen in der Regel von einem Werkvertrag auszugehen.[789] Die zur Verfügungstellung von Kommunikationsplattformen, wie etwa Chatforen oder online-Versteigerungsplattformen, ist als Dienstvertrag zu qualifizieren. Die Möglichkeit des online-Bankings stellt einen Geschäftbesorgungsvertrag i. S. d. § 675 BGB dar.[790] Für diese Verträge ist charakteristische Leistung immer diese Dienstleistung bzw. Geschäftsbesorgung, die Lieferung der Kaufsache oder die Herstellung des Werkes. Die Hauptniederlassung desjenigen, der diese Leistung erbringt, ist damit maßgeblich i. S. d. Art. 28 Abs. 2 EGBGB für das auf den Vertrag anzuwendende Recht.

Denkbar sind jedoch möglicherweise auch Fälle, in denen eine für den Vertrag charakteristische Leistung, die über das Internet erbracht wird, sich nicht ermitteln lässt. Die charakteristische Leistung ist nicht ermittelbar, wenn bei einer Untersuchung des Vertrages nicht erkennbar ist, welcher Leistung wegen ihres charakteristischen Inhalts Vorrang einzuräumen ist.[791] Eine typische Konstellation dafür ist der Tausch. Wegen der Gleichartigkeit der ausgetauschten Leistungen kann hier die charakteristische Leistung nicht bestimmt werden.[792] Auch Dienstleistungen können ausgetauscht werden.[793] Ein weiterer Fall, in dem die vertragscharakteristische Leistung nicht bestimmt werden kann, ist der Kooperationsvertrag zur Erreichung eines gemeinsamen Zwecks. Ein solcher Vertrag kann natürlich ebenfalls über das Internet geschlossen und erfüllt werden. Beispiel für solche Vertragsverhältnisse wäre etwa der Austausch von Software von zwei Software-Unternehmen bzw. deren Kooperation bei der Entwicklung eines gemeinsamen Programmes und die Übertragung der gemeinsamen Entwicklungsergebnisse über das Internet.

---

[788] BGH, Urt. v. 4.11.1987 - VIII ZR 314/86, BGHZ 102, 135 (141 ff.); Putzo/Palandt: BGB, § 433 BGB, Rdnr. 5.

[789] BGH, Urt. v. 30.1.1986 - I ZR 242/83 (KG), NJW 1987, 1259; Putzo/Palandt: BGB, § 433 BGB, Rdnr. 5.

[790] Sprau/Palandt: BGB, § 675 BGB, Rdnr. 9; zur vertragstypischen Einordnung der Telekommunikationsdienste siehe im weiteren bei Sprau/Palandt: BGB, § 631 BGB, Rdnr. 19, m. w. N.

[791] MünchKommBGB-Martiny, Art. 28 EGBGB, Rndr. 52.

[792] Erman-Hohloch, BGB, 10. Aufl., Art. 28 EGBGB, Rdnr. 33 m. w. N.; Heldrich/Palandt: BGB, Art. 28 EGBGB, Rdnr. 9.

[793] Soergel-v. Hoffmann: Art. 28 EGBGB, Rdnr. 125; MünchKommBGB-Martiny, Art. 28 Rndr. 53, mit weiteren Beispielen.

Hier könnte der Erfüllungsort „Internet“ dann möglicherweise Bedeutung erlangen. Grundsätzlich findet die kollisionsrechtliche Anknüpfung in dem Fall, dass keine der Vermutungen von Art. 28 Abs. 2 – 4 EGBGB greift, über die Generalklausel des Art. 28 Abs. 1 EGBGB statt. Die Auslegung des Begriffs der „engsten Verbindungen“ des Art. 28 Abs. 1 EGBGB wird über verschiedene Anknüpfungskriterien ermittelt: Einzelne Hinweise dazu können eine Gerichtsstandklausel oder eine Schiedsklausel sein, die Bezugnahme auf ein bestimmtes nationales Recht, die Vertragssprache, der Ort des Vertragsschlusses, die Beteiligung einer staatlichen Stelle beim Vertragsschluss, eine vertraglich vereinbarte Währung, die gemeinsame Staatsangehörigkeit bzw. der gemeinsame gewöhnliche Aufenthalt der Parteien oder auch eine, durch ein entsprechendes Prozessverhalten, nachträglich durchgeführte Rechtswahl der Parteien.[794] Ein Hinweis auf die für den Vertrag engste Verbindung zu einem nationalen Recht kann hierbei auch der Erfüllungsort sein.[795] Grundsätzlich ist die Bedeutung des Erfüllungsortes jedoch nur gering.[796]

Ist Erfüllungsort das „Internet“, könnte man entsprechend der bereits genannten Auffassung[797] versucht sein, auf den Standort des Rechners desjenigen abzustellen, der die übermittelten Daten herunterlädt. Für die genannten Konstellationen der Tauschverträge würde dies jedoch nicht weiterhelfen, denn hier rufen beide Vertragspartner die jeweilige Leistung auf ihrem Rechner ab, so dass eine Zuordnung zu einem maßgeblichen Ort nicht möglich ist. Gleiches gilt für den genannten Fall des Kooperationsvertrages. In diesen Fällen hilft der Erfüllungsort als Anknüpfungskriterium nicht weiter. Es ist daher erforderlich, die übrigen genannten Kriterien, aus denen sich die engste Verbindung zu einem nationalen Recht in der Gesamtschau ergibt, zu überprüfen. Der Erfüllungsort „Internet“ ist hier kein brauchbares Abgrenzungskriterium.

Im Ergebnis hat also die Tatsache, dass die für den Vertrag charakteristische Leistung über das Internet, also in elektronischer Form, erbracht wird, keinerlei Auswirkungen auf die Anknüpfung nach Art. 28 Abs. 2 S. 2 EGBGB. Lässt sich die für den Vertrag charakteristische Leistung nicht ermitteln, hilft auch der Erfüllungsort „Internet“ nicht weiter, da in

[794] Im einzelnen zu diesen Kriterien siehe bei MünchKommBGB-Martiny, Art. 28 Rndr. 74 – 89.

[795] Erman-Hohloch, BGB, 10. Aufl., Art. 28 EGBGB, Rdnr. 10; MünchKommBGB-Martiny, Art. 28 Rndr. 81.

[796] MünchKommBGB-Martiny, Art. 28 EGBGB, Rndr. 81; a. A.: Soergel-v. Hoffmann: Art. 28 EGBGB, Rdnr. 128.

[797] so Koch: Internet-Recht, S. 52.

diesen Fällen in der Regel ein Leistungsaustausch zwischen den Parteien in der Art gegeben ist, dass keiner der erbrachten Leistungen wegen ihres charakteristischen Inhalts Vorrang gegeben werden kann. Es ist vielmehr auf die bereits erwähnte Gesamtabwägung i. S. d. Art. 28 Abs. 2 EGBGB zurückzugreifen.

2.3.2.2.3. Die Bedeutung des elektronischen Vertrages für Art. 28 Abs. 5 EGBGB

Lässt sich bei einem elektronisch geschlossenen Vertragsverhältnis die für den Vertrag charakteristische Leistung ermitteln und so eine kollisionsrechtliche Anknüpfung über Art. 28 Abs. 2 EGBGB vornehmen, kann auch die Tatsache, dass der Vertrag über das Internet geschlossen wurde, nicht dazu führen, dass eine andere Anknüpfung über Art. 28 Abs. 5 EGBGB vorzunehmen ist. Danach gelten die Vermutungen von Art. 28 Abs. 2 – 4 EGBGB nicht, wenn sich aus der Gesamtheit der Umstände ergibt, dass der Vertrag engere Verbindungen mit einem anderen Staat aufweist.

Aufgrund der Ubiquität des Internets vermag jedoch weder der Vertragsschluss noch die Leistung über das Internet eine Verbindung zu einem nationalen Staat, geschweige denn eine „engere" Verbindung als die der gesetzlichen Vermutungsregeln, herzustellen. Zudem gilt als Faustregel, dass eine bloße Verbindung auch zu einem anderen Land als demjenigen, auf das die Vermutung hinweist, nicht ausreicht, um die regelmäßige Anknüpfung über Art. 28 Abs. 2 – 4 EGBGB auszuhebeln.[798] Es genügt lediglich, wenn eine Reihe gewichtiger Umstände auf eine andere Anknüpfung hinweisen.[799]

Ein solcher Fall ist jedoch beim Einsatz der elektronischen Kommunikation nicht denkbar. Allenfalls als Erfüllungsort kommt der Ort in Betracht, an dem etwa der Käufer einer Standard-Software das Programm auf seinen Rechner herunterlädt. Im übrigen spielt jedoch das Internet in kollisionsrechtlicher Hinsicht keine Rolle. Dass das Internet als Ort des Vertragsschlusses gewählt wurde, stellt kaum einen Bezug zu einer nationalen Rechtsordnung her. Selbst wenn beide Parteien sich tatsächlich an einem Ort in der real world getroffen haben, um einen Vertrag zu schließen, soll dem nur eine sehr geringe Bedeutung zukommen. Der Ort des Vertragsschlusses und der Vertragsverhandlungen ist flüchtig,

---

[798] MünchKommBGB-Martiny, Art. 28 EGBGB, Rndr. 93.

[799] ebd.; in diesem Sinne auch Soergel-v. Hoffmann, Art. 28 EGBGB, Rdnr. 99 ff.

leicht beeinflussbar und in der Regel rein zufällig.[800] Dies gilt natürlich erst recht für den Vertragsschluss über das Internet. Hier begeben sich die Vertragsparteien nicht einmal räumlich an ein und denselben Ort. Eine Anknüpfung über den Aufenthalt der Parteien zu dem Zeitpunkt, in dem sie sich in das Internet eingewählt haben, kann kein sachgerechtes Kriterium sein. Es wäre auch für die Vertragsparteien nicht mehr vorhersehbar, welches Recht nun möglicherweise für sie zum Tragen kommt.

Diskutiert wurde auch, dass ein Fall des Art. 28 Abs. 5 EGBGB vorliegen könnte, wenn der Anbieter der für den Vertrag charakteristischen Leistung unter einer bestimmten ccTLD (Country Code Top Level Domain) auftritt, also etwa im Falle, dass ein amerikanischer Anbieter eine .de-Domain für seinen Marktauftritt in Deutschland verwendet. Dies wird von der überwiegenden Meinung in der Literatur jedoch heute nicht mehr vertreten. Da es jedem, auch im Ausland ansässigen, Anbieter problemlos möglich ist, eine solche Domain bei der DENIC e.G. zu erhalten, ist die ccTLD kein geeignetes Abgrenzungskriterium.[801]

Allein aufgrund des Erfüllungsortes die Vermutungsregeln der Art. 28 Abs. 2 – 4 EGBGB gerade in das Gegenteil zu verkehren, wäre jedoch systemwidrig und ein klarer Verstoß gegen den Willen des Gesetzgebers, der eine Häufung von konkreten Indizien für eine Widerlegung der Vermutungsregeln verlangt.[802] Die Anknüpfung über Art. 28 Abs. 5 EGBGB ist vielmehr als Ausnahmefall anzusehen, da gerade die Vermutungen des Art. 28 Abs. 2 – 4 EGBGB ein gewisses Maß an Rechtssicherheit gewährleisten sollen.[803]

2.3.3. Die Bedeutung des Herkunftslandprinzips

Mit der Richtlinie über den elektronischen Geschäftsverkehr vom 08.06.2000 hat das sog. Herkunftslandprinzip Eingang in den europäischen Rechtskreis gefunden.[804] Nach Art. 3 Abs. 1 dieser Richtlinie hat jeder Mitgliedstaat dafür Sorge zu tragen, dass die

---

[800] BGH, Urt. v. 30.3.1976 - VI ZR 143/74, NJW 1976, 1581 (1582) = RIW/AWD 1976 S. 378; Soergel-v. Hoffmann, Art. 28 EGBGB, Rdnr. 103, m. w. N., MünchKommBGB-Martiny, Art. 28 EGBGB, Rndr. 80 m. w. N.

[801] Mehrings: Internet-Verträge und internationales Vertragsrecht, CR 1998, S. 613 (617); Gruber: Vertragsschluss im Internet unter kollisionsrechtlichen Aspekten, DB 1999, S. 1437 (1441); Mankowski: Das Internet im internationalen Vertrags- und Deliktsrecht, RabelsZ 63 (1999), S. 203 (228).

[802] MünchKommBGB-Martiny, Art. 28 EGBGB, Rndr. 93; i. E. so auch Mankowski: a.a.O., S. 203 (228).

[803] Kropholler: Internationales Privatrecht, S. 451.

[804] Richtlinie 2000/31/EG des Europäischen Parlaments und des Rates vom 8. Juni 2000 über bestimmte rechtliche Aspekte der Dienste der Informationsgesellschaft, insbesondere des elektronischen Geschäftsverkehrs („Richtlinie über den elektronischen Geschäftsverkehr"), Abl. EG 2000, Nr. L 178/1.

Dienste der Informationsgesellschaft, die ein in seinem Hoheitsgebiet ansässiger Anbieter erbringt, den in diesem Staat geltenden innerstaatlichen Vorschriften entsprechen. Ist dies der Fall, darf ein solcher Diensteanbieter nicht im Zugang zum Binnenmarkt behindert werden (Art. 3 Abs. 2 ECRL).[805] Mit dem Artikelgesetz über rechtliche Rahmenbedingungen für den elektronischen Geschäftsverkehr (Elektronischer-Geschäftsverkehr-Gesetz – EGG) wurde diese Richtlinie in deutsches Recht umgesetzt. Dieses Gesetz ist am 21.12.2001 in Kraft getreten.[806] Darin enthalten war eine Änderung des Teledienstgesetzes (TDG). Nach § 4 TDG unterliegen nunmehr in der Bundesrepublik Deutschland niedergelassene Diensteanbieter und ihre Teledienste auch dann den innerstaatlichen Normen, wenn sie ihre Dienste in einem anderen EU-Mitgliedstaat geschäftsmäßig anbieten oder erbringen. Umgekehrt werden Diensteanbieter, die in einem anderen Mitgliedstaat der EU niedergelassen sind und Teledienste geschäftsmäßig in der Bundesrepublik anbieten oder erbringen, nicht in ihrem freien Dienstleistungsverkehr eingeschränkt (§ 4 Abs. 2 TDG).

Dies gilt jedoch nicht im Bezug auf Diensteanbieter, die ihren Sitz in einem Drittstaat haben, sondern nur für Diensteanbieter, die in einem Mitgliedstaat der Europäischen Union ansässig sind (§ 4 Abs. 5 TDG).[807] Für Anbieter aus Drittstaaten gelten insoweit die in § 4 Abs. 5 TDG genannten Einschränkungen des innerstaatlichen Rechts.

In der Literatur wird das in Art. 3 der Richtlinie niedergelegte Herkunftslandprinzip teilweise für eine neue kollisionsrechtliche Regelung gehalten.[808] Wäre dies der Fall, könnte das Herkunftslandprinzip möglicherweise zumindest mittelbar auch bei Schiedsverfahren Auswirkungen auf die Bestimmung des anwendbaren Rechts bei elektronisch geschlossenen Verträgen haben. Dies macht hier eine genauere Betrachtung des Herkunftslandprinzips und dessen Einfluss auf die Bestimmung des vertraglichen Kollisionsrechts erforderlich.

---

[805] Tettenborn in: Moritz/Dreier: Rechtshandbuch zum E-Commerce, C 449; Köhler/Arndt: Recht des Internet, Rdnr. 190; Bröhl: EGG - Gesetz über rechtliche Rahmenbedingungen des elektronischen Geschäftsverkehrs, Erläuterungen zum Referentenentwurf, MMR 2001, S. 67 (69 f.).

[806] Gesetz über rechtliche Rahmenbedingungen für den elektronischen Geschäftsverkehr (Elektronischer-Geschäftsverkehr-Gesetz – EGG) vom 14.12.2001, BGBl. 2001, I S. 3721.

[807] Spindler: E-Commerce in Europa – die E-Commerce-Richtlinie in ihrer endgültigen Fassung, MMR-Beil. 7/2000, S. 4 (8); derselbe in: Verantwortlichkeit von Diensteanbietern nach dem Vorschlag einer E-Commerce-Richtlinie, MMR 1999, S. 199 (205); Sack: Herkunftslandprinzip und internationale elektronische Werbung nach der Novellierung des Teledienstgesetzes (TDG), WRP 2002, S. 271 (272).

[808] so etwa Gierschmann, Die E-Commerce-Richtlinie, DB 2000, S. 1315 (1316); Härting: Umsetzung der E-Commerce-Richtlinie, DB 2001, S. 80 f.

Um die Regelung von § 4 TDG und damit die Bedeutung des Herkunftslandprinzips vollständig erfassen zu können, ist es sinnvoll, zunächst die Vorgaben der E-Commerce-Richtlinie genauer zu betrachten.

Art. 3 der Richtlinie ist auf alle geschäftlichen Tätigkeiten anwendbar, die über das Internet erfolgen. Ausgenommen davon ist jedoch der Verbraucherbereich. Das Herkunftslandprinzip ist auf vertragliche Schuldverhältnisse mit Verbrauchern nicht anwendbar, da anderenfalls die objektive Anknüpfung nach Art. 5 des Römischen Übereinkommens über das auf das vertragliche Schuldverhältnisse anwendbare Recht, also Art. 29 EGBGB, wirkungslos werden würde. Dadurch wird gerade das Recht am gewöhnlichen Aufenthaltsort des Verbrauchers durchgesetzt, dessen zwingende Bestimmungen auch nicht durch eine zulässige Rechtswahl umgangen werden können.[809] Dies wird mit Art. 3 Abs. 3 der Richtlinie i. V. m. dem Anhang derselben (6. Spiegelstrich) nochmals ausdrücklich klargestellt.[810] Der Anwendungsbereich des Herkunftslandprinzips ist damit bereits per se auf Business-to-Business-Verträge beschränkt.[811] Gleiches gilt nach der Neuregelung im TDG. Nach § 4 Abs. 3 Nr. 2 TDG ist das Herkunftslandprinzip auf Verbraucherverträge unanwendbar, die im Rahmen von Telediensten geschlossen werden.

Der Begriff der geschäftlichen Tätigkeit ist nur dann als erfüllt anzusehen, wenn der Tätigkeit des Diensteanbieters, die nicht zwingend entgeltlich sein muss, eine gewisse Nachhaltigkeit zukommt. Dies bedeutet, dass die Tätigkeit nicht unbedingt gewerbsmäßig, aber auf eine gewisse Dauer angelegt sein muss.[812]

---

[809] Ahrens: Das Herkunftslandprinzip in der E-Commerce-Richtlinie, CR 2000, S. 835 (839); Thünken: Die EG-Richtlinie über den elektronischen Geschäftsverkehr und das internationale Privatrecht des unlauteren Wettbewerbs, IPRax 2001, S. 15 (17); so auch Spindler: E-Commerce in Europa – die E-Commerce-Richtlinie in ihrer endgültigen Fassung, MMR-Beil. 7/2000, S. 4 (12 f.).

[810] Zu den Abgrenzungsproblemen des Verbraucherbegriffs am Beispiel des Kapitalanlagegeschäfts siehe bei Spindler: Kapitalmarktgeschäfte im Binnenmarkt, IPRax 2001, S. 400 (402 ff.).

[811] Spindler: E-Commerce in Europa – die E-Commerce-Richtlinie in ihrer endgültigen Fassung, MMR-Beil. 7/2000, S. 4 (13).

[812] Tettenborn in: Moritz/Dreier: Rechtshandbuch zum E-Commerce, C 450; Begründung zum Entwurf eines Gesetzes über rechtliche Rahmenbedingungen für den elektronischen Geschäftsverkehr (Elektronisches Geschäftsverkehr-Gesetz –EGG) vom 17.05.2001 BT-Drs. 14/6098, S. 17.

Eine private gelegentliche Betätigung soll dafür nicht genügen.[813] Das Herkunftslandprinzip der Richtlinie erstreckt sich auf die öffentlich-rechtlichen und strafrechtlichen Anforderungen an Diensteanbieter, aber auch teilweise auf zivilrechtliche Aspekte, wie etwa das Wettbewerbsrecht.[814] Dementsprechend erfasst § 4 TDG querschnittsartig das gesamte Zivil- und Strafrecht, wie das Öffentlichen Recht, ausgenommen der in § 4 Abs. 3, 4 TDG genannten Bereiche.[815]

Diensteanbieter ist nach Art. 2 b) der Richtlinie jede natürliche oder juristische Person, die einen Dienst der Informationsgesellschaft anbietet. Zu solche Diensten gehören nur solche Leistungen, die online angeboten werden. Bedarf es einer Lieferung oder sonstigen Leistungserbringung in der real world, gelten die Anforderungen des Herkunftslandprinzips nicht.[816] Während der Online-Verkauf von Waren unter Art. 3 ECRL fällt, wird deren Auslieferung als solche oder die Erbringung von Offline-Diensten nicht erfasst.[817] Die Dienste der Informationsgesellschaft beschränken sich jedoch nicht auf solche, bei denen Verträge abgeschlossen werden. Sie erstrecken sich auch auf Dienste, die nicht von denjenigen vergütet werden, die sie in Anspruch nehmen, wie etwa Online-Informationsdienste, kommerzielle Kommunikation oder etwa Instrumente zur Datensuche.[818]

---

[813] Begründung zum Entwurf eines Gesetzes über rechtliche Rahmenbedingungen für den elektronischen Geschäftsverkehr (Elektronisches Geschäftsverkehr-Gesetz –EGG) vom 17.05.2001 BT-Drs. 14/6098, S. 17; Spindler: Das Gesetz zum elektronischen Geschäftsverkehr – Verantwortlichkeit der Diensteanbieter und Herkunftslandprinzip, NJW 2002, S. 921 (925).

[814] Thünken: Die EG-Richtlinie über den elektronischen Geschäftsverkehr und das internationale Privatrecht des unlauteren Wettbewerbs, IPRax 2001, S. 15 (17); Spindler: E-Commerce in Europa – Die E-Commerce-Richtlinie in ihrer endgültigen Fassung, MMR-Beil. 7/2000, S. 4; derselbe in: Internet, Kapitalmarkt und Kollisionsrecht unter besonderer Berücksichtigung der E-Commerce-Richtlinie, ZHR 165 (2001), S. 324 (333); Halfmeier: Vom Cassislikör zur E-Commerce-Richtlinie: Auf dem Weg zu einem europäischen Mediendeliktsrecht, ZEuP 2001, S. 837 (861 f.). Landfermann: Internet-Werbung und IPR in: Basedow u. a. (Hrsg.), Aufbruch nach Europa, 75 Jahre Max-Planck-Institut für Privatrecht, S. 503 (509 f.).

[815] Spindler: Das Gesetz zum elektronischen Geschäftsverkehr – Verantwortlichkeit der Diensteanbieter und Herkunftslandprinzip, NJW 2002, S. 921 (925); Nickels: Neues Bundesrecht für den E-Commerce, CR 2002, S. 302 (303).

[816] Tettenborn in: Moritz/Dreier: Rechtshandbuch zum E-Commerce, C 450; Spindler: Das Gesetz zum elektronischen Geschäftsverkehr – Verantwortlichkeit der Diensteanbieter und Herkunftslandprinzip, NJW 2002, S. 921 (925).

[817] Begründung der Richtlinie 2000/31/EG des Europäischen Parlaments und des Rates vom 8. Juni 2000 über bestimmte rechtliche Aspekte der Dienste der Informationsgesellschaft, insbesondere des elektronischen Geschäftsverkehrs, im Binnenmarkt („Richtlinie über den elektronischen Geschäftsverkehr"), Erwägungsgrund 18, Abl. EG L 178/1 (3); Tettenborn/Bender/Lübben/Karenfort: Rechtsrahmen für den elektronischen Geschäftsverkehr, BB 2001, Beil. 10, S. 1 (9).

[818] Begründung der Richtlinie 2000/31/EG des Europäischen Parlaments und des Rates vom 8. Juni 2000 über bestimmte rechtliche Aspekte der Dienste der Informationsgesellschaft, insbesondere des elektronischen Geschäftsverkehrs, im Binnenmarkt („Richtlinie über den elektronischen Geschäftsverkehr"), Erwägungsgrund 18, Abl. EG L 178/1 (3).

Dies folgt aus Art. 2 ii) ECRL. Im Folgenden soll ausschließlich der Einfluss des Herkunftslandprinzips auf das auf elektronisch geschlossene Verträge anwendbare Schuldvertragsrecht dargestellt werden, deren Leistungspflichten über das Internet erbracht werden.

Nach Art. 3 Abs. 2 ECRL in Verbindung mit dem Anhang der Richtlinie (5. Spiegelstrich) bleibt das Recht der Vertragsparteien zur freien Rechtswahl vom Herkunftslandprinzip unberührt. Bedeutung kann das Herkunftslandprinzip daher nur im Falle der fehlenden Rechtswahl der Parteien erlangen. Es tritt hier möglicherweise in Konkurrenz zu Art. 28 EGBGB (Art. 4 EVÜ).

Ob das Herkunftslandprinzip als eine neue IPR-Regel anzusehen ist, ist umstritten. Die Kritik an den Vorgaben des europäischen Gesetzgebers in dieser Hinsicht reißt nicht ab. Art. 1 Abs. 4 ECRL wird in der aktuellen Literatur zunehmend als gesetzgeberische „falsa demonstratio" bezeichnet, die nur Verwirrung stifte und in Widerspruch zur Sachaussage des Art. 3 Abs. I, II ECRL stehe.[819] Mit einem solchen politischen Kompromiss würden gar mehr Fragen aufgeworfen, als jemals Antworten gegeben werden könnten.[820]

Die Richtlinie selbst betont in Art. 1 Abs. 4 ECRL, dass sie und damit auch das in ihr enthaltene Herkunftslandprinzip keine zusätzlichen Regeln im internationalen Privatrecht schaffe. Dies wird nochmals in den Erwägungsgründen zur Richtlinie explizit ausgeführt. Danach zielt die Richtlinie nicht darauf ab, zusätzliche Regeln im Bereich des internationalen Privatrechts zu schaffen, allerdings dürften die Vorschriften des anwendbaren Rechts, die durch die Regeln des Internationalen Privatrechts bestimmt sind, nicht die Freiheit zur

[819] Mankowski: Herkunftslandprinzip und deutsches Umsetzungsgesetz zur E-commerce-Richtlinie, IPRax 2002, S. 257 (258); in diesem Sinne auch: Lurger: Internationales Deliktsrecht und Internet – ein Ausgangspunkt für grundlegende Umwälzungen im Internationalen Privatrecht? in Basedow u. a. (Hrsg.), Aufbruch nach Europa, 75 Jahre Max-Planck-Institut für Privatrecht, S. 479 (484); Landfermann: Internet-Werbung und IPR, in Basedow u. a. (Hrsg.), Aufbruch nach Europa, 75 Jahre Max-Planck-Institut für Privatrecht, S. 503 (508); Schaub: Die Neuregelung des Internationalen Deliktsrechts und das europäische Gemeinschaftsrecht, RabelsZ 66 (2002) S. 18 (34); Lurger/Vallant: Die österreichische Umsetzung des Herkunftslandprinzips der E-Commerce-Richtlinie, MMR 2002, S. 203 (208); Kritisch zum Herkunftslandprinzip der E-Commerce-Richtlinie bereits Hoeren: Vorschlag für eine EU-Richtlinie über E-Commerce, Eine erste kritische Analyse, MMR 1999, S. 192 (194 ff.); Sack: Herkunftslandprinzip und internationale elektronische Werbung nach der Novellierung des Teledienstgesetzes (TDG), WRP 2002, S. 271 (272); Marly in Grabitz/Hilf: Das Recht der Europäischen Union, Bd. III, Vorbem. A 4, Rdnr. 74 (18. EL, Mai 2001).

[820] Mankowski: Herkunftslandprinzip und deutsches Umsetzungsgesetz zur E-commerce-Richtlinie, IPRax 2002, S. 257 (258).

Erbringung von Diensten der Informationsgesellschaft im Sinne der Richtlinie einschränken (Erwägungsgrund 23).[821]

Dementsprechend hat auch der deutsche Gesetzgeber in Umsetzung der Richtlinie in seiner Gesetzesbegründung ausgeführt, dass mit dem Herkunftslandprinzip keine zusätzlichen Regeln im Bereich des internationalen Privatrechts geschaffen werden und dies in § 2 Abs. 6 TDG nochmals ausdrücklich niedergelegt.[822]

Bereits vor Inkrafttreten von Art. 3 ECRL und des darin enthaltenen Herkunftslandprinzips wurde diskutiert, ob darin nicht dennoch eine neue IPR-Regel zu sehen sei.[823] Im Hinblick auf das Vertragsrecht wurde dem geltenden IPR zwar überwiegend Vorrang eingeräumt, für das Herkunftslandprinzip bliebe jedoch der schmale Anwendungsbereich der Business-to-Business-Verträge, bei denen keine Rechtswahl getroffen wurde. Andererseits ergebe sich hier in der Regel ohnehin ein Gleichlauf zwischen der ECRL und dem geltenden Kollisionsrecht, nämlich dann, wenn die Niederlassung des Anbieters nach Art. 28 Abs. 2 S. 2 EGBGB maßgeblich sei.[824] Insoweit blieben die Auswirkungen des Herkunftslandprinzips verhältnismäßig gering.

Von nicht zu vernachlässigenden Teilen der Literatur wird die Annahme des Herkunftslandprinzips als eine neue IPR-Regel jedoch insgesamt und auch für das Wettbewerbsrecht abgelehnt.[825] Gegen die Annahme einer neuen IPR-Regel spreche schon Nr. 23 der

---

[821] Richtlinie 2000/31/EG des Europäischen Parlaments und des Rates vom 8. Juni 2000 über bestimmte rechtliche Aspekte der Dienste der Informationsgesellschaft, insbesondere des elektronischen Geschäftsverkehrs, im Binnenmarkt („Richtlinie über den elektronischen Geschäftsverkehr"), Abl. EG 2000, L 178/1 (4).

[822] Begründung zum Entwurf eines Gesetzes über rechtliche Rahmenbedingungen für den elektronischen Geschäftsverkehr (Elektronisches Geschäftsverkehr-Gesetz – EGG) vom 17.05.2001 BT-Drs. 14/6098, S. 17; Beschlussempfehlung und Bericht des Ausschusses für Wirtschaft und Technologie (9. Ausschuss) zu dem Gesetzentwurf der Bundesregierung (BTDrs 14/6098), Entwurf eines Gesetzes über rechtliche Rahmenbedingungen für den elektronischen Geschäftsverkehr (Elektronisches Geschäftsverkehr-Gesetz – EGG), BT-Drs. 14/7345, S.17; die Umsetzung von Art. 1 Abs. 4 ECRL in § 2 Abs. 6 TDG wird in der Literatur teilweise als „Angstklausel" im Verhältnis zum IPR bezeichnet so Spindler: Der Entwurf zur Umsetzung der E-Commerce-Richtlinie, ZRP 2001, S. 203 (204).

[823] unklar noch Freytag: EU-Kommission: Richtlinienentwurf zum Electronic Commerce, MMR 12/1998 S. V- VII.

[824] Spindler: E-Commerce in Europa – die E-Commerce-Richtlinie in ihrer endgültigen Fassung, MMR-Beil. 7/2000, S. 4 (13).

[825] Kropholler: Internationales Privatrecht, S. 451; Fezer/Koos: Das gemeinschaftliche Herkunftslandprinzip und die E-commerce-Richtlinie, IPRax 2000, S. 349 (352); Ahrens: Das Herkunftslandprinzip in der E-Commerce-Richtlinie, CR 2000, S. 835 (837); Sonnenberger: Das Internationale Privatrecht im dritten Jahrtausend – Rückblick und Ausblick, ZVglRWiss (100) 2001, S. 107 (126 ff.); Sack: Das internationale Wettbewerbsrecht nach der E-Commerce-Richtlinie (ECRL) und dem EGG-/ TDG-Entwurf, WRP 2001, S. 1408 f.

vom europäischen Gesetzgeber mitbeschlossenen Erwägungsgründe, wonach die Richtlinie nicht darauf abziele, zusätzliche Regeln im Bereich des internationalen Privatrechts zu schaffen. Dem entspreche auch der Normtext, der in Art. 1 Abs. 4 ECRL die Formulierung aufgriffe: „Diese Richtlinie schafft weder zusätzliche Regeln im Bereich des internationalen Privatrechts, noch befasst sie sich mit der Zuständigkeit der Gerichte."[826] Man benötige das Herkunftslandprinzip vielmehr zur notwendigen Kanalisierung des Zivilrechts, des Verwaltungsrechts und des Strafrechts auf eine einzige Rechtsordnung. Im Bereich des Zivilrechts weiche es zwar gegebenenfalls von der Rechtsordnung ab, die durch eine für ein zivilrechtliches Teilgebiet maßgebliche IPR-Norm ermittelt worden sei, doch werde die an sich geltende IPR-Anknüpfung nicht durch den Herkunftsort als Anknüpfungsmerkmal verdrängt. Das Herkunftslandprinzip nehme nur das Sachrecht des Staates in Bezug, nicht aber das Kollisionsrecht.[827]

Andererseits wird argumentiert, dass es sich bei dem in Art. 1 Abs. 4 ECRL niedergelegten Herkunftslandprinzip zwar grundsätzlich um eine neue IPR-Regel handeln soll, das Internationale Vertragsrecht werde von der ECRL jedoch ausgeklammert. Es soll vielmehr das Internationale Wettbewerbsrecht betreffen.[828] Zwar dürfe man Art. 1 Abs. 4 ECRL, also den Ausschluss des Internationalen Privatrechts, nicht wörtlich nehmen, die früheren Fassungen der Richtlinie sowie deren Begründungen machten jedoch deutlich, dass man nicht in die bestehenden Staatsverträge EuGVÜ und EVÜ eingreifen wollte. Mit den im Anhang zur Richtlinie genannten Ausnahmen werde dies noch untermauert.[829] Zudem sei im Falle der fehlenden Rechtswahl das Prinzip der engsten Verbindung das Grundprinzip des Internationalen Privatrechts in Europa. Es seien keine Gründe ersichtlich, von diesem Prinzip, das ungeschrieben über allen Kollisionsrechten dieser Erde stehe, abzuwei-

[826] Ahrens: Das Herkunftslandprinzip in der E-Commerce-Richtlinie, CR 2000, S. 835 (837).

[827] Ebd.; Härting: Gesetzentwurf zur Umsetzung der E-Commerce-Richtlinie, CR 2001, S. 271 (273).

[828] Mankowski: Das Herkunftslandprinzip als Internationales Privatrecht der E-commerce-Richtlinie, ZVglRWiss 100 (2001), S. 137 (153); Mankowski: Herkunftslandprinzip und Günstigkeitsvergleich in § 4 TDG-E, CR 2001, S. 630 (635); Dethloff: Europäisches Kollisionsrecht des unlauteren Wettbewerbs, JZ 2000, S. 179 (181); für die Annahme des Herkunftslandprinzips als Kollisionsrecht auch Nickels: Neues Bundesrecht für den E-Commerce, CR S. 302 (304); unklar für das Vertragsrecht Lurger/Vallant: Die österreichische Umsetzung des Herkunftslandprinzips in der E-Commerce-Richtlinie, MMR 2002, S. 203; für das Deliktsrecht: Schaub: Die Neuregelung des Internationalen Deliktsrechts und das europäische Gemeinschaftsrecht, RabelsZ 66 (2002), S. 18 (34).

[829] Mankowski: Das Herkunftslandprinzip als Internationales Privatrecht der E-commerce-Richtlinie, ZVglRWiss 100 (2001), S. 137 (154); Fezer/Koos: Das gemeinschaftliche Herkunftslandprinzip und die E-commerce-Richtlinie, IPRax 2000, S. 349 (352); anders Spindler: Das Herkunftslandprinzip im neuen Teledienstgesetz, RIW 2002, S. 183 (S. 186, Fn. 38), der in der Richtlinie keinen Anhaltspunkt dafür erkennen kann, dass das internationale Vertragsrecht vom Herkunftslandprinzip ausgenommen sein soll.

chen.[830] Letztlich wäre es um so unverständlicher, im Falle der fehlenden Rechtswahl das anwendbare Recht über das Herkunftslandprinzip zu ermitteln, da die Richtlinie auch im Falle der Rechtswahl der Parteien gerade nicht anwendbar sein soll.[831]

Dem wird entgegengehalten, dass trotz der, in Art. 1 Abs. 4 der Richtlinie enthaltenen, Ausklammerung des nationalen IPR vom kollisionsrechtlichen Charakter des Herkunftslandprinzips auszugehen sei. Ein unmittelbarer Verweis auch auf nationales Kollisionsrecht sei aber nicht anzunehmen, da anderenfalls das Herkunftslandprinzip ad absurdum geführt werde. Das nationale IPR soll vielmehr anhand von Art. 3 ECRL der Richtlinie auszulegen sein, da man nur so dem kollisionsrechtlichen Gehalt des Herkunftslandprinzips Rechnung trage.[832] Da das Verbrauchervertragsrecht aus der ECRL ausgenommen sei, wird davon ausgegangen, dass das Herkunftslandprinzip hingegen im Vertragsrecht des Business-to-Business-Bereichs anzuwenden ist.[833] Nach den Ausnahmebestimmungen im Anhang zu Art. 3 soll ausdrücklich die freie Rechtswahl vom Herkunftslandprinzip unberührt bleiben, so dass im Umkehrschluss gerade auch das vertragliche Kollisionsrecht vom Herkunftslandprinzip betroffen sei. Dies gelte auch, wenn man nach Art. 1 Abs. 4 ECRL ausdrücklich keine zusätzlichen Regeln im Bereich des internationalen Privatrechts schaffen wollte. Art. 3 ECRL sei letztlich daher doch als eine kollisionsrechtliche Norm auch im Vertragsrecht anzusehen.[834] Dies bedeute also eine Abkehr von den Art. 27 ff. EGBGB. Es finde nicht mehr dasjenige Recht Anwendung, das den engsten Bezug zum Vertrag aufweise, sondern das Recht des Heimatstaates des Diensteanbieters.[835] Letztlich würden

[830] Mankowski: Das Herkunftslandprinzip als Internationales Privatrecht der E-commerce-Richtlinie, ZvglRWiss 100 (2001), S. 137 (156).

[831] Mankowski: a.a.O., S. 137 (157).

[832] Gierschmann: Die E-Commerce-Richtlinie DB 2000, S. 1315 (1316); für das Wettbewerbsrecht: Thünken: Die EG-Richtlinie über den elektronischen Geschäftsverkehr und das internationale Privatrecht des unlauteren Wettbewerbs, IPRax 2001, S. 15 (17, 20 f.); Spindler: Internationale Kapitalmarktangebote und Dienstleistungen im Internet - Öffentlich-rechtliche Regulierung und Kollisionsrecht unter besonderer Berücksichtigung der E-Commerce-Richtlinie-, WM 2001, S. 1689 (1691); dagegen Mankowski: Internet und Internationales Wettbewerbsrecht, GRUR Int. 1999, S. 909 – 921.

[833] Thünken: Die EG-Richtlinie über den elektronischen Geschäftsverkehr und das internationale Privatrecht des unlauteren Wettbewerbs, IPRax 2001, S. 15 (17); in diesem Sinne auch Waldenberger: Electronic Commerce: der Richtlinienvorschlag der EG-Kommission, EuZW 1999, S. 296 (298); Tettenborn/Bender/Lübben/Karenfort: Rechtsrahmen für den elektronischen Geschäftsverkehr, BB 2001, Beil. 10, S. 1 (10).

[834] Spindler: Kapitalmarktgeschäfte im Binnenmarkt - Der Einfluss der E-Commerce-Richtlinie auf das internationale Vertragsrecht, IPRax 2001, S. 400 (401); derselbe in: Internet, Kapitalmarkt und Kollisionsrecht unter besonderer Berücksichtigung der E-Commerce-Richtlinie, ZHR 165 (2001), S. 324 (345); derselbe in: Das Herkunftslandprinzip im neuen Teledienstgesetz, RIW 2002, S. 183 (186); derselbe in: Das Gesetz zum elektronischen Geschäftsverkehr - Verantwortlichkeit der Diensteanbieter und Herkunftslandprinzip, NJW 2002, S. 921 (926).

[835] Spindler: Grenzüberschreitende elektronische Rechtsgeschäfte, in Hohloch (Hrsg.): Recht und Internet, S. 9 (16).

aufgrund der nach bisherigem Recht üblichen Anknüpfung an den Niederlassungsstaat desjenigen, der die für den Vertrag charakteristische Leistung erbringe (Art. 28 Abs. 2 S. 2 EGBGB), über das Herkunftslandprinzip in der Regel jedoch keine anderen Ergebnisse erzielt.[836] Der Bruch mit den bewährten Anknüpfungsregeln des internationalen Vertragsrechts sei zwar mehr als bedauerlich, es könne jedoch nicht einfach über die Systematik und die Erwägungsgründe der Richtlinie hinweggegangen werden.[837] Der zweite Halbsatz von Art. 1 Abs. 4 ECRL sowie der Erwägungsgrund Nr. 23 stellten klar, dass auch das Kollisionsrecht und die dadurch zur Anwendung berufenen Normen nicht den freien Dienstleistungsverkehr einschränken dürften. Die Richtlinie unterwerfe also die Ergebnisse ihrer Anwendung dem schon aus dem primären Gemeinschaftsrecht bekannten Test im Hinblick auf die Einschränkung der Dienstleistungsfreiheit. Warum dieser Vorbehalt nicht ebenso für das internationale Vertragsrecht gelten solle, sei nicht einsichtig.[838] Wenn das gesamte internationale Vertragsrecht von der ECRL unberührt bleibe, mache es zudem keinen Sinn, dass Immobiliarverträge im Anhang der Richtlinie unter bestimmten Umständen aus dem Anwendungsbereich der ECRL ausgenommen würden.[839]

Die Anwendbarkeit der ECRL auf das internationale Vertragsrecht folge zudem aus Art. 2 h) i) ECRL, der den koordinierten Bereich der Richtlinie festlege. Der koordinierte Bereich betreffe vom Diensteanbieter zu erfüllende Anforderungen in Bezug auf die Ausübung der Tätigkeit eines Dienstes der Informationsgesellschaft. Dazu gehörten beispielsweise Anforderungen an das Verhalten des Diensteanbieters, Anforderungen betreffend Qualität oder Inhalt des Dienstes, einschließlich der auf Werbung und Verträge anwendbaren Anforderungen. Da sich Art. 3 ECRL auf diesen koordinierten Bereich beziehe, sei auch das internationale Vertragsrecht vom Herkunftslandprinzip erfasst.[840]

---

[836] Spindler: Grenzüberschreitende elektronische Rechtsgeschäfte, in Hohloch (Hrsg.): Recht und Internet, S. 9 (17); Marly in Grabitz/Hilf: Das Recht der Europäischen Union, Bd. III, A 4, Art. 3, Rdnr. 28 (18. EL, Mai 2001).

[837] Spindler: Kapitalmarktgeschäfte im Binnenmarkt – Der Einfluss der E-Commerce-Richtlinie auf das internationale Vertragsrecht, IPRax 2001, S. 400 (402).

[838] ebd.

[839] ebd.

[840] ebd.

Verfechter der erstgenannten Auffassung entgegnen dem, dass es zwar aufgrund des Ausschlusses der Rechtswahlfreiheit der Parteien und des Verbrauchervertragsrechts aus dem Anwendungsbereich des Herkunftslandprinzips in der ECRL durchaus naheliege, dass Art. 3 Abs. 1 ECRL nur Art. 3 EVÜ (Art. 27 EGBGB) und Art. 5 EVÜ (Art. 29 EGBGB) unberührt lassen wollte, während er im übrigen das vertragliche Kollisionsrecht beeinflusse. Andererseits jedoch solle die Richtlinie insgesamt überhaupt keine kollisionsrechtliche Regelung enthalten. Sinn und Zweck der Regelung sei es vielmehr, die Kontrolle der Gestaltung der Dienste - und nur diese - dem Recht des Niederlassungsstaates zu unterwerfen, um so eine ordnungsgemäße Kontrolle überhaupt zu ermöglichen. Nach dem Recht des Niederlassungsstaates richte sich daher lediglich, welche Dienste statthaft seien und wie sie beschaffen sein müssten.[841] Funktion des Niederlassungsstaates sei damit eine Aufsichtsfunktion über das Was und Wie elektronischer Dienstleistungen.[842] Auf das vertragsrechtliche Gewand der elektronischen Dienste beziehe sich die ECRL hingegen nicht.[843]

Trotz des anderslautenden Wortlauts von Art. 1 Abs. 4 ECRL stelle das Herkunftslandprinzip zwar grundsätzlich eine kollisionsrechtliche Vorschrift dar, die gegenüber dem geltenden IPR Vorrang beanspruche, denn nur so könne es seinem anbieterbegünstigenden Zweck genüge tun.[844] Daher sei sowohl Art. 1 Abs. 4 ECRL wie auch § 2 Abs. 6 TDG unbeachtlich.[845] Allerdings gelte dies insbesondere für das Internationale Wettbewerbsrecht, nicht jedoch für das Internationale Schuldvertragsrecht. Das EVÜ sei insgesamt von der Geltung der ECRL ausgenommen, denn die Organe der EU wollten einerseits das EVÜ nicht beeinträchtigen, andererseits aber auch auf die Vorarbeiten zur Rom I-VO Rücksicht nehmen. Es sei nirgends ersichtlich, dass der Respekt gegenüber dem EVÜ aufgegeben

[841] Sonnenberger: Das Internationale Privatrecht im dritten Jahrtausend – Rückblick und Ausblick, ZvglRWiss 100 (2001), S. 107 (127).

[842] Ebd.; Richtlinie 2000/31/EG des Europäischen Parlaments und des Rates vom 8. Juni 2000 über bestimmte rechtliche Aspekte der Dienste der Informationsgesellschaft, insbesondere des elektronischen Geschäftsverkehrs, im Binnenmarkt („Richtlinie über den elektronischen Geschäftsverkehr"), Erwägungsgrund 22, Abl. EG 2000, L 178/1 (4).

[843] Sonnenberger: a.a.O., S. 107 (127).

[844] Mankowski: Herkunftslandprinzip und deutsches Umsetzungsgesetz zur e-commerce-Richtlinie, IPRax 2002, S. 257 (258); Drygala: Die Vollharmonisierung des Vertriebsrechts für Finanzdienstleistungen im Fernabsatz, FS Lutter, S. 1563 (1568).

[845] Mankowski: a.a.O., S. 257 (258); Wilske: Conflict of Laws in Cyber Torts, CRi 2001, S. 68 (69); Landfermann: Internet-Werbung und IPR, in: Basedow u. a. (Hrsg.), Aufbruch nach Europa, 75 Jahre Max-Planck-Institut für Privatrecht, S. 503 (509 f.).

werden sollte.[846] Diese Argumentation werde mit der in der ECRL enthaltenen Sonderregel für das internationale Versicherungsvertragsrecht unterstützt, das auf EU-Ebene im Rahmen einer Richtlinie erarbeitet wurde. Dieses werde ausdrücklich vom Herkunftslandprinzip ausgenommen, da richtlinienbasiertes Kollisionsrecht nicht von dem gleichen besonderen Respekt wie das EVÜ erfasst sein könne. Die ECRL selbst mache mit Art. 9 – 11 nur Aussagen zum Vertragssachrecht, nicht aber zum Internationalen Schuldvertragsrecht.[847] Dies verdeutlichten auch die Erwägungsgründe, in denen ausgeführt werde, dass die Richtlinie insbesondere verhindern wolle, dass allein aufgrund der elektronischen Form des Vertragsschlusses solche Verträge formunwirksam sein könnten. Zweck der Richtlinie sei es gerade gewesen, die Formwirksamkeit solcher Verträge zu fördern.[848]

Jedoch selbst wenn man anderer Auffassung sei und auch hinsichtlich des Internationalen Schuldvertragsrechts von einer Anwendbarkeit des Herkunftslandprinzips ausgehe, ergäben sich allenfalls im Bereich von Art. 28 Abs. 5 EGBGB marginale Differenzen. In diesem Fall müsse man das Herkunftslandprinzip in jedem Fall teleologisch reduzieren, soweit es ansonsten die Anwendung von Art. 28 Abs. 5 (Art. 4 EVÜ) auszuschließen drohe.[849]

Es scheint zu kurz gegriffen, trotz entgegenstehendem Wortlauts dem Herkunftslandprinzip zu unterstellen, es habe überhaupt keinen kollisionsrechtlichen Charakter. Diese Auffassung hat zwar für sich, dass Art. 1 Abs. 4 ECRL dies nochmals ausdrücklich betont, eine konsequente Durchsetzung dieser Ansicht würde jedoch dazu führen, dass Art. 3 ECRL letztlich ins Leere liefe. Jeder Diensteanbieter i. S. d. ECRL bzw. des TDG könnte, trotz Einhaltung der Rechtsvorschriften bei einer Erreichbarkeit seines Internetangebotes vom europäischen Ausland aus, nicht sicher sein, nicht gegen Regelungen anderer Mitgliedstaaten zu verstoßen und so Gefahr zu laufen, in gerichtliche Auseinandersetzungen hineingezogen zu werden. Sinn und Zweck der ECRL, nämlich einerseits die Rechtskosten der Unternehmer in den Mitgliedstaaten zu senken und kalkulierbar zu machen, andererseits aber auch die Förderung des Vertrauens der Anbieter in die Rechtssi-

---

[846] Mankowski: E-Commerce und Internationales Verbraucherschutzrecht, MMR-Beil. 7/2000, S. 22 (23); Mankowski: Herkunftslandprinzip und deutsches Umsetzungsgesetz zur e-commerce-Richtlinie, IPRax 2002, S. 257 (264).

[847] Mankowski: Herkunftslandprinzip und deutsches Umsetzungsgesetz zur E-commerce-Richtlinie, IPRax 2002, S. 257 (264).

[848] ebd.

[849] Mankowski: a.a.O., S. 257 (264-265); Mankowski: Das Herkunftslandprinzip als Internationales Privatrecht der E-commerce-Richtlinie, ZvglRWiss 100 (2001), S. 137 (157).

cherheit beim elektronischen Geschäftsverkehr, würden verfehlt.[850] Ziel war es, europäischen Unternehmen einen festen Rechtsrahmen zu geben, um so positiv Einfluss auf Investitionen zu nehmen.[851] Spricht man dem Herkunftslandprinzip jeglichen kollisionsrechtlichen Gehalt ab, könnte dieses Ziel nicht erreicht werden.

Das Herkunftslandprinzip als eine neue IPR-Regel auch für den Bereich des internationalen Schuldvertragsrechts anzusehen, erscheint hingegen nicht sachgerecht. Das Argument, dass sich die Tatsache, dass gerade das Verbrauchervertragsrecht aus dem Anwendungsbereich von Art. 3 Abs. 1, 2 ECRL herausgenommen worden sei, dafür spreche, dass auch das internationale Vertragsrecht vom Anwendungsbereich erfasst sei, lässt sich damit entkräften, dass das Wettbewerbsrecht, welches das primäre Ziel der Richtlinie war, zunehmend auch die Funktion hat, indirekt Verbraucherschutz zu gewährleisten.[852] Mit der Herausnahme des Verbrauchervertragsrechts aus Art. 3 ECRL soll deutlich gemacht werden, dass ein Anbieter sich verbrauchervertragsrechtlich auf die rechtlichen Bedingungen im Land des Kunden einstellen muss.[853] Dies soll insbesondere im Hinblick auf die verbraucherschützenden Elemente des Wettbewerbsrechts gelten.

Die Argumentation, dass aufgrund dessen, dass Immobiliarverträge im Anhang zu Art. 3 ECRL von dessen Anwendungsbereich ausgenommen sind, es daher keinen Sinn mache, wenn nicht das internationale Schuldvertragsrecht insgesamt unter Art. 3 ECRL falle, greift ebenfalls nicht. Der Anhang zu Art. 3 der Richtlinie (7. Spiegelstrich) spricht davon, dass die formale Gültigkeit von Verträgen, die Rechte an Immobilien begründen oder übertragen, nicht nach dem Herkunftslandprinzip zu beurteilen ist, sofern diese Verträge nach dem Recht des Mitgliedstaates, in dem sich die Immobilie befindet, zwingenden Formvorschriften unterliegen. Im Vordergrund dieser Regelung steht hier lediglich die Formwirksamkeit des Vertragsabschlusses. Ein wesentlicher Zweck der Richtlinie war es, den Abschluss elektronischer Verträge in den Mitgliedstaaten zu ermöglichen. Dies hat in

---

[850] Vorschlag für eine Richtlinie des Europäischen Parlaments und des Rates über bestimmte rechtliche Aspekte des elektronischen Geschäftsverkehrs im Binnenmarkt, vorgelegt von der Kommission der Europäischen Gemeinschaften, KOM 1998, 586, endg. v. 18.11.1998, (S. 9 f.).

[851] Vorschlag für eine Richtlinie des Europäischen Parlaments und des Rates über bestimmte rechtliche Aspekte des elektronischen Geschäftsverkehrs im Binnenmarkt, vorgelegt von der Kommission der Europäischen Gemeinschaften, KOM 1998, 586, endg. v. 18.11.1998, (S. 10).

[852] Mankowski: Internet und Internationales Wettbewerbsrecht, GRUR Int. 1999, S. 909 (911).

[853] Mankowski: a.a.O., S. 909 (912).

Art. 9 Abs. 1 ECRL seinen Niederschlag gefunden. Art. 9 Abs. 2 a) ECRL sieht jedoch gerade vor, dass es den Mitgliedstaaten offensteht, bei Immobilenverträgen die elektronische Form des Vertragsschlusses nicht zu gestatten.

Hat nun ein Mitgliedstaat, wie etwa die Bundesrepublik mit § 311b Abs. 1 BGB geschehen, die notarielle Form für beispielsweise den Grundstückskauf vorgesehen, würde bei strenger Anwendung des Herkunftslandprinzips diese Formvorschrift möglicherweise wieder umgangen. Denn das Herkunftslandprinzip würde in dem Fall, dass ein Anbieter eines in einem Mitgliedstaat belegenen Grundstücks, nach dessen Recht ein elektronischer Vertragsschluss zum Erwerb eines Grundstücks unzulässig wäre, der jedoch selbst seinen Sitz in einem Mitgliedstaat hat, der von der Ausnahme des Art. 9 Abs. 2 ECRL keinen Gebrauch gemacht hat, ermöglichen, diese den Mitgliedstaaten eingeräumte Befugnis zu umgehen. Dies sollte durch die Herausnahme der Formbedürftigkeit von Immobiliarverträgen aus dem Anwendungsbereich des Herkunftslandprinzips jedoch gerade verhindert werden. Zwar ist es grundsätzlich möglich, ein deutsches Grundstück im Ausland unter Einhaltung der dortigen Formvorschriften zu verkaufen[854], haben die Parteien jedoch keine Rechtswahl getroffen, soll im Grundstücksverkehr in der Regel das Recht der belegenen Sache zur Anwendung kommen und nicht das Recht des Anbieters. Es ist schließlich durchaus denkbar, dass ein ausländischer Grundstücksverkäufer ein in Deutschland belegenes Grundstück an einen Bundesbürger verkaufen möchte, die Parteien jedoch übersehen, eine Rechtswahl in ihrem Vertrag zu treffen. In diesem Fall greift nicht das Herkunftslandprinzip, sondern die Regelung des Art. 28 Abs. 3 EGBGB, da der Vertrag ein dingliches Recht an einem Grundstück zum Gegenstand hat und zum Belegenheitsstaat die engste Verbindung besteht.[855] Dem Richtliniengeber ging es mit dieser Regelung nur um die Frage der Formgültigkeit des Vertrages, nicht um das auf den Vertrag anwendbare Recht insgesamt.

Dem Argument, dass sich auch aus dem in Art. 2 i) ECRL definierten „koordinierten Bereich" der Richtlinie ergebe, dass auch das Vertragsrecht vom Herkunftslandprinzip erfasst sei, widerspricht bereits dem Wortlaut der Regelung. Danach betrifft der koordinierte Bereich vom Diensteanbieter zu erfüllende Anforderungen in Bezug auf die Ausübung der

---

[854] MünchKommBGB-Martiny, Art. 28 EGBGB, Rdnr. 118a.

[855] MünchKommBGB-Martiny, a.a.O., Rdnr. 118.

Tätigkeit eines Dienstes der Informationsgesellschaft. Dazu gehören, wie bereits gesehen, beispielsweise Anforderungen betreffend das Verhalten des Diensteanbieters, Anforderungen betreffend die Qualität oder Inhalt des Dienstes, einschließlich der auf Werbung und Verträge anwendbaren Anforderungen. Die Richtlinie betrifft also nur „Anforderungen", die an elektronische Verträge gestellt werden, nicht jedoch regelt sie das auf diese Verträge anwendbare materielle Recht. Nach der Begründung zum Richtlinienvorschlag der Kommission sollten mit Hilfe dieser Definition die nationalen Regelungen bestimmt werden, deren Befolgung von den Mitgliedstaaten garantiert werden muss. Der koordinierte Bereich bezieht sich auf sämtliche Anforderungen, die an einen Akteur, der als Anbieter von Diensten der Informationsgesellschaft auftritt, oder an Dienste der Informationsgesellschaft selbst gestellt werden.[856] Es ging also nicht darum, das Vertragrecht neu zu regeln, es sollten vielmehr nur bestimmte Anforderungen, die beispielsweise an die Formbedürftigkeit von Verträgen gestellt werden, festgelegt werden.

Überzeugende Begründung der Gegner der Annahme einer neuen IPR-Regel in vertragsrechtlicher Hinsicht ist, dass es nicht Intention des europäischen Gesetzgebers war, das EVÜ zu übergehen. Anderenfalls würde es zu einer Zersplitterung des internationalen Vertragsrechts kommen, die von niemandem gewollt sein kann. Gegen eine solche Annahme spricht auch der Wortlaut der Richtlinie: Danach hat „jeder Mitgliedstaat dafür zu sorgen, dass die Dienste der Informationsgesellschaft, die von einem in dem jeweiligen Hoheitsgebiet ansässigen Diensteanbieter erbracht werden, den in dem jeweiligen Mitgliedstaat geltenden Vorschriften entsprechen". Mit diesem Wortlaut wird deutlich, dass hier nur an ordnungspolitische Sachvorschriften, nicht aber an das vertragliche Kollisionsrecht gedacht wurde. Der Diensteanbieter soll sich an die straf- und ordnungsrechtlichen Vorschriften des Niederlassungsstaates halten und sich daran orientieren können. Auch das heimische Wettbewerbsrecht soll ihm als Maßstab der noch erlaubten Tätigkeit dienen. Intention des Richtliniengebers war es nicht, den Anbieter einer Leistung über das Internet in vertragsrechtlicher Hinsicht gegenüber dem Anbieter in der real world zu bevorzugen. Für eine solche Bevorzugung insoweit, dass ein Anbieter im Internet immer gewiss sein könne, dass im Falle der fehlenden Rechtswahl sein heimatliches Sachrecht zur Anwendung komme, gibt es auch keinen sachlichen Grund.

---

[856] Vorschlag für eine Richtlinie des Europäischen Parlaments und des Rates über bestimmte rechtliche Aspekte des elektronischen Geschäftsverkehrs im Binnenmarkt, vorgelegt von der Kommission der Europäischen Gemeinschaften, KOM 1998, 586, endg. v. 18.11.1998, Begr. zu Art. 2 (S. 23 f.).

Dem kann jedoch andererseits zu Recht entgegnet werden, dass nach Art. 20 EVÜ das Gemeinschaftsrecht grundsätzlich Vorrang genießt. Das EVÜ berührt danach nicht die Anwendung der Kollisionsnormen für vertragliche Schuldverhältnisse auf besonderen Gebieten, die in Rechtsakten der Organe der EU oder in dem in Ausführung einer dieser Akte harmonisierten innerstaatlichen Recht enthalten sind, wie etwa das bereits genannte Versicherungsvertragsrecht.[857] Solche Rechtsakte der EU sind insbesondere deren Verordnungen, Richtlinien und die von den Gemeinschaften geschlossenen Übereinkommen.[858] Bei Konflikten des EVÜ mit solchen Rechtsakten der Gemeinschaftsorgane wird letzteren grundsätzlich Vorrang eingeräumt.[859] Geht man davon aus, dass es sich bei Art. 3 ECRL um eine IPR-Regel des internationalen Vertragsrechts handelt, so wäre die ECRL damit vorrangig. Für den Business-to-Business-Bereich wäre dann, im Rahmen der Teledienste, das anwendbare Recht nach dem Herkunftslandprinzip zu bestimmen.

Die Kommission hat jedoch in der Begründung ihres Richtlinienvorschlags besonders hervorgehoben, dass das Übereinkommen von Rom über das auf vertragliche Schuldverhältnisse anzuwendende Recht von 1980 nicht durch die ECRL ersetzt werden soll.[860] Vielmehr sollen sowohl das EVÜ als auch das Übereinkommen von Brüssel über die gerichtliche Zuständigkeit und die Vollstreckung gerichtlicher Entscheidungen in Zivil- und Handelssachen von 1968 anwendbar bleiben.[861] Maßgebliches Ziel von Art. 3 ECRL sollte es vielmehr sein, die Feststellung zu ermöglichen, welcher Mitgliedstaat dafür verantwortlich ist, über die Rechtmäßigkeit von Diensten der Informationsgesellschaft zu wachen und es andererseits den anderen Mitgliedstaaten zu untersagen, den freien Verkehr dieser Dienstleistungen einzuschränken.[862] Jeder Mitgliedstaat der Niederlassung des Anbieters sollte verpflichtet sein, dafür Sorge zu tragen, dass die Tätigkeit des Diensteanbieters mit

---

857 MünchKommBGB-Martiny, Vor Art. 27 EGBGB, Rdnr. 18.

858 ebd.; Bericht über das Übereinkommen über das auf ver-tragliche Schuldverhältnisse anzuwendende Recht von Mario Giuliano und Paul Lagarde, BT-Drs. 10/503, S. 33 (71), Abl. EG 1980, Nr. C.282/1.

859 MünchKommBGB-Martiny, Vor Art. 27EGBGB, Rdnr. 18.

860 Vorschlag für eine Richtlinie des Europäischen Parlaments und des Rates über bestimmte rechtliche Aspekte des elektronischen Geschäftsverkehrs im Binnenmarkt, vorgelegt von der Kommission der Europäischen Gemeinschaften, KOM 1998, 586, endg. v. 18.11.1998, Begr. zu Art. 3 (S. 23-24); Marly in Grabitz/Hilf; Das Recht der Europäischen Union, Bd. III, A 4, Art. 3, Rdnr. 15 (18. EL, Mai 2001).

861 Vorschlag für eine Richtlinie des Europäischen Parlaments und des Rates über bestimmte rechtliche Aspekte des elektronischen Geschäftsverkehrs im Binnenmarkt, vorgelegt von der Kommission der Europäischen Gemeinschaften, KOM 1998, 586, endg. v. 18.11.1998, Begr. zu Art. 3 (S. 23-24).

862 Vorschlag für eine Richtlinie des Europäischen Parlaments und des Rates über bestimmte rechtliche Aspekte des elektronischen Geschäftsverkehrs im Binnenmarkt, vorgelegt von der Kommission der Europäischen Gemeinschaften, KOM 1998, 586, endg. v. 18.11.1998, Begr. zu Art. 3 (S. 23).

den innerstaatlichen Rechtsvorschriften des Landes vereinbar bleibt.[863] Es ging der Kommission also nicht darum, neue Regeln im Bereich des Internationalen Vertragsrechts zu schaffen.[864] Zweck war vielmehr die bereits erwähnte Festschreibung der Aufsichtsfunktion der Mitgliedstaaten. Es galt das Problem zu lösen, dass ein und dieselbe Tätigkeit eines Dienstanbieters der Aufsicht und dem Rechtssystem verschiedener Mitgliedstaaten unterliegen konnte. Die verschiedenen Aspekte einer Wirtschaftstätigkeit im Internet konnten unter Umständen dem Staatsgebiet verschiedener Mitgliedstaaten zuzuordnen sein, so dass die Gefahr bestand, dass es zu einer Vielzahl von verschiedenen staatlichen Aufsichtsstellen kommen konnte.[865] Geboren ist das Herkunftslandprinzip der ECRL also aus der Unsicherheit darüber, „wer über wen wacht", und nicht etwa aus dem Bedürfnis heraus, neue Regeln für das internationale Schuldvertragsrecht zu schaffen. Diese Unsicherheit sollte nicht den freien Verkehr der Dienste der Informationsgesellschaft und die Kontrolle solcher Dienste gefährden.[866]

Zu berücksichtigen ist ferner, dass die gegenteilige Auffassung ohnehin kaum praktische Relevanz erlangen würde. Das Herkunftslandprinzip der ECRL entfaltet nur Wirkung gegenüber Anbietern in den beteiligten Mitgliedstaaten. Anbieter aus Drittstaaten berührt das Prinzip nicht. Die Vertragsstaaten des EVÜ sind sämtlich Mitgliedstaaten der EU.[867] Erfasst das Herkunftslandprinzip also auch das vertragliche Kollisionsrecht der Mitgliedstaaten, ist bei fehlender Rechtswahl nach Art. 4 EVÜ bzw. dessen nationalen Umsetzungsgesetzen immer das Recht anzuwenden, mit dem der Vertrag die engsten Verbindungen aufweist. Gleich welcher Ansicht man folgt, kommt man nach beiden Auffassungen also zum gleichen anwendbaren Sachrecht.

---

[863] Vorschlag für eine Richtlinie des Europäischen Parlaments und des Rates über bestimmte rechtliche Aspekte des elektronischen Geschäftsverkehrs im Binnenmarkt, vorgelegt von der Kommission der Europäischen Gemeinschaften, KOM 1998, 586, endg. v. 18.11.1998, Begr. zu Art. 3 (S. 24).

[864] so bereits Sonnenberger: Das Internationale Privatrecht im dritten Jahrtausend – Rückblick und Ausblick, ZvglRWiss 100 (2001), S. 107 (127).

[865] Vorschlag für eine Richtlinie des Europäischen Parlaments und des Rates über bestimmte rechtliche Aspekte des elektronischen Geschäftsverkehrs im Binnenmarkt, vorgelegt von der Kommission der Europäischen Gemeinschaften, KOM 1998, 586, endg. v. 18.11.1998, Begründung, (S. 15).

[866] ebd.

[867] dazu gehören derzeit Belgien, Dänemark, Deutschland, Finnland, Frankreich, Griechenland, Irland, Italien, Luxemburg, Niederlande, Österreich, Portugal, Schweden, Spanien und das Vereinigte Königreich; vgl. Heldrich / Palandt: BGB, Vorb. v. Art. 27 EGBGB, Rdnr. 1.

Nach der hier vertretenen Ansicht trifft das Herkunftslandprinzip keine neue kollisionsrechtliche Regelung im Bereich des internationalen Schuldvertragsrechts, so dass es auch im Rahmen der Ermittlung des anwendbaren Rechts bei fehlender Rechtswahl der Parteien eines Schiedsverfahrens ohne Bedeutung ist.

2.3.4. Heranziehung nichtstaatlicher Klauselwerke und der lex mercatoria nach § 1051 Abs. 2 ZPO

Umstritten ist in diesem Zusammenhang ferner, ob das Schiedsgericht bei fehlender Rechtswahl der Parteien nach § 1051 Abs. 2 ZPO berechtigt ist, die oben bereits erläuterten Grundsätze der lex mercatoria seiner Entscheidung zugrunde zu legen. Möglicherweise versperrt die Formulierung „Recht des Staates" in § 1051 Abs. 2 ZPO die Anwendung der lex mercatoria. Da die Regelung des § 1051 ZPO autonom auszulegen ist, kommt es auf die Regelung des Art. 28 EGBGB nicht an.[868]

Die Begründung der Bundesregierung zum Entwurf des Schiedsverfahrensgesetzes schweigt zu dieser Fragestellung.[869] Nach einer Auffassung in der Literatur wird die Bezeichnung „Recht des Staates" als eine Art „falsa demonstratio" verstanden, welche die Anwendung der lex mercatoria nicht hindere.[870]

Nach anderer Ansicht jedoch soll die Anwendung der „lex mercatoria" bei fehlender Ermächtigung durch die Parteien grundsätzlich ausscheiden.[871] Der Gesetzgeber weiche mit seiner Formulierung in § 1051 Abs. 2 ZPO vom Wortlaut des Art. 28 Abs. 2 des UMG ab, so dass keine transnationalen Rechtsvorschriften, sondern ausschließlich nationale Rechtsordnungen als anwendbares Recht in Betracht kämen.[872] Das Gesetz sage zwar nicht ausdrücklich, ob sich ein Schiedsgericht bei objektiver Anknüpfung auf die lex mercatoria stützen dürfe. Für eine negative Antwort spreche jedoch der Wortlaut des

---

868 Zum Verhältnis von § 1051 ZPO zu Art. 27 EGBGB siehe die Ausführungen unter Teil B, § 1, Kap. 2.3.1.1; in diesem Sinne wohl auch Staudinger/Magnus (2002), Art. 28 EGBGB, Rdnr. 15.; Junker: Deutsche Schiedsgerichte und Internationales Privatrecht (§1051 ZPO), FS Sandrock, S. 443 (461).

869 so auch Sandrock: Die objektive Anknüpfung von Verträgen nach § 1051 Abs. 2 der deutschen ZPO in der Fassung des SchiedsvfG von 1997, FS Sturm, S. 1645 (1658).

870 Junker: Deutsche Schiedsgerichte und Internationales Privatrecht (§1051 ZPO), FS Sandrock, S. 443 (462).

871 Sandrock: a.a.O., S. 321 - 328 (327); Soergel-v. Hoffmann, Art. 27 EGBGB, Rdnr. 17; hinsichtlich der Regelung der ICC-Schiedsordnung: Weigand: Die neue ICC-Schiedsgerichtsordnung 1998, NJW 1998, S. 2081 (2085).

872 Berger: Das neue deutsche Schiedsverfahrensrecht, DZWir 1998, S. 45 (52).

§ 1051 Abs. 2 ZPO, welcher im Unterschied zu Abs. 1 nur das „Recht" und nicht auch die „Rechtsvorschriften" (rules of law) nennt.[873]

Dem wird entgegengehalten, dass der Wortlautabweichung von § 1051 Abs. 2 ZPO zu Art. 28 Nr. 2 UMG keine besondere Bedeutung beizumessen sei, da sich diese Abweichung nur aus formulierungstechnischen Gründen ergeben habe. Wer auf die „engsten Verbindungen" abstelle, benötige den Begriff „Staat". Stelle man die Rechtsanwendung in das Ermessen des Schiedsgerichtes, benötige man diesen Begriff nicht.[874]

Gegen die Zulässigkeit der Anwendung der Grundsätze der lex mercatoria im Rahmen von § 1051 Abs. 2 ZPO werden jedoch noch weitere Überlegungen vorgebracht. Bei § 1051 Abs. 2 ZPO soll im Gegensatz zu § 1051 Abs. 1 ZPO auch die Anwendung von Rechtsvorschriften ausgeschlossen sein, die auf internationaler Ebene erarbeitet worden sind, also etwa die der INCOTERMS, der UNIDROIT-Principles of International Commercial Contracts oder der sog. Lando-Principles of European Contract Law.[875] Zum einen seien als Handelsbrauch anerkannte Klauselwerke wie die INCOTERMS ohnehin nach § 1051 Abs. 4 ZPO immer zu berücksichtigen. Dies gelte aber auch nur insoweit, als die nationale Rechtsordnung, die Vertragsstatut sei, dies erlaube. Nach § 1051 Abs. 4 ZPO habe ein Schiedsgericht als Handelsbrauch anerkannte Klauselwerke auch dann zu berücksichtigen, wenn die Parteien die Geltung nicht vorgesehen hätten. Anders sei dies nur dann, wenn die Parteien einen ausdrücklichen Ausschluss dieser Klauselwerke erklärt hätten.[876]

Nicht als Handelsbrauch anerkannte Klauselwerke, wie die genannten UNIDROIT-Principles oder die Lando-Principles, sollen nur dann Berücksichtigung finden können, wenn die Parteien sie gem. § 1051 Abs. 1 ZPO für anwendbar erklärt hätten. Sei dies nicht der Fall, dürften solche Regelwerke nicht herangezogen werden, denn die bloße Anwendung dieser Principles könne einerseits zu einer krassen Missachtung des Parteiwillens

---

873 Martiny: Die Bestimmung des anwendbaren Sachrechts durch das Schiedsgericht, FS Schütze, S. 529 (540); so auch MünchKommZPO – Münch, § 1051, Rdnr. 16.

874 Junker: Deutsche Schiedsgerichte und Internationales Privatrecht (§1051 ZPO), FS Sandrock, S. 443 (462).

875 vgl. zur Anwendbarkeit solcher Regelwerke im Rahmen von § 1051 Abs. 1 ZPO Tei B, § 1, Kap. 2.3.1.3.

876 Sandrock: Die objektive Anknüpfung von Verträgen nach § 1051 Abs. 2 ZPO, RIW 2000, S. 321 (325); Sandrock: Die objektive Anknüpfung von Verträgen nach § 1051 Abs. 2 der deutschen ZPO in der Fassung des SchiedsvfG von 1997, FS Sturm, S. 1645 (1659 f.).

führen, andererseits bestünde die Gefahr, dass ein und derselbe Vertrag nach zwei unterschiedlichen Regelwerken beurteilt würde. Solche Regelwerke, wie die genannten Principles, regelten nicht alle Aspekte eines Vertrages, sondern nur bestimmte Vertragsteile. Daher könnte es dazu kommen, dass ein Vertrag teilweise nach den vom Schiedsgericht jeweils für maßgebend erklärten Principles, teilweise nach der *lex contractus* zu beurteilen sei, nämlich für diejenigen Aspekte, die nicht von den Principles geregelt werden. Ob dies dem Parteiwillen entspreche, sei höchst zweifelhaft.[877] Zudem sei im Einzelfall unklar, welches der internationalen Regelwerke anzuwenden sei.[878] Man müsse daher immer einzelne Klauselwerke hinsichtlich ihres Anwendungsbereichs gesondert prüfen.[879]

Gleiches soll für die Anwendung von völkerrechtlichen Übereinkommen gelten (z.B. UN-Kaufrecht), wenn es an einer entsprechenden Verweisung durch die Parteien fehlt. Ergebe sich die Anwendbarkeit nicht aus entsprechenden Ratifikationen der jeweils beteiligten Staaten, könne man diese Übereinkommen nicht einfach als Teil der sog. „lex mercatoria" auffassen und damit deren Anwendbarkeit annehmen.[880] Aus diesen Gründen sei letztlich eine Anwendung von internationalen Regelwerken ohne ausdrückliche Ermächtigung der Parteien nicht zulässig.[881]

Wie bereits erörtert, können die Parteien auf den Rechtsstreit auch solche Vorschriften für anwendbar erklären, die „auf internationaler Ebene erarbeitet worden sind", also etwa auf die INCOTERMS[882], die UNIDROIT Principles of International Commercial Contracts[883] oder die sog. Lando Principles of European Contract Law.[884] Der Verweis auf solche Re-

---

877 Sandrock: Die objektive Anknüpfung von Verträgen nach § 1051 Abs. 2 ZPO, RIW 2000, S. 321 (326); Sandrock: Die objektive Anknüpfung von Verträgen nach § 1051 Abs. 2 der deutschen ZPO in der Fassung des SchiedsvfG von 1997, FS Sturm, S. 1645 (1660 ff.).

878 Sandrock: Die objektive Anknüpfung von Verträgen nach § 1051 Abs. 2 ZPO, RIW 2000, S. 321 (327); Sandrock: Die objektive Anknüpfung von Verträgen nach § 1051 Abs. 2 der deutschen ZPO in der Fassung des SchiedsvfG von 1997, FS Sturm, S. 1645 (1664).

879 so geschehen bei Sandrock: Die objektive Anknüpfung von Verträgen nach § 1051 Abs. 2 ZPO, RIW 2000, S. 321 (326).

880 Sandrock: Die objektive Anknüpfung von Verträgen nach § 1051 Abs. 2 ZPO, RIW 2000, S. 321 (328).

881 Sandrock: Die objektive Anknüpfung von Verträgen nach § 1051 Abs. 2 der deutschen ZPO in der Fassung des SchiedsvfG von 1997, FS Sturm, S. 1645 (1665).

882 International Commercial Terms der ICC Paris, abgedruckt bei Bredow/Seiffert: INCOTERMS 1990, S. 103 ff.

883 UNIDROIT (Hrsg.), Principles of International Commercial Contracts, Rom 1994; Deutsche Fassung abgedruckt bei Bonell: An International Restatement of Contract Law, S. 315 ff.; http://web.archive.org/web/20030201185353/http://www.unidroit.org/english/principles/pr-main.htm.

884 Englische und französische Fassung abgedruckt bei: Lando/Beale (Hrsg.): Principles of European Contract Law, Parts I and II, S. 1ff.

gelwerke ist als Rechtswahl i. S. d. § 1051 Abs. 1 ZPO zu qualifizieren. Dies ergibt sich nicht zuletzt auch aus den Erwägungsgründen zu Art. 28 Abs. 1 UMG, in denen es heißt: „*In addition, by referring to the choice of "rules of law" instead of "law", the Model Law gives the parties a wider range of options as regards the designation of the law applicable to the substance of the dispute in that they may, for example, agree on rules of law that have been elaborated by an international forum but have not yet been incorporated into any national legal system.*"[885] Vorlage für § 1051 ZPO war Art. 28 UMG, so dass bei der Auslegung der deutschen Regelung auf die Motive der UMG-Verfasser Bezug zu nehmen ist.

Ermächtigen die Parteien das Schiedsgericht zur Anwendung der Regeln der lex mercatoria, ist darin hingegen eine Ermächtigung zur Billigkeitsentscheidung nach § 1051 Abs. 3 ZPO zu erkennen.[886]

Haben die Parteien keine Rechtswahl getroffen, darf das Schiedsgericht nach § 1051 Abs. 2 ZPO hingegen transnationales Recht insgesamt nicht anwenden. Dafür spricht bereits das Wortlautargument. Hätte dem Gesetzgeber vorgeschwebt, auch nichtstaatliches Recht für anwendbar zu erklären, wäre eine entsprechende Formulierung zu erwarten. Dies ist jedoch gerade nicht geschehen. Der Ansatz, der aus formulierungstechnischen Gründen von der Anwendbarkeit transnationalen Rechts ausgeht, überzeugt nicht.

Zudem spricht auch die Gesetzessystematik gegen eine solche Auslegung von § 1051 Abs. 2 ZPO. Internationale Handelsbräuche sollen nach § 1051 Abs. 4 ZPO immer Berücksichtigung finden, gleich welche Rechtsordnung angewendet wird bzw. gleichgültig, ob das Schiedsgericht eine Billigkeitsentscheidung nach § 1051 Abs. 3 ZPO trifft. Der Gesetzgeber ging grundsätzlich davon aus, dass Handelsbräuche, die in den genannten Regelwerken ihren Niederschlag gefunden haben, regelmäßig nur auf sekundärer Ebene zu

---

[885] UN-Doc. A/40/17, Explanatory Note by the UNCITRAL Secretariat on the Model Law on International Commercial Arbitration, para. 35, Art. 28 UMG; UN-Doc. A/CN.9/264, Analytical commentary on draft text of model law on international commercial arbitration: report of the Secretary-General, Yearbook of the United Nations Commission on International Trade Law, 1985 [page 104 (132)].

[886] siehe dazu bereits Teil B, § 1 Kap. 2.3.1.3.2.; so auch Hußlein-Stich: Das UNCITRAL-Modellgesetz über die internationale Handelsschiedsgerichtsbarkeit, S. 152 (155) für die Regelung des Art. 28 Abs. 3 UMG, der Vorbild für § 1051 Abs. 3 ZPO war.

berücksichtigen sind, es sei denn, die Parteien haben das Schiedsgericht ausdrücklich zu deren primärer Anwendung ermächtigt.

Gewichtiges Argument gegen die Zulässigkeit der Anwendung transnationalen Rechts im Rahmen von § 1051 Abs. 2 ZPO ist der Vergleich mit dem Vorbild des deutschen Schiedsverfahrensgesetzes, dem UMG. Nach Art. 28 Abs. 2 UMG hat das Schiedsgericht im Falle des Fehlens einer Rechtswahl der Parteien das Recht anzuwenden, das die von ihm für anwendbar erachteten Kollisionsnormen bestimmen. Im Gegensatz zum deutschen Recht muss das Schiedsgericht nach Art. 28 Abs. 2 UMG also zunächst ein staatliches Kollisionsrecht ermitteln, woraus sich das anwendbare Sachrecht dann ergibt. Der Modellgesetzgeber ging also nicht davon aus, dass ein Schiedsgericht möglicherweise befugt sein könnte, nichtstaatliches Recht als anwendbares Sachrecht heranzuziehen, da ein staatliches Kollisionsrecht immer auch auf staatliches Sachrecht verweisen wird.[887] Die Abweichung des Wortlautes des deutschen Rechts erfolgte auch nicht im Hinblick darauf, dem Schiedsgericht die Befugnis zu verleihen, womöglich noch im Wege einer „voie directe“, nichtstaatliches Recht auf den Rechtsstreit anzuwenden. Vielmehr war es Ziel des deutschen Gesetzgebers mit der Regelung des § 1051 Abs. 2 ZPO eine eigene Kollisionsnorm zu schaffen, die sich an den Vorgaben des EVÜ orientiert.[888] Im Ergebnis sollte § 1051 Abs. 2 ZPO jedoch keine sachliche Abweichung zu Art. 28 Abs. 2 UMG darstellen, sondern lediglich eine Konkretisierung des dort normierten schiedsrichterlichen Ermessens. Argument der Bundesregierung war, dass auch nach der Regelung des UMG ein Schiedsrichter bei der Wahl der anzuwendenden Kollisionsnorm nicht völlig frei sei, sondern er letztlich bei seiner Ermessensausübung berücksichtigen müsse, dass seine Kollisionsrechtswahl zu dem Sachrecht führe, mit dem der Rechtsstreit die engsten Verbindungen aufweise.[889]

Dass der Gesetzentwurf davon ausging, dass nach § 1051 Abs. 2 ZPO nur staatliches Sachrecht gewählt werden konnte, ergibt sich auch aus einer weiteren Formulierung in dessen Begründung. Danach soll grundsätzlich zur Auslegung des Begriffs der engsten

---

[887] Im Ergebnis so auch Michaels: Privatautonomie und Privatkodifikation – Zu Anwendbarkeit und Geltung allgemeiner Vertragsrechtsprinzipien, RabelsZ 62 (1998), S. 580 (604 f.).

[888] Bericht der Kommission zur Neuordnung des Schiedsverfahrensrechts mit einem Diskussionsentwurf zur Neuregelung des Zehnten Buches der ZPO und Begründung zu den einzelnen Vorschriften 1994, S. 169.

[889] ebd.; Entwurf eines Gesetzes zur Neuregelung des Schiedsverfahrensrechts (Schiedsverfahrens-Neuregelungsgesetz – SchiedsVfG), Begründung zu § 1051 ZPO, BT-Drs. 13/5274, S. 53.

Verbindung auf Art. 28 EGBGB zurückzugreifen sein. Hätten jedoch im konkreten Fall andere Anknüpfungspunkte ein deutlich schwereres Gewicht, so soll es dem Schiedsgericht nicht verwehrt sein, auch das Sachrecht eines anderen Staates anzuwenden.[890] Von transnationalem Recht ist in der Begründung hingegen nirgends die Rede.

In den Erläuterungen zum UMG ist dementsprechend zu Art. 28 Abs. 2 UMG ausgeführt: "*When the parties have not designated the applicable law, the arbitral tribunal shall apply the law, i. e. the national law, determined by the conflict of laws rules which it considers applicable*".[891] Dieser Wortlaut macht deutlich, dass auch der Modellgesetzgeber nicht von der Anwendbarkeit nichtstaatlichen Rechts im Rahmen von Art. 28 Abs. 2 UMG ausging. Nach deutschem Recht, das auf dem UMG fußt, kann damit ein Schiedsgericht im Falle der fehlenden Rechtswahl im Rahmen seiner Ermessensentscheidung nach § 1051 Abs. 2 ZPO ebenfalls nur zur Anwendung staatlichen Rechts gelangen. Liegt der Sitz der beteiligten Parteien nicht in Staaten, die beide ein völkerrechtliches Abkommen, wie etwa das UN-Kaufrecht, ratifiziert haben, kann das Schiedsgericht auch nicht ein solches Abkommen als quasi nichtstaatliches Recht anwenden. Es ist vielmehr verpflichtet, das staatliche Recht zu ermitteln, das die engste Verbindung zum Rechtsstreit hat.

[890] Bericht der Kommission zur Neuordnung des Schiedsverfahrensrechts mit einem Diskussionsentwurf zur Neuregelung des Zehnten Buches der ZPO und Begründung zu den einzelnen Vorschriften 1994, S. 170; Entwurf eines Gesetzes zur Neuregelung des Schiedsverfahrensrechts (Schiedsverfahrens-Neuregelungsgesetz – SchiedsVfG), Begründung zu § 1051 ZPO, BT-Drs. 13/5274, S. 53.

[891] UN-Doc. A/CN.9/309, Art. 28 UMG, para. 35, Explanatory Note by the UNCITRAL Secretariat on the Model Law on International Commercial Arbitration, Yearbook of the United Staates Commission on International Trade Law, 1988, Vol. XIX, S. 117 – 123 (121); in diesem Sinn auch UN-Doc. A/40/17, Report of the United Nations Commission on international Trade Law on the work of its eighteenth session (Vienna, 3-21 June 1985), para. 232.

3. Die Entscheidung nach Billigkeit gem. § 1051 Abs. 3 ZPO

Gem. § 1051 Abs. 3 ZPO können die Parteien dem Schiedsgericht die Befugnis erteilen, den Rechtsstreit ausschließlich nach Billigkeitsgesichtspunkten (*ex aequo et bono*) zu entscheiden. Eine solche Ermächtigung kann bis zur Entscheidung des Schiedsgerichts erteilt werden und bedeutet, dass das Schiedsgericht bei seiner Rechtsfindung nicht an eine Rechtsordnung gebunden ist.[892] Die Schiedsrichter können vielmehr nach freiem Ermessen über den Streitfall entscheiden.[893]

Die Form dieser Ermächtigung ist gesetzlich nicht geregelt. Nach dem Gesetzeswortlaut bedarf es einer ausdrücklichen Ermächtigung des Schiedsgerichts zur Billigkeitsentscheidung durch die Parteien. Nach überwiegender Auffassung erfordert eine solche Ermächtigung nicht einmal die Wahrung der Form des § 1031 ZPO, so dass eine entsprechende Ermächtigung auch in elektronischer Form keinen Bedenken unterliegt.[894] Selbst bei anderer Auffassung würde die elektronische Form allein die Wirksamkeit der Ermächtigung zur Billigkeitsentscheidung nicht hindern, da diese bereits nach § 1031 Abs. 1 ZPO grundsätzlich zulässig ist.[895]

§ 1051 Abs. 3 ZPO ermöglicht auch die Vereinbarung über die Anwendung des kaufmännischen Gewohnheitsrechts, der lex mercatoria. Wie erörtert, sind die Grundsätze der lex mercatoria nicht bereits als Rechtsvorschrift im Sinne des § 1051 Abs. 1 ZPO anzusehen. Erklären die Parteien diese jedoch als auf den Rechtsstreit anwendbar, ist darin eine Ermächtigung des Schiedsgerichts nach § 1051 Abs. 3 ZPO unter besonderer Berücksichtigung dieser Grundsätze zu erkennen.[896]

---

[892] Thomas in Thomas/Putzo: Zivilprozessordnung, § 1051, Rdnr. 4.

[893] Zöller/Geimer: ZPO, § 1051, Rdnr. 6.

[894] Musielak/Voit: ZPO, § 1051, Rdnr. 4 ; MünchKommZPO – Münch, § 1051 ZPO, Rdnr. 21.

[895] so wohl nur Thomas in Thomas/Putzo: Zivilprozessordnung, § 1051, Rdnr. 4; hinsichtlich der Zulässigkeit der elektronischen Form nach § 1031 Abs. 1 ZPO siehe Teil A, § 1 Kap. 4.1.

[896] siehe dazu bereits die Ausführungen in Teil B, § 1, Kap. 2.3.1.3.2.

4. § 1051 Abs. 4 ZPO: Berücksichtigung der Bestimmungen des Vertrages und von Handelsbräuchen

Nach § 1051 Abs. 4 ZPO hat ein Schiedsgericht in allen Fällen, also gleichgültig, ob eine Rechtswahl getroffen wurde oder ob im Rahmen einer Billigkeitsentscheidung, den Streitfall in Übereinstimmung mit den Bestimmungen des Vertrages zu entscheiden und dabei bestehende Handelsbräuche zu berücksichtigen.

Zu solchen Handelsbräuchen gehören die bereits genannten nichtstaatlichen Rechtsregeln, die die Parteien auch nach § 1051 Abs. 1 ZPO als auf den Rechtsstreit anwendbar erklären können, also solche, die „auf internationaler Ebene erarbeitet worden sind". Dazu gehören beispielsweise die INCOTERMS, die UNIDROIT Principles for International Commercial Contracts oder die Lando Principles of European Contract Law.[897]

Handelsbräuche, wie auch die Bestimmungen des Vertrages, sollen nach der Begründung zum Gesetzentwurf nur soweit gelten, als dem nicht zwingende Vorschriften des auf den Streitfall anwendbaren Rechts entgegenstehen.[898] Dies ergebe sich zwar aus dem Wortlaut der Regelung nicht unmittelbar, denn dieser könne zu dem Missverständnis führen, dass Vertragsbestimmungen und Handelsbräuche Vorrang vor den anzuwendenden gesetzlichen Vorschriften hätten.[899] Aufgrund dessen, dass die Vorschrift aber Bedeutung in dem Fall habe, dass die Parteien eine Entscheidung nach Billigkeit vereinbart oder nur einzelne Bestimmungen einer Rechtsordnung als anwendbar bezeichnet haben, habe man Art. 28 Abs. 4 UMG in Gestalt des § 1051 Abs. 4 ZPO mit in das neue Recht aufgenommen.[900]

Die Formulierung der Regelung des § 1051 Abs. 4 ist auf Kritik in der Literatur gestoßen. Wenn man schon erkannt habe, dass die Regelung insoweit missverständlich sei, hätte

---

[897] siehe dazu bereits die Ausführungen in Teil B, § 1, Kap. 2.3.1.3.1.

[898] Entwurf eines Gesetzes zur Neuregelung des Schiedsverfahrensrechts (Schiedsverfahrens-Neuregelungsgesetz – SchiedsVfG), Begründung zu § 1051 ZPO, BT-Drs. 13/5274, S. 53; Thomas in Thomas/Putzo: Zivilprozessordnung, § 1051, Rdnr. 5; Zöller/Geimer: ZPO, § 1051, Rdnr. 10.

[899] So auch Sandrock: Die objektive Anknüpfung von Verträgen nach § 1051 Abs. 2 der deutschen ZPO in der Fassung des SchiedsvfG von 1997, FS Sturm, S. 1645 (1656).

[900] Entwurf eines Gesetzes zur Neuregelung des Schiedsverfahrensrechts (Schiedsverfahrens-Neuregelungsgesetz – SchiedsVfG), Begründung zu § 1051 ZPO, BT-Drs. 13/5274, S. 53; Albers in Baumbach/Lauterbach/Albers/Hartmann: ZPO, § 1051 Rdnr. 5.

man eine deutlichere Wortwahl treffen können.[901] Letztlich sei diese von der Bundesregierung gezogene Grenze der Anwendbarkeit der Handelsbräuche auf § 1051 Abs. 3 ZPO in der Praxis kaum von Bedeutung, da die meisten Rechte im deutschen und romanischen Rechtskreis – ähnlich wie § 346 HGB - die Beachtung von Handelsbräuchen vorschreiben. Ähnlich verhalte es sich im angelsächsischen Rechtskreis. Handelsbräuche seien Teil der Rechtsordnung und fänden deshalb in Rahmen ihres Geltungsbereichs in jedem Verfahren Anwendung.[902]

Festzuhalten bleibt bei der Regelung des § 1051 Abs. 4 ZPO, dass die Handelsbräuche und die Bedingungen des Vertrages niemals Vorrang vor der anzuwendenden Rechtsordnung genießen. Haben die Parteien das Schiedsgericht zur Entscheidung nach Billigkeit i. S. d. § 1051 Abs. 3 ZPO ermächtigt, kommt der Regelung des § 1051 Abs. 4 ZPO hingegen eine eigenständige Bedeutung zu. Für den elektronischen Geschäftsverkehr ergeben sich keine Besonderheiten, da es besondere internetspezifische Handelsbräuche nicht gibt.

---

[901] Solomon: Das vom Schiedsgericht in der Sache anzuwendende Recht nach dem Entwurf eines Gesetzes zur Neuregelung des Schiedsverfahrensrechts, RIW 1997, S. 981 (986).

[902] Sandrock: Die objektive Anknüpfung von Verträgen nach § 1051 Abs. 2 ZPO, in RIW 2000, S. 321 (324), Schütze: Schiedsgericht und Schiedsverfahren, Rdnr. 178, S. 102.

§ 2 Das anwendbare Recht in internationalen Schiedsverfahren mit Verbraucherbeteiligung: Zulässigkeit einer Rechtswahl und Folgen der fehlenden Rechtswahl

Schiedsvereinbarungen im Verbraucherbereich sind bis zum heutigen Tage sicherlich die Ausnahme. Doch ist davon auszugehen, dass auch im Verbraucherbereich in Zukunft die Bedeutung von Schiedsverfahren oder ähnlichen Verfahren, welche in Funktion und Verfahren dem klassischen Schiedsverfahren nachgebildet sein könnten, zunehmen wird. Die Einführung des Gesetzes zur Förderung der außergerichtlichen Streitbeilegung vom 15.12.1999[903] auf Bundesebene, das den Ländern die Befugnis gab, durch Landesgesetz private Schiedsstellen zwingend dem ordentlichen Gerichtsverfahren vorzuschalten, war als erster Schritt in diese Richtung zu sehen. Seit 01.01.2002 ist dies auf Bundesebene als Regelfall in § 278 Abs. 2 ZPO übernommen worden, wobei die Gerichte in bestimmten, z. B. besonders schwierigen oder von Ressentiments beeinflussten Fällen, den Parteien vorschlagen können, die außergerichtliche Streitschlichtung, etwa in einem Mediationsverfahren, zu versuchen.[904] Vieles spricht also dafür, dass auf mittelfristige Sicht auch in Deutschland der *ADR* (Alternative Dispute Resolution) und der Schiedsgerichtsbarkeit eine immer größere Bedeutung zukommen wird.

Zunächst ist zu definieren, wann ein Verbrauchervertrag vorliegt. Dabei kann auf den neu in das BGB aufgenommenen Verbraucher- bzw. Unternehmerbegriff abgestellt werden. Nach § 13 BGB ist Verbraucher jede natürliche Person, die ein Rechtsgeschäft zu einem Zweck abschließt, der weder ihrer gewerblichen, noch ihrer selbständigen Tätigkeit zugerechnet werden kann. Unternehmer ist im Gegensatz dazu nach § 14 BGB eine natürliche oder juristische Person oder eine Personengesellschaft, die bei Abschluss des Rechtsgeschäfts in Ausübung ihrer gewerblichen oder selbständigen beruflichen Tätigkeit handelt. Maßgebliches Unterscheidungskriterium ist erstens, dass nur natürliche Personen Verbraucher im Sinne des Gesetzes sein können. Dies folgt bereits aus dem Gesetzeswortlaut. Hingegen fallen juristische Personen, gemeinnützige Stiftungen und auch der Idealverein nicht unter den Verbraucherbegriff.[905] Soweit ein Unternehmer jedoch außerhalb seines gewerblichen oder beruflichen Tätigkeitskreises handelt, gilt auch er als

---

[903] Gesetz zur Förderung der außergerichtlichen Streitbeilgegung vom 15.12.1999, BGBl. 1999, I, S. 2400.

[904] Musielak/Foerste, ZPO, § 278, Rdnr. 14.

[905] Heinrichs/Palandt: BGB, § 13, Rndr. 2.

Verbraucher. In diesem Fall kommt es darauf an, dass das jeweilige Rechtsgeschäft zu rein privaten Zwecken vorgenommen wird.[906] Als Verbraucher gilt auch der Zusammenschluss mehrerer natürlicher Personen in einer BGB-Gesellschaft, jedoch nur wenn sie ein Rechtsgeschäft ausschließlich zum Zwecke des privaten Konsums und nicht zu solchen Zwecken abschließen oder abschließen könnten, die zu ihrer gewerblichen oder selbstständigen beruflichen Tätigkeit gehören.[907] Unternehmer ist hingegen jede natürliche oder juristische Person, die am Markt planmäßig und dauerhaft Leistungen gegen ein Entgelt anbietet.[908] Dazu gehören auch Freiberufler, Handwerker, Landwirte sowie die Kleingewerbetreibenden, die nicht im Handelsregister eingetragen sind. Gleiches gilt für Personen, die nebenberuflich noch unternehmerisch tätig sind.[909] Für die Zuordnung zum privaten oder zum unternehmerischen Bereich entscheidet nicht der innere Wille des rechtsgeschäftliche Handelnden, sondern der durch Auslegung zu ermittelnde Inhaber des Rechtsgeschäfts.[910]

Hat ein Schiedsgericht festgestellt, dass am vorliegenden Rechtsstreit ein Verbraucher im oben genannten Sinne beteiligt ist und handelt es sich zudem um ein internationales Schiedsverfahren, also ein Verfahren, bei dem die beteiligten Parteien aus unterschiedlichen Staaten kommen, stellt sich für das Tribunal die Frage, welches Recht bzw. welche Rechtsvorschriften auf das Verfahren anzuwenden sind.

1. Anwendbarkeit internationaler Staatsverträge, insb. des EuÜ

Das bereits genannte Wiener UN-Übereinkommen der Vereinten Nationen über Verträge über den internationalen Warenkauf (CISG) ist nach Art. 2 CISG im Verbraucherbereich nicht anwendbar.[911]

Das UNÜ ist hingegen in Deutschland auch im Verbraucherbereich anwendbar. Nach Art. I 3 S. 2 UNÜ kann jeder Vertragsstaat die Geltung des Übereinkommens auf Handelssachen beschränken. Dies ist in einigen Vertragsstaaten auch geschehen, jedoch

---

[906] Hk-BGB/Dörner, § 14 BGB, Rdnr. 2; Heinrichs/Palandt: BGB, § 13, Rndr. 3.

[907] BGH, Urt. v. 23.10.2001 - XI ZR 63/01, ZIP 01, 2224 (2225); Hk-BGB/Dörner, § 14, Rdnr. 2.

[908] Heinrichs/Palandt: BGB, § 14, Rndr. 2; Schmidt, K.: HandelsR, § 9 IV, S. 2479 ff.

[909] Hk-BGB/Dörner, § 14 BGB, Rdnr. 3; Heinrichs/Palandt: BGB, § 14, Rndr. 2.

[910] Heinrichs/Palandt: BGB, § 13, Rndr. 3.

[911] Im Einzelnen dazu: Schlechtriem/Ferrari, Art. 2 CISG, Rdnr. 2.

nicht in Deutschland,[912] so dass es auch im Falle einer Verbraucherbeteiligung anwendbar ist. Da das UNÜ hinsichtlich des auf den Rechtsstreit anwendbaren Rechts jedoch keine Regelung trifft, ist es an dieser Stelle nicht von Bedeutung.

Die Frage der Anwendbarkeit des Europäischen Übereinkommens über die internationale Handelsschiedsgerichtsbarkeit im Verbraucherbereich ist umstritten.[913] Nach dem Wortlaut des Art. 1 EuÜ ist das Übereinkommen nur anzuwenden, wenn es sich bei der zu entscheidenden Streitigkeit um eine internationale Handelsstreitigkeit handelt, eine formwirksame Schiedsvereinbarung vorliegt und die Parteien ihren Sitz in verschiedenen Vertragsstaaten haben.[914] Der Begriff der Handelsstreitigkeit ist dabei nach heute herrschender Auffassung nicht nach nationalem Recht, sondern autonom zu bestimmen, d. h. es ist entsprechend dem Sinn und Zweck des Übereinkommens ein internationaler Maßstab anzulegen.[915]

Zur Zeit des Inkrafttretens des Übereinkommens am 25.1.1965 wurde dies überwiegend noch anders gesehen.[916] Nach dem Verständnis der damaligen Bundesregierung sollte die Vorschrift des Art. 1 Abs. 1 EuÜ nicht autonom, sondern nach der jeweiligen lex fori auszulegen sein.[917]

---

[912] Eine Übersicht über die Staaten, die einen entsprechenden Vorbehalt eingelegt haben, abgedruckt bei Schwab/Walter: Schiedsgerichtsbarkeit, Kommentar, S. 437.

[913] Stein/Jonas/Schlosser: ZPO, Bd. 7/2, vor § 1044, Rdnr. 35; Gildeggen, S. 94; offengelassen BGH, Urt. v. 20.03.1980 III ZR 151/79 (Frankfurt), NJW 1980, S. 2022 (2023) = BGHZ 77, S. 32 (36).

[914] zum Anwendungsbereich des Übereinkommens siehe bei Gildeggen, S. 89 ff.; MünchKommZPO – Gottwald, Art. I EuÜ, Rdnr.1 - 8; Albers in Baumbach/Lauterbach/Albers/Hartmann: ZPO, IntSchG, Schl-Anh. VI A 2, Art.1 EuÜ, Rdnr. 1.

[915] v. Hülsen: Die Gültigkeit von internationalen Schiedsvereinbarungen, S. 37; Schlosser: Das Recht der internationalen privaten Schiedsgerichtsbarkeit, Rdnr. 89; Hausmann in Reithmann/Martiny: Internationales Vertragsrecht, 5. Auflage, Köln 1996, Rdnr. 2392; Schwab/Walter: Schiedsgerichtsbarkeit, Kommentar, S. 442; Gildeggen, S. 93; Moller: Schiedsverfahrensnovelle und Europäisches Übereinkommen über die internationale Handelsschiedsgerichtsbarkeit, NZG 2000, S. 57 (58); Münch-KommZPO-Gottwald, Art. 1 EuÜ, Rdnr. 7; Staudinger/Hausmann (2002), Anh. II zu Art. 27-37 EGBGB, Rdnr. 240; a. A.: Denkschrift zum Entwurf eines Gesetzes zu dem Europäischen Übereinkommen vom 21. April 1961 über die internationale Handelsschiedsgerichtsbarkeit, BT-Drs. IV/1597, S. 27; Klein: Das Europäische Übereinkommen über die internationale Handelsschiedsgerichtsbarkeit, ZZP 76 (1963), S. 342 - 358 (346), der die Auslegung des Begriffs der Handelsschiedsgerichtsbarkeit nach der lex fori vornehmen will; so auch Albers in Baumbach/Lauterbach/Albers/Hartmann: ZPO, IntSchG, SchlAnh. VI A 2, Art. I EuÜ, Rdnr. 1; so auch Schütze/Tscherning/Wais: Handbuch des Schiedsverfahrensrechts, Rdnr. 567.

[916] Europäisches Übereinkommen über die internationale Handelsschiedsgerichtsbarkeit, BGBl. 1964, II S. 426 ff.; Bekanntmachung über das Inkrafttreten des Europäischen Übereinkommens über die internationale Handelsschiedsgerichtsbarkeit vom 21.01.1965, BGBl. 1965, II, S. 107.

[917] Denkschrift zum Entwurf eines Gesetzes zu dem Europäischen Übereinkommen vom 21. April 1961 über die internationale Handelsschiedsgerichtsbarkeit, BT-Drs. IV/1597, S. 27.

Eine solche Anknüpfung wäre jeweils abhängig davon, ob ein Exequaturrichter über die Anerkennung eines Schiedsspruchs oder ein Richter im Erkenntnisverfahren über eine Einrede der Schiedsvereinbarung zu entscheiden hat.[918] Der jeweilige Richter hätte also das Vorliegen eines „internationalen Handelsgeschäftes" immer nach dem staatlichen Recht seines Sitzes zu beurteilen. Der BGH hat ausdrücklich offengelassen, ob sich der Begriff des Handelsgeschäfts nach deutschem Recht und damit nach § 343 HGB richtet oder ob Art. 1 Abs. 1 EuÜ einen weiteren Begriff des Handelsgeschäfts verwendet.[919]

Gewichtiges Argument für eine autonome Auslegung des Übereinkommens ist, dass es nur bei Verwendung eines selbständigen Begriffes des internationalen Handelsgeschäfts möglich ist, in allen Vertragstaaten eine einheitliche Vorstellung über den Anwendungsbereich des Übereinkommens herzustellen.[920] Würde jeder Staat nach seinem eigenen nationalen Recht den Anwendungsbereich des EuÜ definieren, käme es möglicherweise zu einer nicht wünschenswerten Zersplitterung der Anwendbarkeit des Abkommens. Allein aus Gründen der Rechtssicherheit ist es daher angebracht das EuÜ insgesamt autonom auszulegen.[921]

International ist ein Handelsgeschäft nur, wenn eine Verknüpfung mit mehr als einem Staat besteht.[922] Handelsgeschäft ist dabei jedes Geschäft, das auf eine Verbringung von Sachen, Kapital, Dienstleistungen oder sonstigen Leistungen gegen Entgelt von einem Land in ein anderes gerichtet ist.[923]

Nach einer immer stärker werdenden Auffassung in der Literatur soll das EuÜ bei Verbraucherbeteiligung nicht anwendbar sein.[924] Grund dafür sei, dass das EuÜ bei Verbraucherverträgen i. S. v. Art. 5 EVÜ / Art. 29 EGBGB auf Schutzvorschriften für

---

[918] Schütze/Tscherning/Wais: Handbuch des Schiedsverfahrens, Rdnr. 567.

[919] BGH, Urt. v. 20.3.1980 – III ZR 151/79 (Frankfurt), NJW 1980, S. 2022 – 2025 (2023); a. A. Schütze/Tscherning/Wais: Handbuch des Schiedsverfahrens, Rdnr. 567.

[920] v. Hülsen: Die Gültigkeit von internationalen Schiedsvereinbarungen, S. 34; Kaiser: Das europäische Übereinkommen über die internationale Handelsschiedsgerichtsbarkeit vom 21. April 1961, S. 57; Mezger: Das Europäische Übereinkommen über die Handelsschiedsgerichtsbarkeit, RabelsZ 29 (1965), S. 231 (240).

[921] v. Hülsen: a.a.O., S. 34; i. E. so auch Bülow/Böck-stiegel/Geimer/Schütze: Internationaler Rechtsverkehr in Zivil- und Handelssachen, Band III, C I 4b, 716.5, Fn. 2.

[922] Mezger: a.a.O., S. 231 (238).

[923] Schlosser: Das Recht der internationalen privaten Schiedsgerichtsbarkeit, Rdnr. 78.

[924] Gildeggen: a.a.O., S. 94; Hausmann in Reithmann/Martiny: Internationales Vertragsrecht, Rdnr. 2393.

Verbraucher hinsichtlich der Form der Schiedsvereinbarung und des anwendbaren Rechts weitgehend verzichte.[925]

Im älteren Schrifttum war nach allgemeiner Auffassung unter einem Handelsgeschäft i. S. d. Art. 1 EuÜ lediglich ein Geschäft zu verstehen, das auf Erbringung von Leistungen gegen Entgelt gerichtet und an dem lediglich mindestens eine Vertragspartei nicht nur in privater, sondern in beruflicher, satzungsmäßiger oder ähnlicher Funktion beteiligt ist.[926] Nach dieser Definition wurde also auch ein Verbrauchervertrag vom Anwendungsbereich des EuÜ erfasst.

Einigkeit herrscht indes insoweit, dass keine Vertragspartei Kaufmann i. S. d. HGB sein muss.[927] Wenn beide Vertragspartner lediglich in privater Funktion handeln, liegt richtigerweise jedoch kein Handelsgeschäft i. S. d. Art. 1 EuÜ vor.[928]

Ob unter den Begriff des Handelsgeschäfts i. S. v. Art. 1 EuÜ tatsächlich auch der Verbrauchervertrag fällt, ist aus dem Wortlaut der Vorschrift nicht erkennbar. Es soll für „Streitigkeiten aus Handelsgeschäften zwischen natürlichen oder juristischen Personen gelten, sofern diese bei Abschluss der Schiedsvereinbarung ihren gewöhnlichen Aufenthalt oder ihren Sitz in verschiedenen Vertragsstaaten haben." Daraus wird letztlich nicht deutlich, ob Verbraucherverträge von dem Anwendungsbereich ausgenommen sein sollen. Der Konferenz der Vertragsstaaten ist es seinerzeit nicht gelungen, den Begriff zu definieren.[929]

---

[925] Hausmann in Reithmann/Martiny: Internationales Vertragsrecht, Rdnr. 2393; Staudinger/Hausmann (2002), Anh. II zu Art. 27-37 EGBGB, Rdnr. 240.

[926] Mezger: Das Europäische Übereinkommen über die Handelsschiedsgerichtsbarkeit, RabelsZ 29 (1965), S. 231 (240); Schlosser: Das Recht der internationalen privaten Schiedsgerichtsbarkeit, Rdnr. 89; v. Hülsen: Die Gültigkeit von internationalen Schiedsvereinbarungen, S. 37; MünchKommZPO – Gottwald, Art. 1 EuÜ, Rdnr. 7.

[927] Mezger: a.a.O., S. 231 (240); MünchKommZPO– Gottwald, Art. I EuÜ, Rdnr. 7; Schwab/Walter: Schiedsgerichtsbarkeit, Kommentar, S. 442; v. Hülsen: Die Gültigkeit von internationalen Schiedsvereinbarungen, S. 37; Moller: Schiedsverfahrensnovelle und Europäisches Übereinkommen über die internationale Handelsschiedsgerichtsbarkeit, NZG 2000, S. 57 (58); Nagel/Gottwald: Internationales Zivilprozessrecht, S. 626; Staudinger/Hausmann (2002), Anh. II zu Art. 27-37 EGBGB, Rdnr. 240.

[928] Stein/Jonas/Schlosser: ZPO, Bd. 7/2, vor § 1044 Rdnr. 35.

[929] v. Hülsen: a.a.O., S. 34; Kaiser: Das europäische Übereinkommen über die internationale Handelschiedsgerichtsbarkeit vom 21. April 1961, S. 56 f.

Auf den ersten Blick nicht von der Hand zu weisen scheint das Argument, dass, aufgrund des Fehlens von verbraucherschützenden Vorschriften, eine Anwendung des EuÜ auf Verbraucherverträge ausgeschlossen sein soll. Zu berücksichtigen gilt jedoch, dass zur Zeit der Formulierung des Übereinkommens, Ende der 50er, Anfang der 60er Jahre, Verbraucherschutzvorschriften, wie sie heute üblich sind, noch nicht Teil der internationalen, insbesondere der europäischen völkerrechtlichen Verträge waren. Erste Bestrebungen, Verbraucher vor unangemessenen Vertragsbedingungen zu schützen, kamen zwar in rechtspolitischen Beiträgen im Schrifttum bereits in den 50er Jahren, verstärkt seit 1960 auf.[930] Einen ersten Bericht zur Verbraucherpolitik erstellte die Bundesregierung jedoch erst im Jahr 1971.[931] Das erste verbraucherschützende Gesetz in Deutschland hinsichtlich der Zulässigkeit allgemeiner Geschäftsbedingungen trat am 01.04.1977 in Kraft, also mehr als 15 Jahre nach Formulierung des EuÜ. Bis zum Erlass der Richtlinie über missbräuchliche Klauseln in Verbraucherverträgen vom 05.04.1993 vergingen sogar noch einmal über 15 Jahre, ehe eine erste europäische Regelung entwickelt wurde.[932] Aus diesem Grund erscheint die Argumentation des neueren Schrifttums daher bedenklich, wenn sie auch aus einem modernen Rechtsempfinden heraus sicherlich begrüßenswert ist. Für eine autonome Auslegung des Wortlauts des Übereinkommens muss maßgeblich auf den Zeitpunkt des Erlasses des EuÜ abgestellt werden.

Sinn und Zweck des Europäischen Übereinkommens über die internationale Handelsschiedsgerichtsbarkeit war und ist es, das UNÜ zu ergänzen.[933] Vor diesem Hintergrund ist auch der Anwendungsbereich des EuÜ zu definieren. Das EuÜ geht regelmäßig von der Geltung des UNÜ zwischen den beteiligten Staaten aus.[934] Inhaltlich unterscheiden sich die beiden Abkommen (wenn auch nicht völlig überschneidungsfrei) insoweit, als sich das EuÜ im Wesentlichen den Fragen der Schiedsvereinbarung und des Schiedsverfahrens sowie des Erlasses von Schiedssprüchen widmet, wohingegen das UNÜ maßgeblich die Anerkennung und Vollstreckung von Schiedssprüchen regeln will.[935] Nach Verabschiedung

---

930 Ulmer in Ulmer/Brandner/Hensen, AGB-Gesetz, 9. Aufl., Einl., Rndr. 9 m. w. N.

931 Bericht zur Verbraucherpolitik vom 18.10.1971, BT-Drs. VI/2724.

932 Richtlinie 93/13/EWG des Rates vom 05.04.1993 über missbräuchliche Klauseln in Verbraucherverträgen, ABl. EG Nr. L 95 vom 21.04.1993, S. 23 ff.

933 Schlosser: Das Recht der internationalen privaten Schiedsgerichtsbarkeit, Rdnr. 133.

934 Schwab/Walter: Schiedsgerichtsbarkeit, Kommentar, S. 452.

935 MünchKommZPO – Gottwald, Art. VII UNÜ, Rndr. 6; Schwab/Walter: a.a.O., S. 452.

des UNÜ trat in der Wirtschaftskommission der Vereinten Nationen für Europa (ECE), einem kleinen Kreis der an der Entwicklung des UNÜ beteiligten Staaten, der Wunsch auf, das UNÜ in den genannten Bereichen zu ergänzen.[936] Die Entstehung des EuÜ ist also durchaus im Kontext mit dem UNÜ zu sehen, was die Annahme stützt, dass der Anwendungsbereich des EuÜ grundsätzlich dem des UNÜ entspricht.

Das UNÜ ist grundsätzlich auf Verbrauchersachen anwendbar, gesteht den Vertragsstaaten jedoch zu, ggf. einen entsprechenden Vertragsstaatenvorbehalt für Handelssachen zu erklären. Aus dem Wortlaut des EuÜ selbst ergibt sich keine Beschränkung auf Handelssachen. Auch wurde die Möglichkeit eines entsprechenden Vertragsstaatenvorbehalts, wie im UNÜ vorgesehen, nicht in den Vertragstext des EuÜ aufgenommen. Es erscheint also naheliegend, dass dessen Anwendungsbereich nicht auf Handelssachen beschränkt sein soll.

Hinsichtlich der Frage, wie nach dem EuÜ das auf den Rechtsstreit anwendbare Recht zu ermitteln ist bzw. welches Recht die Parteien für anwendbar erklären können, kann im Wesentlichen auf die Ausführungen über die Anwendbarkeit des EuÜ im kaufmännischen Verkehr verwiesen werden.[937] Zu beachten ist jedoch, dass eine Anwendung von nichtstaatlichem Recht und Handelsbräuchen im Verbrauchervertrag nur begrenzt möglich ist. Anerkannt ist, dass die Parteien nach dem EuÜ auch nichtstaatliches Recht und die Grundsätze der lex mercatoria als das auf den streitbefangenen Vertrag anwendbare Recht bezeichnen können.[938] Dies muss mangels Einschränkung im EuÜ selbst auch für Verbraucherverträge gelten. Im Falle der fehlenden Rechtswahl kommt aus den genannten Gründen eine Anwendung nichtstaatlichen Rechts nicht in Betracht.[939]

Handelsbräuche und Regeln des Handelsverkehrs dürfen auch keine Berücksichtigung nach Art. VII Abs. 1 S. 2 EuÜ finden, es sei denn, die Parteien haben eine entsprechende Rechtswahl getroffen. Im Falle der Verbraucherbeteiligung sind nur die Bestimmungen des Vertrages maßgeblich, da regelmäßig zumindest eine Partei im Hinblick auf Handelsbräu-

---

[936] Bülow/Böckstiegel/Geimer/Schütze: Internationaler Rechtsverkehr in Zivil- und Handelssachen, Band III, C I 4a, 716.1.

[937] Teil B, § 1 Kap. 1.2.

[938] vgl. Teil B, § 1, Kap. 1.2.1.

[939] vgl. Teil B, § 1, Kap. 1.2.2.

che unerfahren ist. Die Regelung des Art. VII Abs. 1 S. 3 ist insoweit teleologisch zu reduzieren. Zulässig ist es aber nach Art. VII Abs. 2 EuÜ im Verbraucherbereich auch, das Schiedsgericht zur Entscheidung nach Billigkeit (*ex aequo et bono*) zu ermächtigen.

2. Das anwendbare Recht nach der ZPO

Wie bereits gesehen, richtet sich das auf den Rechtsstreit in der Sache anwendbare Recht im deutschen Recht ausschließlich nach § 1051 ZPO. Als lex specialis gehen die Regeln der ZPO den Regeln des EGBGB vor.[940] Dabei kommt es nicht darauf an, ob die Parteien eine Rechtswahl getroffen haben oder ob das Schiedsgericht mangels anderweitiger Rechtswahl das auf den Vertrag anwendbare Recht objektiv ermitteln muss. Dies gilt grundsätzlich auch für den Verbraucherrechtsstreit, so dass dementsprechend auch hier § 1051 ZPO autonom auszulegen ist.

Aus Verbraucherschutzgesichtspunkten könnte es jedoch angebracht sein, dass ein deutsches Schiedsgericht auch die sich aus Art. 29 und Art. 29a EGBGB ergebenden Einschränkungen bei der Ermittlung des auf den Rechtsstreit anwendbaren Rechts berücksichtigen muss.

2.1. Freie Rechtswahl in Verbraucherverträgen?

Gerade die besondere Bedeutung des Verbraucherschutzes könnte Anlass zu der Vermutung geben, dass zumindest die verbraucherschützenden Vorschriften des EVÜ bzw. EGBGB zwingend auch in Schiedsverfahren heranzuziehen sind.

Nach § 1051 Abs. 1 ZPO hat das Schiedsgericht die Streitigkeit in Übereinstimmung mit den Rechtsvorschriften zu entscheiden, die von den Parteien als auf den Inhalt des Rechtsstreits anwendbar bezeichnet worden sind. Nach Art. 29 EGBGB ist die Rechtswahl der Parteien in Verbraucherverträgen jedoch eingeschränkt. Danach darf in bestimmten Fällen eine Rechtswahl nicht dazu führen, dass dem Verbraucher der durch die zwingenden Bestimmungen des Rechts des Staates, in dem er seinen gewöhnlichen Aufenthalt hat, gewährte Schutz entzogen wird.

---

[940] vgl. dazu Teil B, § 1 Kap. 2.3.1.1.

Ob diese Beschränkungen der Rechtswahl, wie Art. 29 EGBGB sie vorschreibt, auch für Verträge mit Schiedsabrede gelten oder ob die Regelung des § 1051 Abs. 1 ZPO, die insoweit keinerlei Einschränkungen enthält, Vorrang hat, ist umstritten.

Die Kommission zur Neuordnung des Schiedsverfahrensrechts war seinerzeit der Auffassung, dass die Art. 27 ff. EGBGB nur für die staatlichen Gerichte bindend seien, nicht jedoch für internationale Schiedsgerichte, sodass auch eine Anwendung von Art. 29 EGBGB nicht in Betracht kam.[941] Man hielt auch eine gesonderte Regelung des anwendbaren Rechts im Rahmen eines Vertrages mit Schiedsabrede nicht für erforderlich, da der Verbraucher in Schiedsverfahren hinreichend über die Formvorschrift des § 1031 Abs. 5 ZPO geschützt sein sollte.[942]

In der Begründung zum Gesetzentwurf war man hingegen der Ansicht, dass einerseits die Fälle, in denen ein Verbraucher beteiligte Partei in einem internationalen Vertrag mit Schiedsabrede ist, in der Praxis kaum vorkämen. Zum anderen hielt man Art. 29 EGBGB im Verhältnis zu § 1051 ZPO für eine lex specialis-Regel, so dass eine diesbezügliche Klarstellung in der Neuregelung des § 1051 ZPO entbehrlich gewesen sei.[943] Art. 29 EGBGB sollte in Schiedsverfahren mit Verbraucherbeteiligung grundsätzlich anwendbar sein.

Dieser Auffassung schlossen sich einige Stimmen in der Literatur an, wonach für Verbraucher- und Arbeitsverträge Art. 29, 30 EGBG und auch Art. 34 EGBGB als Spezialregelungen die freie Rechtswahl einschränken sollten.[944]

---

[941] Bericht der Kommission zur Neuordnung des Schiedsverfahrensrechts mit einem Diskussionsentwurf zur Neuregelung des 10. Buches der ZPO und Begründung zu den einzelnen Vorschriften, Februar 1994, S. 167.

[942] Bericht der Kommission zur Neuordnung des Schiedsverfahrensrechts mit einem Diskussionsentwurf zur Neuregelung des 10. Buches der ZPO und Begründung zu den einzelnen Vorschriften, Februar 1994, S. 170.

[943] Begründung zum Entwurf eines Gesetzes zur Neuregelung des Schiedsverfahrensrechts (Schiedsverfahrens-Neuregelungsgesetz – SchiedsVfG), BT-Drs. 13/5274, S. 53.

[944] Zöller/Geimer: ZPO, § 1051, Rdnr. 3; Thomas in Thomas/Putzo: Zivilprozessordnung, § 1051, Rdnr. 2; Geimer: Internationales Zivilprozessrecht, Rdnr. 3869; Lachmann: Handbuch für die Schiedsgerichtspraxis, Rdnr. 943; kritisch dazu MünchKommZPO – Münch, § 1051 Rdnr. 11; Thomas in Thomas/Putzo: ZPO, § 1051, Rdnr. 1; Lörcher/Lörcher: Das Schiedsverfahren – national und international – nach neuem Recht, Rdnr. 202; Weigand: Das neue deutsche Schiedsverfahrensrecht – Umsetzung des UNCITRAL-Modellgesetzes, Wirtschaftrechtliche Beratung (WiB) 1997, S. 1273 (1276); offengelassen bei Kronke: Internationale Schiedsverfahren nach der Reform, RIW 1998, S. 257 – 265 (263), sowie Pfeiffer: Die Entwicklung des Internationalen Vertrags-, Schuld- und Sachenrechts 1997 – 1999, NJW 1999, S. 3674 (3678).

Nach anderer Literaturmeinung wird jedoch bezweifelt, dass sich die Schranken der Rechtswahl aus Art. 29 EGBGB ergeben.[945] Sowohl der Wortlaut des § 1051 ZPO als auch der Grundsatz der „Harmonie der Rechtsanwendung" sprächen für eine freie Rechtswahl.[946] Es gäbe es auch keinen entsprechenden Anhaltspunkt in den Art. 27 ff. EGBGB.[947] Da die Schiedsverfahrensnovelle nach der Inkorporierung des EVÜ in das EGBGB erlassen worden sei, sei § 1051 ZPO lex posterior.[948] Weder der Gesetzestext noch die Begründung des deutschen Rechts würden verbraucherrechtliche Beschränkungen der Rechtswahl nennen, so dass eine Anwendung dieser Vorschriften auch nicht angebracht sei. Sicher sei nur, dass § 1051 ZPO keine direkte Beschränkung der Rechtswahl enthalte. Daraus müsse man schließen, dass Art. 29 EGBGB nicht anwendbar sein soll.[949] Es liege nahe, dass es auch nicht die Absicht der Bundesregierung gewesen sei, die Rechtswahl der Parteien in irgendeiner Weise zu beschränken.[950] Die Begründung der Bundesregierung führe lediglich an, dass nach § 1051 Abs. 2 ZPO, also bei der objektiven Bestimmung des Vertragsstatuts, dasselbe gelte wie nach Art. 29 EGBGB. Gemeint sei also offenbar nur Art. 29 Abs. 2 EGBGB als lex specialis zu Art. 28 EGBGB; auf Abs. 1 der Vorschrift als Einschränkung der Rechtswahlmöglichkeit nach Art. 27 EGBGB werde dagegen selbst in der Begründung nicht abgestellt. Die Schranken der Rechtswahl in Art. 27 Abs. 3, 29 Abs. 1, 30 Abs. 1 EGBGB seien ferner in § 1051 ZPO allesamt nicht enthalten.[951] Dafür, dass die Rechtswahl nach § 1051 Abs. 1 ZPO entsprechend den Art. 27 ff. EGBGB beschränkt sein solle, fänden sich bestenfalls diffuse Anklänge in der Begründung des Entwurfs. Der Gesetzeswortlaut lege eine derartige Beschränkung gera-

---

[945] Junker: Deutsche Schiedsgerichte und Internationales Privatrecht (§ 1051 ZPO), FS Sandrock, S. 443 (463); MünchKommBGB-Martiny, Nachtrag vor Art. 27 EGBGB, Ergänzungsband zur 3. Auflage, Stand Januar 1999, Rdnr. 100c; Moller: Schiedsverfahrensnovelle und Europäisches Übereinkommen über die internationale Handelsschiedsgerichtsbarkeit, NZG 2000, S. 57 (68); Musielak/Voit, ZPO, § 1051, Rdnr. 3; so wohl auch Albers in Baumbach/Lauterbach/Albers/Hartmann: ZPO, § 1051, Rdnr. 2; Mönnikes: Die Reform des deutschen Schiedsverfahrensrechts – Das neue 10. Buch der ZPO, S. 171; Solomon: Das vom Schiedsgericht in der Sache anzuwendende Recht nach dem Entwurf eines Gesetzes zur Neuregelung des Schiedsverfahrensrechts, RIW 1997, S. 981 (983); Voit: Privatisierung der Gerichtsbarkeit, JZ 1999, S. 120 (123 f.); Schurig: Europäisches Zivilrecht: Vielfalt oder Einerlei, FS Großfeld, S. 1089 (1101); zurückhaltend noch Mankowski: Rechtswahl und Schiedsvereinbarung bei Brokerkontrakt, Börsentermingeschäfte im Ausland, Kurzkommentar zu OLG Köln, Urt. v. 15.12.1997 – 16 U 34/97, EWiR, Art. 29 EGBGB, 1/98, 455 (456); in diesem Sinne wohl auch Martiny: Europäisches Internationales Vertragsrecht – Ausbau und Konsolidierung, ZEuP 1999, S. 246 (247 ff.).

[946] Moller: a.a.O., S. 57 (68).

[947] ebd.

[948] ebd.

[949] Martiny: Die Bestimmung des anwendbaren Sachrechts durch das Schiedsgericht, FS Schütze, S. 529 (537).

[950] Solomon: a.a.O., S. 981 (983).

[951] ebd.

de nicht nahe.[952] Vielmehr könne die kollisionsrechtliche Bestimmung des anzuwendenden Rechts in Schiedsverfahren von den Art. 27 ff. EGBGB bzw. den Vorgaben des EVÜ abweichen.[953] Art. 27 ff. EGBGB, speziell Art. 29 EGBGB, solle in Schiedsverfahren gerade nicht gelten.[954]

Auch wenn der Ort des schiedsrichterlichen Verfahrens in einem der Vertragsstaaten des EVÜ liegt, soll das EVÜ und damit die Regelung des Art. 29 EGBGB in schiedsrichterlichen Verfahren nicht zwingend heranzuziehen sein.[955] Aufgrund des Zusammenhangs des EVÜ mit dem EuGVÜ und des „beredten Schweigens" der EVÜ-Verfasser sowie der in Europa herrschenden Staatenpraxis und der strukturellen Besonderheiten des Schiedsverfahrens soll eine zwingende Anwendung der Regeln des EVÜ nicht in Betracht kommen.[956]

Eine vermittelnde Auffassung will im Wege einer systematischen und teleologischen Auslegung auch in Schiedsverfahren dem Verbraucherschutz nach den Art. 29 EGBGB entsprechenden Maßstäben Rechnung tragen.[957] Eine zwingende Anwendbarkeit der Vorschriften des EGBGB, wie in staatlichen Gerichtsverfahren, wird jedoch ebenfalls abgelehnt.

Dass § 1051 ZPO autonom auszulegen ist, wurde bereits mehrfach festgestellt.[958] Eine Einschränkung über die Art. 27 ff. EGBGB, insbesondere über Art. 29, Art. 29a EGBGB zwingend anzunehmen, lässt sich nicht schlüssig begründen. Die Annahme, bei den Vorschriften des EGBGB handele es sich um die lex specialis gegenüber der ZPO, ist verfehlt. Im Rahmen der ZPO hat der Gesetzgeber Sonderregeln für das deutsche Schiedsverfahrensrecht geschaffen, die nicht an die Vorgaben des EGBGB gebunden sind. Vielmehr stehen beide Gesetzeswerke gleichrangig nebeneinander.[959] Zudem greift der

---

[952] ebd.

[953] Mönnikes: Die Reform des deutschen Schiedsverfahrensrechts, S. 175, m. w. N.

[954] Mönnikes: a.a.O., S. 176; Bericht der Kommission zur Neuordnung des Schiedsverfahrensrechts mit einem Diskussionsentwurf zur Neuregelung des 10. Buches der ZPO und Begründung zu den einzelnen Vorschriften, Februar 1994, S. 170.

[955] Junker: Deutsche Schiedsgerichte und internationales Privatrecht (§ 1051 ZPO), FS Sandrock S. 443 (464).

[956] ebd.

[957] MünchKommBGB-Martiny, Nachtrag vor Art. 27 EGBGB, Ergänzungsband zur 3. Auflage, Stand Januar 1999, Rdnr. 100c.

[958] vgl. dazu insbes. Teil B, § 1, Kap. 2.3.1.1.

[959] vgl. dazu Teil B, § 1, Kap. 2.3.1.1.

Grundsatz des *lex posterior derogat legi priori*. Die Bemerkung in der Begründung zum Gesetzentwurf, dass Schiedsverfahren in Verbraucherrechtsstreitigkeiten ohnehin in der Praxis kaum relevant seien, trägt zur Lösung dieser Fragestellung nichts bei.

Auffallend an der in der bisherigen Literatur geführten Diskussion ist, dass den Befürwortern einer zwingenden Anwendbarkeit der verbraucherschützenden Vorschriften des EGBGB auch in Schiedsverfahren keine rechte Begründung ihrer Sichtweise einfallen mag. Sie beziehen sich allenfalls auf die Ausführungen des Regierungsentwurfs. Dies verwundert nicht. Die Kommission, die den ersten Entwurf für das neue Schiedsrecht entwickelt hat, gab seinerzeit die treffende Begründung für die aktuelle Fassung von § 1051 ZPO. Man ging davon aus, dass das EGBGB im Rahmen der Schiedsgerichtsbarkeit nicht von Bedeutung ist und daher auch dessen Regeln für Schiedsgerichte nicht bindend sind. Im Hinblick auf den Verbraucherschutz hielt man die Regelung des § 1031 Abs. 5 ZPO für ausreichend, in der man den Verbraucher durch das Schriftformbedürfnis vor einer unüberlegten Unterwerfung unter die Schiedsgerichtsbarkeit schützte. Dies sollte dem Verbraucherschutz genügen. Eine weitere Einschränkung aus verbraucherschutzrechtlichen Gesichtspunkten, etwa hinsichtlich der zulässigen Rechtswahl, war gerade nicht gewollt.[960]

Im Einzelfall kann ein Schiedsrichter in Erwägung ziehen, ob eine Entscheidung ohne jegliche Berücksichtigung der Interessen der Verbraucher nicht möglicherweise gegen den ordre public verstößt. Im Rahmen seines schiedsrichterlichen Ermessens kann er dann auf die in Art. 29, 29a EGBGB aufgestellten Grundsätze zurückgreifen. Eine unmittelbare oder gar zwingende Anwendbarkeit der Vorschriften des EGBGB ist in Schiedsverfahren jedoch abzulehnen.

---

[960] Bericht der Kommission zur Neuordnung des Schiedsverfahrensrechts mit einem Diskussionsentwurf zur Neuregelung des 10. Buches der ZPO und Begründung zu den einzelnen Vorschriften, Februar 1994, S. 167 ff.

2.1.1. Die Auslegung von Art. 29a und Art. 29 Abs. 1 EGBGB bei elektronisch geschlossenen Verträgen

Gleich welcher Ansicht man hinsichtlich des Problems folgt, ob die Art. 27 ff. EGBGB, insbesondere Art. 29 und Art. 29a EGBGB, nun zwingend heranzuziehen sind oder lediglich im Rahmen der Ermessensentscheidung des Schiedsgerichts mittelbar Berücksichtigung finden dürfen; es stellt sich die Frage, wie diese Vorschriften bei elektronisch geschlossenen Verträgen auszulegen sind. Um diese Frage zu beantworten, bedarf es vorab der Klärung des Verhältnisses von Art. 29 zu dem neu eingeführten Art. 29a EGBGB sowie der Abgrenzung deren Anwendungsbereiche in internationalen Verbraucherverträgen. Art. 29a EGBGB ist erst im Jahr 2000 mit dem Gesetz über Fernabsatzverträge neu in das EGBGB eingefügt worden.[961] Die Auseinandersetzung der Literatur mit dieser neuen Regelung ist bisher noch wenig umfangreich.

2.1.1.1. Das Verhältnis von Art. 29 und Art. 29a EGBGB

Art. 29a EGBGB ist durch Art. 2 Abs. 2 Nr. 1 des Gesetzes über Fernabsatzverträge vom 27.06.2000 neu in das EGBGB eingefügt worden und am 30.06.2000 in Kraft getreten.[962] Die Neueinführung erfolgte im Rahmen der Umsetzung des Art. 12 der Europäischen Fernabsatzrichtlinie (FARL).[963] Dieser bestimmte, dass die Mitgliedstaaten der Europäischen Union die erforderlichen Maßnahmen zu ergreifen haben, damit der Verbraucher den durch diese Richtlinie gewährten Schutz nicht verliert, wenn das Recht eines Drittlands als das auf den Vertrag anwendbare Recht gewählt wurde, der Vertrag jedoch einen engen Zusammenhang mit dem Gebiet eines oder mehrerer Mitgliedstaaten aufweist. Um eine Zersplitterung des Kollisionsrechts zu vermeiden, hat der deutsche Gesetzgeber bei der Umsetzung dieser Richtlinie auch Art. 6 Abs. 2 der EG-Richtlinie über missbräuchliche Klauseln in Verbraucherverträgen vom 05.04.1993[964] und Art. 9 der EG-Teilzeit-

---

[961] Gesetz über Fernabsatzverträge und andere Fragen des Verbraucherrechts sowie zur Umstellung von Vorschriften auf den Euro vom 27.06.2000, BGBl. 2000 I S. 897 (berichtigt BGBl. 2000 I 1139); in Kraft getreten am 30.06.2000.

[962] ebd.

[963] Richtlinie 97/7/EG des Europäischen Parlaments und des Rates vom 20. Mai 1997 über den Verbraucherschutz bei Vertragsabschlüssen im Fernabsatz, ABl. EG Nr. L 144/19.

[964] Richtlinie 93/13/EWG des Rates vom 5. April 1993 über missbräuchliche Klauseln in Verbraucherverträgen, ABl. EG Nr. L 95/29.

Wohnrechte-Richtlinie[965] vom 26.10.1994 in Art. 29a EGBGB übernommen. Die Bestimmung ist damit an die Stelle der aufgehobenen § 12 AGBG und § 8 TzWrG getreten.[966] Mit dem Gesetz zur Modernisierung des Schuldrechts wurde zudem die Richtlinie über den Verbrauchsgüterkauf[967] noch nachträglich in den Katalog der anzuwendenden europäischen Normen aufgenommen.[968]

Gem. Art. 29 EGBGB kann auch durch anderweitige Rechtswahl der Parteien dem Verbraucher der durch die zwingenden Bestimmungen des Rechts des Staates, in dem er seinen gewöhnlichen Aufenthalt hat, gewährte Schutz nicht entzogen werden, wenn der Vertrag unter den in Art. 29 Abs. 1 EGBGB beschriebenen Umständen zustande gekommen ist. Art. 29a Abs. 1 EGBGB bestimmt hingegen, dass für den Fall, dass ein Vertrag aufgrund einer Rechtswahl der Parteien nicht dem Recht eines Mitgliedstaates der Europäischen Union oder eines anderen Vertragsstaates des Abkommens über den Europäischen Wirtschaftsraum unterliegt, der jedoch einen engen Zusammenhang mit dem Gebiet eines dieser Staaten aufweist, gleichwohl bestimmte, im Gebiet dieses Staates geltende, Verbraucherschutzrichtlinien anzuwenden sind.

Fraglich ist, in welchem Verhältnis diese beiden Vorschriften anzuwenden sind. Nach einhelliger Meinung ergänzt Art. 29a EGBGB den Art. 29 EGBGB.[969] Art. 29a EGBGB gewährleistet über den Anwendungsbereich von Art. 29 EGBGB hinaus auch im Falle der Wahl drittstaatlichen Rechts die Geltung bestimmter EU-Richtlinien im Verbraucherbereich.[970]

---

[965] Richtlinie 94/47/EG des Europäischen Parlaments undd es Rates vom 26.Oktober 1994 zum Schutz der Erwerber im Hinblick auf bestimmte Aspekte von Verträgen über den Erwerb von Teilzeitnutzungsrechten an Immobilien, ABl. EG Nr. L 280/83.

[966] Schmidt-Räntsch: Zum Fernabsatzgesetz, ZBB 2000, S. 344 (346); Heldrich/Palandt: BGB, Art. 29a EGBGB, Rdnr. 1.

[967] Richtline 1999/44/EG des Europäischen Parlaments und des Rates vom 25. Mai 1999 zu bestimmten Aspekten des Verbrauchsgüterkaufs und der Garantien für Verbrauchsgüter, ABl. EG Nr. L 171/12.

[968] Entwurf eines Gesetzes zur Modernisierung des Schuldrechts, BT-Drs. 14/6040, S. 34 (272).

[969] Heldrich/Palandt: BGB, Art. 29 EGBGB, Rdnr. 1, Staudinger: Internationales Verbraucherschutzrecht made in Germany, RIW 2000, S. 417 (419); Staudinger/Magnus (2002) Art. 29a EGBGB, Rdnr. 1; Freitag/Leible: Ergänzung des kollisionsrechtlichen Verbraucherschutzes durch Art. 29a EGBGB, EWS 2000, S. 342 (343); Roth/Schulze: Verbraucherschutz im Electronic Commerce, RIW 1999, S. 924 (929); Freitag/Leible: Von den Schwierigkeiten der Umsetzung kollisionsrechtlicher Richtlinienbestimmungen, ZIP 1999, S. 1296 – 1301 (1297); Wagner: Zusammenführung verbraucherschützender Kollisionsnormen aufgrund EG-Richtlinien in einem neuen Art. 29a EGBGB, IPRax 2000, S. 249 (251).

[970] Staudinger/Magnus (2002) Art. 29a EGBGB, Rdnr. 1.

Strittig ist, welche der beiden Vorschriften vorrangig ist. Nach dem Willen des Gesetzgebers und der anfänglich herrschenden Auffassung in der Literatur soll Art. 29 EGBGB grundsätzlich Vorrang vor Art. 29a EGBGB genießen.[971] Für den Fall, dass bereits Art. 29 EGBGB zu einem richtlinienkonformen Verbraucherschutz nach dem Recht eines EU - Mitgliedstaates oder eines anderen Vertragsstaates des Abkommens über den EWR führe, solle für die Anwendung des Art. 29a EGBGB kein Raum mehr sein. Dieser greife vielmehr erst dann, wenn Art. 29 EGBGB tatbestandsmäßig nicht anwendbar ist oder zur Anwendung des Rechts eines Nicht-EU- oder Nicht-EWR-Mitgliedstaates führt[972].

In der aktuellen Diskussion wird gegen diese Auffassung vorgebracht, dass das EVÜ und damit auch Art. 29 EGBGB mit Art. 20 EVÜ grundsätzlich dem Richtlinienrecht und dessen speziellen Kollisionsnormen Vorrang einräume. Art. 29a EGBGB bündele gerade die IPR-Klauseln des Richtlinienrechts und müsse daher, soweit dessen Schutz reiche, Art. 29 EGBGB grundsätzlich vorgehen.[973] Art. 29a EGBGB sei insoweit im Verhältnis zu Art. 29 EGBGB lex specialis.[974] Ergebe sich jedoch bei privilegierter Anwendung von Art. 29a EGBGB im Einzelfall ein geringerer Verbraucherschutz als bei der Anwendung von Art. 29 EGBGB, solle sich das Schutzniveau durchsetzen, das dem Verbraucher jeweils den größeren Schutz gewähre.[975]

Um das Verhältnis von Art. 29 EGBGB und Art. 29a EGBGB abschließend beschreiben zu können, bedarf es eines Rückgriffs auf die Regelung des Art. 20 EVÜ und dessen Stellung im Normengefüge. Nach Art. 20 EVÜ berührt das Europäische Übereinkommen über das auf Schuldverhältnisse anwendbare Recht nicht die Anwendung der Kollisionsnormen für vertragliche Schuldverhältnisse auf besonderen Gebieten, die in Rechtsakten der Organe der Europäischen Gemeinschaften oder in dem in Ausführung dieser Akte harmonisierten

---

[971] BT-Drs. 14/2658, S. 50; Heldrich/Palandt: BGB, Art. 29 EGBGB, Rdnr. 1, Art. 29a, Rdnr. 7;Staudinger: Internationales Verbraucherschutzrecht made in Germany, RIW 2000, S. 416 (419); Staudinger: Rom, Brüssel, Berlin und Amsterdam: Chiffren eines Europäischen Kollisionsrechts für Verbraucherverträge, ZfRV 2000, S. 93 (102); Tonner: Das neue Fernabsatzgesetz - oder: System statt Flickenteppich, BB 2000, S. 1413 (1419); Freitag/Leible: Ergänzung des kollisionsrechtlichen Verbraucherschutzes durch Art. 29a EGBGB, EWS 2000, S. 342 (346); Martiny: Internationales Vertragsrecht im Schatten des Europäischen Gemeinschaftsrechts, ZEuP 2001, S. 308 (322); Horn: Verbraucherschutz bei Internetgeschäften, MMR 2002, S. 209 (214).

[972] Heldrich/Palandt: BGB, Art. 29 EGBGB, Rdnr. 1; Staudinger: Internationales Verbraucherschutzrecht made in Germany, RIW 2000, S. 416 (419); Horn: a.a.O., S. 209 (214).

[973] Staudinger/Magnus (2002) Art. 29 EGBGB, Rdnr. 25; Kropholler: Internationales Privatrecht, § 52 V 6, S. 543.

[974] v. Hoffmann: Internationales Privatrecht, S. 418 ff.

[975] Staudinger/Magnus (2002) Art. 29 EGBGB, Rdnr. 24.

innerstaatlichen Recht enthalten sind oder enthalten sein werden.[976] Artikel 20 des EVÜ soll damit den Vorrang spezialgesetzlicher Kollisionsnormen des Gemeinschaftsrechts sichern.[977] Zu diesen gemeinschaftsrechtliche Vorschriften gehören insbesondere Richtlinien und Verordnungen, aber auch das in Ausführung dieser Akte harmonisierte innerstaatliche Recht.[978]

Art. 29a EGBGB stellt eine solche spezialgesetzliche Kollisionsnorm des Gemeinschaftsrechts dar. Die Neuregelung fußt auf einem Rechtsakt der Europäischen Gemeinschaft, nämlich auf zwei verschiedenen Richtlinien. Das Gesetz über Fernabsatzverträge und andere Fragen des Verbraucherrechts sowie zur Umstellung auf den Euro vom 27. Juni 2000,[979] wodurch die neue Regelung des Art. 29a EGBGB geschaffen wurde, diente der Umsetzung der Fernabsatzrichtlinie[980] sowie der Umsetzung der Richtlinie über Unterlassungsklagen zum Schutz der Verbraucherinteressen.[981] Art. 12 Abs. 2 der Fernabsatzrichtlinie wurde auf europäischer Ebene erlassen, da man die Gefahr sah, dass dem Verbraucher der in der FARL eingeräumte Schutz entzogen werden könnte, indem das Recht eines Drittstaates als das auf den Vertrag anwendbare Recht erklärt würde.[982]

In Deutschland war man der Auffassung, dass Artikel 12 Abs. 2 FARL durch die seinerzeit bestehenden Regelungen des deutschen internationalen Privatrechts, insbesondere Artikel 29 und 34 EGBGB, nicht vollständig umgesetzt würde.[983] Im Hinblick auf die Regelungen der Fernabsatzrichtlinie musste also eine neue Kollisionsnorm geschaffen werden. Die Bundesregierung war der Auffassung, dass es sich bei der in Artikel 12 Abs. 2 FARL

---

[976] Gesetz zu dem Übereinkommen vom 19. Juni 1980 über das auf Schuldverhältnisse anzuwendende Recht vom 25.07.1986, BGBl. 1986, II, S. 809 (818).

[977] Denkschrift zum EVÜ, BT-Drs. 10/503, S. 31.

[978] Giuliano /Lagarde: Bericht über das Übereinkommen über das auf vertragliche Schuldverhältnisse anzuwendende Recht, BT-Drs. 10/503, S. 33 (71).

[979] Gesetz über Fernabsatzverträge und andere Fragen des Verbraucherrechts sowie zur Umstellung auf den Euro vom 27.6.2000, BGBl. 2000, I, S. 897 ff.

[980] Richtlinie 97/7/EG des Europäischen Parlaments und des Rates vom 20. Mai 1997 über den Verbraucherschutz bei Vertragsabschlüssen im Fernabsatz, ABl. EG Nr. L 144 S. 19.

[981] Richtlinie 98/27/EG des Europäischen Parlaments und des Rates vom 19. Mai 1998 über Unterlassungsklagen zum Schutz der Verbraucherinteressen, ABl. EG Nr. L 166 S. 51.

[982] Richtlinie 97/7EG des Europäischen Parlaments und des Rates vom 20. Mai 1997 über den Verbraucherschutz bei Vertragsabschlüssen im Fernabsatz, Erwägungsgrund 23, ABl. EG Nr. L 144/19 (21).

[983] Kronke: Electronic Commerce und Europäisches Verbraucher-Vertrags-IPR, RIW 1996, S. 985 (990), m. w. N.; Begründung zum Entwurf eines Gesetzes über Fernabsatzverträge und andere Fragen des Verbraucherrechts sowie zur Umstellung von Vorschriften auf Euro, BT-Drs. 14/2658, S. 28.

enthaltenen Kollisionsnorm um ein allgemeines Modell handelte, das auch weiterhin in Verbraucherschutzrichtlinien Anwendung finden würde. Dies wurde zum Anlass genommen, die bisher in den einzelnen Verbraucherschutzgesetzen (z. B. dem AGB-Gesetz und Teilzeit-Wohnrechtegesetz) verstreuten Sonderkollisionsnormen, die einander sehr ähnlich und fast wortgleich sind, in einer Vorschrift im EGBGB zusammenzufassen.[984]

Art. 29a EGBGB befasst sich demnach mit kollisionsrechtlichen Fragen des anwendbaren Rechts im Zusammenhang mit schuldrechtlichen Verträgen, die in den Anwendungsbereich bestimmter verbraucherschützender europäischer Richtlinien fallen. Der Regelung kommt auch ein kollisionsrechtlicher Gehalt im Bereich der vertraglichen Schuldverhältnisse zu. Im Ergebnis ist damit der neueren Tendenz in der Literatur Recht zu geben, wonach die Neuregelung des Art. 29a EGBGB grundsätzlich Vorrang vor Art. 29 EGBGB genießt und nicht umgekehrt, wie in der Begründung der Bundesregierung behauptet.[985]

Eine andere Frage ist, inwieweit diese grundsätzliche Feststellung überhaupt Auswirkungen auf die Anwendung der genannten Normen hat, da sie möglicherweise einen völlig unabhängigen Anwendungsbereich haben und daher nicht in Konkurrenz zueinander stehen könnten. Um dies zu klären, bedarf es einer genaueren Untersuchung des Anwendungsbereichs von Art. 29a und Art. 29 EGBGB.

2.1.1.2. Der Anwendungsbereich von Art. 29a EGBGB

Nach Art. 29a EGBGB sind bei einem Vertrag, der aufgrund einer Rechtswahl nicht dem Recht eines Mitgliedstaates der Europäischen Union oder eines anderen Vertragsstaates des Abkommens über den Europäischen Wirtschaftsraum unterliegt, welcher jedoch einen engen Zusammenhang mit dem Gebiet eines dieser Staaten aufweist, die im Gebiet dieses Staates geltenden Bestimmungen, die in Umsetzung von europäischen Verbraucherschutzrichtlinien erlassen wurden, zwingend anzuwenden. Ein solcher enger Zusammenhang ist insbesondere dann anzunehmen, wenn der Vertrag aufgrund eines öffentlichen Angebots, einer öffentlichen Werbung oder einer ähnlichen geschäftlichen Tätigkeit in einem dieser Staaten zustande kommt und der andere Teil bei Abgabe seiner auf den Ver-

---

[984] Begründung zum Entwurf eines Gesetzes über Fernabsatzverträge und andere Fragen des Verbraucherrechts sowie zur Umstellung von Vorschriften auf Euro, BT-Drs. 14/2658, S. 28.

[985] Begründung zum Entwurf eines Gesetzes über Fernabsatzverträge und andere Fragen des Verbraucherrechts sowie zur Umstellung von Vorschriften auf Euro, BT-Drs. 14/2658, S. 50.

tragsschluss gerichteten Erklärung seinen gewöhnlichen Aufenthalt in einem Mitgliedstaat der Europäischen Union oder einem anderen Vertragsstaat des Abkommens über den Europäischen Wirtschaftsraum hat.

Maßgebliche Verbraucherschutzvorschriften im Sinne des Art. 29a EGBGB sind dabei die in Art. 29a Abs. 4 EGBGB genannten Richtlinien. Dazu gehören bisher die Richtlinie über missbräuchliche Klauseln in Verbraucherverträgen[986], die Teilzeit-Wohnrechte-Richtlinie[987], die Richtlinie über den Verbraucherschutz im Fernabsatz[988] sowie die Richtlinie zum Verbrauchsgüterkauf[989] bzw. die in deren Umsetzung in Deutschland geltenden nationalen Vorschriften.

Art. 29a EGBGB erfasst im Gegensatz zu Art. 29 EGBGB Verträge aller Art. Eine Beschränkung auf bestimmte Vertragstypen ist nicht vorgesehen.[990] Begrenzt ist der Anwendungsbereich in diesem Zusammenhang jedoch durch den Anwendungsbereich der jeweils anzuwendenden Richtlinie, so etwa bei Lebensmittellieferungen oder Finanzdienstleistungen im Rahmen der Fernabsatzrichtlinie.[991]

Der persönliche Anwendungsbereich von Art. 29a EGBGB ist nach dem Wortlaut nicht eingeschränkt. Daher soll er nach einer Ansicht in der Literatur nicht nur auf Verbraucherverträge anwendbar sein. Das Erfordernis des Vorliegens eines Verbrauchervertrages ergebe sich nicht aus Art. 29a EGBGB, sondern folge materiellrechtlich aus den anzuwendenden Verbraucherschutzrichtlinien.[992] Nach anderer Auffassung soll sich der persönliche Anwendungsbereich des Art. 29a EGBGB grundsätzlich auf Verträge mit Verbraucherbeteiligung beschränken.[993]

---

[986] Richtlinie 93/13/EWG (ABl. EG Nr. L 95/29).

[987] Richtlinie 94/47/EG (ABl. EG Nr. L 280/83).

[988] Richtlinie 97/7/EG (ABl. EG Nr. L 144/19).

[989] Richtlinie 1999/44/EG (ABl. EG Nr. L 171/12).

[990] Heldrich/Palandt: BGB, Art. 29a EGBGB, Rdnr. 3.

[991] Staudinger/Magnus (2002) Art. 29a EGBGB, Rdnr. 30.

[992] Heldrich/Palandt: BGB, Art. 29a EGBGB, Rdnr. 3.

[993] Freitag/Leible: Ergänzung des kollisionsrechtlichen Verbraucherschutzes durch Art. 29a EGBGB, EWS 2000, S. 342 (344).

Die Stellung des Art. 29a EGBGB im Gesetz spricht für die ausschließliche Anwendung im Verbraucherbereich. Es deutet vieles darauf hin, dass der Gesetzgeber mit den Art. 29 und 29a EGBGB nunmehr eine zusammenhängende kollisionsrechtliche Verbraucherschutzregelung schaffen wollte.[994] Nach dem Wortlaut der Neuregelung wird jedoch nur auf die genannten Verbraucherschutzrichtlinien Bezug genommen. Der persönliche Anwendungsbereich wird nicht ausdrücklich erwähnt. Auch aus der Begründung der Bundesregierung zu Art. 29a EGBGB wird nicht deutlich, ob die Neuregelung auf den Verbraucherbereich beschränkt sein oder sich im Rahmen der anwendbaren Richtlinien ggf. auch auf den Unternehmerbereich erstrecken soll.

Aufschluss diesbezüglich kann hier die Fernabsatzrichtlinie (FARL) selbst geben. Nach Art. 12 Abs. 2 FARL sollten die Mitgliedstaaten gewährleisten, dass der durch die FARL selbst gewährleistete Schutz dem Verbraucher nicht durch die Wahl drittstaatlichen Rechts wieder entzogen werden kann, wenn der Vertrag einen engen Zusammenhang mit dem Gebiet eines oder mehrerer Mitgliedstaaten aufweist. In Art. 2 Nr. 2 FARL wurde nochmals ausdrücklich klargestellt, welcher Personenkreis unter den Verbraucherbegriff fallen soll. Danach ist Verbraucher jede natürliche Person, die beim Abschluss von Verträgen im Sinne der FARL zu Zwecken handelt, die nicht ihrer gewerblichen oder beruflichen Tätigkeit zuzurechnen sind. Die FARL wollte selbst also nur Regelungen für den Verbraucherbereich schaffen.

Dementsprechend hatte der deutsche Gesetzgeber mit der Änderung des AGBGB im Rahmen des Art. 3 des Fernabsatzgesetzes vom 27.6.2000 in § 24 AGBGB a. F. vorgesehen, dass neben §§ 2, 10 und 11 AGBGB a. F. auch die Regelung des Art. 29a EGBGB keine Anwendung auf allgemeine Geschäftsbedingungen finden sollte, die gegenüber einem Unternehmer, einer juristischen Person des öffentlichen Rechts oder einem öffentlichrechtlichen Sondervermögen gestellt werden. Bei der Inkorporierung des AGBG in das BGB wurde diese Formulierung zwar nicht übernommen. Art. 29a EGBGB wird in § 310 BGB n. F., der die Regelungen der §§ 23, I, II, 24 und § 24a AGBGB a. F. ersetzt, nicht mehr erwähnt. Dies bedeutet jedoch nicht, dass nunmehr Art. 29a EGBGB im Hinblick auf allgemeine Geschäftsbedingungen im Unternehmerbereich anwendbar wäre.

---

[994] Freitag/Leible: a.a.O., S. 342 (350).

Sowohl nach der Literatur als auch nach Auffassung des Gesetzgebers soll Art. 29a EGBGB nicht gelten, wenn die allgemeinen Geschäftsbedingungen gegenüber einem Unternehmer gestellt werden.[995] Dem entspricht auch die Begründung zum Gesetzentwurf des Schuldrechtsmodernisierungsgesetzes, nach der eine Nennung von Art. 29a EGBGB in § 310 Abs. 1 BGB überflüssig sein soll. Art. 29a EGBGB erfasse nur diejenigen Vorschriften, die zur Umsetzung von Verbraucherschutzrichtlinien ergangen seien. Die Klauselrichtlinie 93/13/EWG[996] selbst beziehe sich aber nur auf solche AGB, die ein Unternehmer gegenüber einem Verbraucher stelle. Deshalb würden deren Transformationsbestimmungen, heute also §§ 305 ff. BGB, soweit es um eine Verwendung von AGB gegenüber Unternehmern gehe, ohnehin nicht zur Anwendung berufen.[997]

Aus diesem Argumentationsansatz wird deutlich, dass sich der persönliche Anwendungsbereich der Kollisionsnorm immer erst aus den nach Art. 29a Abs. 4 EGBGB anwendbaren Verbraucherrichtlinien ergibt und nicht bereits aus der Norm selbst. Im Ergebnis macht dies bisher jedoch keinen Unterschied, da alle bisher in Bezug genommen Richtlinien sich ausschließlich auf den Verbraucherbereich beschränken.

Der sachliche Anwendungsbereich von Art. 29a EGBGB ergibt sich ebenfalls aus der Anwendung der einschlägigen Verbraucherschutzrichtlinien. Von Art. 29a EGBGB werden nur Verträge erfasst, die unter den Anwendungsbereich der in Art. 29a Abs. 4 EGBGB aufgeführten Richtlinien fallen. Es ist daher stets zu prüfen, ob der in Frage stehende Vertragstyp durch mindestens eine der genannten Richtlinien geregelt wird.[998] Ist dies nicht der Fall, ist Art. 29a EGBGB ohne Bedeutung.

Die Anwendung der in Art. 29a Abs. 4 EGBGB genannten Verbraucherschutzrichtlinien ist ferner nur dann geboten, wenn auch der sachliche und räumliche Anwendungsbereich des

---

[995] Heinrichs/Palandt: Gesetz zur Modernisierung des Schuldrechts, § 310 BGB, Rdnr. 5; Huber in Huber/Faust: Schuldrechtsmodernisierung, Rdnr. 50/19; Schmidt-Räntsch/Maifeld/Meier-Göring/Röcken: Das neue Schuldrecht, S. 266.

[996] Richtlinie 93/13/EWG des Rates vom 05.04.1993 über missbräuchliche Klauseln in Verbraucherverträgen (ABl. Nr. L 95 vom 21.04.1993, S. 29 ff.).

[997] Entwurf eines Gesetzes zur Modernisierung des Schuldrechts, BT-Drs. 14/6040, S. 160; Schmidt-Räntsch/Maifeld/Meier-Göring/Röcken: Das neue Schuldrecht, S. 266; Dörner: Die Integration des Verbraucherrechts in das BGB, in Schulze/Schulte-Nölke: Die Schuldrechtsreform vor dem Hintergrund des Gemeinschaftsrechts, S. 177 (187 f.).

[998] Freitag/Leible: a.a.O., S. 342 (344).

Art. 29a EGBGB eröffnet ist. Dies ist nach Art. 29a Abs. 1 EGBGB der Fall, wenn trotz einer anderweitigen Rechtswahl der Parteien ein enger Zusammenhang des Vertrages mit dem Gebiet eines Mitgliedstaates der Europäischen Union oder eines anderen Vertragsstaates des Abkommens über den Europäischen Wirtschaftsraum besteht. Wann ein solcher enger Zusammenhang im Rahmen eines elektronisch geschlossenen Vertrages zu dem Gebiet eines Mitgliedstaates anzunehmen ist, soll an dieser Stelle zunächst noch offen bleiben.[999]

Folge von Art. 29a EGBGB ist, dass ein in Deutschland ansässiger Verbraucher auch bei anderweitiger Rechtswahl zwingend durch die in Art. 29a Abs. 4 EGBGB genannten Verbraucherschutzrichtlinien bzw. deren transformiertes nationales Recht geschützt wird.

2.1.1.3. Der Anwendungsbereich von Art. 29 EGBGB

Art. 29 EGBGB ist ausschließlich bei Verbraucherverträgen anzuwenden. Verbraucher im Sinne dieser Vorschrift ist, wer die in Art. 29 EGBGB genannten Verträge zu einem Zweck abschließt, der nicht der beruflichen oder gewerblichen Tätigkeit des Berechtigten (Verbrauchers) zugerechnet werden kann. Insoweit entspricht der Verbraucherbegriff des EGBGB nahezu wortgleich dem bereits erörterten Verbraucherbegriff des § 13 BGB, der durch Art. 2 Abs. 1 des Fernabsatzgesetzes neu in das BGB eingeführt wurde.[1000]

Der sachliche Anwendungsbereich von Art. 29 EGBGB ist im Gegensatz zu Art. 29a EGBGB auf bestimmte Vertragstypen beschränkt. Nach dem Wortlaut von Art. 29 Abs. 1 EGBGB gilt die Regelung für Verträge über die Lieferung von beweglichen Sachen oder die Erbringung von Dienstleistungen sowie für Verträge zur Finanzierung eines solchen Geschäfts. Eine Darstellung der Vertragstypen, die im Einzelfall in den sachlichen Anwendungsbereich fallen, würde an dieser Stelle zu weit führen. Es kann daher nur ein kurzer Überblick hierüber gegeben werden.[1001]

---

[999] siehe dazu die Ausführungen unter Teil B, § 2, Kap. 2.1.2.

[1000] Gesetz über Fernabsatzverträge und andere Fragen des Verbraucherrechts sowie zur Umstellung auf den Euro vom 27.06.2000, BGBl. 2000, I, S. 897 ff.

[1001] vgl. dazu die Ausführungen etwa bei Heldrich/Palandt; BGB, Art. 29 EGBGB, Rdnr. 2 ff.; Staudinger/Magnus (2002) Art. 29 EGBGB, Rdnr. 45 ff; Soergel-v. Hoffmann, Art. 29 EGBGB, Rdnr. 5 ff.; MünchKommBGB-Martiny, Art. 29 EGBGB, Rdnr. 8 ff.

Unter den Begriff des Vertrages über die Lieferung beweglicher Sachen fällt der Warenverkauf, nicht jedoch der Verkauf von Wertpapieren.[1002] Ebensowenig gehört dazu der Mietvertrag, wohingegen Leasingverträge von Art. 29 EGBGB erfasst werden sollen.[1003] Verträge über die Erbringung von Dienstleistungen aller Art, d. h. tätigkeitsbezogene Leistungen an einen Verbraucher aufgrund von Dienstverhältnissen (jedoch nicht im Rahmen von Arbeitsverhältnissen), aufgrund von Werk- und Werklieferungsverhältnissen sowie aufgrund von Geschäftsbesorgungsverhältnissen werden ebenfalls von Art. 29 EGBGB geregelt.[1004]

Streitig ist, ob beim Kauf von Softwareprogrammen die Software als bewegliche Sache i. S. d. Art. 29 Abs. 1 EGBGB anzusehen ist oder ob vielmehr ein Dienstleistungsvertrag vorliegt.[1005] Soweit es sich um Standardsoftware handelt, soll es sich nach richtiger Auffassung in der Regel um eine bewegliche Sache und damit um einen Kaufvertrag handeln. Bei der Herstellung spezieller und individueller Programme soll jedoch kein Liefervertrag, sondern ein Dienstleistungsvertrag i. S. d. Art. 29 Abs. 1, 2. Alt. EGBGB anzunehmen sein.[1006] Eine entsprechende Einordnung hat sowohl die Rechtsprechung als auch die Literatur im Rahmen der besonderen Schuldverhältnisse im BGB vorgenommen: Bei Standardprogrammen soll ein Kaufvertrag nach § 433 BGB vorliegen.[1007] Bei individuell hergestellter Software ist nach überwiegender Auffassung ein Werkvertrag i. S. d. § 631 BGB gegeben.[1008] Bei einem verbundenen Erwerb von Hard- und Software liegt i. d. R. ein einheitlicher Kaufvertrag vor.[1009] Diese Einordnung in einzelne Vertragstypen kann auf Art. 29 EGBGB übertragen werden.

[1002] Giuliano/Lagarde: Bericht über das Übereinkommen über das auf vertragliche Schuldverhältnisse anzuwendende Recht, BT-Drs. 10/503, S. 33 (55).

[1003] Heldrich/Palandt: BGB, Art. 29 EGBGB, Rdnr. 2.

[1004] MünchKommBGB-Martiny, Art. 29 EGBGB, Rdnr. 11; BGH, Urt. v. 26.10.1993 – XI ZR 42/93, BGHZ 123, S. 380 (385).

[1005] dazu Sandrock: Neue Herausforderungen an das internationale Wirtschaftsrecht, ZvglRWiss 98 (1999), S. 227 (237).

[1006] Staudinger/Magnus (2002) Art. 29 EGBGB, Rdnr. 50.

[1007] BGH, Urt. v. 4.11.1987 – VIII ZR 314/86, BGHZ 102, S. 135 (141 ff.).

[1008] Putzo/Palandt: BGB, § 433 BGB, Rdnr. 5 m. w. N.; BGH, Urt. v. 30.01.1986 – I ZR 242/83 (KG), NJW 1987, S. 1259.

[1009] BGH, Urt. v. 4.11.1987, - VIII ZR 314/86, BGHZ 102, S. 135; Fritzsche: Rechtsfragen der Herstellung und Überlassung von Software, JuS 95, S. 497 (499); Putzo/Palandt: BGB, § 433 BGB, Rdnr. 5.

Zum sachlichen Anwendungsbereich von Art. 29 EGBGB gehören auch alle Verträge zur Finanzierung der o. g. Vertragstypen, also insbesondere der Kreditkauf, nicht jedoch das normale Verbraucherdarlehen.[1010] Ausgenommen sind nach Art. 29 Abs. 4 Nr. 1 EGBGB Beförderungsverträge sowie nach Nr. 2 Verträge über Dienstleistungen, die ausschließlich in einem anderen als dem Staat erbracht werden müssen, in dem der Verbraucher seinen gewöhnlichen Aufenthaltsort hat. Beispiele für solche Verträge sind Beherbergungsverträge mit ausländischen Hotels[1011] oder Unterrichtsverträge, die ausschließlich im Ausland erfüllt werden sollen (z. B. Ski- / Segelkurs).[1012] Gem. Art. 29 Abs. 4 EGBGB a. E. sollen die Bestimmungen des Art. 29 EGBGB jedoch bei Reiseverträgen, die für einen Pauschalpreis kombinierte Beförderungs- und Unterbringungsleistungen vorsehen, anwendbar sein.[1013]

Folge von Art. 29 EGBGB im Falle einer anderweitigen Rechtswahl ist, dass dem Verbraucher nicht der Schutz der zwingenden Bestimmungen des Landes, in dem der Verbraucher seinen gewöhnlichen Aufenthalt hat, entzogen werden darf. Unter den Begriff der zwingenden Bestimmungen fallen alle nicht-dispositiven, gesetzlichen oder richterrechtlichen Regeln im Verbraucherstaat, von denen durch Vertrag nicht abgewichen werden kann.[1014] Dazu gehören sowohl die auf den europäischen Richtlinien beruhenden Regelungen des Gesetzes über missbräuchliche Klauseln in allgemeinen Geschäftsbedingungen (§§ 305 ff. BGB), die Regelungen des Fernabsatzgesetzes (§§ 312b ff. BGB), des Gesetzes über den Verbrauchsgüterkauf (§§ 474 ff. BGB) und des Teilzeit-Wohnrechte-Gesetzes (§§ 481 ff. BGB), die ebenfalls von Art. 29a EGBGB erfasst werden.[1015] Auf diese verbraucherschützenden Vorschriften ist Art. 29 EGBGB im Gegensatz zu Art. 29a EGBGB jedoch nicht beschränkt. Denn darüber hinaus fällt unter den Begriff der zwingenden Bestimmungen nach Art. 29 Abs. 1 EGBGB auch etwa das Gesetz über den Widerruf von Haustürgeschäften (312 ff. BGB), die Regelungen der §§ 355 ff. BGB und die des

[1010] Heldrich/Palandt: BGB, Art. 29 EGBGB, Rdnr. 2; v. Hoffmann: Inländische Sachnormen mit zwingendem internationalen Anwendungsbereich, IPrax 89, S. 261 (271).

[1011] Heldrich/Palandt, BGB, Art. 29 EGBGB, Rdnr. 2; AG Bernkastel-Kues, Urt. v. 9.9.1992 – 4 C 211/89, IPRax 1994, S. 141.

[1012] Soergel-v. Hoffmann, Art. 29, Rdnr. 9, m. w. N.; Heldrich/Palandt: BGB, Art. 29 EGBGB, Rdnr. 2.

[1013] Giuliano/Lagarde: Bericht über das Übereinkommen über das auf vertragliche Schuldverhältnisse anzuwendende Recht, BT-Drs. 10/503, S. 33 (57).

[1014] Staudinger/Magnus (2002), Art. 29 EGBGB, Rndr. 102; MünchKommBGB – Martiny, Art. 29 EGBGB, Rndr. 35.

[1015] Staudinger/Magnus (2002), a.a.O., Rndr. 102.

Verbraucherkreditgesetzes (§§ 491 ff. BGB) sowie die unabdingbaren Vorschriften des allgemeinen und besonderen Vertragsrechts, etwa §§ 138 BGB, 242 BGB, 276 Abs. 3 BGB oder das Reisevertragsrecht (§§ 651a BGB ff.).[1016] Neben dem von den Parteien gewählten Recht sind die verbraucherschützenden nationalen Vorschriften des Sitzstaates des Verbrauchers zwingend anzuwenden. Die Rechtswahl der Parteien an sich bleibt jedoch gültig.[1017]

2.1.1.4. Konsequenzen

Ein wesentlicher Unterschied zwischen Art. 29 und Art. 29a EGBGB besteht in deren sachlichem Anwendungsbereich. Während Art. 29 EGBGB auf bestimmte Vertragstypen beschränkt ist, folgt eine solche Beschränkung bei Art. 29a EGBGB erst mittelbar aus den anwendbaren Richtlinien. Die FARL selbst ist auf den Waren - und Dienstleistungsverkehr beschränkt, der sachliche Anwendungsbereich der Richtlinie über missbräuchliche Klauseln im Verbrauchervertrag unterliegt hingegen keinerlei Beschränkungen. Nach Art. 10 Abs. 1 der Richtlinie[1018] sind deren Vorschriften generell auf alle Verträge anzuwenden, die nach dem 31. Dezember 1994 geschlossen wurden. Die Einschränkungen, die sich aus § 310 Abs. 4 BGB ergeben, wonach die deutschen Vorschriften über allgemeine Geschäftsbedingungen nicht für die Gebiete des Erb-, Familien- und Gesellschaftsrechts sowie nur eingeschränkt im Hinblick auf Arbeitsverträge gelten sollen, sind im Rahmen von Art. 29a EGBGB nicht anwendbar. Die zugrundeliegende Richtlinie selbst sieht eine solche Einschränkung nicht vor.

Im Falle der Anwendbarkeit der in Art. 29a EGBGB genannten Richtlinien können sich Art. 29a und Art. 29 EGBGB jedoch teilweise auch überschneiden. Ein Kaufvertrag, der unter die Fernabsatzrichtlinie fällt, kann auch unter den Anwendungsbereich von Art. 29 EGBGB fallen. Zu beachten ist dann, dass der Verbraucherschutz des Art. 29 EGBGB umfassender ist, als bei Art. 29a EGBGB. Während Art. 29a EGBGB bisher lediglich die vier bereits genannten verbraucherschützenden Richtlinien in Bezug

---

[1016] MünchKommBGB – Martiny, Art. 29 EGBGB, Rdnr. 36; Staudinger/Magnus (2002), Art. 29 EGBGB, Rndr. 102 m. w. N.

[1017] MünchKommBGB – Martiny, Art. 29 EGBGB, Rdnr. 35.

[1018] Richtlinie 93/13/EWG, ABl. EG Nr. L 95/29.

nimmt, ist der Begriff der zwingenden Bestimmungen des Aufenthaltsstaates des Verbrauchers in Art. 29 Abs. 1 EGBGB weiter.

In diesem Fall hat ein Günstigkeitsvergleich zu erfolgen und es ist Art. 29 EGBGB möglicherweise, trotz der Anwendbarkeit und des grundsätzlichen Vorrangs von Art. 29a EGBGB, heranzuziehen.[1019] Es ist anerkannt, dass sämtliche kollisionsrechtlichen Richtlinienbestimmungen, ebenso wie Art. 29 EGBGB bzw. Art. 5 EVÜ, eine Alternativanknüpfung mit einem Günstigkeitsvergleich vorsehen.[1020] Durchaus denkbar ist daher, dass der vorrangig zu prüfendende Art. 29a EGBGB tatbestandsmäßig zwar greift, Art. 29 EGBGB jedoch einen weitergehenden Schutz bietet. Der Rückgriff auf Art. 29 EGBGB ist dann zulässig und geboten, da immer das dem Verbraucher vorteilhafteste Recht angewendet werden soll.[1021]

Der Zulässigkeit eines solchen Günstigkeitsvergleichs im Rahmen von Art. 29a EGBGB könnte im Verhältnis zu dem von den Parteien auf den Rechtsstreit anwendbar erklärten Recht zumindest der Wortlaut der deutschen Regelung entgegenstehen. Danach ist die Anwendbarkeit des aufgrund der europäischen Richtlinien transformierten, nationalen Rechts zwingend. Nach Art. 29a EGBGB „sind die der Umsetzung der Verbraucherschutzrichtlinien dienenden Normen anzuwenden." Nach diesem Wortlaut müsste ein Günstigkeitsvergleich im Rahmen des Art. 29a EGBGB ausscheiden.[1022]

Gegen einen solchen Ausschluss des Günstigkeitsvergleichs wenden sich jedoch bereits erste Stimmen in der Literatur. Der Regelung wird vorgeworfen, dass es sich bei dem derzeitigen Wortlaut von Art. 29a EGBGB nicht nur um einen Sekundärrechtsverstoß handele, sondern gerade auch, dass darin eine Abweichung von dem in Art. 5 EVÜ (Art. 29 Abs. 1 EGBGB) verankerten, völkervertragsrechtlichen Günstigkeitsprinzip lie-

---

1019 so auch Staudinger/Magnus (2002) Art. 29a EGBGB, Rndr. 25.

1020 Freitag/Leible: Ergänzung des kollisionsrechtlichen Verbraucherschutzes durch Art. 29a EGBGB, EWS 2000, S. 342 (347) m. w. N.; Erman-Hohloch, BGB, 10 Aufl., Art. 29 EGBGB, Rdnr. 1.

1021 Freitag/Leible: a.a.O., S. 342 (347).

1022 ebd.; Heldrich/Palandt: BGB, Art. 29a EGBGB, Rdnr. 5; Staudinger: Internationales Verbraucherschutzrecht made in Germany, RIW 2000, S. 416 (418); Staudinger: Rom, Brüssel, Berlin, Amsterdam: Chiffren eines Europäischen Kollisionsrechts für Verbraucherverträge, ZfRV 2000, S. 93 (101).

ge.[1023] Dem wird entgegengehalten, dass die Ermittlung des Vertragsstatuts bei Anwendung des Günstigkeitsprinzips nur einen noch komplizierteren Arbeitsaufwand erfordere und das Günstigkeitsprinzip daher insgesamt abzulehnen sei.[1024] Befürworter des Günstigkeitsprinzips betonen dagegen, dass ein gewisser Zeitaufwand, den die Ermittlung des für den Verbraucher günstigeren Rechts eben mit sich bringe und der im internationalen Verbraucher- und Arbeitsvertragsrecht bisher nicht zu Unzuträglichkeiten geführt habe, keine richtlinienwidrige Umsetzung rechtfertigen könne.[1025]

Die Bundesregierung begründet den in Art. 29a EGBGB gewählten Wortlaut nicht. In der Begründung zum Entwurf zu Art. 2 Abs. 2 Nr. 1 des Fernabsatzgesetzes wird lediglich ausgeführt, dass Art. 29a EGBGB Vorrang vor Art. 29 EGBGB haben soll.[1026] Artikel 12 Abs. 2 FARL verpflichte die Mitgliedstaaten dazu, den Schutz der Richtlinie auch dann sicherzustellen, wenn der Vertrag dem Recht eines Drittstaates unterstellt werde, dieser jedoch einen engen Zusammenhang mit dem Gemeinschaftsgebiet aufweise. Damit solle Art. 12 Abs. 2 FARL fast wortgleich Art. 6 Abs. 2 der Richtlinie 93/13/EWG über missbräuchliche Klauseln[1027] sowie teilweise der Regelung in Artikel 9 der Time-Sharing-Richtlinie 4/47/EG[1028] entsprechen.[1029]

Bei der in Artikel 12 Abs. 2 FARL und in anderen Verbraucherschutzrichtlinien enthaltenen Bestimmung soll es sich nach Auffassung der Bundesregierung also um ein allgemeines Modell handeln, bei dem die bisher in den einzelnen Verbraucherschutzgesetzen (z. B. im AGB-Gesetz und Teilzeit-Wohnrechtegesetz) verstreuten Sonderkollisionsnormen in einer Vorschrift im EGBGB zusammengefasst werden.[1030] Unter diesem Gesichtspunkt er-

[1023] Staudinger: Internationales Verbraucherschutzrecht made in Germany, RIW 2000, S. 416 (418); in diesem Sinn auch Staudinger/Magnus (2002) Art. 29a, Rdnr. 54.

[1024] Wagner: Zusammenführung verbraucherschützender Kollisionsnormen aufgrund EG-Richtlinien in einem neuen Art. 29a EGBGB, IPRax 2000, S. 249 (254 f.).

[1025] Staudinger/Magnus (2002), Art. 29a EGBGB, Rndr. 54.

[1026] Entwurf eines Gesetzes über Fernabsatzverträge und andere Fragen des Verbraucherrechts sowie zur Umstellung auf den Euro, BT-Drs. 14/2658, S. 50.

[1027] ABl. EG Nr. L 95 S. 29.

[1028] ABl. EG Nr. L 280 S. 83.

[1029] Entwurf eines Gesetzes über Fernabsatzverträge und andere Fragen des Verbraucherrechts sowie zur Umstellung auf den Euro, BT-Drs. 14/2658, S. 49.

[1030] Entwurf eines Gesetzes über Fernabsatzverträge und andere Fragen des Verbraucherrechts sowie zur Umstellung auf den Euro, BT-Drs. 14/2658, S. 50.

scheint es unangemessen, dem Gesetzgeber zu unterstellen, dass er im Rahmen des Art. 29a EGBGB das Günstigkeitsprinzip aufheben wollte. Vielmehr ist dem Gesetzgeber hier offensichtlich ein Lapsus unterlaufen, der in naher Zukunft beseitigt werden sollte. Von der Geltung des Günstigkeitsprinzips ist daher, sowohl innerhalb von Art. 29a EGBGB im Bezug zu dem von den Parteien gewählten Recht als auch im Verhältnis zu Art. 29 EGBGB, auszugehen.

Ein Schiedsrichter kann im Falle der Verbraucherbeteiligung bei einem schiedsrichterlichen Verfahren zumindest im Rahmen seiner Ermessensausübung sowohl zunächst auf Art. 29a EGBGB als auch im Rahmen des Günstigkeitsvergleichs auf Art. 29 EGBGB zurückgreifen, wenn der sachliche Anwendungsbereich dieser Normen eröffnet ist. Damit ist es auch im Rahmen dieser Arbeit geboten, die Auslegung beider Vorschriften hinsichtlich elektronisch geschlossener Verträge zu untersuchen.

2.1.2. Die Auslegung von Art. 29a EGBGB bei elektronisch geschlossenen Verträgen

Der Begriff des erforderlichen „engen Zusammenhangs" zu einem Mitgliedsstaat in Art. 29a Abs. 2 EGBGB wird durch mehrere Beispiele konkretisiert. Diese Aufzählung von Umständen, die einen Bezug zu einem solchen Staat herstellen können, ist nicht als abschließend anzusehen.[1031] Ein enger Zusammenhang ist danach anzunehmen, wenn der Vertrag auf Grund eines öffentlichen Angebots, einer öffentlichen Werbung oder einer ähnlichen geschäftlichen Tätigkeit zustande kommt, die in einem Mitgliedstaat der EU oder einem anderen EWR-Vertragsstaat entfaltet wird. Dabei muss der andere Teil bei Abgabe seiner auf den Vertragsschluss gerichteten Erklärung seinen gewöhnlichen Aufenthalt in einem dieser Staaten haben.

Nach allgemeiner Meinung fällt darunter insbesondere die „ubiquitäre", weil weltweit abrufbare Internetwerbung.[1032] Das Angebot wird überall dort erklärt, wo der Kunde es abrufen kann. Geschieht dies innerhalb der EU oder innerhalb eines EWR-Vertragsstaates und hat der Kunde seinen gewöhnlichen Aufenthaltsort in diesem Gebiet, ist Art. 29a EGBGB

[1031] Staudinger/Magnus (2002) Art. 29a EGBGB, Rdnr. 42; Heldrich/Palandt: BGB, Art. 29a EGBGB, Rdnr. 3.

[1032] Freitag/Leible: Ergänzung des kollisionsrechtlichen Verbraucherschutzes durch Art.29a EGBGB, EWS 2000, S. 342 (345); Heldrich/Palandt: BGB, Art. 29a EGBGB, Rdnr. 3; in diesem Sinn wohl auch Roth/Schulze: Verbraucherschutz im Electronic Commerce – Schutzmechanismen und grenzüberschreitende Geschäfte nach dem Referentenentwurf eines Fernabsatzgesetzes, RIW 1999, S. 924 (930 f.).

anwendbar.[1033] Es kommt also nicht darauf an, in welchem Staat das Angebot in das Internet eingespeist wurde.[1034] Für den in Deutschland ansässigen Verbraucher bedeutet das, dass er bei allen Rechtsgeschäften im Internet, die er aufgrund einer dortigen Werbung oder eines dortigen Angebots, tätigt, immer - auch bei anderweitiger Rechtswahl - durch die in Art. 29a Abs. 4 EGBGB genannten Richtlinien geschützt wird. Zu beachten ist auch hier wieder der Günstigkeitsvergleich.[1035]

Die in Transformation der in Art. 29a Abs. 4 EGBGB genannten europäischen Richtlinien in Deutschland geltenden Vorschriften finden also auf elektronisch geschlossene Verbraucherverträge in der Regel Anwendung, wenn der Verbraucher mit Sitz in Deutschland infolge eines Angebots oder einer Werbung einen Vertrag über das Internet geschlossen hat.

2.1.2.1. Die Bedeutung der Richtlinie 93/13/EWG (Art. 29a Abs. 4 Nr. 1 EGBGB)

Die Richtlinie 93/13 EWG des Rates vom 05. April 1993 über missbräuchliche Klauseln in Verbraucherverträgen[1036] ist damit grundsätzlich auch bei elektronisch geschlossenen Verbraucherverträgen anwendbar. Gegenstand der Überprüfung sind sämtliche allgemeine Geschäftsbedingungen des jeweiligen Vertragswerkes. Diese AGB können ggf. auch eine Schiedsklausel enthalten, deren Zulässigkeit dann ebenfalls an den §§ 305 ff. BGB zu messen ist.

Geht man davon aus, dass elektronisch getroffene Schiedsvereinbarungen auch im Rahmen von AGB wirksamer Vertragsbestandteil von internationalen Verbraucherverträgen werden können,[1037] hat dies zur Folge, dass über Art. 29a EGBGB auf diese allgemeinen Geschäftsbedingungen und die darin enthaltene Schiedsklausel die in Umsetzung der genannten Richtlinie geltendenden Vorschriften der §§ 305 ff. BGB anzuwenden sind. Dies gilt natürlich nur, wenn der Vertrag entsprechend Art. 29a Abs. 1 EGBGB einen en-

---

[1033] Heldrich/Palandt: BGB, Art. 29a EGBGB, Rndr. 3.

[1034] Staudinger/Magnus (2002), Art. 29a EGBGB, Rndr. 43.

[1035] siehe dazu die Ausführungen unter Teil B, § 2, Kap. 2.1.1.4.

[1036] ABl. Nr. L 95/29 vom 21.04.1993.

[1037] so auch Ulmer in Ulmer/Brandner/Hensen: Kommentar zum AGBG, Anh. §§ 9-11, Rdnr. 622, sowie die Ausführungen in Teil A, § 2, Kap. 1.1.3.3.; Teil A, § 2, Kap. 1.3.2.3.

gen Zusammenhang zu Deutschland aufweist, der Verbraucher also seinen gewöhnlichen Aufenthalt in der Bundesrepublik hat.

Die Frage, ob sich die Schiedsklausel dann möglicherweise als inhaltlich unzulässig darstellt oder aufgrund der Umstände ihres Zustandekommens unwirksam ist, richtet sich dementsprechend nach den §§ 305 ff. BGB. Inwieweit eine Schiedsklausel gegen die Vorgaben des Rechts der allgemeinen Geschäftbedingungen verstoßen kann, wurde bereits erörtert.[1038] Grundsätzlich ist von der Zulässigkeit einer Schiedsklausel in AGB auszugehen. Solange sich das vorgesehene Schiedsverfahren an die verfahrensrechtlichen Vorgaben des 10. Buches der ZPO hält, wird auch kein Verstoß gegen die Generalklausel des § 307 BGB vorliegen. Eine Einzelfallprüfung, insbesondere auch im Hinblick auf die Umstände des Vertragsschlusses (§ 310 Abs. 3 Nr. 3 BGB), also etwa die Gestaltung der den Vertrag anbahnenden Webpage, bleibt insoweit jedoch immer erforderlich.

2.1.2.2. Die Bedeutung der Richtlinie 94/47/EG (Art. 29a Abs. 4 Nr. 2 EGBGB)

Wurde ein Teilzeit-Wohnrechtevertrag (§§ 481 ff. BGB) in elektronischer Form geschlossen, ist dieser im Falle des Eingreifens von Art. 29a EGBGB auf den ersten Blick gem. § 484 Abs. 1 S. 2 BGB unwirksam. Nach dieser Vorschrift ist der Abschluss eines solchen Vertrages in elektronischer Form unzulässig. Damit scheidet auch ein Vertragsschluss in bloßer Textform nach § 126b BGB aus.[1039]

Der Ausschluss der elektronischen Form wurde mit Art. 19 des Gesetzes zur Anpassung der Formvorschriften des Privatrechts und anderer Vorschriften an den modernen Rechtsverkehr neu in das Teilzeit-Wohnrechtegesetz eingefügt.[1040] Er wurde für erforderlich gehalten, um das Schriftlichkeitserfordernis, das auf Artikel 4 der Time-Sharing-Richtlinie (94/47/EG) zurückgeht, richtlinienkonform einzuhalten.[1041]

[1038] siehe dazu die ausführliche Darstellung in Teil A, § 1, Kap. 5.2.

[1039] Putzo/Palandt: Gesetz zur Modernisierung des Schuldrechts, § 484 BGB, Rndr. 6.

[1040] Gesetz zur Anpassung der Formvorschriften an den modernen Rechtsverkehr und anderer Vorschriften vom 13.07.2001, (BGBl. 2001, I, S. 1542).

[1041] Begründung zum Entwurf eines Gesetzes zur Anpassung der Formvorschriften des Privatrechts und anderer Vorschriften an den modernen Rechtsgeschäftsverkehr, BT-Drs. 14/4987, S. 5 (27).

Für die Beurteilung der Frage der Zulässigkeit der elektronischen Form muss jedoch insbesondere die zugrundeliegende Richtlinie[1042] selbst herangezogen werden. Nach Art. 4 der Richtlinie kann ein Teilzeit-Wohnrechtevertrag nur schriftlich abgeschlossen werden. Ein Vertragsschluss in elektronischer Form ist nicht gestattet. Zwar wurde die Richtlinie zu einer Zeit erlassen, in der die elektronische Form noch nicht in der Weise üblich war wie es heute der Fall ist. Nach dem maßgeblichen Wortlaut der Richtlinie ist ein elektronischer Vertragsschluss jedoch ausgeschlossen. Eine Auslegung des Begriffs „schriftlich" dahingehend, dass Art. 4 der Richtlinie entgegen dem ausdrücklichen Wortlaut heute auch den elektronischen Vertragsschluss gestattet, verbietet sich. Dem liegen folgende Überlegungen zugrunde:

Die elektronische Form wurde in Umsetzung der Richtlinie über den elektronischen Geschäftsverkehr[1043] in das deutsche Recht eingeführt. Nach Art. 9 dieser Richtlinie mussten die Mitgliedstaaten sicherstellen, dass ihr Rechtssystem den Abschluss von Verträgen auf elektronischem Wege grundsätzlich ermöglicht. Die für den Vertragsabschluss geltenden, nationalen Rechtsvorschriften durften danach weder Hindernisse für die Verwendung elektronischer Verträge bilden noch durften sie dazu führen, dass diese Verträge aufgrund des Umstandes, dass sie auf elektronischem Wege zustande gekommen sind, keine rechtliche Wirksamkeit oder Gültigkeit haben. Damit sollte der elektronische Vertragsschluss grundsätzlich für zulässig erachtet werden. Nach Art. 9 Abs. 2 dieser Richtlinie konnten die Mitgliedstaaten für gewisse Bereiche, etwa das Immobilienrecht, das Bürgschaftsrecht oder das Familien- und Erbrecht Ausnahmen davon vorsehen. In diesem Ausnahmenkatalog wird das Teilzeit-Wohnrechtegesetz jedoch nicht explizit genannt. Es fällt auch nicht unter den Begriff des Immobilienrechts. Denn in den Erwägungsgründen der Richtlinie wird ausdrücklich betont, dass diese Richtlinie das durch Gemeinschaftsrechtsakte eingeführte Schutzniveau, insbesondere für die öffentliche Gesundheit und den

---

[1042] Richtlinie 94/47/EG des Europäischen Parlaments und des Rates vom 26. Oktober 1994 zum Schutz der Erwerber im Hinblick auf bestimmte Aspekte von Verträgen über den Erwerb von Teilnutzungsrechten an Immobilien (ABl. EG Nr. L 280/83).

[1043] Richtlinie 2000/31/EG des Europäischen Parlaments und des Rates vom 17.07.2000 über bestimmte rechtliche Aspekte der Dienste der Informationsgesellschaft, insbesondere des elektronischen Geschäftsverkehrs, im Binnenmarkt ("Richtlinie über den elektronischen Geschäftsverkehr"), ABl. EG Nr. L 178/1.

Verbraucherschutz, gerade unberührt lässt.[1044] Als wichtige Errungenschaften für den Verbraucherschutz im Bereich des Vertragsrechts sollten unter anderem die Richtlinie 93/13/EWG des Rates vom 5. April 1993 über missbräuchliche Klauseln in Verbraucherverträgen und die Richtlinie 97/7/EG des Europäischen Parlaments und des Rates vom 20. Mai 1997 über den Verbraucherschutz bei Vertragsabschlüssen im Fernabsatz unberührt bleiben. Jene Richtlinien sollten voll und ganz auch für die Dienste der Informationsgesellschaft gelten. Zum Rechtsstand auf Gemeinschaftsebene, der uneingeschränkt für die Dienste der Informationsgesellschaft gelten soll, gehören noch zahlreiche andere Richtlinien, darunter auch gerade die Richtlinie 94/47/EG des Europäischen Parlaments und des Rates vom 26. Oktober 1994 zum Schutz der Erwerber im Hinblick auf bestimmte Aspekte von Verträgen über den Erwerb von Teilzeitnutzungsrechten an Immobilien.[1045] Der europäische Gesetzgeber wollte also nicht, dass die Formanforderungen, die mit der Time-Sharing-Richtlinie an Teilzeit-Wohnrechteverträge gestellt werden, über die E-Commerce-Richtlinie und die darin enthaltene Einführung der elektronischen Form für den Abschluss von solchen Verträgen, verändert werden. Nach wie vor ist damit die Schriftform zum Abschluss eines solchen Teilzeit-Wohnrechtevertrages unabdingbare Voraussetzung.

Fällt ein internationaler, in elektronischer Form geschlossener Teilzeit-Wohnrechtevertrag in den sachlichen Anwendungsbereich von Art. 29a EGBGB, ist er damit wegen Verstoßes gegen Art. 4 der Time-Sharing-Richtlinie bzw. § 484 Abs. 1 S. 1 BGB unwirksam.

2.1.2.3. Die Bedeutung der Richtlinie 97/7/EG (Art. 29a Abs. 4 Nr. 3 EGBGB)

Art. 29a Abs. 4 Nr. 3 EGBGB nennt als eine weitere maßgebliche Richtlinie die Richtlinie 97/7/EG des Europäischen Parlaments und des Rates vom 20. Mai 1997 über den Verbraucherschutz bei Vertragsabschlüssen im Fernabsatz. In Umsetzung dieser Richtlinie ist in Deutschland das Fernabsatzgesetz (§§ 312b ff. BGB) vom 27.06.2000 in Kraft

[1044] Erwägungsgrund 11) der Richtlinie 2000/31/EG des Europäischen Parlaments und des Rates vom 17.07.2000 über bestimmte rechtliche Aspekte der Dienste der Informationsgesellschaft, insbesondere des elektronischen Geschäftsverkehrs, im Binnenmarkt ("Richtlinie über den elektronischen Geschäftsverkehr"), ABl. EG Nr. L 178/1 (178/2).

[1045] ebd.

getreten. Art. 29a EGBGB selbst wurde ebenfalls in Umsetzung dieser Richtlinie neu in das EGBGB eingefügt.[1046]

Der Anwendungsbereich des Fernabsatzgesetzes ist gem. § 312b Abs. 1 BGB auf Verträge über die Lieferung von Waren und die Erbringung von Dienstleistungen beschränkt, die unter ausschließlicher Verwendung von Fernkommunikationsmitteln geschlossen wurden. Zu diesen Fernkommunikationsmitteln gehört auch das Internet (vgl. § 312b Abs. 2 BGB). Handelt es sich um einen Vertrag, der unter den räumlichen Anwendungsbereich des Art. 29a EGBGB fällt, sind bei Beteiligung eines deutschen Verbrauchers die in Umsetzung der Richtlinie über den Fernabsatz erlassenen Schutzvorschriften, die sich für den Verbraucher aus den §§ 312b ff. BGB ergeben, zwingend anzuwenden. Dies gilt auch, wenn sich aus einer etwaigen Rechtswahl der Parteien ein anderes ergeben sollte. Aus § 312b Abs. 3 BGB folgen jedoch Einschränkungen hinsichtlich des sachlichen Anwendungsbereichs des Gesetzes. Die wesentliche Bedeutung des Fernabsatzgesetzes liegt in den Informationspflichten des Unternehmers gegenüber dem Verbraucher vor und nach Abschluss des „Fernabsatzvertrages" (§ 312 c Abs. 1, 3 BGB i. V. m. § 1 der Verordnung über Informationspflichten nach Bürgerlichem Recht (BGB-InfVO))[1047] sowie in dem dem Verbraucher zustehenden Rückgabe- bzw. Widerrufsrecht nach § 312d BGB i. V. m. § 355 BGB.[1048] § 312e BGB, welcher besondere Pflichten beim elektronischen Geschäftsverkehr festschreibt, ist hier jedoch unanwendbar. Diese Vorschrift ist nicht in Umsetzung der FARL, sondern in Umsetzung der Art. 10 und Art. 11 der E-Commerce-Richtlinie[1049] geschaffen worden.

[1046] Gesetz über Fernabsatzverträge und andere Fragen des Verbraucherrechts sowie zur Umstellung auf den Euro vom 27.06.2000, BGBl. 2000, I, S. 897 ff.

[1047] Verordnung über Informationspflichten nach bürgerlichem Recht (BGB-Informationspflichten-Verordnung – BGB-InfoV) vom 02.01.2002, BGBl. 2002 I, S. 342 ff.

[1048] zu den Regelungen des Fernabsatzgesetzes im Allgemeinen siehe bei Heinrichs/Palandt: Gesetz zur Modernisierung des Schuldrechts, § 312b ff. BGB, MünchKommBGB – Wendehorst, FernAbsG, Bd. II, S. 2117; Wilmer/Hahn: Fernabsatzrecht, Heidelberg 2002; Bülow/Artz: Fernabsatzverträge und Strukturen eines Verbraucherprivatrechts im BGB, NJW 2000, S. 2049 - 2056; Fuchs: Das Fernabsatzgesetz im System des Verbraucherprivatrechts, ZIP 2000, S. 1273 - 1287; Gaertner/Gierschmann: Das neue Fernabsatzgesetz, DB 00, S. 1601 - 1606; Härting/Schirnbacher: Fernabsatzgesetz – Ein Überblick über den Anwendungsbereich, die Systematik und die wichtigsten Regelungen, MDR 2000, S. 917 - 922; Kamanabrou: Die Umsetzung der Fernabsatzrichtlinie, WM 2000, S. 1417 - 1426; Lorenz, S.: Im BGB viel Neues: Die Umsetzung der Fernabsatzrichtlinie, JuS 2000, S. 833 - 843; Riehm: Das Gesetz über Fernabsatzverträge und andere Fragen des Verbraucherrechts, Jura 2000, S. 505 - 513; Roth: Das Fernabsatzgesetz, JZ 2000, S. 1013 - 1019; Tonner: Das neue Fernabsatzgesetz – oder System statt „Flickenteppich", BB 00, S. 1413 - 1420; Wendehorst: Das neue Gesetz über Fernabsatzverträge und andere Fragen des Verbraucherrechts, DStR 2000, S. 1311 - 1318.

[1049] Richtlinie 2000/31/EG des Europäischen Parlaments und des Rates über bestimmte rechtliche Aspekte der Dienste der Informationsgesellschaft, insbesondere des elektronischen Geschäftsverkehrs, im Binnenmarkt ("Richtlinie über den elektronischen Geschäftsverkehr") vom 17.07.2000, ABl. EG Nr. L 178/1.

2.1.2.4. Die Bedeutung der Richtlinie 1999/44/EG (Art. 29a Abs. 4 Nr. 4 EGBGB)

Die sog. Verbrauchsgüterkaufrichtlinie, auf die Art. 29a Abs. 4 Nr. 4 EGBGB Bezug nimmt, war bis zum 01.01.2002 in nationales Recht umzusetzen.[1050] In Deutschland ist dies mit dem Gesetz zur Modernisierung des Schuldrechts geschehen. In den neuen §§ 474 ff. BGB ist der Verbrauchsgüterkauf, unter dem man den Kauf einer beweglichen Sache eines Verbrauchers von einem Unternehmer versteht, besonders geregelt. Ein wesentlicher Teil der Richtlinienvorgaben ist auch in §§ 433 – 453 BGB, aber auch in das allgemeine Schuldrecht eingearbeitet worden.[1051] Wichtige neue Regelungen der Richtlinie sind einerseits die Bestimmung der Vertragsmäßigkeit der Leistung (Art. 2 VerbrGüKRL), die Rechte des Käufers bei Vertragswidrigkeit (Art. 3 VerbrGüKRL), die Verlängerung der Frist zur Geltendmachung von Gewährleistungsrechten des Verbrauchers von sechs Monaten auf regelmäßig zwei Jahre (Art. 5 Abs. 1 VerbrGüKRL / § 475 Abs. 2 BGB) und das Verbot der Verkürzung dieser Frist durch Rechtsgeschäft vor Mitteilung eines Mangels durch den Verbraucher (bei gebrauchten Sachen nicht weniger als ein Jahr ab dem gesetzlichen Verjährungsbeginn (Art. 7 Abs. 1 VerbrGüKRL)). Zum anderen trifft nunmehr den Verbraucher in den ersten sechs Monaten nach Kauf der Ware für das Vorliegen eines Mangels zum Zeitpunkt des Gefahrüberganges nicht mehr die Beweislast (Art. 5 Abs. 3 VerbrGüKRL / § 476 BGB).

Die Regelungen dieser Richtlinie gelten grundsätzlich auch für elektronisch geschlossene Kaufverträge: Einerseits wurde, wie bereits dargestellt, mit Art. 9 Abs. 1 der E-Commerce-Richtlinie der elektronische Vertragsschluss grundsätzlich für zulässig erklärt.[1052] Der Verbrauchsgüterkauf fällt auch nicht unter den Ausnahmenkatalog von Art. 9 Abs. 2 ECRL. Zudem ging es dem Richtliniengeber bei Erlass der Verbrauchsgüterkaufrichtlinie vielmehr darum, dem Verbraucher die Möglichkeit zu geben, die Vorzüge des Binnenmarktes zu nutzen und sich Waren in einem anderen als seinem Wohnsitzstaat

---

[1050] Art. 11 Abs. 1 der Richtlinie 1999/44/EG des Europäischen Parlaments und des Rates vom 25. Mai 1999 zu bestimmten Aspekten des Verbrauchsgüterkaufs und der Garantien für Verbrauchsgüter, ABl. EG Nr. L 171/12 (16).

[1051] Putzo/Palandt: Gesetz zur Modernisierung des Schuldrechts, § 474, Rdnr. 1.

[1052] Richtlinie 2000/31/EG des Europäischen Parlaments und des Rates vom 17.07.2000 über bestimmte rechtliche Aspekte der Dienste der Informationsgesellschaft, insbesondere des elektronischen Geschäftsverkehrs, im Binnenmarkt ("Richtlinie über den elektronischen Geschäftsverkehr"), ABl. EG Nr. L 178/1.

beschaffen zu können.[1053] Gerade durch die modernen Kommunikationstechniken, sprich des Internet, die einen leichten Zugang zu den Vertriebsystemen in anderen Mitgliedstaaten oder in Drittstaaten bieten, haben diese Möglichkeiten der Verbraucher deutlich zugenommen. Um die Entstehung neuer künstlicher Grenzen und die Abschottung der Märkte zu verhindern sowie die Weiterentwicklung des Warenkaufs mit Hilfe der neuen Fernkommunikationstechniken nicht zu behindern, sollte eine Mindestharmonisierung der Bestimmungen des Verbrauchsgüterkaufs geschaffen werden.[1054] Wesentlicher Anstoß für den Erlass der VerbrGüKRL waren also gerade die „neuen" elektronischen Kommunikationsmittel, die die Möglichkeit bieten, innerhalb von Sekunden über Ländergrenzen hinweg Verträge abzuschließen. Da es sich in der Masse der Fälle im Verbraucherbereich dabei um Kaufverträge über Verbrauchsgüter handelt, wurde vom Richtliniengeber ein entsprechender Handlungsbedarf gesehen.

Ist also aufgrund der Eröffnung des Anwendungsbereichs auf Art. 29a EGBGB zurückzugreifen, sind bei elektronischem Vertragsschluss im Falle des Verbrauchsgüterkaufs die jeweils durch Transformation der VerbrGüKRL entstandenen, entsprechenden nationalen Vorschriften anzuwenden. Ein Schiedsgericht kann nach der hier vertretenen Auffassung diese Vorschriften im Rahmen seines auszuübenden Ermessens ebenfalls heranziehen, ist jedoch bei anderslautender Rechtswahl nicht dazu verpflichtet.

[1053] Erwägungsgrund 4) der Richtlinie 1999/44/EG des Europäischen Parlaments und des Rates vom 25. Mai 1999 zu bestimmten Aspekten des Verbrauchsgüterkaufs und der Garantien für Verbrauchsgüter, ABl. EG Nr. L 171/12.

[1054] ebd.

2.1.3. Die Auslegung von Art. 29 Abs. 1 EGBGB bei elektronisch geschlossenen Verträgen

Die Sonderanknüpfung des Art. 29 EGBGB, der die zwingende Anwendbarkeit von Vorschriften zum Schutz des Verbrauchers nach dem an dessen gewöhnlichen Aufenthaltsort geltenden Recht vorsieht, wenn das Vertragsstatut im konkreten Fall dahinter zurückbleibt, greift nur unter bestimmten Voraussetzungen. Diese sind in Art. 29 Abs. 1 Nr. 1 - 3 EGBGB geregelt. Fraglich ist, wie diese Voraussetzungen im Falle des elektronischen Vertragsschlusses auszulegen sind.[1055] Die elektronische Form des Vertrages selbst hat auf die Anwendbarkeit von Art. 29 EGBGB keinen Einfluss, denn das Eingreifen dieser Norm ist nicht an bestimmte Formerfordernisse gebunden. Art. 29 Abs. 3 EGBGB bestimmt lediglich, dass die Formwirksamkeit des jeweiligen Vertrages nicht an Art. 11 EGBGB, sondern an dem Recht des gewöhnlichen Aufenthaltsortes des Verbrauchers zu messen ist. Nach neuem deutschen Recht ist der elektronische Vertragsschluss in der Regel zulässig. Gem. § 126a BGB ersetzt die elektronische Form die schriftliche Form. Auch das Vorliegen der bloßen Textform nach § 126b BGB, wie auch der mündlichen Form, steht der Anwendbarkeit von Art. 29 EGBGB nicht entgegen. Entscheidend für die Wirksamkeit des Vertrages ist immer nur das nationale Recht des gewöhnlichen Aufenthaltsortes des Verbrauchers.

2.1.3.1. Art. 29 Abs. 1 Nr. 1 EGBGB

Nach Art. 29 Abs. 1 Nr. 1 ist es erforderlich, dass dem Vertragsschluss ein ausdrückliches Angebot oder eine Werbung in dem Staat vorausgegangen ist, in dem der Verbraucher seinen gewöhnlichen Aufenthalt hat und in dem er auch die zum Abschluss des Vertrages erforderlichen Rechtshandlungen vorgenommen hat. Ob es sich bei einer *invitatio ad offerendum* über das Internet um ein „Angebot“ oder eine „Werbung“ im Sinne des Art. 29 EGBGB handelt, soll an dieser Stelle offen bleiben, da nach beiden Auffassungen auch im Falle einer *invitatio ad offerendum* Art. 29 EGBGB grundsätzlich Anwendung fin-

---

[1055] Zum Anwendungsbereich von Art. 29 EGBGB siehe bereits unter Teil B, § 2, Kap. 2.1.1.3.; zu den Problemen bei der Auslegung der Vorschrift im elektronischen Rechtsverkehr bereits Kronke: Electronic Commerce und Europäisches Verbrauchervertrags-IPR – Zur Umsetzung der Fernabsatzrichtlinie, RIW 1996, S. 985 (988 f.).

det.[1056] Nach höchstrichterlicher Rechtsprechung soll darin jedenfalls ein „Angebot“ i. S. d. Art. 29 EGBGB zu erkennen sein.[1057]

Umstritten ist, ob für die Anwendbarkeit des Art. 29 EGBGB ein Angebot oder eine Werbung auf einer Website im Internet ausreichend ist. Ein solches Angebot bzw. eine solche Werbung geht elektronisch geschlossenen Verträgen regelmäßig, entweder in Form einer Website oder in Gestalt eines elektronischen Angebotsformulars, voran.

Nach überwiegender Ansicht in der Literatur wird die Anwendbarkeit von Art. 29 EGBGB in diesen Fällen grundsätzlich bejaht.[1058] Als weltweit wirkendes Medium richte sich das Internet auch an den Aufenthaltsstaat des Verbrauchers.[1059] Die Annahme erfolge auch in diesem Staat, wenn der Verbraucher dort die elektronische Eingabe vornehme. Eine Ferneinwahl in den häuslichen Rechner aus dem Ausland soll hingegen nicht genügen, da bei dieser Sachlage kein schutzwürdiges Vertrauen in die Anwendbarkeit der Verbraucherschutzvorschriften am gewöhnlichen Aufenthaltsort bestehe. Die Beweislast für das Vorliegen dieser Ausnahme trage jedoch der Vertragspartner des Verbrauchers.[1060]

Die Tatsache, dass das Angebot oder die Werbung nicht von einem inländischen, sondern von einem ausländischen Server ausgehe, sei unschädlich, denn maßgeblich sei allein,

---

[1056] zu diesem Streitstand ausführlich MünchKommBGB-Martiny, Art. 29 EGBGB, Rdnr. 19; Staudinger/Magnus (2002), Art. 29 EGBGB, Rdnr. 69 m. w. N.; Soergel-v. Hoffmann, Art. 29 EGBGB, Rdnr. 17.

[1057] BGH, Urt. v. 26.10.1993 – XI ZR 42/93, BGHZ 123, 380 (389); so auch Mankowski: Strukturfragen des internationalen Verbrauchervertragsrechts, RIW 1993, S. 453 (458); Hoeren/Oberscheidt: Verbraucherschutz im Internet, VuR 1999, S. 371 (386), m. w. N.

[1058] Heldrich/Palandt: BGB, Art. 29 EGBGB, Rdnr. 5; Erman-Hohloch, BGB, 10. Aufl., Art. 29 EGBGB, Rdnr. 11; Staudinger/Magnus (2002), Art. 28 Rdnr. 653 ff; Art. 29 EGBGB, Rdnr. 71; MünchKommBGB-Martiny, Art. 29 EGBGB, Rdnr. 20; Mankowski: Das Internet im Internationalen Vertrags- und Deliktsrecht, RablesZ 63 (1999), S. 206 (234 ff.); Mankowski: E-Commerce und Internationales Verbraucherschutzrecht, MMR-Beil. 7/2000, S. 22 (25 ff.); Gruber: Vertragsschluss im Internet unter kollisionsrechtlichen Aspekten, DB 99, S. 1437 (1437 f.); Sandrock: Neue Herausforderungen an das Internationale Wirtschaftsrecht, ZVglRWiss 98 (1999), S. 227 (238); Taupitz/Kritter: Electronic Commerce – Probleme bei Rechtsgeschäften im Internet, JuS 1999, S. 839 (844); Junker: Internationales Vertragsrecht im Internet, RIW 1999, S. 809 (815); Scherer: Rechtsprobleme beim Vertragsschluss via Internet, DB 2000, S. 1009 (1011); zurückhaltend Martiny: Europäisches Internationales Vertragsrecht – Ausbau und Konsolidierung, ZEuP 1999, S. 246 (259).

[1059] Heldrich/Palandt: BGB, Art. 29 EGBGB, Rdnr. 5; Erman-Hohloch, BGB, 10. Aufl., Art. 29 EGBGB, Rdnr. 11.

[1060] Heldrich/Palandt: BGB, Art. 29 EGBGB, Rdnr. 5; Gruber: Vertragsschluss im Internet unter kollisionsrechtlichen Aspekten, DB 1999, S. 1437; so auch Mankowski: Das Internet im Internationalen Vertrags- und Deliktsrecht, RabelsZ 63 (1999), S. 206 (251 f.); Spindler: Internationales Verbraucherschutzrecht im Internet – Auswirkungen der geplanten Verordnung des Rates über die gerichtliche Zuständigkeit und die Anerkennung und Vollstreckung von Entscheidungen in Zivil- und Handelssachen, MMR 2000, S. 18 (23); a. A.: Borges: Weltweite Geschäfte per Internet und deutscher Verbraucherschutz, ZIP 1999, S. 565 (571), der Art. 29 Abs. 1 Nr. 1 EGBGB auch auf Fälle erstrecken will, in denen sich der Verbraucher nur vorübergehend im Ausland aufhält.

dass der Verbraucher in seinem Heimatstaat auf das Angebot des Lieferanten zugreifen könne. Die Werbung des Letzteren entfalte dort ihre Wirkung.[1061] Die Argumentation, die maßgeblich auf den physikalischen Standort des Servers abstelle, werde den Charakteristika des „www" kaum gerecht.[1062] Denn aus Sicht des eine Website abrufenden Verbrauchers mache es keinen Unterschied, wo sich der Server befinde, solange er nur von Deutschland aus zugänglich sei.[1063]

Nach weiteren Stimmen in der Literatur soll auch die Berücksichtigung der eigentlich maßgeblichen Verbraucherregelung des Art. 5 Abs. 2, 1. Alt. EVÜ nicht zu einem anderen Ergebnis führen. Danach kommt es für die Beantwortung der Frage, ob Art. 29 Abs. 1 Nr. 1 EGBGB anwendbar ist, darauf an, ob das Angebot oder die Werbung tatsächlich auf das Aufenthaltsland des Verbrauchers abgezielt hat.[1064] Dieses Erfordernis einer zielgerichteten Werbung bzw. eines zielgerichteten Angebots folge aus dem Bericht von Giuliano/Lagarde zum Europäischen Schuldvertragsübereinkommen.[1065] Internet-Angebote seien zwar nicht speziell auf ein bestimmtes Staatsgebiet gerichtet, sondern an die ganze Welt adressiert. In zeitgemäßer Interpretation des Berichtes von Giuliano/Lagarde müsse es für Art. 29 Abs. 1 Nr. 1 EGBGB jedoch genügen, dass die Internet-Werbung eben auch auf den Aufenthaltsstaat des Verbrauchers abziele.[1066] Ausgenommen davon sollen lediglich solche Anbieter sein, die auf ihren Internetseiten durch ausdrücklichen Hinweis ihre Werbung räumlich begrenzten. Es sei ja gerade die Absicht der Anbieter im Internet, potentielle Kunden „all over the world" zu erreichen. Damit spreche grundsätzlich eine Vermutung dafür, dass ein Angebot bzw. eine Werbung im Internet immer zielgerichtet sei. Zumindest nehme der Anbieter oder Werbende dies regelmäßig billigend in Kauf.[1067]

[1061] Sandrock: Neue Herausforderungen an das Internationale Wirtschaftsrecht, ZvglRWiss 98 (1999), S. 227 (237); Mehrings: Internet-Verträge und internationales Vertragsrecht, CR 1998, S. 613 (619).

[1062] Taupitz/Kritter: Electronic Commerce – Probleme bei Rechtsgeschäften im Internet, JuS 1999, S. 839 (844).

[1063] ebd.

[1064] Mehrings: Vertragsschluss im Internet – Eine neue Herausforderung für das „alte" BGB, in MMR 1998, S.30 ff.; Sandrock: Neue Herausforderungen an das Internationale Wirtschaftsrecht, ZvglRWiss 98 (1999), S. 227 (238); Junker: Internationales Vertragsrecht im Internet, RIW 1999, S. 809 (815).

[1065] Junker: a.a.O., S. 809 (815); zustimmend auch Gruber: Vertragsschluss im Internet unter kollisionsrechtlichen Aspekten, DB 1999, S. 1437 (1438).

[1066] Junker: a.a.O., S. 809 (815); zustimmend auch Gruber: Vertragsschluss im Internet unter kollisionsrechtlichen Aspekten, DB 1999, S. 1437 (1438).

[1067] Mehrings: Internet-Verträge und internationales Vertragsrecht, CR 1998, S. 613 (619).

Dem wird jedoch entgegengehalten, dass eine solche Ausdehnung der Sonderanknüpfung mit dem Sinn und Zweck des Art. 29 EGBGB nicht vereinbar ist.[1068] In Anlehnung an Art. 5 Abs. 2 1. Alt. EVÜ liege Art. 29 EGBGB die Erwägung zugrunde, dass der Unternehmer, der einen bestimmten nationalen Markt werbemäßig für sich erschließe, sich auch dem dortigen Verbraucherschutz stellen müsse. Es werde also ein vom Unternehmer verursachter, spezifischer Bezug zum Markt des Verbraucherstaates gefordert.[1069] Dies sei bei der Werbung im Internet nicht in Bezug auf jeden Staat gegeben, von dem die Webpage abrufbar sei. Die bloße technische Einrichtung solle diesbezüglich jedenfalls nicht genügen.[1070] Jede andere Sichtweise eliminiere letztlich die wesentliche Voraussetzung von Art. 29 EGBGB, denn nach ihren Kriterien gebe es im Internet für den Verbraucher kein Ausland mehr.[1071] Eine solche Gleichsetzung der Produktpräsentation im Internet mit einer weltweiten Werbung führe zudem zu unabsehbaren Risiken für den Unternehmer. Da es sich bei Art. 29 EGBGB um eine allseitige Kollisionsnorm handele, müsse der Unternehmer anderenfalls, wenn er die Bestellung eines im Ausland ansässigen Verbrauchers akzeptiere, die Anwendung der zwingenden, verbraucherschützenden Normen des ausländischen Rechts in Kauf nehmen. Er sei dann einer unüberschaubaren Vielzahl nationaler verbraucherschützender Normen ausgesetzt.[1072] Daher müsse richtigerweise im Einzelfall jeweils eine Zuordnung der im Internet eingestellten Angebote zu dem nationalen Markt des Aufenthaltsortes des Verbrauchers möglich sein. Kriterien für eine solche Zuordnung sollen dabei die im Internet verwendete Sprache, Währung, Merkmale der Produktbeschreibung, wie Konfektionsgrößen, technische Normen, etc. sein.[1073]

Teilweise wird auch auf die Internetadresse des Anbieters selbst abgestellt. Trete der Anbieter unter der deutschen cctld „.de" auf, sei davon auszugehen, dass das Angebot auch

---

[1068] Borges: Weltweite Geschäfte per Internet und deutscher Verbraucherschutz, ZIP 1999, S. 565 (569).

[1069] ebd.; so wohl auch Pfeiffer: Die Entwicklung des Internationalen Vertrags-, Schuld-, und Sachenrechts 1997 – 1999, NJW 1999, S. 3674 (3685).

[1070] Borges: a.a.O., S. 565 (569); Hoeren/Oberscheidt: Verbraucherschutz im Internet, VuR 1999, S. 371 (386 f.).

[1071] Borges: a.a.O., S. 565 (569); Horn: Verbraucherschutz bei Internetgeschäften, MMR 2002, S. 209 (213).

[1072] Borges: a.a.O., S. 565 (569); diese Gefahr sieht auch Spindler: Internationales Verbraucherschutzrecht im Internet, MMR 2000, S. 18 (20).

[1073] Borges: a.a.O., S. 565 (569); Rüßmann: Wettbewerbshandlungen im Internet – Internationale Zuständigkeit und anwendbares Recht, K & R 1998, S. 422 (424); in diesem Sinn auch Moritz: Quo vadis elektronischer Geschäftsverkehr, CR 2000, S. 61 (65); Horn: a.a.O., S. 209 (213); dazu auch Mankowski: Das Internet im Internationalen Vertrags- und Deliktsrecht, RabelsZ 63 (1999), S. 206 (245 f.); im Einzelnen dazu ebenfalls Spindler: Internationales Verbraucherschutzrecht im Internet, MMR 2000, S. 18 (20 f.).

auf den deutschen Markt zugeschnitten sein sollte.[1074] Hinsichtlich der auf der Website verwendeten Sprache soll nach teilweise vertretener Auffassung für einen deutschen Verbraucher nicht nur die deutsche Sprache als Angebot im Sinne des Art. 29 Abs. 1 Nr. 1 EGBGB genügen, auch die englische Sprache sei diesbezüglich ausreichend. Grund dafür sei, dass Englisch als allgemeine Handels- und Internet-Sprache überall verstanden werde.[1075] Insgesamt soll dabei das Bestehen eines entsprechenden Bezuges des Angebotes zu einem nationalen Markt nach objektiven Kriterien zu beurteilen sein.[1076]

Eine solche Einschränkung des Anwendungsbereichs von Art. 29 Abs. 1 Nr. 1 EGBGB wird jedoch teilweise aufgrund der überwiegenden Verbraucherinteressen abgelehnt. Zwar ergäben sich durch die Anwendung von Art. 29 EGBGB Erschwernisse für den Lieferanten, diese müssten jedoch hingenommen werden.[1077] Das „Overspill-Risiko", also das Risiko einer Vielzahl von verbraucherschützenden Rechtsordnungen unterworfen zu sein, müsse derjenige tragen, der gezielt ein transnationales Medium einsetze.[1078] Wer sich in seinem Geschäftinteresse der neuen Kommunikationsmittel bediene, der müsse auch die daraus resultierenden Risiken tragen. Es sei nicht ersichtlich, warum man Anbietern, die durch die Nutzung der Möglichkeiten des Internet ihren Wirkungskreis teilweise wesentlich erweiterten, den Vorteil des heimatlichen Rechts gewähren sollte, was den anderen Anbietern versagt werde.[1079] Vielmehr greife hier das Argument des rechtsgeschäftlichen Selbstschutzes. Niemand zwinge den Anbieter einen Vertrag mit einem Verbraucher zu schließen, der außerhalb der anvisierten Zielgebiete sitze.[1080] Sei dem Unternehmer das Rechtsanwendungsrisiko zu hoch, müsse er von einem Vertragsschluss Abstand neh-

---

[1074] Hoeren/Oberscheidt: a.a.O., S. 371 (386).

[1075] Gruber: Vertragsschluss im Internet unter kollisionsrechtlichen Aspekten, in DB 1999, S. 1437 (1438); Pfeiffer: Die Entwicklung des Internationalen Vertrags-, Schuld- und Sachenrechts, NJW 1997, S. 1207 (1214); Mankowski: Das Internet im Internationalen Vertrags- und Deliktsrecht, RabelsZ 63 (1999), S. 206 (246).

[1076] Borges:a.a.O., S. 565 (569).

[1077] Sandrock: Neue Herausforderungen an das internationale Wirtschaftsrecht, ZvglRWiss 98 (1999), S. 227 (238).

[1078] Junker: Internationales Vertragsrecht im Internet, RIW 1999, S. 809 (816).

[1079] Sonnenberger: Das Internationale Privatrecht im dritten Jahrtausend – Rückblick und Ausblick, ZverglRWiss 100 (2001), S. 107 (131); so bereits Mankowski: E-Commerce und Internationales Verbraucherschutzrecht, MMR-Beil. 7/2000; S. 22 (24 f.).

[1080] Mankowski: Das Internet im Internationalen Vertrags- und Deliktsrecht, RabelsZ 63 (1999), S. 206 (248 ff.); Mankowski: E-Commerce und Internationales Verbraucherschutzrecht, MMR-Beil. 7/2000; S. 22 (25) m. w. N.; zustimmend Staudinger/Magnus (2002), Art. 29 EGBGB, Rdnr. 71.

men.[1081] Er müsse darauf achten, mit wem er kontrahiere. Tue er dies nicht, könne er sich nicht nach dem Vertragsschluss darauf berufen, dass man mit einem in dem betreffenden Staat ansässigen Verbraucher doch gar nicht habe kontrahieren wollen. Dagegen, dass sich die Risiken des Internetauftritts realisierten, müsse der Unternehmer sich schließlich selbst absichern.[1082] Das rechtsgeschäftliche Selbstschutzargument verstoße auch nicht gegen das deutsche Datenschutzrecht.[1083]

Unternehmen, die ihre Waren international über das Internet anbieten, seien zwar einem größeren Rechtsanwendungsrisiko ausgesetzt, dies werde jedoch aufgrund von zwei wichtigen Umständen wieder relativiert: Zum einen würden Verbraucher aufgrund der Tatsache, dass die Streitwerte in Verbraucherstreitigkeiten regelmäßig gering seien, auch wenn sie mit der Ware nicht zufrieden seien, häufig nichts unternehmen. Die Sanktion des Verbrauchers bestünde dann nur darin, dass man mit dem jeweiligen Anbieter nicht mehr kontrahiere. Zum anderen wäre es für einen Verbraucher schwierig und unter Umständen sehr langwierig, einen im Inland erstrittenen Titel gegen ein ausländisches Unternehmen zu vollstrecken. Wenn der Anbieter im Ausland sitze und im Forumstaat kein greifbares Vermögen besitze, bedürfe es zur effektiven Durchsetzung des erstrittenen Urteils eines Vollstreckbarerklärungsverfahrens, dass sich über Jahre hinziehen könne.[1084]

Auch in wirtschaftlicher Hinsicht soll es nicht erforderlich sein, zusätzliche Anreize für Investitionen im Bereich des Electronic Commerce für Unternehmen, etwa mittels Einführung des Herkunftslandprinzips in das Verbrauchervertragsrecht, zu schaffen. Das bestehende Rechtsanwendungsrisiko habe die Unternehmen auch bisher nicht davon abgehalten, in den E-Commerce zu investieren. Solche Anreize seien umso weniger wünschenswert, als sie zu Lasten der anerkannt schwächeren Vertragspartei, der Verbraucher, gin-

---

[1081] Mankowski: E-Commerce und Internationales Verbraucherschutzrecht, MMR-Beil. 7/2000; S. 22 (25); derselbe: Das Internet im Internationalen Vertrags- und Deliktsrecht, RabelsZ 63 (1999), S. 206 (244).

[1082] Mankowski: E-Commerce und Internationales Verbraucherschutzrecht, MMR-Beil. 7/2000; S. 22 (25).

[1083] so aber Spindler: Internationales Verbraucherschutzrecht im Internet, MMR 2000, S. 18 (21 f.): Nach seiner Auffassung scheitert eine automatische Überprüfung des Wohnsitzes des Verbrauchers, etwa durch Zurückverfolgung der IP-Adresse, an datenschutzrechtlichen Hinderungsgründen; der Wohnort zähle zu den Angaben einer Person, die unter den Schutzbereich von §§ 12, 13 MDStV, bzw. §§ 3, 5 TDDSG fielen; bei freiwilliger Angabe des Ortes durch den Verbraucher vor Vertragsschluss bestünde andererseits das Risiko von Täuschungen durch den Verbraucher; ausführlich zu dieser Problematik siehe bei Mankowski: E-Commerce und Internationales Verbraucherschutzrecht, MMR-Beil. 7/2000, S. 22 (27 ff.).

[1084] Mankowski: a.a.O., S. 22 (32).

gen.[1085] Die Schutzwürdigkeit des Verbrauchers würde nicht dadurch verringert, dass der Unternehmer ein für ihn gefährliches Medium einsetze.[1086] Der Unternehmer könne also bei internationalen Verbraucherverträgen den Vertragsschluss ablehnen, wenn ihm das Rechtsanwendungsrisiko zu groß sei. Tue er das nicht, müsse er mit den aus Art. 29 EGBGB resultierenden Konsequenzen rechnen.[1087] Wer sich gezielt die Vorteile des Internets zunutze macht und kein regionales oder nationales, sondern vielmehr ein internationales bzw. transnationales Medium einsetze, der müsse auch die damit untrennbar verbundenen Nachteile in Kauf nehmen.[1088] Wer im Internet ein Angebot mache, gebe ein Signal, dass er sich nicht auf einen nationalen Markt beschränke, sondern dass er alle nationalen Märkte anspreche.[1089]

Etwas anderes ergebe sich auch nicht aus dem Herkunftslandprinzip, das in Art. 3 der Richtlinie über den elektronischen Geschäftsverkehr vom 08.06.2000 statuiert wurde. Dieses gelte nach Art. 3 Abs. 3 ECRL i. V. m. dem Anhang der Richtlinie ausdrücklich nicht für den Verbrauchervertragsbereich. Das für Verbraucher geltende Kollisionsrecht solle vom Herkunftslandprinzip vielmehr unberührt bleiben, um die wichtigen Errungenschaften für den Verbraucherschutz nicht zu gefährden.[1090]

Eine kaum vertretbare Auffassung will die Anwendung des Art. 29 Abs. 1 Nr. 1 EGBGB wegen der Interaktivität des Prozesses ausschließen. Der Verbraucher wähle den Anbieter aus und stelle den Kontakt her. Website und Server täten nichts, bis sie angesprochen

---

[1085] Mankowski: Das Internet im Internationalen Vertrags- und Deliktsrecht, RablesZ 63 (1999), S. 206 (235); derselbe in: E-Commerce und Internationales Verbraucherschutzrecht, MMR-Beil. 7/2000, S. 22 (33).

[1086] Mankowski: a.a.O., S. 22 (33 ff.) mit wie-teren Argumenten; in diesem Sinn bereits Rüßmann: Internationalprozessrechtliche und internationalprivatrechtliche Probleme bei Vertragsabschlüssen im Internet unter besonderer Berücksichtigung des Verbraucherschutzes in: Tauss/Kollbeck/Mönikes (Hrsg.), Deutschlands Weg in die Informationsgesellschaft – Herausforderungen und Perspektiven für die Wirtschaft, Wissenschaft, Recht und Politik, S. 709 (713).

[1087] Mankowski: a.a.O., S. 22 (37).

[1088] Mankowski: Das Internet im Internationalen Vertrags- und Deliktsrecht, RablesZ 63 (1999), S. 206 (239); a. A.: Spindler: Internationales Verbraucherschutzrecht im Internet, MMR 2000, S. 18 (22 f.), der insbesondere bei rein regional oder lokal tätigen Anbietern keinen entsprechend größeren Nutzen im Verhältnis zum „overspill-Risiko" sieht; der Kostenvorteil, den das Internet als neues Vertriebsmedium biete, würde dadurch jedenfalls für einen Teil der Unternehmer wieder erheblich relativiert.

[1089] Mankowski: Das Internet im Internationalen Vertrags- und Deliktsrecht, RablesZ 63 (1999), S. 206 (239).

[1090] Staudinger/Magnus (2002), Art. 29 EGBGB, Rdnr. 71.

würden, so dass das Angebot abhängig von der Wahrnehmung des Users sei.[1091] Es sei der Verbraucher, der sich virtuell ins Ausland begebe. Aufgrund der Internationalität des Internets sei dem Verbraucher auch regelmäßig bewusst, dass ein Bezug zum Ausland bestehe.[1092] Es gebe im world wide web kein omnipräsentes Signal. Wenn niemand einlogge, schweige und „schlafe" das Angebot.[1093]

Dagegen wird zu Recht vorgebracht, dass der Verbraucher sich auch bei normaler Werbung das Medium aussuche, in dem geworben werde. Werbung in einer anderen als von ihm gekauften Zeitung oder auf einem anderen als von ihm eingeschalteten TV-Kanal erreiche ihn nicht. Werbung solle also immer den Verbraucher über ein von diesem gewähltes Medium ansprechen und zu einer Reaktion veranlassen. Insoweit bestehe zwischen den traditionellen Medien und dem Internet kein Unterschied.[1094] Wäre schon die Wahl des Mediums eine hinreichende Aktivität des Verbrauchers, um den Verbraucherschutz auszuschalten, wäre Art. 29 Abs. 1 Nr. 1 EGBGB sinnlos.[1095]

Der Verbraucher verbleibe gerade physisch im Aufenthaltsstaat. Art. 29 EGBGB schütze dementsprechend nur den passiven Verbraucher, der sich in seinem Aufenthaltsstaat aufhalte und dort aus dem Ausland angesprochen werde. Mit einer Kontaktaufnahme über das Internet begebe sich der Verbraucher zwar virtuell ins Ausland und wandele sich so zum aktiven Verbraucher, so dass das Vertrauen des Verbrauchers auf die Anwendbarkeit des Aufenthaltsrechts und der Schutzgedanke des Art. 29 EGBGB ein Stück weit relativiert werde. Insgesamt sei jedoch das physische Verbleiben im Aufenthaltsstaat maßgeblich.[1096] Der Verbraucher mache nur den zweiten Schritt. Die Internet-Nutzung gehe aus dem Blickwinkel der Vertragsanbahnung ins Leere, wenn nicht der Kontrahent zuvor ein

[1091] Müller: Internationales Privatrecht und Internet, in Hoeren/Queck (Hrsg.), Rechtsfragen der Informationsgesellschaft 1999, S. 259 (282); Reich: Der Vorschlag der EG-Kommission für eine Richtlinie des Europaparlaments und des Rates über bestimmte rechtliche Aspekte des elektronischen Geschäftsverkehrs im Binnenmarkt vom 23.12.1998 und seine Auswirkungen auf das Vertragsrecht, in Schulte-Nölke/Schulze (Hrsg.): Europäische Rechtsangleichung und nationale Privatrechte, S. 79 (99); a. A.: Mankowski: Das Internet im Internationalen Vertrags-und Deliktsrecht, RabelsZ 63 (1999), S. 203 (241); derselbe in: E-Commerce und Internationales Verbraucherschutzrecht, MMR-Beil. 7/2000, S. 22 (24).

[1092] Müller: a.a.O., S. 259 (282).

[1093] Mankowski: Das Internet im Internationalen Vertrags- und Deliktsrecht, RabelsZ 63 (1999), S. 206 (240) m. w. N.

[1094] ebd.; ders. in: E-Commerce und Internationales Verbraucherschutzrecht, MMR-Beil. 7/2000; S. 22 (24).

[1095] Mankowski: Das Internet im Internationalen Vertrags- und Deliktsrecht, RabelsZ 63 (1999), S. 206 (241); so auch Spindler: Internationales Verbraucherschutzrecht im Internet, MMR 2000, S. 18 (20).

[1096] Junker: Internationales Vertragsrecht im Internet, RIW 1999, 809 (815); Mankowski: a.a.O., S. 206 (243).

Angebot oder eine Werbung in seine Website eingestellt habe.[1097] Den ersten Schritt, das Errichten der Webseite, mache der Unternehmer.[1098]

Der im Internet surfende Verbraucher werde sich zudem nicht bewusst sein, dass er via Computer Ländergrenzen überschreitet. Der Unternehmer hingegen mache sich ein gebietsneutrales, weltweit wirkendes Medium zunutze, um Verträge anzubahnen. Daher müsse er sich den technisch vom Verbraucher vollzogenen Grenzübertritt zurechnen lassen.[1099] Die Werbung eines Anbieters im Internet gelte daher als im Aufenthaltsstaat des Verbrauchers erfolgt, so dass die Anwendungsvoraussetzungen von Art. 29 Abs. 1 Nr. 1 EGBGB erfüllt seien.[1100]

Teilweise wird diskutiert, ob das dem Art. 5 EVÜ zugrundeliegende Verbraucherbild heute noch angemessen und nicht die Regel des Art. 5 EVÜ umzuformulieren sei. Es solle zweifelhaft sein, dass ein Verbraucher, der fähig sei, die ganze Welt zur Kenntnis zu nehmen, noch des Schutzes der verbraucherschützenden Vorschriften des Landes seines gewöhnlichen Aufenthalts bedürfe. Möglicherweise sei *de lege ferenda* diese Regel so umzuformulieren, dass sie nur noch ausnahmsweise bei besonderer Schutzbedürftigkeit des Verbrauchers in Betracht komme.[1101]

Nach dem Bericht von Giuliano/Lagarde sollen von Art. 5 Abs. 2, 1. Alt. EVÜ nur die Fälle erfasst werden, in denen der Kaufmann Schritte unternommen hat, um bewegliche Sachen oder Dienstleistungen in dem Land zu verkaufen, in dem sich der Verbraucher aufhält. Der Kaufmann muss dazu also bestimmte Handlungen vorgenommen haben, wie beispielsweise Werbung in Presse oder Fernsehen, Rundfunk oder Filmtheatern oder et-

---

[1097] Junker: Internationales Vertragsrecht im Internet, RIW 1999, 809 (815); Rüßmann: Internationalprozessrechtliche und internationalprivatrechtliche Probleme bei Vertragsabschlüssen im Internet unter besonderer Berücksichtigung des Verbraucherschutzes in: Tauss/Kollbeck/Mönikes (Hrsg.), Deutschlands Weg in die Informationsgesellschaft – Herausforderungen und Perspektiven für die Wirtschaft, Wissenschaft, Recht und Politik, S. 709 (713).

[1098] Mankowski: E-Commerce und Internationales Verbraucherschutzrecht, MMR-Beil. 7/2000, S. 22 (24, 37); Sonnenberger: Das Internationale Privatrecht im dritten Jahrtausend – Rückblick und Ausblick, ZverglRWiss 100 (2001), S. 107 (131); a. A. Reich in Reich/Nordhausen: Verbraucher und Recht im elektronischen Geschäftsverkehr (eG), S. 91 ff.

[1099] Thorn: Verbraucherschutz bei Verträgen im Fernabsatz, IPRax 1999, S. 1 (4 f.).

[1100] ebd.

[1101] Sonnenberger: Das Internationale Privatrecht im dritten Jahrtausend – Rückblick und Ausblick, ZVerglRWiss 100 (2001), S. 107 (131 f.).

wa mittels speziell in das Land versandter Kataloge.[1102] Diese Wertung muss bei der Beurteilung der Frage, ob ein weltweiter Internetauftritt eines Unternehmens eine Werbung oder ein Angebot i. S. d. Art. 29 Abs. 1 Nr. 1 EGBGB darstellt, im Vordergrund stehen. Dabei kommt es auch nicht darauf an, ob man aus rechtspolitischen Erwägungen zu einer Stärkung der Unternehmerseite tendiert oder ob man eher auf Verbraucherseite steht. Eine solche Abwägungsentscheidung hat allein der europäische Gesetzgeber bzw. haben die europäischen Vertragsstaaten vorzunehmen. Mit der Formulierung von Art. 5 Abs. 2 EVÜ und mit den in dem Bericht von Giuliano/Lagarde genannten Gründen ist dies bereits geschehen. Es geht also vielmehr darum, zu ermitteln, wie diese Regelungen im Rahmen des elektronischen Geschäftsverkehrs auszulegen sind.

Einig sind sich nahezu alle genannten Auffassungen darin, dass es auch bei einer Präsentation im Internet immer der Prüfung des Einzelfalls bedarf, um festzustellen, ob dem jeweiligen Vertragsschluss eine Werbung oder ein Angebot im Aufenthaltsstaat des Verbrauchers vorausgegangen ist. Beweisprobleme dürfen insoweit kein maßgebliches Kriterium sein.

Der Sache angemessen scheint es, eine Werbung im Aufenthaltsstaat des Verbrauchers anzunehmen, wenn dieser sich aufgrund der jeweiligen Internetpräsentation angesprochen fühlen durfte.[1103] Abzulehnen ist dabei die Auffassung, die den Verbraucher bereits durch die Nutzung von Suchmaschinen oder „bookmarks" zum aktiven Verbraucher machen will.[1104] Der Verbraucher, der eine Suchmaschine im Internet nutzt, tut letztlich nichts anderes als derjenige, der ein Inhaltsverzeichnis eines in seinem Land erhältlichen Kataloges durchblättert, um ein ganz bestimmtes Produkt oder eine ganze bestimmte Dienstleistung zu suchen. Die Werbung bzw. das Angebot selbst wird durch den Unternehmer in das Land des Aufenthaltsortes des Verbrauchers über das weltweit wirkende Medium Internet gebracht, wenn auch nur auf elektronische und nicht auf verkörperte Art und Weise.

Die in der Literatur genannten Kriterien zur Ermittlung des angesprochenen Personenkreises, also verwendete Sprache, Währung, Produktbeschreibungen etc. können hierbei

[1102] Giuliano/Lagarde: Bericht über das Übereinkommen über das auf vertragliche Schuldverhältnisse anzuwendende Recht, BT-Drs. 10/503, S. 33 (56).

[1103] in diesem Sinne bereits Soergel-v. Hoffmann, Art. 29 EGBGB, Rdnr. 18.

[1104] so Reich in Reich/Nordhausen: Verbraucher und Recht im elektronischen Geschäftsverkehr (eG), S. 91.

durchaus als Indizien herangezogen werden. Sie sind grundsätzlich geeignet, den von Art. 5 EVÜ geforderten Bezug zum Aufenthaltsstaat des Verbrauchers herzustellen. An diese Indizien sind jedoch sehr strenge Anforderungen zu stellen, da es dem Anbieter jederzeit möglich ist, durch einen einfachen Hinweis den räumlichen Angebotskreis zu beschränken. Einem Anbieter ist es durchaus zumutbar, auf seiner Homepage beispielsweise einen entsprechenden Hinweis aufzunehmen, dass seine Angebote nur für den amerikanischen Markt bestimmt sind. Versäumt er das, muss er sich an den rechtlichen Konsequenzen festhalten lassen, es sei denn, es wird aufgrund anderer Merkmale seines Internetauftritts zweifellos deutlich, dass sich sein Angebot bzw. seine Werbung nicht an den Aufenthaltsstaat des jeweiligen Verbrauchers richtet.

Unterlässt er einen entsprechenden Hinweis, muss er grundsätzlich die Regelung des Art. 5 Abs. 2 EVÜ (Art. 29 Abs. 1 EGBGB) gegen sich gelten lassen. Werden dabei im Einzelfall jedoch unbillige Ergebnisse offenbar, können ergänzend die genannten Kriterien zur Ermittlung des jeweiligen Bezuges zum Aufenthaltsstaat des Verbrauchers herangezogen werden. Es gilt quasi eine Vermutung dafür, dass ein Unternehmer, der sein Produkt bzw. seine Dienstleistung über das Internet bewirbt, dies auch immer in dem Aufenthaltsstaat des Verbrauchers tut. Ist es jedoch im Einzelfall offensichtlich, dass sich der jeweilige Verbraucher nicht aufgrund des speziellen Internetauftritts angesprochen fühlen durfte, kann der Unternehmer diese Vermutung anhand der genannten Kriterien widerlegen.

Zu weit geht damit der Ansatz, der ohne jede Einschränkung einen weltweit abrufbaren Internetauftritt unwiderleglich als eine gezielte Werbung in jedem Land der Welt einordnet.[1105] Es sind durchaus Fälle denkbar, in denen ein Werbender nur eine bestimmte Personengruppe ansprechen möchte. Dies hat auch nichts mit einer nicht zeitgemäßen Interpretation des EVÜ,[1106] sondern vielmehr mit einer Berücksichtigung des Willens der Vertragsstaaten bei Abschluss des EVÜ zu tun.

[1105] so aber Junker: Internationales Vertragsrecht im Internet, RIW 1999, S. 809 (815); Gruber: Vertragsschluss im Internet unter kollisionsrechtlichen Aspekten, in DB 1999, S. 1437 (1438).

[1106] ebd.

Durchaus schlagkräftig erscheint auf den ersten Blick das Argument des rechtsgeschäftlichen Selbstschutzes. Ein Unternehmer, der einen Vertrag mit einem bestimmten Verbraucher, aus welchen Gründen auch immer, nicht abschließen möchte, ist schließlich nicht gezwungen, dies zu tun. Bei genauerem Hinsehen fällt jedoch auf, dass dieses Argument im Grunde keine neuen Erkenntnisse bringt. Die eigentliche Intention der Väter des EVÜ wird in einem von Giuliano/Lagarde geschilderten Beispielfall deutlich. Dabei antwortet ein Deutscher auf eine in einer amerikanischen Zeitung erschienenen Anzeige, die in Deutschland verkauft wird. Bestimmt ist diese Zeitung jedoch für den amerikanischen Markt. In dieser Konstellation sollte Art. 5 Abs. 2 EVÜ nicht anwendbar sein.[1107] War die jeweilige Ausgabe hingegen eine für den europäischen Markt bestimmte Sonderausgabe, hatte der Verkäufer eine speziell für das Land des Käufers bestimmte Sonderwerbung durchgeführt, an der sich festhalten lassen musste.[1108]

Greift man bei diesem Beispielfall das Argument des rechtsgeschäftlichen Selbstschutzes auf, wird deutlich, dass auch in diesem klassischen Fall des Art. 5 Abs. 2 EVÜ der Verkäufer grundsätzlich die Möglichkeit hat, sich noch zu überlegen, ob er mit dem deutschen Kunden, in dessen Rechtskreis die verbraucherschützenden Normen vorrangig greifen, kontrahieren will oder nicht, wenn er die Bestellung des deutschen Verbrauchers erhält. Nicht anders jedoch liegt der Fall bei der Werbung im Internet. Beide Anbieter haben vor Vertragsschluss die Möglichkeit ihre Entscheidung zu überdenken.

Die Tatsache, dass der Unternehmer Gelegenheit hat darüber nachzudenken, ob er mit dem jeweiligen Verbraucher kontrahieren möchte, kann daher für sich genommen kein geeignetes Argument für eine zwingende Anwendung von Art. 29 Abs. 1 Nr. 1 EGBGB sein. Dementsprechend können auch die Argumente, dass das Rechtsanwendungsrisiko für den Anbieter im Internet letztlich nicht so groß sei, da der Verbraucher aufgrund des geringen Streitwerts und der Probleme der Titelvollstreckung ohnehin nicht gerichtlich gegen ihn vorgehen werde, keine Berücksichtigung finden. Denn für die Auslegung der einzig maßgeblichen Vorschrift des Art. 5 Abs. 2 EVÜ kommt es auf all dies nicht an.

[1107] Giuliano/Lagarde: Bericht über das Übereinkommen über das auf vertragliche Schuldverhältnisse anzuwendende Recht, BT-Drs. 10/503, S. 33 (56).

[1108] ebd.

Ergänzend kann in diesem Zusammenhang auch die Neuregelung des Art. 29a EGBGB herangezogen werden. Wie gesehen, greift der Schutz der in Art. 29a Abs. 4 EGBGB genannten Verbraucherschutzrichtlinien, wenn der Vertrag trotz anderweitiger Rechtswahl einen engen Zusammenhang zum Gebiet eines Mitgliedstaates der Europäischen Union bzw. des Europäischen Wirtschaftsraumes aufweist. Ein solcher enger Zusammenhang ist nach Art. 29a Abs. 2 Nr. 1 EGBGB insbesondere dann anzunehmen, wenn der Vertrag auf Grund eines öffentlichen Angebotes, einer öffentlichen Werbung oder einer ähnlichen geschäftlichen Tätigkeit zustande kommt, die in einem Mitgliedstaat der Europäischen Union oder einem anderen Vertragsstaat über den Europäischen Wirtschaftsraum entfaltet wird. Dazu gehört nach unbestrittener Auffassung auch die Werbung über das Internet, solange der Verbraucher sie innerhalb dieses Gebietes abrufen kann.[1109] Art. 29a EGBGB wurde im Rahmen des Fernabsatzgesetzes ja gerade geschaffen, um auf diese neuen Entwicklungen der Kommunikationstechnik angemessen zu reagieren.[1110] Bei der in Art. 29a EGBGB beschriebenen Werbetätigkeit der Anbieter kommt es jedoch nicht auf eine spezielle Zielrichtung auf das Gebiet der Europäischen Union oder der Staaten des Europäischen Wirtschaftsraumes an. Es genügt, dass der Anbieter im EU/EWR-Gebiet auf seine Leistungen in einer Weise aufmerksam gemacht hat, dass Dritte, die vorher keinen geschäftlichen Kontakt zu ihm hatten, das Angebot wahrnehmen können.[1111]

Bei Art. 29 EGBGB ist das jedoch anders; dies ergibt sich bereits aus der unterschiedlichen Wortwahl. Während Art. 29 EGBGB von einem „ausdrücklichen Angebot" oder einer „ausdrücklichen Werbung" spricht, kommt es für die Eröffnung des Anwendungsbereichs von Art. 29a EGBGB lediglich auf ein „öffentliches Angebot" oder eine „öffentliche Werbung" an. Der Begriff des „öffentlichen" Angebots ist dabei weiter zu verstehen als der Begriff des „ausdrücklichen" Angebots des Art. 29 Abs. 1 Nr. 1 EGBGB. In dem Begriff „ausdrücklich" wird das Erfordernis der Zielgerichtetheit des Angebots deutlich, wie sie der

---

1109 Staudinger/Magnus (2002), Art. 29a EGBGB, Rdnr. 43, m. w. N.; siehe dazu bereits die Ausführungen unter Teil B, § 2, Kap. 2.1.2.

1110 Entwurf eines Gesetzes über Fernabsatzverträge und andere Fragen des Verbraucherrechts sowie zur Umstellung von Vorschriften auf Euro, BT-Drs. 14/2658, S. 15: Unter den Begriff Fernabsatz werden hier neben dem klassischen Versandhandel unter Einsatz des Fernsehens und neuer Kommunikationstechnologien auch zunehmend grenzüberschreitende elektronisch gestützte Käufe durch den Verbraucher der Informationsgesellschaft gefasst. Fernabsatz erfolge mehr und mehr unter Benutzung der neuen Informationstechnologien zur Verbreitung der Aufforderung für Bestellungen oder zum Empfang der entsprechenden Bestellerklärungen des Verbrauchers.

1111 Staudinger/Magnus (2002), Art. 29a EGBGB, Rdnr. 43.

Bericht von Giuliano/Lagarde verlangt,[1112] wohingegen einem „öffentlichen Angebot" ein allgemein zugängliches Angebot genügt. Nur wenn ein „zielgerichtetes" Angebot, also ein auf den entsprechenden nationalen Markt ausgerichtetes Angebot, vorliegt, ist Art. 29 Abs. 1 Nr. 1 EGBGB daher auch anwendbar.

Art. 29 Abs. 1 Nr. 1 EGBGB findet also regelmäßig Anwendung, wenn dem Vertragsschluss eine Werbung oder ein Angebot im Internet vorausgegangen ist. Bei einem weltweiten Internetauftritt spricht dabei eine Vermutung dafür, dass er auch auf den jeweiligen Staat abzielt, in dem er abrufbar ist. Ist jedoch aufgrund der Gestaltung der Webpage offensichtlich, dass dies gerade nicht beabsichtigt ist und sich der Verbraucher von der Internetseite nicht hätte angesprochen fühlen dürfen, kann diese Vermutung widerlegt werden. Dazu können die genannten Kriterien herangezogen werden. Die dabei vorzunehmende Abwägungsentscheidung muss also für einen Ausschluss von Art. 29 Abs. 1 Nr. 1 EGBGB immer zu dem Ergebnis führen, dass der Verbraucher sich im Einzelfall nicht von der Internetpräsenz angesprochen fühlen durfte. Dies wird jedoch häufig die Ausnahme bleiben.

Die Regelung des Art. 29 Abs. 1 EGBGB greift aber nur, wenn für den Vertragspartner erkennbar ist, dass der andere Teil des Vertrages als Verbraucher handelt.[1113] Die Tatsache, dass ein Verbraucher heute in der Lage ist, mit seinem heimischen PC die Möglichkeiten des Internet zu nutzen, führt auch nicht zu einem neuen Verbraucherbild, wie es teilweise gefordert wird. Die Anbieter achten gerade auf eine „userfreundliche" und unkomplizierte Gestaltung der Provider-Software wie der Internetseiten selbst, um immer mehr Verbraucher über das Kommunikationsmedium „Internet" zu erreichen. Die Fähigkeit mit diesen recht leicht zu erfassenden technischen Möglichkeiten umzugehen, beeinflusst das den verbraucherschützenden Regelungen zugrundeliegende Verbraucherbild jedoch nicht.

Die weitere Voraussetzung von Art. 29 Abs. 1 Nr. 1 EGBGB, dass der Verbraucher in dem Staat seines gewöhnlichen Aufenthaltes die entsprechende Rechtshandlung auch vorge-

[1112] Giuliano/Lagarde: Bericht über das Übereinkommen über das auf vertragliche Schuldverhältnisse anzuwendende Recht, BT-Drs. 10/503, S. 33 (56).

[1113] Soergel-v. Hoffmann, Art. 29, Rdnr. 14.

nommen haben muss, ist unproblematisch erfüllt, wenn der Verbraucher von seinem häuslichen PC aus die für den jeweiligen Vertrag maßgebliche Willenserklärung abgegeben hat. In diesem Fall hat er die zum Abschluss des Vertrages erforderliche Rechtshandlung in dem Staat seines gewöhnlichen Aufenthalts vorgenommen. Maßgeblich ist dabei immer der Ort, an dem sich der Verbraucher bei Abgabe der Willenserklärung tatsächlich befand.[1114] Gibt er die für den Vertragsabschluss maßgebliche Willenserklärung in einem anderen Staat ab, etwa über die Einwahl in den heimischen PC, sind die Voraussetzungen des Art. 29 Abs. 1 Nr. 1 EGBGB bereits vom Wortlaut her nicht erfüllt.[1115]

2.1.3.2. Art. 29 Abs. 1 Nr. 2 EGBGB

Die Bedeutung dieser Vorschrift im Zusammenhang mit elektronisch geschlossenen Verträgen scheint auf den ersten Blick eher gering zu sein. Nach Art. 29 Abs. 1 Nr. 2 EGBGB ist die Rechtswahl der Parteien auch ohne vorherige Werbung oder vorheriges ausdrückliches Angebot in dem Staat, in dem der Verbraucher seinen Sitz hat, eingeschränkt, wenn der Vertragspartner des Verbrauchers oder sein Vertreter die Bestellung des Verbrauchers im Sitzstaat des Verbrauchers entgegengenommen hat.

Nach ganz herrschender Auffassung ist dabei die physische Präsenz im Aufenthaltsstaat entscheidend. Ein reiner Vertragsschluss per Internet soll dafür nicht genügen.[1116] Nach der Rechtsprechung des BGH kommt es bei Art. 29 Abs.1 Nr. 2 EGBGB entscheidend auf

---

[1114] Staudinger/Magnus (2002), Art. 29 EGBGB, Rdnr. 75; Thorn: Verbraucherschutz bei Verträgen im Fernabsatz, IPRax 1999, S. 1 (5); Rüßmann: Internationalprozessrechtliche und internationalprivatrechtliche Probleme bei Vertragsabschlüssen im Internet unter besonderer Berücksichtigung des Verbraucherschutzes in: Tauss/Kollbeck/Mönikes (Hrsg.), Deutschlands Weg in die Informationsgesellschaft – Herausforderungen und Perspektiven für die Wirtschaft, Wissenschaft, Recht und Politik, S. 709 (714); Horn: Verbraucherschutz bei Internetgeschäften, MMR 2002, S. 209 – 214 (213); Mehrings: Internet-Verträge und internationales Vertragsrecht, CR 1998, S. 613 (619); Mankowski: Das Internet im Internationalen Vertrags- und Deliktsrecht, RabelsZ 63 (1999), S. 206 (250 ff.).

[1115] Staudinger/Magnus (2002), Art. 29 Rdnr. 75; zu diesem Problemkreis siehe ferner bereits Fn. 1028.

[1116] Heldrich/Palandt: BGB, Art. 29 EGBGB, Rdnr. 5; Gruber: Vertragsschluss im Internet unter kollisionsrechtlichen Aspekten, DB 1999, S. 1437; v. Hoffmann: Internationales Privatrecht, § 10, Rdnr. 73a; Borges: Weltweite Geschäfte per Internet und deutscher Verbraucherschutz, ZIP 1999, S. 565 (567); Müller: Internationales Privatrecht und Internet, in Hoeren/Queck: Rechtsfragen der Informationsgesellschaft, S. 259 (282); Hoeren/Oberscheidt: Verbraucherschutz im Internet, VuR 1999, S. 371 (387); Taupitz/Kritter: Electronic Commerce – Probleme bei Rechtsgeschäften im Internet, JuS 1999, S. 839 (843, Fn. 61); Horn: a.a.O., S. 209 (213 f.); offengelassen bei Reich in Reich/Nordhausen: Verbraucher und Recht im elektronischen Geschäftsverkehr, S. 94 f.

den Ort des Erhalts bzw. des Zugangs der Bestellung des Verbrauchers an.[1117] Der Zugang der Bestellung über das Internet erfolge jedoch regelmäßig in dem Staat des Anbieters.[1118]

Nach anderer Auffassung könne man die Anwendbarkeit von Art. 29 Abs. 1 Nr. 2 EGBGB bei elektronisch geschlossenen Verträgen annehmen, wenn man auf das Merkmal der persönlichen Entgegennahme im Sinne der körperlichen Anwesenheit des Verkäufers oder seines Beauftragten verzichte.[1119] Diese Voraussetzung sei weder der Gesetzesbegründung zu Art. 29 Abs. 1 Nr. 2 EGBGB zu entnehmen, noch dem Bericht von Giuliano/Lagarde zum EVÜ. Vielmehr habe die Literatur das Merkmal der „persönlichen Anwesenheit" aus einigen im Bericht von Giuliano/Lagarde beispielhaft genannten Fällen entwickelt; dieses Merkmal stelle jedoch kein *conditio sine qua non* dar, sondern resultiere vielmehr aus der Tatsache, dass zum damaligen Zeitpunkt andere internationale Absatzformen unbekannt waren. Ausgehend von der ratio legis des Art. 5 EVÜ/Art. 29 EGBGB müsse es für die Entscheidung vielmehr darauf ankommen, ob der Verbraucher aufgrund der konkreten Geschäftsanbahnung seines Vertragspartners darauf vertrauen durfte, wie bei einem reinen Inlandsgeschäft durch sein Heimatrecht geschützt zu werden. Entscheidend sei letztlich, ob der Schwerpunkt des Vertragsabschlusses im Inland liege. In diesem Zusammenhang sei auf die Sichtweise und das Verständnis eines typischen Verbrauchers abzustellen.[1120] Indizien für ein Inlandsgeschäft seien die verwendete Sprache, Währung, die Angabe von heimischen Servicestellen, die Verwendung der deutschen Top-Level-Domain „.de" sowie die Nutzung eines im Heimatland des Verbraucher stehenden Servers.[1121]

[1117] BGH Urt. v. 19.03 1997 – VIII ZR 316/96, BGHZ 135, S. 124 (132); vor der grundlegenden Entscheidung des BGH noch anders: Waldenberger: Grenzen des Verbraucherschutzes beim Abschluss von Verträgen im Internet, BB 1996, S. 2365 (2371): Waldenberger ging noch davon aus, dass sich der Ort der Entgegennahme nicht mit dem Ort des Zugangs der Willenserklärung decke und daher die Entgegennahme bereits auf dem Bildschirm des Verbrauchers erfolge.

[1118] Hoeren/Oberscheidt: Verbraucherschutz im Internet, VuR 1999, S. 371 (387); Müller: Internationales Privatrecht und Internet, in Hoeren/Queck: Rechtsfragen der Informationsgesellschaft, Berlin 1999, S. 259 (282); Staudinger/Magnus (2002), Art. 28 EGBGB, Rdnr. 657.

[1119] Mehrings: Internet-Verträge und internationales Vertragsrecht, CR 1998, S. 613 (620).

[1120] ebd.

[1121] ebd.; in diese Richtung bereits Pfeiffer: Die Entwicklung des Internationalen Vertrags-, Schuld- und Sachenrechts in den Jahren 1995/96, NJW 1997, S. 1207 (1214).

Eine dritte Literaturmeinung verzichtet nicht auf das Erfordernis der persönlichen Entgegennahme, sondern stellt vielmehr auf den Bereich ab, in dem der Vertragspartner des Verbrauchers oder sein Vertreter die Willenserklärung des Bestellers entgegengenommen hat.[1122] Einer physischen Präsenz im Aufenthaltsstaat des Verbrauchers, wie die herrschende Meinung sie fordert, bedarf es dieser Ansicht nach ebenfalls nicht. Die Entgegennahme der Willenserklärung sei vielmehr mit dem Begriff des Zugangs gleichzusetzen. Der Zugang sei gegeben, wenn die Willenserklärung so in den Herrschaftsbereich des Anbieters gelange, dass von diesem eine Kenntnisnahme zu erwarten sei. Bediene sich der Anbieter bestimmter, von ihm zur Verfügung gestellter Kommunikationseinrichtungen, müsse es ausreichen, wenn die Willenserklärung aus dem Bereich des Verbrauchers heraus und in den Empfangsbereich jener Kommunikationseinrichtung hinein gelangt sei. Dabei sei das Netz als solches nicht als eine solche Einrichtung anzusehen. Der Bereich des Anbieters beginne vielmehr erst da, wo er Vorrichtungen zum passiven Empfang von Nachrichten bereithalte. Der Ort, von welchem der Anbieter die für ihn gespeicherten Informationen abrufe, dürfe dabei keine Bedeutung haben.[1123] Daher sei grundsätzlich jener Ort im Herrschaftsbereich des Anbieters maßgeblich, an welchen der Verbraucher seine Erklärung adressiere. Habe der Verbraucher nun z. B. eine Email an eine Adresse mit dem Schlusskürzel „.de“ zu richten, sei der für die Entgegennahme entscheidende Ort in Deutschland festzumachen.[1124]

Diese Ansicht erscheint unter dem Gesichtspunkt der technischen Entwicklungen seit dem Abschluss des EG-Übereinkommens über das auf vertragliche Schuldverhältnisse anwendbare Recht vom 19.06.1980 auf den ersten Blick durchaus überzeugend. Seinerzeit waren die technischen Standards dergestalt, dass ein Auseinanderfallen von regelmäßigem passiven Ort des Zugangs für Willenserklärungen beim Anbieter, also des Herrschaftsbereichs, in dem seine Kenntnisnahme zu erwarten war, und des Ortes der persönlichen Entgegennahme der Willenserklärung nur dann möglich war, wenn der Anbieter sich physisch in den Aufenthaltsstaat des Verbrauchers begab, während sein regelmäßiger Zugangsort außerhalb dieses Staates lag. Durch die technischen Entwicklungen und

---

[1122] Mankowski: Das Internet im internationalen Vertrags und Deliktsrecht, RabelsZ 63 (1999), S. 203 (253); in diesem Sinn auch bereits Soergel-v. Hoffmann, Art. 29, Rdnr. 20, der für die Anwendbarkeit von Art. 29 Abs. 1 Nr. 2 EGBGB auf den Ort des faktischen Erhalts, bzw. Zugang der Bestellung abstellt.

[1123] Zustimmend Kropholler: Internationales Privatrecht, S. 462, Fn. 114; Borges: Weltweite Geschäfte per Internet und deutscher Verbraucherschutz, ZIP 1999, S. 565 (567).

[1124] Mankowski: a.a.O., S. 203 (253); so auch Staudinger/Magnus (2002), Art. 29 EGBGB, Rdnr. 76.

die Etablierung des Internet hat sich dies jedoch grundlegend gewandelt. Tritt ein Anbieter unter einer „.de"-Domain auf, ist damit die Einrichtung, derer er sich für den Zugang von Willenserklärungen bedient, als Kennzeichen für die deutsche Nationalität bzw. zumindest als Hinweis auf eine Niederlassung in Deutschland und Unterwerfung unter deutsches Recht zu sehen. In diesem Fall ist es nicht unbillig, ihn auch daran festzuhalten. Andererseits bedeutet die Tatsache, dass man Inhaber einer „.de"-Domain ist, nicht zwingend, dass sich der dahinter verbergende Anbieter auch deutscher Nationalität ist bzw. in Deutschland wenigstens eine Niederlassung unterhält. Denn die Vergabe von Internet-Domains, etwa in Deutschland durch die „Denic eG", ist regelmäßig automatisiert. Jeder Internet-User, gleich welcher Nationalität oder welchen Wohnsitzes, kann sich online eine Domain, etwa mit dem Kürzel „.de" sichern und dementsprechend eine Email-Adresse mit der ccTLD- Endung „.de" nutzen. Dies sagt noch nichts über seine Nationalität oder seinen physischen Aufenthaltsort und damit seinen Herrschaftsbereich aus. Verwendet ein Anbieter im Verbraucherbereich eine solche ccTLD bzw. Email-Adresse, muss er sich über Art. 29 Abs. 1 Nr. 2 EGBGB aber an dem gesetzten Rechtsschein festhalten lassen. In diesem Fall ist die Rechtswahlfreiheit dann entsprechend einzuschränken. Dies gilt entsprechend für alle ccTLDs der Vertragsstaaten des EVÜ.

Im Hinblick darauf, dass mit der Einführung der sieben weiteren gTLDs, wie etwa „.info", „.museum", „.name", „.biz", „.coop", „.aero" und „.pro" sowie den bereits länger existierenden gTLD´s „.org", „.net", und „.com" für Anbieter die Möglichkeit besteht, eine solche Bindung zu umgehen, ist diese Erkenntnis im Zweifelsfalle jedoch wenig hilfreich.

Eine Manipulationsmöglichkeit besteht zudem darin, dass der Anbieter etwa einen Zentralserver, einen kommerziellen Mailbox-Service oder ein Call Center in einem Drittstaat zwischenschaltet, um so eine Anknüpfung über Art. 29 Abs. 1 Nr. 2 EGBGB zu umgehen. Andererseits kann man aber auch gerade bei elektronischer Kommunikation den Anbieter nicht zwingen, Kommunikationseinrichtungen im Aufenthaltsstaat des Verbrauchers vorzuhalten.[1125]

Insgesamt wird man daher nur in den eindeutigen Fällen, nämlich dann wenn der Anbieter eine der ccTLDs der Vertragsstaaten des EVÜ verwendet, auf Art. 29 Abs. 1 Nr. 2 EGBGB

[1125] Mankowski:a.a.O., S. 203 (254).

(Art. 5 Abs. 2, 2. Alt. EVÜ) zurückgreifen können. Im übrigen wird regelmäßig ein Rückgriff auf Art. 29 Abs. 1 Nr. 1 EGBGB erforderlich bleiben. Die Auffassung, die ausschließlich darauf abstellen will, ob der Verbraucher aufgrund der konkreten Geschäftsanbahnung seines Vertragspartners darauf vertrauen durfte, wie bei einem reinen Inlandsgeschäft durch sein Heimatrecht geschützt zu werden, ist als zu weitgehend abzulehnen. Sie übergeht völlig den Wortlaut von Art. 5 Abs. 2, 2. Alt EVÜ, wonach die Rechtswahl in einem Verbrauchervertrag nur dann eingeschränkt sein soll, wenn der Vertragspartner des Verbrauchers die Bestellung in dem Staat entgegengenommen hat, in dem der Verbraucher seinen gewöhnlichen Aufenthalt hat.

2.1.3.3. Art. 29 Abs. 1 Nr. 3 EGBGB

Art. 29 Abs. 1 Nr. 3 EGBGB ist bei elektronisch geschlossenen Verträgen grundsätzlich ohne Bedeutung. Denn Voraussetzung für die Anwendbarkeit ist, dass es sich um eine „echte", nicht nur um eine „virtuelle" Reise handelt.[1126] Der Verbraucher muss also auf Betreiben des Verkäufers tatsächlich aus seinem Aufenthaltsstaat in einen anderen Staat gereist sein und dort eine Bestellung aufgegeben haben.[1127]

2.2. Die Folgen fehlender Rechtswahl in Verbraucherverträgen

Haben die Parteien das auf den Verbraucherrechtsstreit anzuwendende Recht nicht festgelegt, greift nach deutschem Recht § 1051 Abs. 2 ZPO bzw. in staatlichen Gerichtsverfahren Art. 28, 29 Abs. 2 EGBGB. Umstritten ist auch in diesem Zusammenhang, ob ein Schiedsgericht bei der Ermittlung des anwendbaren Rechts an die Vorgaben von Art. 29 Abs. 2 EGBGB gebunden ist.

§ 1051 Abs. 2 ZPO bestimmt, dass das Schiedsgericht für den Fall, dass die Parteien das anwendbare Recht nicht bestimmt haben, das Recht des Staates anzuwenden hat, mit dem der Streitgegenstand die engsten Verbindungen aufweist. Eine Beschränkung irgendeiner Art hinsichtlich der Ermittlung des anwendbaren Rechts für Verbrauchersachen ist nicht vorgesehen. Nach Art. 29 Abs. 2 EGBGB hingegen unterliegen Verbraucherverträge, die unter den in Art. 29 Abs. 1 EGBGB beschriebenen Umständen zustande ge-

---

[1126] Gruber: Vertragsschluss im Internet unter kollisionsrechtlichen Aspekten, DB 1999, S. 1437; Mehrings: Internetverträge und internationales Vertragsrecht, CR 1998, S. 613 (620).

[1127] MünchKommBGB-Martiny, Art. 29 EGBGB, Rdnr. 23.

kommen sind, für den Fall, dass die Parteien eine Rechtswahl nicht getroffen haben, dem Recht des Staates, in dem der Verbraucher seinen gewöhnlichen Aufenthalt hat.

Die Gesetzesbegründung geht davon aus, dass – da die engste Verbindung sich auf die Generalnorm des Art. 28 EGBGB beziehe – die Spezialbestimmung des Art. 29 Abs. 2 EGBGB auch in Schiedsverfahren anwendbar ist. Zwar habe man die in Art. 29 EGBGB enthaltenen Fälle nicht ausdrücklich in Bezug genommen, da Verbraucher jedoch nur sehr selten Partei eines internationalen Schiedsverfahrens seien, sei dies entbehrlich gewesen. Zudem sei ggf. die Anwendung von Art. 29 EGBGB als lex specialis ohnehin vorgeschrieben.[1128] Dem wird jedoch entgegnet, dass die Regelung nicht anwendbar sein soll, da Art. 29 EGBGB in § 1051 Abs. 2 ZPO gerade nicht in Bezug genommen worden ist.[1129] Nach einer vermittelnden Auffassung fehlt in § 1051 Abs. 2 ZPO zwar eine präzise Einschränkung für Verbraucherrechtsstreitigkeiten, so dass das Schiedsgericht gegebenenfalls verbraucherschützende Regeln zu entwickeln habe, es könne sich dabei an den Maßstäben des Art. 29 EGBGB orientieren.[1130]

Nach hier vertretener Auffassung ist ein deutsches Schiedsgericht im Rahmen von § 1051 Abs. 2 ZPO nicht verpflichtet auf die Regelungen des EGBGB zurückzugreifen, es kann dies jedoch im Rahmen seiner Ermessensentscheidung tun.[1131] Haben die Parteien eines Verbraucherrechtsstreits eine Rechtswahl nicht getroffen, enthält der Verbrauchervertrag aber eine wirksame Schiedsabrede, ist es einem Schiedsgericht grundsätzlich nicht verwehrt, zur Ermittlung des anwendbaren Sachrechts Art. 29 Abs. 2 EGBGB heranzuziehen. Für den Fall, dass die Voraussetzungen von Art. 29 Abs. 1 EGBGB vorliegen, kann das Schiedsgericht damit das Recht des Staates für anwendbar erklären, in dem der Verbraucher seinen gewöhnlichen Aufenthalt hat. Wann in einem elektronischen geschlossenen Vertrag die Anwendungsvoraussetzungen von Art. 29 Abs. 1 EGBGB vorliegen, wurde soeben erörtert. Insoweit kann auf diese Ausführungen verwiesen werden. Liegen die dort genannten Fallkonstellationen vor und haben die Parteien beim Abschluss des Vertrages eine Rechtswahl nicht getroffen, findet das Recht des Staates Anwendung,

---

[1128] Entwurf eines Gesetzes zur Neuregelung des Schiedsverfahrensrechts (Schiedsverfahrens-Neuregelungsgesetz – SchiedsVfG), BT-Drs. 13/5274, S. 53.

[1129] Schütze: Schiedsgericht und Schiedsverfahren, Rdnr. 177, S. 101.

[1130] Martiny: Die Bestimmung des anwendbaren Sachrechts durch das Schiedsgericht, FS Schütze, S. 529 (541).

[1131] vgl. die Ausführungen unter Teil B, § 1, Kap. 2.3.2.1.

in dem der Verbraucher seinen Sitz hat. Zu beachten ist in diesem Zusammenhang, dass nach Art. 29 Abs. 2 EGBGB im Falle der fehlenden Rechtswahl das Recht des Verbraucherlandes sogar dann anwendbar ist, wenn der Vertrag im konkreten Fall wesentlich engere Bindungen zu einer anderen Rechtsordnung aufweist.[1132] Einer solch strengen Bindung unterliegt ein Schiedsrichter im Rahmen seiner Ermessensentscheidung selbstverständlich nicht.

2.3. Art. 28 Abs. 2 S. 1 EGBGB: Rechtsgeschäfte unter Privaten ohne Rechtswahl

Nach Art. 28 II S.1 EGBGB wird bei Privatpersonen bzw. nicht kommerziell handelnden Personen für die Ermittlung der engsten Verbindung des Vertragsverhältnisses zu einem Staat auf den gewöhnlichen Aufenthalt bzw., bei Gesellschaften, Vereinen oder juristischen Personen, auf deren Sitz abgestellt. Art. 28 Abs. 2 S. 1 EGBGB ist damit die einschlägige Kollisionsnorm beim Rechtsverkehr zwischen Privatleuten.[1133]

Der Anwendungsbereich dieser Vorschrift ist jedoch denkbar gering, da in der Regel ein gewerblicher Anbieter im Internet auftreten wird.[1134] Im Bereich des nichtkommerziellen Handelns werden sich in der Praxis insbesondere für Schiedsgerichte kaum Probleme ergeben. Organisierte Plattformen im Internet für Rechtsgeschäfte von Verbrauchern untereinander sind heute beispielsweise Auktionshäuser wie „ebay.com“. Der Fall, dass sich Privatleute bei einem solchen elektronisch abgeschlossenen Geschäft der Schiedsgerichtsbarkeit unterwerfen, wird auf absehbare Zeit im deutschen Rechtskreis eine seltene Ausnahme bleiben. Zudem werden vermutlich bereits die hohen Kosten einer eventuellen Vertragserfüllung mit Auslandsbezug abschrecken und das Internet insoweit im internationalen Bereich nicht als geeignetes Medium erscheinen lassen.[1135]

Dieser enge Anwendungsbereich entbindet jedoch nicht davon, Art. 28 Abs. 2 S. 1 EGBGB im Hinblick auf elektronisch geschlossene Verträge zu untersuchen. Hier gelten die gleichen Grundsätze wie bei der Auslegung im kaufmännischen Verkehr.[1136]

[1132] Staudinger/Magnus (2002), Art. 29 EGBGB, Rdnr. 114, m. w. N.

[1133] MünchKommBGB-Martiny, Art. 28 EGBGB, Rdnr. 40.

[1134] Wildemann: Vertragsschluss im Netz, S. 138.

[1135] Mankowski: Das Internet im Internationalen Vertrags- und Deliktsrecht, RabelsZ 65 (1999), S. 203 (226).

[1136] vgl. dazu die Ausführungen unter Teil B, § 1, Kap. 2.3.2.2.

Aufgrund der Parität der Vertragspartner ist eine unterschiedliche Behandlung der Privatleute untereinander nicht geboten. Wie die Vermutungsregeln des Art. 28 Abs. 2 EGBGB im elektronischen Geschäftsverkehr auszulegen sind, wurde bereits erörtert.[1137] Maßgeblich ist hier jedoch nicht der Sitz der Hauptniederlassung i. S. d. Art. 28 Abs. 2 S. 2 EGBGB, sondern vielmehr der gewöhnliche Aufenthaltsort der Vertragspartei, welche die für den Vertrag charakteristische Leistung erbringt. Auch die Ausführungen zu Art. 28 Abs. 5 EGBGB können an dieser Stelle entsprechend herangezogen werden.[1138] Die Tatsache, dass ein Vertrag über das Internet abgeschlossen wurde und möglicherweise auch über das Internet erfüllt wird, hat danach keine Auswirkung auf dessen kollisionsrechtliche Anknüpfung. Das gilt auch bei einem Vertrag unter Privatleuten.

2.4. Die Entscheidung nach Billigkeit gem. § 1051 Abs. 3 ZPO

Auch in Verbrauchersachen können die Parteien gem. § 1051 Abs. 3 ZPO das Schiedsgericht ermächtigen, den Rechtsstreit ausschließlich nach Billigkeitsgesichtspunkten (*ex aequo et bono*) zu entscheiden. In diesem Fall ist das Schiedsgericht bei seiner Entscheidung nicht an eine Rechtsordnung gebunden.[1139] Die Schiedsrichter können vielmehr nach freiem Ermessen über den Streitfall entscheiden.[1140]

Die Vorschrift unterscheidet nicht zwischen dem kaufmännischen und dem Verbraucherbereich, so dass zunächst von der Anwendbarkeit auch im Verbraucherbereich auszugehen ist. Im kaufmännischen Bereich unterliegt eine solche Ermächtigung keinen Bedenken. Fraglich ist jedoch, ob eine solche Billigkeitsentscheidung im Verbraucherbereich zulässig ist.

Der Gesetzgeber hat sich nicht dazu geäußert. In der Gesetzesbegründung findet sich insoweit keine Stellungnahme.[1141] Auch die Kommission zur Neuordnung des Schiedsver-

---

[1137] ebd.

[1138] vgl. dazu die Ausführungen unter Teil B, § 1, Kap. 2.3.2.2.3.

[1139] Thomas in Thomas/Putzo: Zivilprozessordnung, § 1051, Rdnr. 4.

[1140] Zöller/Geimer: ZPO, § 1051, Rdnr. 6.

[1141] Entwurf eines Gesetzes zur Neuregelung des Schiedsverfahrensrechts (Schiedsverfahrens-Neuregelungsgesetz – SchiedsVfG), BT-Drs. 13/5274, S. 53.

fahrensrechts hatte sich seinerzeit nicht mit dieser Frage beschäftigt.[1142] Dies ist insoweit erstaunlich, da der Gesetzgeber besonders darauf achten wollte, dass im Falle einer Rechtswahl die verbraucherschützenden Normen, insbesondere Art. 29 EGBGB, anwendbar sein sollten. Im Falle der Ermächtigung zur „amiable composition" hat man sich darüber keine Gedanken mehr gemacht. Auch in der Literatur findet keine Auseinandersetzung mit dieser Frage statt.

Richtigerweise muss man aber davon ausgehen, dass auch bei Verbraucherbeteiligung die Billigkeitsentscheidung nach § 1051 Abs. 3 ZPO uneingeschränkt zulässig ist. Ein Verbraucher wird bereits hinreichend durch die Formvorschrift des § 1031 Abs. 5 ZPO, dem Schriftlichkeitserfordernis für eine Unterwerfung unter die Schiedsgerichtsbarkeit, gewarnt. Zudem muss die Ermächtigung zur Billigkeitsentscheidung immer ausdrücklich erfolgen.[1143] Dabei erfordert die Ermächtigung selbst aber nicht die Beachtung der Form des § 1031 ZPO.[1144] Zwar sind Billigkeitsentscheidungen dem staatlichen Gerichtsverfahren fremd, in Schiedsverfahren spielen sie aber seit jeher eine größere Rolle.[1145] Die Anwendung kaufmännischen Gewohnheitsrechts im Rahmen der Billigkeitsentscheidung ist im Falle der Verbraucherbeteiligung ausgeschlossen.

[1142] Bericht der Kommission zur Neuordnung des Schiedsverfahrensrechts mit einem Diskussionsentwurf zur Neuregelung des 10. Buches der ZPO und Begründung zu den einzelnen Vorschriften, Februar 1994, S. 170.

[1143] Schwab/Walter: Schiedsgerichtsbarkeit, Kommentar, S. 220; MünchKommZPO-Münch, § 1051 ZPO, Rdnr. 20; Musielak/Voit: ZPO, § 1051 ZPO, Rdnr. 4.

[1144] Musielak/Voit: a.a.O., Rdnr. 4 ; MünchKommZPO-Münch, § 1051 ZPO, Rdnr. 21.

[1145] MünchKommZPO-Münch, a.a.O., Rdnr. 22.

2.5. § 1051 Abs. 4 ZPO

§ 1051 Abs. 4 ZPO gilt sowohl für den Verbraucherbereich als auch für den kaufmännischen Bereich. Eine Beschränkung auf den kaufmännischen Verkehr ist nach dem Wortlaut der Vorschrift nicht vorgesehen. Danach hat ein Schiedsgericht in allen Fällen, also gleichgültig, ob eine Rechtswahl getroffen wurde oder nicht, sowie im Rahmen einer Billigkeitsentscheidung den Streitfall in Übereinstimmung mit den Bestimmungen des Vertrages zu entscheiden und bestehende Handelsbräuche zu berücksichtigen. Dies gilt jedoch nur insoweit, als dem nicht zwingende Vorschriften des auf den Streitfall anwendbaren Rechts entgegenstehen.[1146] Die Vorschrift erlangt insbesondere Bedeutung, wenn die Parteien eine Entscheidung nach Billigkeit vereinbart oder nur einzelne Bestimmungen einer Rechtsordnung als anwendbar bezeichnet haben.[1147]

Eine Beschränkung dieser Vorschrift auf den kaufmännischen Verkehr ergibt sich jedoch zwangsläufig insoweit, als Handelsbräuche auf Verträge mit Verbraucherbeteiligung per se nicht anwendbar sein können. Insoweit hat ein Schiedsgericht im Rahmen eines Verbrauchervertrags nur die besonderen vertraglichen Vereinbarungen zu berücksichtigen, soweit sie denn getroffen wurden. Sind diese Vertragsbestimmungen in allgemeinen Geschäftsbedingungen enthalten, können diese ggf. anhand der §§ 305 ff. BGB zu messen sein. Zudem muss regelmäßig geprüft werden, ob den jeweiligen Vertragsbestimmungen nicht zwingende Bestimmungen i. S. d. Art. 34 EGBGB entgegenstehen.[1148] Die elektronische Form des Vertragsschlusses führt in diesem Zusammenhang nicht zu anderen Ergebnissen.

[1146] Thomas in Thomas/Putzo: Zivilprozessordnung, § 1051, Rdnr. 5; Zöller/Geimer: ZPO, § 1051, Rdnr. 10; Schütze: Schiedsgericht und Schiedsverfahren, S. 102; MünchKommZPO-Münch, § 1051 ZPO. Rdnr. 18; Musielak/Voit: ZPO, § 1051, Rdnr. 8; Entwurf eines Gesetzes zur Neuregelung des Schiedsverfahrensrechts (Schiedsverfahrens-Neuregelungsgesetz – SchiedsVfG), BT-Drs. 13/5274, S. 53; vgl. dazu bereits die Ausführungen in Teil B, § 1, Kap. 4.

[1147] Albers in Baumbach/Lauterbach/Albers/Hartmann: ZPO, § 1051 Rdnr. 5.

[1148] MünchKommZPO-Münch, § 1051 ZPO, Rdnr. 18; zu der Anwendung zwingender Eingriffsnormen in Schiedsverfahren siehe bereits die Ausführungen unter Teil B, § 1, Kap. 2.3.1.2.

3. Die Bedeutung des Herkunftslandprinzips der EcRL

Das in Art. 3 der Richtlinie der EG über den elektronischen Geschäftsverkehr vom 08.06.2000 statuierte Herkunftslandprinzip ist im Verbraucherbereich ohne Bedeutung.[1149] Zwar ist Art. 3 der Richtlinie grundsätzlich auf alle geschäftlichen Tätigkeiten anwendbar, die über das Internet erfolgen. Ausgenommen davon ist jedoch nach dem Anhang zu Art. 3 ECRL (6. Spiegelstrich) ausdrücklich der Verbraucherbereich.[1150] Zudem würde anderenfalls die objektive Anknüpfung nach Art. 5 EVÜ (Art. 29 EGBGB) wirkungslos werden. Insoweit setzt sich vielmehr das Recht am gewöhnlichen Aufenthaltsort des Verbrauchers durch, dessen zwingende Bestimmungen auch nicht durch eine zulässige Rechtswahl obsolet werden.[1151]

4. Ausblick: Die Reform des EVÜ

In nicht allzu ferner Zukunft könnte das EVÜ möglicherweise durch ein einheitliches europäisches Vertragsgesetzbuch abgelöst werden. Bereits 1989 und 1994 rief das Europäische Parlament erstmals dazu auf, mit den Vorbereitungsarbeiten zur Ausarbeitung eines solchen einheitlichen europäischen Zivilgesetzbuches zu beginnen.[1152] In den Folgejahren geschah auf politischer Ebene in dieser Hinsicht jedoch zunächst kaum etwas.[1153]

[1149] Richtlinie 2000/31/EG des Europäischen Parlaments und des Rates vom 08. Juni 2000 über bestimmte rechtliche Aspekte der Dienste der Informationsgesellschaft, insbesondere des elektronischen Geschäftsverkehrs im Binnenmarkt („Richtlinie über den elektronischen Geschäftsverkehr"), ABl. EG 2000 L 178/1.

[1150] Richtlinie 2000/31/EG des Europäischen Parlaments und des Rates vom 08. Juni 2000 über bestimmte rechtliche Aspekte der Dienste der Informationsgesellschaft, insbesondere des elektronischen Geschäftsverkehrs im Binnenmarkt („Richtlinie über den elektronischen Geschäftsverkehr"), ABl. EG 2000 L 178/1 (16).

[1151] Ahrens: Das Herkunftslandprinzip in der E-Commerce-Richtlinie, CR 2000, S. 835 (839).

[1152] Entschließung des Europäischen Parlaments vom 26.5.1989 zu den Bemühungen um eine Angleichung des Privatrechts der Mitgliedstaaten; ABl. EG 1989, Nr. C 158 v. 26.6.1989, S. 400 – 401; Entschließung des Europäischen Parlaments vom 6.5.1994 zur Angleichung bestimmter Bereiche des Privatrechts der Mitgliedstaaten, ABl. EG 1994, Nr. C 205 v. 25.07.1994, S. 518 – 519; zur historischen Entwicklung siehe auch bei Leible: Die Mitteilung der Kommission zum Europäischen Vertragsrecht – Startschuss für die Schaffung eines Europäischen Vertragsgesetzbuchs?, EWS 2001, S. 471 ff.

[1153] Staudenmayer: Die Mitteilung der Kommission zum Europäischen Vertragsrecht, EuZW 2001, S. 485.

Vielmehr wurde in den letzten beiden Jahrzehnten die Harmonisierung des Europäischen Rechts mehr mit dem Mittel der Richtlinie betrieben. Dies führte zu einer Art „Patch-Work-Einheitsrecht" oder dem sog. „Flickenteppich-Ansatz" in bestimmten Rechtsbereichen, insbesondere im Verbraucherbereich.[1154]

Mit dem Amsterdamer Vertrag von 1998 hat die Diskussion um eine Reform des EVÜ und eine Harmonisierung des europäischen Privatrechts neuen Auftrieb bekommen. In Art. 65 EGV, der am 01.05.1999 in Kraft getreten ist,[1155] wurde eine intensivere künftige justitielle Zusammenarbeit für Zivilsachen mit grenzüberschreitenden Bezügen beschlossen. Nach Art. 65 b EGV soll dies auch die Förderung der Vereinbarkeit der in den Mitgliedstaaten geltenden Kollisionsnormen und Vorschriften zur Vermeidung von Kompetenzkonflikten einschließen. Aufgrund dieser Bestimmung wurde im Rahmen des Aktionsplans von Kommission und Rat vom 3. Dezember 1998 erneut eine Reform des EVÜ in Angriff genommen.[1156]

In Punkt 39 der Beschlüsse des Rates von Tampere vom 15. und 16. Oktober 1999 wurde dementsprechend festgestellt, dass es einer allgemeinen Studie über die Frage bedürfe, ob zur Beseitigung von Hindernissen für das reibungslose Funktionieren zivilrechtlicher Verfahren die zivilrechtlichen Vorschriften angeglichen werden müssen.[1157] Mit einer Ent-

---

[1154] In diesem Sinn auch Staudenmayer: Die Richtlinien des Verbraucherprivatrechts – Bausteine für ein europäisches Privatrecht, in Schulte-Nölke/Schulze: Europäische Rechtsangleichung und nationale Privatrechte, S. 63 (77); Staudenmayer: Verbraucherrecht im Rahmen eines Europäischen Vertragsrechts – Zur Kommissionsmitteilung zum Europäischen Vertragsrecht, VuR 2001, S. 313; Schulte-Nölke: Ein Vertragsgesetzbuch für Europa? JZ 2001, S. 917 (919); Ein Bedürfnis nach übergreifenden Prinzipien im Gemeinschaftsrecht, mit deren Hilfe die bisherigen Einzelakte in ein stimmiges Gesamtsystem gebracht werden können, sieht auch Schulze/Schulte-Nölke: Europäisches Vertragsrecht und Gemeinschaftsrecht, in: Schulte-Nölke/Schulze (Hrsg.): Europäisches Vertragsrecht im Gemeinschaftsrecht, S. 11 (14).

[1155] Konsolidierte Fassung des Vertrages zur Gründung der Europäischen Gemeinschaft vom 10.11.1997, ABl. EG 1997 C 340, S. 173 – 308.

[1156] Aktionsplan des Rates und der Kommission zur bestmöglichen Umsetzung der Bestimmungen des Amsterdamer Vertrages über den Aufbau eines Raums der Freiheit, der Sicherheit und des Rechts vom 08.12.1998, Teil II, B II, Nr. 40c, ABl. EG 1999 C 19/1 – 15 (10); Zusammenfassung des Aktionsplans siehe IPRax 1999, S. 288 – 290; Martiny: Internationales Vertragsrecht im Schatten des Gemeinschaftsrechts, ZEuP 2001, S. 309 (332); kritisch zu Art. 65 EGV als Ermächtigungsgrundlage für eine Rechtsvereinheitlichung im Schuldvertragsrecht: Staudinger: Die Mitteilung der Kommission zum Europäischen Vertragsrecht, VuR 2001, S. 353 (357 ff.); Martiny: Internationales Vertragsrecht im Schatten des Gemeinschaftsrechts, ZEuP 2001, S. 309 (335); Leible: Kollisionsrechtlicher Verbraucherschutz im EVÜ und in EG-Richtlinien, in Schulte-Nölke/Schulze (Hrsg.), Europäische Rechtsangleichung und internationale Privatrechte, S. 353 (387 ff.); Leible: Die Mitteilung der Kommission zum Europäischen Vertragsrecht – Startschuss für die Schaffung eines Europäischen Vertragsgesetzbuchs?, EWS 2001, S. 471 ff.

[1157] Europäischer Rat in Tampere 1999, SI (1999) 800, Punkt 39; im Internet unter: http://web.archive.org/web/20011224042457/http://www.europa.eu.int/council/off/conclu/oct99/index.htm; dazu v. Bar, Christian: Die Mitteilung der Europäischen Kommission zum Europäischen Vertragsrecht, ZEuP 2001, S. 799.

schließung vom 16.03.2000 hat auch das Europäische Parlament die Europäische Kommission aufgefordert, eine Studie zu diesem Thema auszuarbeiten, da man eine verstärkte Harmonisierung im Bereich des Bürgerlichen Rechts im Binnenmarkt für unerlässlich hielt.[1158]

Die Kommission erarbeitete daher eine Mitteilung über das Europäische Vertragsrecht, deren Zweck es war, die Diskussion um das Europäische Vertragsgesetzbuch durch die Einholung von Beiträgen von Verbrauchern, der Wirtschaft, der Fachverbände, staatlicher Behörden und Institutionen, der Wissenschaft und aller sonstigen interessierten Kreise auszuweiten. Diese Mitteilung wurde am 11. Juli 2001 veröffentlicht.[1159] Zuvor hatten bereits führende Vertreter der Rechtswissenschaft zwei Entwürfe für ein Europäisches Vertragsgesetzbuch vorgelegt.[1160] Die letzte Überarbeitung der Lando-Principles of European Contract Law, die am 16.12.1999 in Utrecht vorgestellt wurde[1161], ist als weiterer wissenschaftlicher Beitrag auf dem Weg hin zu einem Europäischen Vertragsgesetzbuch gesehen worden.[1162] Die Mitteilung der Kommission sollte ein erster Schritt auf europäischer Ebene hin zu einem solchen Gesetzeswerk sein.[1163]

Nach Ansicht der Kommission dient ein einheitliches europäisches Zivilgesetzbuch der Vollendung des europäischen grenzenlosen Binnenmarktes.[1164] Erfasst werden sollen zu-

---

1158 Entschließung des Europäischen Parlaments zum Jahresgesetzgebungsprogramm der Kommission für 2000 vom 16. März 2000, ABl. EG 2000 Nr. C 377, S. 323 - 329 (326).

1159 Mitteilung der Kommission an den Rat und das Europäische Parlament zum Europäischen Vertragsrecht vom 11.07.2001 – KOM (2001) 398 endg., ABl. EG 2001 Nr. C 255, S. 1 - 12; abgedruckt in Beil. zu EuZW, H.16/2001 S. 5 (7).

1160 Academy of European Lawyers (Hrsg.), European Contract Law – Preliminary draft, Universita di Pavia, 2001 (Akademie Europäischer Privatrechtswissenschaftler, Europäisches Vertragsgesetzbuch – Vorentwurf, Übersetzung abgedruckt in ZEuP 2002, S. 139 – 172 (Teil I), ZEuP 2002, S. 365 – 394 (Teil II)); dazu Sonnenberger: Der Entwurf eines Europäischen Vertragsgesetzbuchs der Akademie Europäischer Privatrechtswissenschaftler – Ein Meilenstein, RIW 2001, S. 409 - 416.

1161 Lando/Beale (Ed.): Principles of European Contract Law, Part I and II, Prepared by The Commission on European Contract Law, The Hague, The Netherlands, 2000 (Text der Principles im Internet unter: http://web.archive.org/web/20030306074009/http://www.jus.uio.no/lm/eu.contract.principles.1998/index.html.

1162 Mitteilung der Kommission an den Rat und das Europäische Parlament zum Europäischen Vertragsrecht vom 11.07.2001 – KOM (2001) 398 endg., ABl EG 2001 Nr. C 255, S.1 - 12; abgedruckt in Beil. zu EuZW, H.16/2001 S. 5 (7); zustimmend Staudenmayer: Die Mitteilung zum Europäischen Vertragsrecht, EuZW 2001, S. 485; zu dem Entwurf eines Europäischen Vertragsgesetzbuchs der Akademie Europäischer Privatrechtswissenschaftler siehe bei Gandolfi: Der Vorentwurf eines Europäischen Vertragsgesetzbuchs, ZEuP 2002, S. 1 – 4.

1163 Wägenbaur: EU-Kommission erwägt die Ausarbeitung eines europäischen Vertragsrechts, ZRP 2001, S. 533.

1164 Mitteilung der Kommission an den Rat und das Europäische Parlament zum Europäischen Vertragsrecht vom 11.07.2001 – KOM (2001) 398 endg., ABl EG 2001 Nr. C 255, S.1 - 12; abgedruckt in Beil. zu EuZW, H.16/2001 S. 5 (6).

nächst nur bestimmte Bereiche des Vertragsrechts, zu denen u. a. das Kaufrecht und alle Arten von Dienstleistungsverträgen, einschließlich der Finanzdienstleistungsverträge, gehören. Grundlage dessen sollen dabei auch allgemeine Regelungen über Erfüllung, Nichterfüllung, Abschluss, Wirksamkeit und Auslegung von Verträgen sein. Generell beschränkt sich der Gegenstand der Mitteilung damit zunächst auf das allgemeine und besondere Schuldrecht.[1165] Die Kommission wollte mit der Mitteilung einerseits in Erfahrung bringen, ob der Umstand, dass unterschiedliche Vertragsrechtsordnungen in den Mitgliedsstaaten bestehen, die Funktionsfähigkeit des Binnenmarkts mittelbar oder unmittelbar beeinträchtigt.[1166] Es wird u. a. die Gefahr gesehen, dass insbesondere Verbraucher und kleine und mittlere Unternehmen (KMU) von grenzüberschreitenden Vertragsabschlüssen abgehalten werden könnten, da sie mit fremden Vertragsrechtssystemen nicht vertraut sind. Zudem könnten unterschiedliche nationale Regelungen möglicherweise auch die mit einem Geschäft verbundenen Kosten für Information und Rechtsberatung und -verfolgung in die Höhe treiben.[1167] Andererseits stellt die Kommission in dieser Mitteilung vier verschiedene Optionen für eine Lösung der Frage nach der Einführung eines Europäischen Gesetzbuches zur Diskussion:

Nach der ersten Option (Option I) soll keine Ausarbeitung von EG-Maßnahmen irgendwelcher Art erfolgen, sondern vielmehr auf die Selbstregulierungskräfte des Marktes gehofft werden. Es soll sich um eine Art „sanfte Harmonisierung" handeln, bei der unter dem Druck wirtschaftlicher Entwicklungen beispielsweise Wirtschaftsverbände grenzüberschreitend eigene freiwillige Musterverträge ausarbeiten könnten.[1168]

Eine zweite Möglichkeit (Option II), die diskutiert werden soll, ist die Förderung der Ausarbeitung gemeinsamer Grundsätze des Vertragsrechts auf europäischer Ebene, die zu einer Annäherung der nationalen Rechtsordnungen führen sollen. Mittels Förderung wissenschaftlicher Untersuchungen unter Beteiligung von Juristen aus der Praxis sollen die ge-

---

[1165] Staudenmayer: Die Mitteilung der Kommission zum Europäischen Vertragsrecht, EuZW 2001, S. 485 (486).

[1166] Mitteilung der Kommission an den Rat und das Europäische Parlament zum Europäischen Vertragsrecht vom 11.07.2001 – KOM (2001) 398 endg., ABl EG 2001 Nr. C 255, S. 1 - 12; abgedruckt in Beil. zu EuZW, H.16/2001 S. 5 (8).

[1167] Mitteilung der Kommission an den Rat und das Europäische Parlament zum Europäischen Vertragsrecht vom 11.07.2001 – KOM (2001) 398 endg., ABl EG 2001 Nr. C 255, S. 1 - 12; a.a.O., S. 5 (9).

[1168] Mitteilung der Kommission an den Rat und das Europäische Parlament zum Europäischen Vertragsrecht vom 11.07.2001 – KOM (2001) 398 endg., ABl. EG 2001 Nr. C 255, S. 1 - 12; a.a.O., S. 5 (11); Wägenbaur: EU-Kommission erwägt die Ausarbeitung eines europäischen Vertragsrechts, S. 533 (534).

meinsame Grundsätze des nationalen Vertragsrechts herausgearbeitet werden. Ergebnis dieser Untersuchungen soll dann eine Zusammenfassung dieser gemeinsamen vertragsrechtlichen Grundsätze in Leitlinien, Verhaltenkodizes bis hin zur Entstehung von Gewohnheitsrecht sein.[1169]

Eine drittes, etwas weitergehendes Modell (Option III) soll zur Verbesserung der Qualität bereits geltender Rechtsvorschriften führen. Dabei soll insbesondere auf Transparenz und Klarheit der bestehenden Vorschriften geachtet werden und deren Aufbau und Terminologie kohärenter gestaltet werden. In geeigneten Fällen sollen Richtlinien vereinfacht und vor dem Erlass neuer Bestimmungen Rechtsvorschriften inhaltlich angepasst werden.[1170]

Vierte und der Idee eines Europäischen Gesetzbuches am nächsten kommende Möglichkeit (Option IV) ist der Vorschlag des Erlasses neuer, umfassender Rechtsvorschriften auf EG-Ebene.[1171] Dieser umfassende Vertragstext soll dann sowohl für allgemeine vertragsrechtliche Fragen als auch für spezifische Verträge abschließende Regelungen enthalten. Als rechtliches Instrumentarium stellt die Kommission dabei sowohl die Richtlinie als auch das Mittel der Verordnung und der Empfehlung zur Diskussion.[1172]

Bis zum 15.10.2001 konnten zu diesen Vorschlägen der Kommission Stellungnahmen abgegeben werden, die im Internet veröffentlicht wurden.[1173] Im April 2002 hat die Kommission eine erste Zusammenfassung der Stellungnahmen zu dieser Mitteilung über das

---

[1169] Mitteilung der Kommission an den Rat und das Europäische Parlament zum Europäischen Vertragsrecht vom 11.07.2001 – KOM (2001) 398 endg., ABl. EG 2001 Nr. C 255, S.1 - 12; abgedruckt in Beil. zu EuZW, H.16/2001 S. 5 (11).

[1170] Mitteilung der Kommission an den Rat und das Europäische Parlament zum Europäischen Vertragsrecht vom 11.07.2001 – KOM (2001) 398 endg., ABl. EG 2001 Nr. C 255, S.1 - 12; a.a.O., S. 5 (12).

[1171] ebd.; im Einzelnen zu diesen Optionen siehe dort; sowie bei Wägenbaur: EU-Kommission erwägt die Ausarbeitung eines europäischen Vertragsrechts, ZRP 2001, S. 533 (534); v. Bar: Die Mitteilung der Europäischen Kommission zum Europäischen Vertragsrecht, ZEuP 2001, S. 799 (803 f.); Staudenmayer: Die Mitteilung der Kommission zum Europäischen Vertragsrecht, EuZW 2001, S. 485 (488 f.); Staudinger: Die Mitteilung der Kommission zum Europäischen Vertragsrecht, VuR 2001, S. 353 (354 ff.); Grundmann: Internationales Privatrecht als Verfassungsordnung, RIW 2002, S. 329 (332 ff.); Grundmann: Harmonisierung, Europäischer Kodex, Europäisches System der Vertragsrechte – die Perspektiven der Kommissionsmitteilung zum Europäischen Vertragsrecht, NJW 2002, S. 393 (394 ff.); Leible: Die Mitteilung der Kommission zum Europäischen Vertragsrecht – Startschuss für die Schaffung eines Europäischen Vertragsgesetzbuchs?, EWS 2001, S. 471 (475 ff.); Schulte-Nölke: Ein Vertragsgesetzbuch für Europa? JZ 2001, S. 917 (919).

[1172] Mitteilung der Kommission an den Rat und das Europäische Parlament zum Europäischen Vertragsrecht vom 11.07.2001 – KOM (2001) 398 endg., ABl. EG 2001 Nr. C 255, S.1 - 12; a.a.O., S. 5 (12 f.).

[1173] http://web.archive.org/web/20021017093847/http://europa.eu.int/comm/off/green/index_de.htm; Mitteilung der Kommission an den Rat und das Europäische Parlament zum Europäischen Vertragsrecht vom 11.07.2001 – KOM (2001) 398 endg., ABl. EG 2001 Nr. C 255, S.1 - 12; a.a.O., S. 5 (13).

Europäische Vertragsrecht im Internet veröffentlicht.[1174] Darin werden die Stellungnahmen der Gemeinschaftsorgane, des Rates und des Parlaments, sowie die Antworten der nationalen Regierungen, die Antworten aus Wirtschaftskreisen und der Verbände sowie von Rechtspraktikern und Rechtslehrern wiedergegeben. Das Ergebnis dieser Stellungnahmen ist noch nicht abschließend bewertet. In einer ersten Auswertung wird davon gesprochen, dass die Mehrheit der beteiligten Kreise sich für die Optionen II) und III) ausgesprochen hat, wohingegen Option I nur eine kleine Minderheit für die richtige Lösung des Problems hielt. Zumindest im jetzigen Stadium sprach sich die Mehrzahl auch gegen Option IV, also den Erlass neuer Rechtsvorschriften auf EG-Ebene, aus. Dies könne allenfalls eine langfristige Perspektive sein.[1175] In der Zusammenfassung der Kommission selbst wird für das Ende des Jahres 2002 eine Stellungnahme und Empfehlung, ggf. in Form eines Grün- oder Weißbuchs, angekündigt.[1176]

Bereits am 15.11.2001 hatte das Europäische Parlament eine ähnliche Resolution angenommen. Danach sollte unverzüglich ein europäisches wissenschaftliches Institut zur Erarbeitung der erforderlichen Konzepte errichtet werden. Dieses Institut soll im Anschluss an die erforderlichen rechtsvergleichenden Untersuchungen spätestens ab dem Jahr 2006 Entwürfe für das Recht der vertraglichen Schuldverhältnisse erarbeiten. Im Jahr 2010 möchte man die Ausarbeitung und Verabschiedung eines europäischen Corpus von Rechtsvorschriften für das Vertragsrecht erreichen.[1177]

Eine inhaltliche Auseinandersetzung mit der Frage nach einem Europäischen Gesetzbuch oder einer Bewertung etwa der einzelnen Stellungnahmen zur Mitteilung der Europäischen Kommission kann im Rahmen dieser Arbeit nicht erfolgen. Entgegen des Votums der Mehrheit der befragten Kreise, die Option IV derzeit überwiegend ablehnend gegenüber steht, scheint insbesondere die Rechtswissenschaft auf lange Sicht dazu zu neigen, das

---

[1174] http://web.archive.org/web/20031107085244/http://europa.eu.int/comm/consumers/policy/developments/contract_law/comments/summaries/sum_de.pdf.

[1175] Staudenmayer: Wie soll es mit dem Europäischen Vertragsrecht weitergehen?, EuZW 2002, S. 481.

[1176] Stellungnahmen zur Mitteilung über das Europäische Vertragsrecht, http://web.archive.org/web/20031107085244/http://europa.eu.int/comm/consumers/policy/developments/contract_law/comments/summaries/sum_de.pdf, S. 1- 36 (25).

[1177] Entschließung des Europäischen Parlaments zur Annäherung des Zivil- und Handelsrechts der Mitgliedstaaten, Protokoll vom 15.11.2001, KOM (2001) 398 – C5-0471/2001-2001/2187 (COS), Nr. 14 ff.; dazu auch Sonnenberger: Privatrecht und Internationales Privatrecht im künftigen Europa: Fragen und Perspektiven, RIW 2002, S. 489.

innerstaatliche Recht durch ein einheitliches, europäisches Vertragsrecht zu ersetzen.[1178] Dabei wird insbesondere eine unmittelbar verbindliche Rechtsvorschrift, z. B. in Form einer Verordnung, im Gegensatz zu einer Richtlinie oder einer bloßen Empfehlung bevorzugt.[1179]

Um den „Binnenmarkt" im eigentlichen Sinne des Wortes in Europa zu verwirklichen, wird man auf Dauer nicht auf ein einheitliches Vertragsrechtssystem verzichten können.[1180] Insbesondere die in Option I) vorgeschlagene „Taktik des Nichtstuns" ist abzulehnen. Dass die vielbeschworenen „Selbstheilungskräfte" des Marktes in dieser Hinsicht etwas bewegen könnten, scheint insbesondere im Hinblick auf die Entwicklungen von 1989 bis heute äußerst zweifelhaft. Jedes Unternehmen, jeder Jurist wird im Falle des grenzüberschreitenden Rechtsverkehrs auf das bereits gesetzte Recht in Form des EVÜ zurückgreifen. Beratung alleine wird das Problem dauerhaft nicht lösen. Optionen II und III sollten die Wegbegleiter hin zu einem Europäischen Vertragsgesetzbuch sein.[1181] Einer Untersuchung bereits bestehender Gemeinsamkeiten der nationalen Rechtsysteme in vertragsrechtlicher Hinsicht bedarf es für die Erarbeitung eines Europäischen Gesetzbuchs ohnehin. Der Erlass eines solchen Gesetzbuches wird ein großer Kraftakt aller beteiligten Staaten sein. Nur ein breiter Konsens unter den Mitgliedstaaten wird einen entsprechenden gemeinsamen Willen formulieren können. Die einfachste Möglichkeit, einen solch breiten Konsens zu erreichen, ist dabei bereits bestehende gemeinsame Grundsätze in das neue Gesetzeswerk aufzunehmen. Gleichzeitig kann die Verbesserung der Qualität bereits geltender Rechtsvorschriften weiter vorangebracht werden. Da man bei der Einführung eines neuen Europäischen Vertragsgesetzbuchs von Zeiträumen bis zu einem Jahrzehnt spricht, sind solche Verbesserungen in der Zwischenzeit auch ratsam. Am Ende des Prozesses muss jedoch ein gemeinsames Gesetzbuch stehen, das in Form einer Verordnung erge-

---

[1178] Stellungnahmen zur Mitteilung über das Europäisches Vertragsrecht, http://web.archive.org/web/20031107085244/http://europa.eu.int/comm/consumers/policy/developments/contract_law/comments/summaries/sum_de.pdf, S. 1 - 36 (21 f); Staudinger: Die Mitteilung der Kommission zum Europäischen Vertragsrecht, VuR 2001, S. 353 (359); v. Bar: Die Mitteilung der Europäischen Kommission zum Europäischen Vertragsrecht, ZEuP 2001, S. 799 (804).

[1179] Stellungnahmen zur Mitteilung über das Europäische Vertragsrecht, http://web.archive.org/web/20031107085244/http://europa.eu.int/comm/consumers/policy/developments/contract_law/comments/summaries/sum_de.pdf, S. 1- 36 (22).

[1180] In diesem Sinne wohl auch Leible: Die Mitteilung der Kommission zum Europäischen Vertragsrecht – Startschuss für die Schaffung eines Europäischen Vertragsgesetzbuchs?, EWS 2001, S. 471 ff.

[1181] so auch Schulze/Schulte-Nölke: Europäisches Vertragsrecht im Gemeinschaftsrecht, in Schulte-Nölke/Schulze: Europäisches Vertragsrecht im Gemeinschaftsrecht, S. 11 (17), der die Möglichkeit eines stufenweisen Vorgehens in Betracht zieht.

hen muss.[1182] Nur so kann allen Beteiligten, seien es Unternehmer oder Verbraucher, ein Höchstmaß an Rechtssicherheit gewährt werden. Dass dabei auch der Schiedsgerichtsbarkeit ein Platz eingeräumt sein wird, ist bereits heute absehbar. So ist etwa in dem Vorentwurf zu einem Europäischen Vertragsgesetzbuch der Pavia-Gruppe in Art. 173 IV vorgesehen, dass eine bestehende Schiedsvereinbarung auch nicht durch ein etwaiges neues Europäisches Gesetzbuch berührt wird.[1183]

Sicherlich ist der vom Europäischen Parlament abgesteckte Zeitplan straff. Nichtsdestotrotz ist dies, insbesondere im Hinblick auf die verschenkten letzten Jahre, für eine entsprechende Entwicklung der richtige Weg. Eine immer weitere Einstreuung europäischer Richtlinienvorgaben in nationale Rechtssysteme führt auf Dauer zu systemfeindlichen Entwicklungen in den nationalen Gesetzeswerken selbst.

[1182] Schulte-Nölke: Ein Vertragsgesetzbuch für Europa? JZ 2001, S. 917 (920.); ebenso Schulze/Schulte-Nölke: Europäisches Vertragsrecht im Gemeinschaftsrecht, in Schulte-Nölke/Schulze: Europäisches Vertragsrecht im Gemeinschaftsrecht, S. 11 (17 f., 19), der diese Lösung als Option Nr. 3a) bezeichnet.

[1183] Academy of European Lawyers (Hrsg.), European Contract Law – Preliminary draft, Universita di Pavia, 2001 (Akademie Europäischer Privatrechtswissenschaftler, Europäisches Vertragsgesetzbuch – Vorentwurf, Übersetzung abgedruckt in ZEuP 2002, S. 139 – 172 (Teil I), ZEuP 2002, S. 365 – 394 (Teil II)).

Schlusswort

Die Ergebnisse dieser Untersuchung lassen sich in den folgenden Thesen zusammenfassen:

1. Schiedsverträge sind ihrer Rechtsnatur nach als reine Prozessverträge zu qualifizieren, für deren Zustandekommen und Wirksamkeit die Grundsätze des materiellen bürgerlichen Rechts maßgeblich sind.

2. Das deutsche Schiedsverfahrensrecht ist einheitlich in nationalen und internationalen Schiedsverfahren, einschließlich der internationalen Handelsschiedsverfahren, anwendbar (Grundsatz universeller Anwendung). Im Hinblick auf den örtlichen Anwendungsbereich des deutschen Schiedsrechts gilt das strikte Territorialitätsprinzip. Dies wird lediglich durch § 1042 Abs. 3 ZPO insoweit relativiert, als die Parteien, vorbehaltich der zwingenden Bestimmungen der ZPO, das Verfahren selbst oder durch Bezugnahme auf schiedsrichterliche Verfahrensordnungen regeln können.

3. Das deutsche Schiedsrecht ermöglicht mit § 1031 ZPO grundsätzlich den Abschluss einer Schiedsvereinbarung in elektronischer Form. Während im Verbraucherbereich noch die Wahrung der Form des § 126a BGB verlangt wird, genügt im kaufmännischen Verkehr die Textform nach § 126b BGB zum Abschluss einer wirksamen Schiedsvereinbarung.

4. Nach deutschem Recht kann eine Schiedsvereinbarung wirksamer Bestandteil eines elektronischen kaufmännischen Bestätigungsschreibens sein. Gleichgültig ist dabei, ob die elektronische Form (§ 126a BGB) oder bloße Textform (§ 126b BGB) gewählt wurde. Es bedarf jedoch immer der Einzelfallprüfung, ob in der jeweiligen Branche ein entsprechender Handelsbrauch, kaufmännische Bestätigungsschreiben auch in elektronischer Form zu übersenden, besteht.

5.1. § 1031 Abs. 3 ZPO ermöglicht es auch mittels elektronischer AGB eine Schiedsklausel Vertragsbestandteil werden zu lassen. Im kaufmännischen Verkehr genügt es, wenn der Verwender dem Empfänger die Übersendung der AGB, ggf. in Textform (§ 126b BGB) per Email, anbietet und eine Speicherungs- und Reproduktionsmöglichkeit besteht. Fehlt indes völlig ein Hinweis auf die die Schiedsklausel enthaltenden AGB, wird zumindest die Schiedsvereinbarung selbst nicht Vertragsbestandteil.

5.2. Im kaufmännischen Verkehr wird eine Schiedsklausel in der Regel nicht überraschend i. S. d. § 305c Abs. 1 BGB sein. Sie verstößt auch nicht per se gegen § 307 BGB. Ggf. kann eine Schiedsvereinbarung, etwa aufgrund einzelner Schiedsverfahrensvereinbarungen, den Empfänger gem. § 307 BGB unangemessen benachteiligen und damit unwirksam sein.

6. Ein elektronisch übermitteltes kaufmännisches Bestätigungsschreiben kann auch allgemeine Geschäftsbedingungen enthalten, bzw. auf solche wirksam verweisen. Darin kann auch eine Schiedsvereinbarung getroffen werden. Fehlt jeglicher Hinweis auf die AGB, wird zumindest die Schiedsklausel nicht Bestandteil des Vertrages.

7. Im Verbraucherbereich können Schiedsvereinbarungen gem. § 1031 Abs. 5 ZPO wirksam in elektronischer Form i. S. d. § 126a BGB getroffen werden. Bloße Textform (§ 126b BGB) genügt nicht.

7.1. Schiedsvereinbarungen können auch im Verbraucherbereich in elektronischen AGB enthalten sein, vorausgesetzt, dass das jeweilige elektronische Dokument keine andere Vereinbarungen als die das schiedsrichterliche Verfahren betreffend enthält und dass es jeweils von allen Beteiligten gem. § 126a BGB digital signiert wurde. Sie können jedoch im Einzelfall als überraschend anzusehen sein.

7.2. Eine elektronische Schiedsvereinbarung in einem Verbrauchervertrag, deren Verfahrensvereinbarungen sich an den Anforderungen der ZPO orientiert, wird regelmäßig nicht gegen § 307 BGB verstoßen.

8.1. Auch nach Art. II UNÜ ist eine elektronische Schiedsvereinbarung wirksam. Ob lediglich eine interpretative Erklärung seitens der UNCITRAL erfolgen wird oder ob ein ergänzendes Protokoll zum UNÜ erstellt wird, bleibt abzuwarten.

8.2. Ein elektronisches kaufmännisches Bestätigungsschreiben, das eine Schiedsklausel enthält, ist nach Art. II Abs. 2 UNÜ unwirksam.

8.3. Art. II Abs. 2 UNÜ gestattet im kaufmännischen Verkehr die Einbeziehung einer Schiedsklausel im Rahmen von allgemeinen Geschäftsbedingungen. Dabei bedarf es grundsätzlich der doppelten Schriftform, d. h. sowohl die allgemeinen Geschäftsbedingungen als auch die Bezugnahme auf die AGB im Vertrag müssen schriftlich abgefasst sein. Es genügt, wenn die AGB mit der Vertragsurkunde als Anlage verbunden sind. Allenfalls bei laufenden Geschäftsbeziehungen oder aufgrund von Branchenüblichkeit kann das Erfordernis des Mitversendens entfallen.

8.4. Im Falle der Verbraucherbeteiligung bedarf es nach Art. II Abs. 2 UNÜ immer eines gesonderten Hinweises auf die in den AGB enthaltenene Schiedsklausel in der Vertragsurkunde oder in den von den Vertragsparteien gewechselten Schreiben.

8.5. Art. II Abs. 2 UNÜ ermöglicht auch die Einbeziehung einer Schiedsklausel, die in elektronischen AGB enthalten ist, in einen Vertrag. Diese AGB können entweder in einer mittels digitaler Signatur versehenen Vertragsurkunde enthalten sein, zulässig ist auch ein Austausch entsprechender Emails. Im Verbraucherbereich muss die Schiedsklausel in der elektronischen, digital signierten Vertragsurkunde enthalten sein. Ist sie lediglich in abrufbaren AGB enthalten, muss explizit im Hauptvertrag auf die Schiedsklausel Bezug genommen werden.

9.1. Der elektronische Abschluss einer Schiedsvereinbarung genügt auch den Anforderungen nach Art. I Abs. 2 a) EuÜ.

9.2. Nach dem EuÜ können Schiedsvereinbarungen, sowohl im kaufmännischen Verkehr als auch im Verbraucherbereich wirksam über allgemeine Geschäftsbedingungen in einen Vertrag einbezogen werden. Dies kann auch in elektronischer Form geschehen. Im Verbraucherbereich ist immer ein ausdrücklicher Hinweis in der Vertragsurkunde auf die in den AGB enthaltene Schiedsklausel erforderlich.

9.3. Der Abschluss einer Schiedsvereinbarung durch ein kaufmännisches Bestätigungsschreiben ist nach dem EuÜ ausgeschlossen.

10.1. Außerhalb des Anwendungsbereichs internationaler Staatsverträge können die Parteien grundsätzlich das auf die Schiedsvereinbarung anwendbare Recht frei wählen. Dies folgt im deutschen Rechtskreis aus der Inkorporierung des UNÜ in § 1061 Abs. 1 S. 1 ZPO, da Art. 5 Abs. 1 UNÜ den Parteien die freie Wahl des auf die Schiedsvereinbarung anwendbaren Rechts gestattet.

10.2. Hinsichlich der Formanforderungen an eine Schiedsklausel außerhalb des Anwendungsbereichs internationaler Staatsverträge ist die Rechtswahlfreiheit der Parteien bei deutschem Schiedsort eingeschränkt. Die Wirksamkeit der Schiedsklausel ist kumulativ an den Vorgaben des § 1031 ZPO und denjenigen des nach der Parteivereinbarung auf die Schiedsklausel anwendbaren Rechts zu messen. Grundsätzlich ist damit auch der Abschluss der Schiedsvereinbarung in elektronischer Form möglich. Etwas anderes kann sich allenfalls aus der kumulativ heranzuziehenden, von den Parteien für anwendbar erklärten, Rechtsordnung ergeben.

10.3. Haben die Parteien außerhalb des Anwendungsbereichs internationaler Staatsverträge eine Rechtswahl nicht getroffen, ist aufgrund des Territorialitätsprinzips zwingend das deutsche Schiedsrecht und damit § 1031 ZPO anzuwenden. Bei ausländischem Schiedsort kommt eine Vollstreckung nach deutschem Recht nur in Betracht, wenn die zugrundeliegende Schiedsvereinbarung den Anforderungen des Art. II UNÜ genügt.

11.1 Ist der Anwendungsbereich des CISG eröffnet, ist das Übereinkommen grundsätzlich auch in Schiedsverfahren anzuwenden. Ein Ausschluss der Anwendbarkeit kann bis zum Ende der letzten mündlichen Verhandlung, ggf. auch stillschweigend, vorgenommen werden. Da es nach Art. 11 CISG auf die Form des Vertragsschlusses nicht ankommt, genügt für die Anwendbarkeit des CISG auch der elektronische Vertragsschluss.

11.2. Hat eine der am Verfahren beteiligten Parteien ihren Sitz in einem Staat, der den Vertragstaatenvorbehalt nach Art. 12, 96 CISG eingelegt hat, muss entsprechend den anwendbaren nationalen Rechtsvorschriften, die nach den Regeln des internationalen Privatrechts ermittelt worden sind, geprüft werden, ob der elektronische Vertragsschluss zulässig ist. Im Anwendungsbereich des CISG ist der elektronische Vertragssschluss grundsätzlich nach Art. 11 CISG zulässig.

12.1. Nach Art. VII Abs. 1 EuÜ können die Parteien das auf den Rechtsstreit anwendbare Recht frei wählen. Sie können Normen aus verschiedenen Rechtsordnungen kombinieren oder nur das Kollisionsrecht bestimmen. Es ist auch zulässig, nichtstaatliche Normensysteme für anwendbar zu erklären. In Fragen der Rechts- und Geschäftsfähigkeit sowie der gesetzlichen Vertretung muss jedoch die Sonderanknüpfung des internationalen Privatrechts berücksichtigt werden.

12.2. Anwendbar ist das EuÜ bei allen Rechtsstreitigkeiten, die im Zusammenhang mit einem internationalen Handelsgeschäft entstanden sind. Dazu gehören nicht nur solche über Vetragspflichten, erfasst werden auch gesetzliche Ansprüche aus unerlaubter Handlung, c.i.c. oder aus ungerechtfertigter Bereicherung, sofern diese Ansprüche in hinreichend engem Kontakt mit dem abgeschlossenen Handelsgeschäft stehen.

12.3. Haben die Parteien einer elektronisch geschlossenen Schiedsvereinbarung, die unter den Anwendungsbereich des EuÜ fällt, keine Rechtswahl getroffen, hat das Schiedsgericht zunächst das geeignete Kollisionsrecht zu bestimmen und daraus in einem zweiten Schritt das in der Sache anwendbare nationale Recht zu ermitteln.

12.4. Ein Schiedsgericht hat im Anwendungsbereich des EuÜ bei seiner Entscheidung bestehende Handelsbräuche und die Vertragsbestimmungen zu berücksichtigen. Art. VII Abs. 1 S. 3 EuÜ bezieht sich dabei nur auf die materielle Rechtsanwendung und nicht auf das anwendbare Kollisionsrecht. Dabei sind bestehende Handelsbräuche sowohl im Falle der Rechtswahl als auch im Falle des Fehlens einer Rechtswahl nur subsidiär heranzuziehen.

12.5. Die Entscheidung nach Billigkeit gem. Art. VII Abs. 2 EuÜ kann immer dann wirksam vereinbart werden, wenn das dem Schiedsverfahren zugrundeliegende nationale Recht dies gestattet. Die Zulässigkeit nach einer etwaigen, von den Parteien gewählten Schiedsordnung ist dabei ohne Bedeutung.

13. Der deutsche Gesetzgeber fühlte sich zu Recht bei der Reform des deutschen Schiedsverfahrensrechts an die Vorgaben des EVÜ gebunden. Der in Art. 1 Abs. 2 d) EVÜ enthaltene Ausschluss von Schiedsvereinbarungen aus dem EVÜ bezieht sich nur auf das Statut der Schiedsvereinbarung und deren prozessualen Wirkungen. Die Ermittlung des anwendbaren Rechts wird von diesem Ausschluss nicht erfasst.

14. Art. 27 EGBGB und § 1051 ZPO stehen gleichrangig als national geltendes Bundesrecht nebeneinander. Dabei ist die Regelung des § 1051 ZPO lex specialis für das Schiedsverfahrensrecht und autonom auszulegen. Die autonome Auslegung folgt daraus, dass der deutsche Gesetzgeber sich in Art. 1 Abs. 2 des Zustimmungsgesetzes zum EVÜ vom 25.7.1986 gegen eine unmittelbare Anwendung des Übereinkommens ausgesprochen hat.

15.1. Nach § 1051 Abs. 1 ZPO können die Parteien eines Vertrages mit Schiedsabrede sowohl jedes nationale Recht wählen, verschiedene Rechtsordnungen kombinieren, eine Billigkeitsentscheidung vereinbaren als auch nichtstaatliches Recht als Vertragsstatut vereinbaren. Dabei ist es unerheblich, ob der Vertrag in elektronischer oder schriftlicher Form geschlossen wurde.

15.2. Eingriffsnormen des Vertragsstatuts und der lex fori sind nach deutschem Schiedsrecht grundsätzlich auch von Schiedsgerichten zu beachten.

15.3. Hinsichtlich der Anwendung von Eingriffsnormen beteiligter Drittstaaten ist ein Schiedsrichter nach deutschem Recht im Gegensatz zum staatlichen Richter frei. Im Hinblick auf die Entwicklung der Schiedsgerichtsbarkeit hin zu einer echten Rechtsprechung und der Herausbildung eines „Fallrechts" internationaler Schiedsgerichte, sollten sich auch die Schiedsrichter um zwischenstaatliche Rücksichtnahme und Entscheidungsharmonie bemühen und regelmäßig auch drittstaatliche Eingriffsnormen berücksichtigen. Aufgrund einer möglichen Kontrolle des Schiedsspruches durch staatliche Gerichte empfiehlt es sich ohnehin mögliche Eingriffsnormen aller in irgendeiner Art am Verfahren beteiligter Staaten zu berücksichtigen. Dies gilt auch im Falle des elektronischen Vertragsschlusses.

15.4. Im Falle von Normenkollisionen hat ein Schiedsgericht nach der Lehre von der Sonderanknüpfungskollisionsnorm im Wege einer stufenweisen Prüfung die Interessen der beteiligten Parteien und der Interessen der mit dem Sachverhalt eng verbundenen ausländischen Staaten zu berücksichtigen. Stehen sich einander widersprechende Eingriffsnormen gegenüber, ist derjenigen Vorrang einzuräumen, die in Anlehnung an den Wortlaut von Art. 28 EGBGB die engste Verbindung zum Rechtsstreit aufweist. Dies wird regelmäßig die Eingriffsnorm des Vollstreckungsstaates sein.

16. § 1051 Abs. 1 ZPO gestattet es den Parteien nicht, die Grundsätze der lex mercatoria als auf den Rechtsstreit anwendbare Rechtsordnung zu erklären. Die Wahl der lex mercatoria als in der Sache anwendbares Recht stellt vielmehr die Ermächtigung zur Entscheidung nach Billigkeit i. S. d. § 1051 Abs. 3 ZPO dar.

17.1. Haben die Parteien eine Rechtswahl nicht getroffen, hat ein deutsches Schiedsgericht das anwendbare Sachrecht nach § 1051 Abs. 2 ZPO zu ermitteln. § 1051 Abs. 2 ZPO verweist dabei nicht auf nationales Kollisionsrecht, sondern ausschließlich auf das Sachrecht eines Staates.

17.2. Zur Auslegung des Begriffs der engsten Verbindungen i. S. d. § 1051 Abs. 2 ZPO kann das Schiedsgericht auf die Vermutungsregeln des Art. 28 Abs. 2 – 4 EGBGB zurückgreifen, es ist jedoch nicht dazu verpflichtet.

18.1. Auch bei elektronisch geschlossenen Verträgen führt die Auslegung von Art. 28 Abs. 2 S. 2 EGBGB zur Hauptniederlassung bzw. zur vertragsabwickelnden Niederlassung desjenigen, der Waren oder Dienstleistungen anbietet. Es kommt auch hier immer auf die Niederlassung desjenigen an, der die für den Vertrag charakteristische Leistung erbringt.

18.2. Der Standort des Servers, über den der Anbieter seine Geschäfte abwickelt, ist für die Auslegung von Art. 28 Abs. 2 S. 2 EGBGB ohne Bedeutung.

18.3. Die Erbringung der vertraglich geschuldeten Leistung über das Internet ist für die kollisionsrechtliche Anknüpfung nach Art. 28 Abs. 2 S. 2 EGBGB unerheblich.

19. Weder der elektronische Vertragsschluss noch die Leistungserbringung über das Internet führt zur gesonderten kollisionsrechtlichen Anknüpfung über Art. 28 Abs. 5 EGBGB.

20. Das Herkunftslandprinzip der ECRL trifft keine neuen Regelungen im Bereich des internationalen Schuldvertragsrechts. Es hat damit auch keine Bedeutung bei der Ermittlung des anwendbaren Rechts im Falle des Fehlens der Rechtswahl im „B2B-Bereich“. Dies gilt sowohl im Rahmen von Art. 28 Abs. 2 EGBGB als auch für § 1051 Abs. 2 ZPO.

21. § 1051 Abs. 2 ZPO gestattet es dem Schiedsgericht bei fehlender Rechtswahl der Parteien nicht, nichtstaatliche Grundsätze oder die Grundsätze der lex mercatoria als auf den Rechtsstreit anwendbare Rechtsordnung anzuwenden. Es ist vielmehr verpflichtet, das staatliche Recht zu ermitteln, das die engste Verbindung zum Rechtsstreit hat.

22. Nach § 1051 Abs. 3 ZPO können die Parteien das Schiedsgericht ermächtigen, den Rechtsstreit ausschließlich nach Billigkeitsgesichtspunkten zu entscheiden. Diese Ermächtigung kann formlos, bis zur Entscheidung des Schiedsgerichts, erteilt werden. Die Vereinbarung der Parteien den Rechtsstreit nach den Grundsätzen der lex mercatoria zu entscheiden, ist als Ermächtigung zur Entscheidung nach Billigkeit zu werten. Legt das Schiedsgericht im Einzelfall andere Erwägungsgründe der Entscheidung zugrunde, führt dies nur dann zur Aufhebbarkeit des Schiedsspruchs, wenn die Entscheidung einen Verstoß gegen den ordre public darstellt.

23. Handelsbräuche und Vertragsbestimmungen haben nach § 1051 Abs. 4 ZPO niemals Vorrang vor der anzuwendenden Rechtsordnung. Eine größere Bedeutung haben sie im Rahmen einer schiedsrichterlichen Billigkeitsentscheidung nach § 1051 Abs. 3 ZPO.

24. Das EuÜ ist auch zur Ermittlung des anwendbaren Rechts bei Verbraucherrechtsstreitigkeiten anzuwenden. Die Anwendung nichtstaatlichen Rechts ist im Verbrauchervertrag nur begrenzt zulässig. Im Falle des Fehlens einer Rechtswahl durch die Parteien kommt die Anwendung nichtstaatlichen Rechts nicht in Betracht. Die Anwendung von Handelsbräuchen ist regelmäßig ausgeschlossen. Das Schiedsgericht kann jedoch nach Art. VII Abs. 2 EuÜ wirksam zur Entscheidung nach Billigkeit ermächtigt werden.

25. § 1051 Abs. 1 ZPO ist auch in Verbraucherrechtsstreitigkeiten autonom auszulegen. Die Einschränkungen der Freiheit der Rechtswahl, die Art. 29 EGBGB und Art. 29a EGBGB in Verbrauchersachen setzt, sind bei internationalen Schiedsverfahren unanwendbar. Im Einzelfall kann eine Entscheidung ohne jegliche Berücksichtigung der Verbraucherinteressen jedoch gegen den ordre public verstoßen.

26. Aufgrund der Regelung des Art. 20 EVÜ ist Art. 29a EGBGB vorrangig vor Art. 29 EGBGB zu prüfen. Ist der Anwendungsbereich beider Regelungen eröffnet, hat ein Günstigkeitsvergleich zu erfolgen. Es ist diejenige Regelung anzuwenden, die für den Verbraucher vorteilhafter ist.

27.1. Schließt ein Verbraucher mit gewöhnlichem Aufenthalt in Deutschland einen elektronischen Vertrag mit einem im Ausland ansässigen Unternehmer, so wird er immer durch die deutschen Verbraucherschutzvorschriften geschützt, die in Transformation der in Art. 29a Abs. 4 EGBGB genannten Richtlinien entstanden sind.

27.2. Nach Art. 29a Abs. 4 Nr. 1 EGBGB ist die Wirksamkeit einer Schiedsklausel, die in AGB enthalten ist, an den Bestimmungen der §§ 305 ff. BGB zu messen. In der Regel wird darin kein Verstoß gegen diese Vorschriften zu erkennen sein.

27.3. Nach Art. 29a Abs. 4 Nr. 2 EGBGB ist der elektronische Abschluss eines Teilzeit-Wohnrechtevertrages i. S. d. §§ 481 ff. BGB grundsätzlich unzulässig.

27.4. Nach Art. 29a Abs. 4 Nr. 3 EGBGB sind bei der Beteiligung eines deutschen Verbrauchers an einem Fernabsatzgeschäft die Schutzvorschriften der §§ 312 ff. BGB zu beachten. Dies gilt nicht für § 312 e) BGB, da diese Vorschrift in Umsetzung der E-Commerce-Richtlinie und nicht der Fernabsatzrichtlinie geschaffen wurde.

27.5. Nach Art. 29a Abs. 4 Nr. 4 EGBGB sind die in Umsetzung der Verbrauchsgüterkaufsrichtlinie geschaffenen Regelungen der §§ 474 ff. BGB in einem Verbrauchervertrag zu beachten.

27.6. Ein Schiedsgericht kann im Rahmen seines auszuübenden Ermessens die genannten Vorschriften ebenfalls heranziehen, ist jedoch bei anderslautender Rechtswahl nicht dazu verpflichtet.

28.1. Der weltweite Internetauftritt eines Unternehmers stellt eine Werbung bzw. ein Angebot i. S. d. Art. 29 Abs. 1 Nr. 1 EGBGB dar, wenn sich der Verbraucher aufgrund der jeweiligen Internetpräsentation angesprochen fühlen durfte. Kriterien, wie verwendete Sprache, Währung, Produktbeschreibungen etc., können zur Ermittlung des angesprochenen Personenkreises herangezogen werden. An diese Kriterien ist jedoch ein strenger Maßstab anzulegen. Zur Anwendbarkeit von Art. 29 Abs. 1 Nr. 1 EGBGB muss der Verbraucher die für den Abschluss des Vertrages erforderliche Rechtshandlung, hier die Abgabe der elektronischen Bestellung, in dem Staat seines gewöhnlichen Aufenthalts vorgenommen haben.

28.2. Art. 29 Abs. 1 Nr. 2 EGBGB greift im Fall des elektronischen Vertragsschlusses nur, wenn der Vertragspartner des Verbrauchers unter der ccTLD „.de“ auftritt. Die Verwendung dieser ccTLD impliziert, dass der Verwender seinen Sitz in Deutschland und auch hier die Bestellung des Verbrauchers entgegengenommen hat.

29. Haben die Parteien eines Verbraucherrechtsstreits eine Rechtswahl nicht getroffen, enthält der zugrundeliegende Vertrag aber eine wirksame Schiedsabrede, ist ein Schiedsgericht nicht verpflichtet, zur Ermittlung des anwendbaren Rechts auf Art. 29 Abs. 2 EGBGB zurückzugreifen. Es kann die dortigen Wertungen seiner Ermessensentscheidung zugrunde legen, muss dies aber nicht tun.

30. Die Ermittlung des anwendbaren Sachrechts bei Verträgen unter Privatleuten richtet sich nach Art. 28 Abs. 2 S. 1 EGBGB. Im Hinblick auf die Besonderheiten des elektronischen Geschäftsverkehrs gelten hier die gleichen Grundsätze wie im kaufmännischen Verkehr. Maßgeblich ist also immer der gewöhnliche Aufenthaltsort derjenigen Vertragspartei, die die für den Vertrag charakteristische Leistung erbringt.

31. Die Billigkeitsentscheidung ist auch bei Verbraucherrechtsstreitigkeiten nach § 1051 Abs. 3 ZPO uneingeschränkt zulässig.

32. § 1051 Abs. 4 ZPO ist auch in Verbraucherverträgen mit Schiedsabrede anwendbar.

33. Es ist absehbar, dass in einem zukünftigen Europäischen Vertragsgesetzbuch auch der Schiedsgerichtsbarkeit ein eigener Platz eingeräumt sein wird.

Literaturverzeichnis

Achilles, Wilhelm-Albrecht: Kommentar zum UN-Kaufrechtsübereinkommen (CISG), Neuwied, Kriftel, Berlin 2000

Aden, Menno: Rechtswahl und Schiedsklausel im Verbraucherschutz, zugleich Anmerkung zu OLG Düsseldorf vom 8.3.1996 – U 179/95, RIW 1996, S. 661 ff., RIW 1997, S. 723 – 727

Ahlers, Dieter: Zur Gestaltung von Vereinbarungen für das schiedsrichterliche Verfahren AnwBl. 1999, S. 308 – 311

Ahrens, Hans Jürgen: Das Herkunftslandprinzip in der E-Commerce-Richtlinie, CR 2000, S. 835 – 841

Bar, Christian von: Die Mitteilung der Europäischen Kommission zum Europäischen Vertragsrecht, ZEuP 2001, S. 799 – 804

Bar, Christian von: Internationales Privatrecht, Bd. I, Allgemeine Lehren, München 1987

Bar, Christian von: Internationales Privatrecht, Bd. II, Besonderer Teil, München 1991

Basedow, Jürgen: Handelsbräuche und AGB-Gesetz, ZHR 150 (1986), S. 469 – 491

Basedow, Jürgen: Vertragsstatut und Arbitrage nach neuem IPR, in Jahrbuch für die Praxis der Schiedsgerichtsbarkeit, Band I, 1987, S. 4 - 22

Baumbach / Hopt: Handelsgesetzbuch, 30. Auflage, München 2000

Baumbach / Lauterbach / Albers / Hartmann: Zivilprozessordnung – Kommentar, 60. Auflage, München 2002, (zit. als: Bearbeiter in Baumbach/Lauterbach/Albers/ Hartmann, ZPO, §, Rdnr.)

Berger, Klaus Peter / Dubberstein, Holger / Lehmann, Sascha / Petzold, Viktoria: Anwendung transnationalen Rechts in der internationalen Vertrags- und Schiedspraxis, Hintergrund, Methode und ausgewählte Ergebnisse einer Umfrage des Center for Transnational Law, ZVglRWiss 101 (2002), S. 12 – 37

Berger, Klaus Peter: Das neue deutsche Schiedsverfahrensrecht, DZWir 1998, S. 45 – 55.

Berger, Klaus Peter: Devisenrecht in der internationalen Wirtschaftsschiedsgerichtsbarkeit, ZVglRWiss 96 (1997), S. 316 - 346

Berger, Klaus Peter: Internationale Wirtschaftsschiedsgerichtsbarkeit, Berlin, New York 1992

Berger, Klaus Peter: Lex mercatoria online, RIW 2002, S. 256 – 262

Bernstorff, Christoph Graf von: Ausgewählte Rechtsprobleme des Electronic Commerce, RIW 2000, S. 14 – 20

Bernstorff, Christoph Graf von: Der Abschluss elektronischer Verträge, RIW 2002, S. 179 – 182

Blaurock, Uwe: Übernationales Recht des internationalen Handels, ZEuP 1993, S. 247 – 267

Blomeyer, Karl: Betrachtungen über die Schiedsgerichtsbarkeit, in: Festgabe zum siebzigsten Geburtstag für Leo Rosenberg, München, Berlin 1949, S. 51 – 71

Böckstiegel, Karl-Heinz: Die Bestimmung des anwendbaren Rechts in der Praxis internationaler Schiedsgerichtsverfahren, in: Festschrift für Günther Beitzke zum 70. Geburtstag am 26. April 1979, Berlin, New York 1979, S. 443 – 459

Bonell, Michael Joachim: An International Restatement of Contract Law, New York, 1997

Bonell, Michael Joachim: Die Bedeutung der Handelsbräuche im Wiener Kaufrechts-Übereinkommen von 1980, Jur.Bl. 1985, S. 385 –395

Borges, Georg: Weltweite Geschäfte per Internet und deutscher Verbraucherschutz, ZIP 1999, S. 565 – 573

Bork, Reinhard: Internationale Schiedsgerichtsbarkeit in Deutschland, in: Internationale Schiedsgerichtsbarkeit – Arbitrage International – Arbitration International, Generalbericht von Peter Gottwald und Nationalberichte, Bielefeld 1997, S. 283 – 313

Bredow, Jens / Seiffert, Bodo: INCOTERMS 1990, 2. Aufl., Bonn 1994

Breitenstein, Detlev von: Rechtsordnung und „Lex Mercatoria" – Zur vergeblichen Suche nach einem „anationalen" Recht für die internationale Arbitrage, in Festschrift für Otto Sandrock zum 70. Geburtstag, Heidelberg 2000, S. 111 - 135

Bröhl, Georg: EGG - Gesetz über rechtliche Rahmenbedingungen des elektronischen Geschäftsverkehrs, Erläuterungen zum Referentenentwurf, MMR 2001, S. 67 – 71

Bruns, Rudolf: Zivilprozessrecht, 2. Aufl., München 1979

Bülow, Jens / Böckstiegel, Karl-Heinz / Geimer, Reinhold / Schütze, Rolf: Internationaler Rechtsverkehr in Zivil- und Handelssachen, Band III, 24. Ergänzungslieferung, Stand: Oktober 2001

Bülow, Peter / Artz, Markus: Fernabsatzverträge und Strukturen eines Verbraucherprivatrechts im BGB, NJW 2000, S. 2049 – 2056

Busse, Aliki: Softwarevertrieb in Netzen, CR 1999, S. 389 – 393

Bydlinski, Franz: Anmerkung zu OGH Wien, Urt. v. 24.6.1959 – 6 Ob 204/59, ZfRV 2 (1961), S. 18 – 34

Bydlinski, Franz: Die kollisionsrechtliche Behandlung devisenrechtlicher Leistungsbeschränkungen, JBL 1959, S. 526 – 534

Canaris, Claus-Wilhelm: Die Stellung der „UNIDROIT Principles" und der „Principles of European Contract Law" im System der Rechtsquellen, in: Basedow, Jürgen: Europäische Vertragssrechtsvereinheitlichung und das deutsche Recht, Tübingen 2000, S. 5 – 31

Creifelds: Rechtswörterbuch, 17. Auflage, München 2002

Dehtloff, Nina: Europäisches Kollisionsrecht des unlauteren Wettbewerbs, JZ 2000, S. 179-185

Dörner/Ebert/Eckert/Hoeren/Kemper/Saenger/Schulte-Nölke/Schulze/Staudinger: Bürgerliches Gesetzbuch, Handkommentar, Baden Baden 2002 (zit. als: Hk-BGB/Dörner, §, Rdnr.)

Dörner; Heinrich: Die Integration des Verbraucherrechts in das BGB, in: Schulze, Reiner/Schulte-Nölke, Hans (Hrsg.): Die Schuldrechtsreform vor dem Hintergrund des Gemeinschaftsrechts, 1. Auflage, Tübingen 2001, S. 177 – 188

Drobnig, Ulrich: Internationale Schiedsgerichtsbarkeit und wirtschaftsrechtliche Eingriffsnormen, in: Festschrift für Gerhard Kegel zum 75. Geburtstag, 26. Juni 1987, hrsg. von Hans Joachim Musielak, Stuttgart, Berlin, Köln, Mainz 1987, S. 95 – 118

Drygala, Tim: Die Vollharmonisierung des Vertriebsrechts für Finanzdienstleistungen im Fernabsatz, in: Festschrift für Marcus Lutter zum 70. Geburtstag: Deutsches und europäisches Gesellschafts-, Konzern- und Kapitalmarktrecht / hrsg. von Uwe H. Schneider, Köln 2000, S. 1563 – 1583 (zit. als: Drygala: Die Vollharmonisierung des Vertriebsrechts für Finanzdienstleistungen im Fernabsatz, FS Lutter, S.)

Ebbing, Frank: Schiedsvereinbarungen in Gesellschaftsverträgen, NZG 1998, S. 281 - 289

Ebenroth, Carsten Thomas / Boujong, Karlheinz / Joost, Dieter: Handelsgesetzbuch, Bd. 2, München 2001 (zit. als: Ebenroth/Boujong/Joost/Bearbeiter, §, Rdnr.)

Ebert, Ina: Schweigen im Vertrags- und Deliktsrecht, JuS 1999, S. 754 – 760

Ensthaler, Jürgen (Hrsg.): Gemeinschaftskommentar zum Handelsgesetzbuch, 6. Auflage, Neuwied, Kriftel, Berlin 1999

Epping, Manja: Die Schiedsvereinbarung im internationalen privaten Rechtsverkehr nach der Reform des deutschen Schiedsverfahrensrechts, München 1999

Erman: Bürgerliches Gesetzbuch, Bd. I, II, 10. Aufl., Köln 2000, (zit. als Erman-Bearbeiter, BGB, 10. Aufl., §, Rdnr.)

Ernst, Stefan: Der Mausklick als Rechtsproblem – Willenserklärungen im Internet, NJW-CoR 1997, S. 165 – 167

Ernst, Stefan: Internet und Recht, JuS 1997, S. 776 – 782

Ernst, Stefan: Wirtschaftsrecht im Internet, BB 1997, S. 1057 – 1062

Esser, Michael: Die letzte Glocke zum Geleit – Kaufmännische Bestätigungsschreiben im internationalen Handel – Deutsches, Französisches, Östereichisches und Schweizerisches Recht und die Kaufrechtskonvention von 1980, ZfRV 1988, S. 167 – 193

Fezer, Karl-Heinz / Koos, Stefan: Das gemeinschaftsrechtliche Herkunftslandprinzip und die e-commerce-Richtlinie, Zur dringenden Notwendigkeit einer Harmonisierung des Wettbewerbsrechts in den Mitgliedstaaten der Europäischen Union als einer gemeinschaftsrechtlichen Aufgabe, IPRax 2000, S. 349 – 354 (zit. als: Fezer/Koos: Das gemeinschaftsrechtliche Herkunftslandprinzip, IPRAx 2000, S.)

Flume, Werner: Allgemeiner Teil des Bürgerlichen Rechts, 2. Bd., Das Rechtsgeschäft, 2. Aufl., Berlin, Heidelberg, New York 1975

Freitag, Robert / Leible, Stefan: Ergänzung des kollisionsrechtlichen Verbraucherschutzes durch Art. 29a EGBGB, EWS 2000, S. 342 – 350

Freitag, Robert / Leible, Stefan: Von den Schwierigkeiten der Umsetzung kollisionsrechtlicher Richtlinienbestimmungen, ZIP 1999, S. 1296 – 1301

Freytag, Stefan: EU-Kommission: Richtlinienentwurf zum Electronic Commerce, MMR 12/1998 V- VII

Fritzsche, Jörg: Rechtsfragen der Herstellung und Überlassung von Software, JuS 1995, S. 497 – 504

Fuchs, Andreas: Das Fernabsatzgesetz im System des Verbraucherschutzrechts, ZIP 2000, S. 1273 – 1287

Gaertner, Reinhard / Gierschmann, Sybille: Das neue Fernabsatzgesetz, DB 2000, S. 1601 – 1606

Gandolfi, Giuseppe: Der Vorentwurf eines Europäischen Vertragsgesetzbuchs, ZEuP 2002, S. 1 – 4

Geimer, Reinhold: Internationales Zivilprozessrecht, 3. Aufl., Köln 1997

Geimer, Reinhold: Internationales Zivilprozessrecht, 4. Aufl. Köln 2001

Gentinetta, Jörg: Befreiung der internationalen Handelschiedsgerichtsbarkeit von der „nationalen Umklammerung"?, Das Europäische Übereinkommen über die internationale Handelsschiedsgerichtsbarkeit vom 21.4.1961, RIW/AWD 1969, S. 46 – 54 (zit. als: Gentinetta: Befreiung der internationalen Handelsschiedsgerichtsbarkeit von der „nationalen Umklammerung", RIW/AWD 1969, S.)

Gierschmann, Sibylle, Die E-Commerce-Richtlinie, DB 2000, S. 1315 – 1319

Gildeggen, Rainer: Internationale Schieds- und Schiedsverfahrensvereinbarungen in Allgemeinen Geschäftsbedingungen vor deutschen Gerichten, Frankfurt am Main, Bern, New York 1991

Ginsburg, Jane C.: Die Rolle des nationalen Urheberrechts im Zeitalter der nationalen Urheberrechtsnormen, in GRUR 2000, S. 97 – 110

Gottwald, Peter: Die sachliche Kontrolle internationaler Schiedssprüche durch staatliche Gerichte, in: Beiträge zum Internationalen Verfahrensrecht und zur Schiedsgerichtsbarkeit, Festschrift für Nagel, Heinrich zum 75. Geburtstag, Münster 1987, S. 54 – 79

Grabitz, Eberhard / Hilf, Meinhard: Das Recht der Europäischen Union, Bd. II, 18. Erg.-Lieferung, Stand Mai 2001, München (zit. als: Bearbeiter in Grabitz/Hilf: Das Recht der Europäischen Union II / A, Art., Rdnr.)

Grabitz, Eberhard / Hilf, Meinhard: Das Recht der Europäischen Union, Bd. III, Sekundärrecht, Verbraucher- und Datenschutzrecht, 19. Erg.-Lieferung, Stand Februar 2002, München (zit. als: Bearbeiter in Grabitz/Hilf: Das Recht der Europäischen UnionIII / A, Art. Rdnr.)

Graf Fringuelli, Pietro / Wallhäuser, Matthias: Formerfordernisse beim Vertragsschluss im Internet, CR 1999, S. 93 – 101

Gruber, Joachim: Vertragsschluss im Internet unter kollisionsrechtlichen Aspekten, DB 1999, S. 1437 – 1442

Grundmann, Stefan: Harmonisierung, Europäischer Kodex, Europäisches System der Vertragsrechte – die Perspektiven der Kommissionsmitteilung zum Europäischen Vertragsrecht, NJW 2002, S. 393 – 396

Grundmann, Stefan: Internationales Privatrecht als Verfassungsordnung, RIW 2002, S. 329 – 343

Haas, Ulrich: Die Anerkennung und Vollstreckung ausländischer und internationaler Schiedssprüche, Berlin 1991

Haas, Ulrich: Zur formellen und materiellen Wirksamkeit des Schiedsvertrages, Anmerkung zu OLG Köln vom 16.12.1992 – 16 W 43/92, IPRax 1993, S. 382 – 385

Habscheid, Walther, J.: Die Rechtsnatur des Schiedsvertrages und ihre Auswirkungen, KTS 1955, S. 33 – 39

Halfmeier, Axel: Vom Cassislikör zur E-Commerce-Richtlinie: Auf dem Weg zu einem europäischen Mediendeliktsrecht, ZEuP 2001, S. 837 – 868

Härting, Niko / Schirnbacher, Martin: Fernabsatzgesetz – Ein Überblick über den Anwendungsbereich, die Systematik und die wichtigsten Regelungen, MDR 2000, S. 917 – 922

Härting, Niko: Die Gewährleistungspflichten von Internet-Dienstleistern, CR 2001, S. 37 - 43

Härting, Niko: Gesetzentwurf zur Umsetzung der E-Commerce-Richtlinie, CR 2001, S. 271 – 277

Härting, Niko: Umsetzung der E-Commerce-Richtlinie, DB 2001, S. 80 – 82

Hausmann, Rainer / Martiny, Dieter: Internationales Vertragsrecht, 5. Aufl., Köln 1996

Hausmann, Rainer: Einheitliche Anknüpfung von internationalen Gerichtsstands- und Schiedsvereinbarungen?, in: Festschrift für Werner Lorenz zum 70. Geburtstag, Tübingen 1991, 359 - 378

Heinrichs, Helmut: Die Entwicklung des Rechts der Allgemeinen Geschäftsbedingungen im Jahre 1998, NJW 1999, S. 1596 – 1611

Henn, Günther: Schiedsverfahrensrecht, 3. Aufl., Heidelberg 2000

Hentzen, Matthias: Zur Anwendung fremden Eingriffsrechts seit der IPR-Reform, RIW 1988, S. 508 – 511

Hinden, Michael von: Persönlichkeitsverletzungen im Internet, Tübingen 1999

Hoeren, Thomas/Oberscheidt, Jörn: Verbraucherschutz im Internet, VuR 1999, S. 371 – 387

Hoeren, Thomas: Grundzüge des Internetrechts, 2. Auflage, München 2002

Hoeren, Thomas: IPR- und EDV-Recht, CR 1993, S. 129 – 134

Hoeren, Thomas: Vorschlag für eine EU-Richtlinie über E-Commerce, Eine erste kritische Analyse, MMR 1999, S. 192 – 199

Hoffmann, Bernd von: Inländische Sachnormen mit zwingendem internationalen Anwendungsbereich, IPRax 1989, S. 261 – 271

Hoffmann, Bernd von: Internationale Handelschiedsgerichtsbarkeit, Frankfurt am Main / Berlin 1970

Hoffmann, Bernd von: Internationales Privatrecht, 7. Aufl., München 2002.

Honsell, Heinrich: Kommentar zum UN-Kaufrecht, 1. Auflage, Berlin, Heidelberg, New York 1997

Horn, Christian: Verbraucherschutz bei Internetgeschäften, MMR 2002, S. 209 – 214

Huber, Peter / Faust, Florian: Schuldrechtsmodernisierung, Eine Einführung in das neue Recht, München 2002 (zit. als: Bearbeiter in Huber/Faust: Schuldrechtsmodernisierung, Rdnr.)

Hülsen, Hans Viggo von: Die Gültigkeit von internationalen Schiedsvereinbarungen, Berlin 1973

Hußlein-Stich, Gabriele: Das UNCITRAL-Modellgesetz über die internationale Handelsschiedsgerichtsbarkeit, (Diss.), Köln, Berlin, Bonn, München 1990

Jayme, Erik / Kohler, Christian: Europäisches Kollisionsrecht 1998: Kulturelle Unterschiede und Parallelaktionen, IPRax 1998, S. 417 – 429

Jung, Peter: Rechtsfragen der Online-Schiedsgerichtsbarkeit, K & R 1999, S. 63 – 70

Junker, Abbo: Deutsche Schiedsgerichte und internationales Privatrecht, in Festschrift für Otto Sandrock zum 70. Geburtstag, Heidelberg 2000, S. 443 – 464

Junker, Abbo: Empfiehlt es sich Art. 7 EVÜ zu revidieren oder aufgrund der bisherigen Erfahrungen zu präzisieren?, IPRax 2000, S. 65 – 73

Junker, Abbo: Internationales Vertragsrecht im Internet, RIW 1999, S. 809 – 818

Junker, Abbo: Neuere Entwicklungen im internationalen Privatrecht, RIW 1998, S. 741 – 750

Kaiser, Rudolf: Das europäische Übereinkommen über die internationale Handelsschiedsgerichtsbarkeit vom 21. April 1961, (Diss.), Zürich 1966

Kamanabrou, Sudabeh: Die Umsetzung der Fernabsatzrichtlinie, WM 2000, S. 1417 – 1426

Kamanabrou, Sudabeh: Vorgaben der E-Commerce-RL für die Einbeziehung von AGB bei Online-Rechtsgeschäften, CR 2001, S. 421 – 425

Kegel, Gerhard / Schurig, Klaus: Internationales Privatrecht, 8. Auflage, München 2000

Kegel, Gerhard: Begriffs- und Interessenjurisprudenz im internationalen Privatrecht, in: Festschrift Hans Lewald – Bei Vollendung des vierzigsten Amtsjahres als ordentlicher Professor im Oktober 1953, Basel 1953, S. 259 – 288 (zitiert als: Kegel: Begriffs- und Interessenjurisprudenz im internationalen Privatrecht, FS Lewald, S. 259)

Kisch, Wilhelm: Einige Bemerkungen zum Wesen des Schiedsvertrages, ZZP 51 (1926), S. 321 – 334

Klein, Frédérc-Edouard: Das Europäische Übereinkommen über die internationale Handelsschiedsgerichtsbarkeit, ZZP 76 (1963), S. 342 – 358

Klimek, Oliver / Sieber, Stefanie: Anwendbares Recht beim Vertrieb digitalisierbarer Waren über das Internet am Beispiel der Softwareüberlassung, ZUM 1998, S. 902 – 908

Koch, Frank A.: Internet-Recht, Praxishandbuch mit dem neuen Medien- und Teledienstrecht, Checklisten und Musterverträgen, München, Wien 1998

Koehler, Philipp: Allgemeine Geschäftsbedingungen im Internet, MMR 1998, S. 289 – 294.

Köhler, Helmut: Die Rechte des Verbrauchers beim Teleshopping (TV-Shopping, Internet-Shopping), NJW 1998, S. 185 – 190

Köhler, Markus / Arndt, Hans-Wolfgang: Recht des Internet, 3. Auflage, Heidelberg 2001

Kreindler, Richard: Das neue deutsche Schiedsverfahrensrecht, in: Festschrift für Sandrock, Heidelberg 2000, S. 515 –535

Kröll, Stefan: Das neue deutsche Schiedsrecht vor staatlichen Gerichten; Entwicklungslinien und Tendenzen 1998-2000, NJW 2001, S. 1173 –1184

Kronke, Herbert: Electronic Commerce und Europäisches Verbrauchervertrags-IPR – Zur Umsetzung der Fernabsatzrichtlinie, RIW 1996, S. 985 – 993

Kronke, Herbert: Internationale Schiedsverfahren nach der Reform, RIW 1998, S. 257 – 265

Kropholler, Jan: Europäisches Zivilprozessrecht, Kommentar zu EuGVÜ und Lugano-Übereinkommen, 7. Aufl., Heidelberg 2002

Kropholler, Jan: Internationales Privatrecht, 4. Aufl., Tübingen 2001

Lachmann, Jens-Peter / Lachmann, Andreas: Schiedsvereinbarungen im Praxistest, BB 2000, S. 1633 - 1640

Lachmann, Jens-Peter: Handbuch für die Schiedsgerichtspraxis, 2. Aufl., Köln 2002

Landfermann, Hans Georg: Internet-Werbung und IPR, in: Jürgen Basedow u. a. (Hrsg.), Aufbruch nach Europa, 75 Jahre Max-Planck-Institut für Privatrecht, Tübingen 2001, S. 503 – 515

Lando, Ole / Beale, Hugh (Hrsg.): Principles of European Contract Law, Parts I and II, Prepared by The European Commission on Eurpean Contract Law, The Hague, London, Boston 2000

Leible, Stefan: Die Mitteilung der Kommission zum Europäischen Vertragsrecht – Startschuss für die Schaffung eines Europäischen Vertragsgesetzbuchs?, EWS 2001, S. 471 – 481

Leible, Stefan: Kollisionsrechtlicher Verbraucherschutz im EVÜ und in EG-Richtlinien, in: Schulte-Nölke, Hans / Schulze, Reiner (Hrsg.): Europäische Rechtsangleichung und internationale Privatrechte, 1999, S. 353 – 392

Lindacher, Walter: Schiedsklauseln und Allgemeine Geschäftsbedingungen im internationalen Handelsverkehr, in: Festschrift für Walter Habscheid zum 65. Geburtstag, Bielefeld 1989, S. 167 – 175

Lionnet, Klaus: Handbuch der internationalen und nationalen Schiedsgerichtsbarkeit, 2. Aufl., Stuttgart, München, Hannover, Berlin, Weimar, Dresden 2001

Löhnig, Martin: Die Einbeziehung von AGB bei Internet-Geschäften, NJW 1997, S. 1688 – 1689

Lörcher, Gino / Lörcher, Heike: Das Schiedsverfahren – national und international – nach neuem Recht, München, Berlin 1998

Lörcher, Gino: Wie zwingend sind in der internationalen Handelsschiedsgerichtsbarkeit zwingende Normen einer „dritten" Rechtsordnung?, BB, Beilage 17, 1993, S. 3 – 8

Lorenz, Egon: Die Rechtswahlfreiheit im internationalen Schuldvertragsrecht, RIW 1987, S. 569 – 584

Lorenz, Stephan: Im BGB viel Neues: Die Umsetzung der Fernabsatzrichtlinie, JuS 2000, S. 833 – 843

Lorenz, Werner: Die Rechtsnatur von Schiedsvertrag und Schiedsspruch, AcP 157 (1958/1959), S. 265 – 302

Lorenz, Werner: Vom alten zum neuen internationalen Schuldvertragsrecht, IPRax 1987, S. 269 – 276

Lurger, Brigitta / Vallant, Sonja Maria: Die österreichische Umsetzung des Herkunftslandprinzips der E-Commerce-Richtlinie, MMR 2002, S. 203 – 209

Lurger, Brigitta: Internationales Deliktsrecht und Internet – ein Ausgangspunkt für grundlegende Umwälzungen im Internationalen Privatrecht? in: Jürgen Basedow u. a. (Hrsg.): Aufbruch nach Europa, 75 Jahre Max-Planck-Institut für Privatrecht, Tübingen 2001, S. 479 – 501

Maack, Anneke: Die Durchsetzung des AGB-rechtlichen Transparenzgebots in internationalen Verbraucherverträgen, (Diss.), Baden Baden, 2001

Maier, Hans Jakob: Handbuch der Schiedsgerichtsbarkeit, Herne, Berlin, 1979

Mankowski, Peter: Anmerkung zu OLG Düsseldorf, Urt. v. 14.01.1994 – 17 U 129/93, RIW 1994, S. 420 – 424

Mankowski, Peter: Das Herkunftslandprinzip als Internationales Privatrecht der E-commerce-Richtlinie, ZVglRWiss 100 (2001), S. 137 – 181

Mankowski, Peter: Das Internet im internationalen Vertrags- und Deliktsrecht, RabelsZ 63 (1999), S. 203 – 294

Mankowski, Peter: E-Commerce und Internationales Verbraucherschutzrecht, MMR-Beil. 7/2000, S. 22 – 37

Mankowski, Peter: Herkunftslandprinzip und deutsches Umsetzungsgesetz zur E-commerce-Richtlinie, IPRax 2002, S. 257 – 266

Mankowski, Peter: Herkunftslandprinzip und Günstigkeitsvergleich in § 4 TDG-E, CR 2001, S. 630 – 641

Mankowski, Peter: Internet und besondere Aspekte des Internationalen Vertragsrechts (I), CR 1999, S. 512 – 523

Mankowski, Peter: Internet und besondere Aspekte des Internationalen Vertragsrechts (II), CR 1999, S. 581 – 588

Mankowski, Peter: Internet und Internationales Wettbewerbsrecht, GRUR Int. 1999, S. 909 - 921

Mankowski, Peter: Kurzkommentar zu OLG Celle, Beschl. v. 4.11.1999 – 8SchH 3/99, EWIR 2000, S. 411 – 412

Mankowski, Peter: Rechtswahl und Schiedsvereinbarung bei Brokerkontrakt, Börsentermingeschäfte im Ausland, Kurzkommentar zu OLG Köln, Urt. v. 15.12.1997 – 16 U 34/97, EWiR, Art. 29 EGBGB, 1/98, S. 455 – 456

Mankowski, Peter: Strukturfragen des internationalen Verbrauchervertragsrechts, RIW 1993, S. 453 – 463

Mann, F. A.: Internationale Schiedsgerichte und nationale Rechtsordnung, ZHR 130 (1968), S. 97 – 129

Martiny, Dieter: Die Bestimmung des anwendbaren Sachrechts durch das Schiedsgericht, in: Festschrift für Rolf Schütze zum 65. Geburtstag: Wege zur Globalisierung des Rechts, München 1999, S. 529 – 542

Martiny, Dieter: Europäisches Internationales Vertragsrecht – Ausbau und Konsolidierung, ZEuP 1999, S. 246 – 270

Martiny, Dieter: Internationales Vertragsrecht im Schatten des Europäischen Gemeinschaftsrechts, ZEuP 2001, S. 308 – 336

Mehrings, Josef: Internet-Verträge und internationales Vertragsrecht, CR 1998, S. 613 – 621

Mehrings, Josef: Verbraucherschutz im Cyberlaw: Einbeziehung von AGB im Internet, BB 1998, S. 2373 – 2380

Mehrings, Josef: Vertragsschluss im Internet – Eine neue Herausforderung für das „alte" BGB, in MMR 1998, S. 30 – 33

Mezger, Ernst: Das Europäische Übereinkommen über die Handelsschiedsgerichtsbarkeit, RabelsZ 29 (1965), S. 231 – 301

Mezger, Ernst: Formerfordernis der Vollmacht zum Abschluss eines deutsch-italienischen Kaufvertrages mit Schiedsabrede, Anmerkung zu OLG Hamburg, Urt. v. 22.09.1978 – 14 U 76/77 in RIW 1979, S. 482 – 493

Michaels, Ralf: Privatautonomie und Privatkodifikation – Zu Anwendbarkeit und Geltung allgemeiner Vertragsrechtsprinzipien, RabelsZ 62 (1998), S. 580 – 626

Moller, Hans: Schiedsverfahrensnovelle und Vollstreckung ausländischer Schiedssprüche, NZG 1999, S. 143 – 146

Moller, Hans: Schiedsverfahrensnovelle und Europäisches Übereinkommen über die internationale Handelsschiedsgerichtsbarkeit, NZG 2000, S. 57 – 72

Möller, Kathrin: Schiedsverfahrensrecht: Leitfaden für die betriebliche Praxis, 1. Aufl., Berlin 1998

Mönnikes, Ralf: Die Reform des deutschen Schiedsverfahrensrechts – Das neue 10. Buch der ZPO, (Diss.) Hamburg, 2000

Moritz, Hans-Werner: Quo vadis elektronischer Geschäftsverkehr, CR 2000, S. 61 – 72

Müller, Carsten: Internationales Privatrecht und Internet, in Hoeren, Thomas / Queck, Robert: Rechtsfragen der Informationsgesellschaft, Berlin 1999, S. 259 – 287

Münchner Kommentar, Bürgerliches Gesetzbuch, Allgemeiner Teil, Bd. 1, 4. Aufl., München 2001 (zit. als: MünchKommBGB-Bearbeiter, §, Rdnr.)

Münchner Kommentar zum Bürgerlichen Gesetzbuch, Bd.10, Einführungsgesetz zum Bürgerlichen Gesetzbuch (Art. 1-38), 3. Auflage, München 1998 (zit. als: MünchKommBGB-Bearbeiter, §, Rdnr.)

Münchner Kommentar zum Handelsgesetzbuch, Bd. 5, §§ 343 – 372, München 2001, (zit. als MünchKommHGB-Bearbeiter, §, Rdnr.)

Münchner Kommentar zur Zivilprozessordnung, Bd. 3, §§ 803 – 1066, 2. Auflage, München 2001 (zit. als MünchKommZPO-Bearbeiter, §, Rdnr.)

Musielak: Kommentar zur Zivilprozessordnung, 3. Auflage, München 2002 (zit. als: Musielak/Bearbeiter, ZPO, § , Rdnr.)

Nagel, Heinrich / Gottwald, Peter: Internationales Zivilprozessrecht, 4. Auflage, Köln 1997

Nagel, Heinrich: Anmerkungen zu einigen hanseatischen Schiedsklauseln, in: FS für Karl Heinz Schwab zum 70. Geburtstag, München 1990, S. 367 - 380

Nickels, Sven: Neues Bundesrecht für den E-Commerce, CR 2002, S. 302 – 309

Otto, Dirk: Säumnis in internationalen Schiedsverfahren, IPRax 2002, S. 164 – 169

Palandt: Bürgerliches Gesetzbuch, 61. Aufl., München 2002 (zit. als: Bearbeiter/Palandt: BGB, §, Rdnr.)

Palandt: Gesetz zur Modernisierung des Schuldrechts, Ergänzungsband zu Palandt, Bürgerliches Gesetzbuch, 61. Aufl., München 2002 (zit. als: Palandt-Bearbeiter: Gesetz zur Modernisierung des Schuldrechts, §, Rdnr.)

Pfeiffer, Thomas: Die Entwicklung des Internationalen Vertrags-, Schuld- und Sachenrechts 1997 – 1999, NJW 1999, S. 3674 – 3687

Pfeiffer, Thomas: Die Entwicklung des Internationalen Vertrags-, Schuld- und Sachenrechts in den Jahren 1995/96, NJW 1997, S. 1207 – 1216

Pirrung, Jörg: Internationales Privat- und Verfahrensrecht nach dem Inkrafttreten der Neuregelung des deutschen IPR, Köln 1987

Raeschke-Kessler, Hilmar: AGB-Schiedsvereinbarungen über Börsentermingeschäfte, WM 1998, S. 1205 – 1210

Rehbinder, Eckard: Vertragsschluss nach UN-Kaufrecht im Vergleich zu EAG und BGB in: Schlechtriem, Peter: Einheitliches Kaufrecht und nationales Obligationenrecht, Referate und Diskussionen der Fachtagung „Einheitliches Kaufrecht" am 16./17.02.1987, Baden Baden 1987, S. 149 – 177

Rehbinder, Eckard: Zur Politisierung des Internationalen Privatrechts, JZ 1973, S. 151 – 158

Reich, Norbert/Nordhausen, Annette: Verbraucher und Recht im elektronischen Geschäftsverkehr (eG), 1. Aufl., Baden-Baden 2000

Reich, Norbert: Der Vorschlag der EG-Kommission für eine Richtlinie des Europaparlaments und des Rates über bestimmte rechtliche Aspekte des elektronischen Geschäftsverkehrs im Binnenmarkt vom 23.12.1998 und seine Auswirkungen auf das Vertragsrecht, in: Schulte-Nölke, Hans / Schulze, Reiner (Hrsg.): Europäische Rechtsangleichung und nationale Privatrechte, 1999, S. 79 - 106

Reich, Norbert: Zur Wirksamkeit von Schiedsklauseln bei grenzüberschreitenden Börsentermingeschäften, Anmerkung zu Urteilen des Court of Appeal (Civil Division) vom 12. Juli 1996 (Phillip Alexander Securities and Future Ltd. v. Bamberger and Others; Same v. Gilhaus) und des Oberlandesgerichts Düsseldorf vom 8. März 1996, ZEuP 1998, S. 984 – 993

Reinhart, Gert: Kommentar zum Übereinkommen der vereinten Nationen vom 11. April 1980 über Verträge über den internationalen Warenkauf, Heidelberg 1991

Reithmann / Martiny: Internationales Vertragsrecht, 5. Aufl., Köln 1996

Remien, Oliver: Außenwirtschaftsrecht in kollisionsrechtlicher Sicht: Zur internationalen Reichweite von Aus- und Einfuhrverboten, RabelsZ 54 (1990), S. 431 – 480

Rensmann, Thilo: Anationale Schiedssprüche, (Diss.) Berlin 1997

Riehm, Thomas: Das Gesetz über Fernabsatzverträge und andere Fragen des Verbraucherrechts, JURA 2000, S. 505 – 513

Röhricht, Volker / Graf von Westphalen, Friedrich: Handelsgesetzbuch – Kommentar, 2. Aufl., Köln 2001 (zit. als: Bearbeiter in Röhricht/Graf von Westphalen (Hrsg.), HGB, §, Rdnr.)

Rosenberg, Leo / Schwab, Karl Heinz / Gottwald, Peter: Zivilprozessrecht, 15. Auflage, München 1993

Rosenberg, Leo: Lehrbuch des Zivilprozessrechts, 6. Aufl. München, Berlin 1954

Roth, Birgit / Schulze, Götz: Verbraucherschutz im Electronic Commerce – Schutzmechanismen und grenzüberschreitende Geschäfte nach dem Referentenentwurf eines Fernabsatzgesetzes, RIW 1999, S. 924 – 933

Roth, Herbert: Das Fernabsatzgesetz, JZ 2000, S. 1013 – 1019

Rüßmann, Helmut: Internationalprozessrechtliche und internationalprivatrechtliche Probleme bei Vertragsabschlüssen im Internet unter besonderer Berücksichtigung des Verbraucherschutzes in: Tauss/Kollbeck/Mönikes (Hrsg.), Deutschlands Weg in die Informationsgesellschaft – Herausforderungen und Perspektiven für die Wirtschaft, Wissenschaft, Recht und Politik, Baden Baden1996, S. 709 – 737

Rüßmann, Helmut: Verbraucherschutz im Internet, K & R 1998, S. 129 – 137

Rüßmann, Helmut: Wettbewerbshandlungen im Internet – Internationale Zuständigkeit und anwendbares Recht, K & R 1998, S. 422 – 427

Sack, Rolf: Das internationale Wettbewerbsrecht nach der E-Commerce-Richtlinie (ECRL) und dem EGG-/ TDG-Entwurf, WRP 2001, S. 1408 – 1425

Sack, Rolf: Herkunftslandprinzip und internationale elektronische Werbung nach der Novellierung des Teledienstgesetzes (TDG), WRP 2002, S. 271 – 283

Sailer, Gerhard: Gefahrübergang, Eigentumsübergang, Verfolgungs- und Zurückbehaltungsrecht beim Kauf beweglicher Sachen im internationalen Privatrecht, Berlin 1966

Samtleben, Jürgen: Prorogationsbeschränkungen und Schiedsklauseln im internationalen Geschäftsverkehr (zu BGH, 20.3.1980 – III ZR 151/79), IPRax 1981, S. 43 – 45

Samtleben, Jürgen: Zur Wirksamkeit von Schiedsklauseln bei grenzüberschreitenden Börsentermingeschäften, ZEuP 1999, S. 974 – 981

Sandrock, Otto: Die Fortbildung des materiellen Rechts durch die Internationale Schiedsgerichtsbarkeit, in: Böckstiegel, Karl-Heinz (Hrsg.): Rechtsfortbildung durch Internationale Schiedsgerichtsbarkeit, Köln, Berlin, Bonn, München 1989, S. 21 – 81

Sandrock, Otto: Die objektive Anknüpfung von Verträgen nach § 1051 Abs. 2 ZPO in der Fassung des SchiedsVFG von 1997 in: Mélanges Fritz Sturm offerts par ses collègues et ses amis à l'occasion de son soixante-dixième anniversaire, Volume II, Liège 1999, S. 1645 – 1671 (zit. als. Festschrift Sturm, S.)

Sandrock, Otto: Die objektive Anknüpfung von Verträgen nach § 1051 Abs. 2 ZPO, RIW 2000, S. 321 – 328

Sandrock, Otto: Neue Herausforderungen an das Internationale Wirtschaftsrecht – durch Digitalisierung, Europäisierung, Globalisierung, Erschöpfung der öffentlichen Finanzen, Streben nach Kosteneffizienz und Spezialisierung, ZVglRWiss 98 (1999), S. 227 – 259

Sandrock, Otto: Neue Lehren zur internationalen Schiedsgerichtsbarkeit und das klassische Internationale Privat- und Prozessrecht, in Festschrift für Hans Stoll zum 75. Geburtstag, Hrsg.: Hohloch, Gerhard, Frank, Rainer, Schlechtriem, Peter, Tübingen 2001, S. 661 – 689

Sandrock, Otto: Welches Kollisionsrecht hat ein internationales Schiedsgericht anzuwenden? in RIW 1992, S. 785 – 795

Sareika: Wieland: Zu den Begriffen in der Schiedsgerichtsbarkeit, ZZP 90 (1977), S. 285 – 299

Schack, Haimo: Internationale Urheber-, Marken- und Wettbewerbsrechtsverletzungen im Internet, Internationales Zivilprozessrecht, MMR 2000, S. 135 – 140

Schäfer, Martin: Eingriffsnormen im deutschen IPR – eine neverending story?, Festschrift für Sandrock zum 65. Geburtstag, Heidelberg, 1995, S. 37 – 53

Schaub, Renate: Die Neuregelung des Internationalen Deliktsrechts und das europäische Gemeinschaftsrecht, RabelsZ 66 (2002) S. 18 – 65

Scherer, Josef: Rechtsprobleme beim Vertragsschluss via Internet, DB 2000, S. 1009 – 1016

Schiffer, Jan: Normen ausländischen „öffentlichen" Rechts in internationalen Handelsschiedsverfahren, Köln, Berlin, Bonn, München 1990

Schiffer, Jan: Sonderanknüpfung ausländischen „öffentlichen" Rechts in der internationalen Handelsschiedsgerichtsbarkeit, ZVerglRWiss 90 (1991) S. 390 – 410

Schlechtriem, Peter: Anmerkung zu den Schiedssprüchen SCH-4366 und SCH-4318 des internationalen Schiedsgerichts der Bundeskammer der gewerblichen Wirtschaft in Österreich vom 15.06.1994, RIW 1995, S. 590 – 594

Schlechtriem, Peter: Kommentar zum einheitlichen UN-Kaufrecht: Das Übereinkommen der Vereinten Nationen über Verträge über den internationalen Warenkauf, 3. Auflage, München 2000. (zit. als Schlechtriem/Bearbeiter, Art., Rdnr.)

Schlegelberger, Franz: Handelsgesetzbuch, Bd. IV, §§ 343 – 372, 5. Aufl., München 1976 (zit. als: Schlegelberger/Bearbeiter, §§ 343 –372, §, Rdnr.)

Schlosser, Peter: Das Recht der internationalen privaten Schiedsgerichtsbarkeit, 2. Aufl., Tübingen 1989

Schmidt, Karsten: Handelsrecht, 5. Aufl., Köln, Berlin, Bonn, München 1999

Schmidt, Karsten: Präklusion und Einlassung auf die schiedsgerichtliche Verhandlung zur Hauptsache - Vertragsdenken und Prozessdenken in der jüngeren Praxis, in: Festschrift für Heinrich Nagel zum 75. Geburtstag "Beiträge zum internationalen Verfahrensrecht und zur Schiedsgerichtsbarkeit", Münster 1987, S. 373 – 391.

Schmidt-Räntsch, Jürgen / Maifeld, Jan / Meier-Göring, Anne / Röcken, Matthias: Das neue Schuldrecht, Köln 2002

Schmidt-Räntsch, Jürgen: Zum Fernabsatzgesetz, ZBB 2000, S. 344 – 349

Schneider, Michael E.: Streitbeilegung auf dem Information Highway – Problematik und Lösungsansätze, in: Hilty, Reto M. (Hrsg.): Information Highway, Beiträge von rechtlichen und tatsächlichen Fragen, München 1996

Schnyder, Anton K.: Anwendung ausländischer Eingriffsnormen durch Schiedsgerichte – Überlegungen zu einem Grundsatzentscheid des Schweizer Bundesgerichts, RabelsZ 59 (1995), S. 293 – 308

Schröder, Jochen: Vom Sinn der Verweisung im internationalen Schuldvertragsrecht, IPRax, 1987, S. 90 – 92

Schulte-Nölke, Hans: Ein Vertragsgesetzbuch für Europa? JZ 2001, S. 917 – 920

Schulze, Johannes: Das öffentliche Recht im internationalen Privatrecht, Frankfurt a. M. 1972

Schulze, Reiner / Schulte-Nölke, Hans: Europäisches Vertragsrecht und Gemeinschaftsrecht, in Schulze, Reiner / Schulte-Nölke, Hans (Hrsg.): Europäisches Vertragsrecht im Gemeinschaftsrecht, Trier 2002, S. 11 – 20

Schumacher, Klaus: Fragen zum Anwendungsbereich des künftigen deutschen Schiedsverfahrensrechts, in Festschrift für Ottoarndt Glossner zum 70. Geburtstag, Heidelberg 1994, S. 341- 354

Schurig, Klaus: Europäisches Zivilrecht: Vielfalt oder Einerlei?, in: Festschrift für Bernhard Großfeld zum 65. Geburtstag, Heidelberg 1999, S. 1089 – 1111

Schurig, Klaus: Zwingendes Recht, „Eingriffsnormen“ und neues IPR, RabelsZ 54 (1990), S. 217 – 250

Schütze, Rolf / Tscherning, Dieter / Wais, Walter: Handbuch des Schiedsverfahrens, 2. Aufl., Berlin, New York 1990

Schütze, Rolf: Die Bestimmung des anwendbaren Rechts im Schiedsverfahren und die Feststellung seines Inhalts, in: Law of international business and dispute settlement in the 21st century, liber amicorum Karl-Heinz Böckstiegel; anlässlich seines Ausscheidens als Direktor des Instituts für Luft- und Weltraumrecht und des von ihm gegründeten Lehrstuhls für Internationales Wirtschaftsrecht = Recht der Internationalen Wirtschafts und Streiterledigung im 21. Jahrhundert, hrsg. von Robert Briner, Köln, Berlin, Bonn, München 2001, S. 715 – 725, (zitiert als: Schütze: Die Bestimmung des anwendbaren Rechts im Schiedsverfahren und die Feststellung seines Inhalts, FS Böckstiegel, S. 715)

Schütze, Rolf: Schiedsgericht und Schiedsverfahren, 3. Aufl. München 1999

Schwab / Walter: Schiedsgerichtsbarkeit – Kommentar, 5. Auflage, München 1995

Schwab / Walter: Schiedsgerichtsbarkeit – Kommentar, 6. Auflage, München 2000

Schwab, Karl Heinz, Anmerkung zu BGH, Urt. v. 3.12.1986 - IV b ZR 80/85, ZZP 100 (1987), S. 452 – 458

Sieg, Oliver: Internationale Gerichtsstands- und Schiedsklauseln in Allgemeinen Geschäftsbedingungen, RIW 1998, S. 102 –108

Siehr, Kurt: Internationales Privatrecht, deutsches und europäisches Kollisionsrecht, Heidelberg 2001

Soergel, Hans Thomas: Bürgerliches Gesetzbuch mit Einführungsgesetz und Nebengesetzen, Bd. 3, Schuldrecht 2, 12. Auflage, Stand Frühjahr 1991, Stuttgart, Berlin, Köln 1991

Soergel, Hans Thomas: Bürgerliches Gesetzbuch mit Einführungsgesetz und Nebengesetzen, Bd. 13, Schuldrechtliche Nebengesesetze 2, Übereinkommen der Vereinten Nationen über den internationalen Warenkauf (CISG), 13. Auflage, Stand Frühjahr 2000.

Soergel, Hans Thomas: Bürgerliches Gesetzbuch mit Einführungsgesetz und Nebengesetzen, Bd. 10, Einführungsgesetz, 12. Auflage, Stand 1996, Stuttgart, Berlin, Köln 1996

Solomon, Dennis: Das vom Schiedsgericht in der Sache anzuwendende Recht nach dem Entwurf eines Gesetzes zur Neuregelung des Schiedsverfahrensrechts, RIW 1997, S. 981 – 990

Sonnenberger, Hans Jürgen: Der Entwurf eines Europäischen Vertragsgesetzbuchs der Akademie Europäischer Privatrechtswissenschaftler – Ein Meilenstein, RIW 2001, S. 409 - 416

Sonnenberger, Hans Jürgen: Privatrecht und Internationales Privatrecht im künftigen Europa: Fragen und Perspektiven, RIW 2002, S. 489 – 498

Sonnenberger, Hans-Jürgen: Das Internationale Privatrecht im dritten Jahrtausend – Rückblick und Ausblick, ZVerglRWiss (100) 2001, S. 107 – 136

Spickhoff, Andreas: Internationales Handelsrecht vor Schiedsgerichten und vor staatlichen Gerichten, RabelsZ 56 (1992), S. 116 - 141

Spieker, Oliver: Schiedsvereinbarungen in Allgemeinen Geschäftsbedingungen im Bereich des nichtkaufmännischen Verkehrs, ZIP 99, S. 2138 – 2142 (zit. als: Spieker: Schiedsvereinbarungen in allgemeinen Geschäftsbedingungen, ZIP 99, S.)

Spindler, Gerald: Das Gesetz zum elektronischen Geschäftsverkehr – Verantwortlichkeit der Diensteanbieter und Herkunftslandprinzip, NJW 2002, S. 921 – 927

Spindler, Gerald: Das Herkunftslandprinzip im neuen Teledienstgesetz, RIW 2002, S. 183 – 188

Spindler, Gerald: Der Entwurf zur Umsetzung der E-Commerce-Richtlinie, ZRP 2001, S. 203 – 207

Spindler, Gerald: E-Commerce in Europa – die E-Commerce-Richtlinie in ihrer endgültigen Fassung, MMR-Beil. 7/2000, S. 4 – 21

Spindler, Gerald: Grenzüberschreitende elektronische Rechtsgeschäfte, in: Hohloch, Gerhard (Hrsg.): Recht und Internet, Baden Baden 2001, S. 9 – 30

Spindler, Gerald: Internationale Kapitalmarktangebote und Dienstleistungen im Internet – Öffentlich-rechtliche Regulierung und Kollisionsrecht unter besonderer Berücksichtigung der E-Commerce-Richtlinie -, WM 2001, S. 1689 – 1701

Spindler, Gerald: Internationales Verbraucherschutzrecht im Internet – Auswirkungen der geplanten Verordnung des Rates über die gerichtliche Zuständigkeit und die Anerkennung und Vollstreckung von Entscheidungen in Zivil- und Handelssachen, MMR 2000, S. 18 – 25 (zit. als: Spindler: Internationales Verbraucherschutzrecht im Internet, MMR 2000, S.)

Spindler, Gerald: Internet, Kapitalmarkt und Kollisionsrecht unter besonderer Berücksichtigung der E-Commerce-Richtlinie, ZHR 165 (2001), S. 324 – 361

Spindler, Gerald: Kapitalmarktgeschäfte im Binnenmarkt – Der Einfluss der E-Commerce-Richtlinie auf das Internationale Vertragsrecht, IPRax 2001, S. 400 – 411

Spindler, Gerald: Verantwortlichkeit von Diensteanbietern nach dem Vorschlag einer E-Commerce-Richtlinie, MMR 1999, S. 199 – 207

Staudenmayer, Dirk: Die Mitteilung der Kommission zum Europäischen Vertragsrecht, EuZW 2001, S. 485 – 489

Staudenmayer, Dirk: Die Richtlinien des Verbraucherprivatrechts – Bausteine für ein europäisches Privatrecht, in: Schulte-Nölke, Hans / Schulze, Reiner: Europäische Rechtsangleichung und nationale Privatrechte, 1. Aufl., Baden Baden 1999, S. 63 – 78 (zit. als: Staudenmayer: Die Richtlinien des Verbraucherprivatrechts, in Schulte-Nölke/Schulze: Europäische Rechtsangleichung und nationale Privatrechte, S.)

Staudenmayer, Dirk: Verbraucherrecht im Rahmen eines Europäischen Vertragsrechts – Zur Kommissionsmitteilung zum Europäischen Vertragsrecht, VuR 2001, S. 313 – 314

Staudenmayer, Dirk: Wie soll es mit dem Europäischen Vertragsrecht weitergehen?, EuZW 2002, S. 481

Staudinger, Ansgar: Die Mitteilung der Kommission zum Europäischen Vertragsrecht, VuR 2001, S. 353 – 359

Staudinger, Ansgar: Internationales Verbraucherschutzrecht made in Germany, RIW 2000, S. 416 – 421

Staudinger, Ansgar: Rom, Brüssel, Berlin und Amsterdam: Chiffren eines Europäischen Kollisionsrechts für Verbraucherverträge, ZfRV 2000, S. 93 – 104

Staudingers, J. von: Kommentar zum Bürgerlichen Gesetzbuch mit Einführungsgesetz und Nebengesetzen, Wiener UN-Kaufrecht (CISG), 12. Auflage, 13. Bearbeitung, Berlin 1999

Staudingers, J. von: Kommentar zum Bürgerlichen Gesetzbuch mit Einführungsgesetz und Nebengesetzen, EGBGB/IPR, 13. Bearbeitung, Berlin 2002 (zit. als: Staudinger/Bearbeiter(2002), Art., Rdnr.)

Stein / Jonas: Kommentar zur Zivilprozessordnung, 21. Aufl. Tübingen 1994, Bd.7/2 (zit. als: Stein/Jonas/Bearbeiter, ZPO, Bd. 7/2, §, Rndr.)

Stein, Ursula: Lex mercatoria: Realität und Theorie, Frankfurt am Main, 1995

Taupitz, Jochen / Kritter, Thomas: Electronic Commerce – Probleme bei Rechtsgeschäften im Internet, JUS 1999, S. 839 – 846

Tettenborn, Alexander / Bender, Gunnar / Lübben, Natalie / Karenfort, Jörg: Rechtsrahmen für den elektronischen Geschäftsverkehr, BB 2001, Beil. 10, S. 1 – 40

Tettenborn, Alexander in: Moritz, Hans Werner / Dreier, Thomas: Rechtshandbuch zum E-Commerce, Köln 2002

Thomas / Putzo: Zivilprozessordnung, Kommentar, 24. Auflage, München 2002

Thorn, Karsten: Verbraucherschutz bei Verträgen im Fernabsatz, IPRax 1999, S. 1 - 9

Thümmel, Roderich: Die Schiedsvereinbarung zwischen Formzwang und favor validitatis – Anmerkungen zu § 1031 ZPO, in: Wege zur Globalisierung des Rechts - Festschrift für Rolf Schütze zum 65. Geburtstag, München 1999, S. 935 – 946

Thünken, Alexander: Die EG-Richtlinie über den elektronischen Geschäftsverkehr und das internationale Privatrecht des unlauteren Wettbewerbs, IPrax 2001, S. 15 – 22

Tilch, Horst / Arloth, Frank: Deutsches Rechts-Lexikon, Bd. 3, 3. Auflage, München 2001

Tonner, Klaus: Das neue Fernabsatzgesetz – oder System statt Flickenteppich, BB 2000, S. 1413 – 1420

Ulmer / Brandner / Hensen / Schmidt: AGB-Gesetz, Kommentar, 9. Auflage, Köln 2001

Ungeheuer, Christina: Die Beachtung von Eingriffsnormen in der internationalen Handelsschiedsgerichtsbarkeit, Frankfurt am Main, Berlin, Bern, New York, Paris, Wien, 1996 (Diss.)

Voit, Wolfgang: Privatisierung der Gerichtsbarkeit, JZ 1999, S. 120 – 125

Wackenhuth, Michael: Die Schriftform für Schiedsvereinbarungen nach dem UN-Übereinkommen und Allgemeine Geschäftsbedingungen, ZZP 99, S. 445 – 467

Wägenbaur, Rolf: EU-Kommission erwägt die Ausarbeitung eines europäischen Vertragsrechts, ZRP 2001, S. 533 – 534

Wagner, Gerhard: Prozessverträge, Tübingen 1998

Wagner, Rolf: Zusammenführung verbraucherschützender Kollisionsnormen aufgrund EG-Richtlinien in einem neuen Art. 29a EGBGB, IPRax 2000, S. 249 – 258

Waldenberger, Arthur: Electronic Commerce: der Richtlinienvorschlag der EG-Kommission, EuZW 1999, S. 296 – 303

Waldenberger, Arthur: Grenzen des Verbraucherschutzes beim Abschluss von Verträgen im Internet, BB 1996, S. 2365 – 2371

Walter, Gerhard: Das Schiedsverfahren im deutsch-italienischen Rechtsverkehr, RIW 1982, S. 693 – 702

Weigand, Frank-Bernd: Das neue deutsche Schiedsverfahrensrecht – Umsetzung des UNCITRAL-Modellgesetzes, Wirtschaftrechtliche Beratung (WiB) 1997, S. 1273 – 1278

Weigand, Frank-Bernd: Die neue ICC-Schiedsgerichtsordnung 1998, NJW 1998, S. 2081 – 2085

Wendehorst, Christiane: Das neue Gesetz über Fernabsatzverträge und andere Fragen des Verbraucherrechts, DStR 2000, S. 1311 – 1318

Wengler, Wilhelm: Die Anknüpfung des zwingenden Schuldrechts im internationalen Privatrecht, ZVerglRWiss 54 (1941), S. 168 – 212.

Wichard, Johannes Christian: Die Anwendung der UNIDROIT-Prinzipien für internationale Handelsverträge durch Schiedsgerichte und staatliche Gerichte, RabelsZ 60 (1996), S. 269 – 302

Wildemann, Daniela: Vertragsschluss im Netz, München 2000

Wilmer, Thomas / Hahn, Harald: Fernabsatzrecht, Kommentar und systematische Darstellung, 1. Auflage, Heidelberg, 2002

Wilske, Stephan: Conflict of Laws in Cyber Torts, CRi 2001, S. 68 – 74

Wolf, Manfred / Horn, Norbert / Lindacher, Walter: AGB-Gesetz – Kommentar, 4. Aufl., München 1999

Zöller: Zivilprozessordnung, Kommentar, 23. Aufl., Köln 2002 (zit. als: Bearbeiter/Zöller, ZPO, §, Rdnr.)

Saarbrücker Studien zum Privat- und Wirtschaftsrecht

Herausgeber:
Johann Paul Bauer, Michael Martinek und Helmut Rüßmann

Band 1 Susanne Jaschinski: Die Haftung von Schwestergesellschaften im GmbH-Unterordnungskonzern. Ein Beitrag zum Konzernverfassungsrecht. 1997.

Band 2 Roman Sascha Ahnert: Die *actio individualis*. Ein Beitrag zur verfassungsrechtlichen Fundierung der Aktionärsklage bei sogenannten Aktien-Interessenverbänden. 1997.

Band 3 Torsten Peters: Der Cateringvertrag. Rechtstatsachen, Rechtsnatur und Rechtsprobleme eines modernen Dienstleistungsvertrags. 1998.

Band 4 Michael Meissner: Persönlichkeitsschutz juristischer Personen im deutschen und US-amerikanischen Recht. Eine rechtsvergleichende Untersuchung des allgemeinen Persönlichkeitsrechts juristischer Personen. 1998.

Band 5 Thomas Tegen: Joint Venture-Vertrag und Projektträgergesellschaft im amerikanischen und deutschen Recht. 1998.

Band 6 Gerhard Wolter: Treuhandrecht im Umbruch? Ein Blick nach Frankreich, Luxemburg, in die Schweiz und in den Libanon sowie auf das Haager Trust-Übereinkommen. 1999.

Band 7 Thomas Dehlfing: Das Recht der irreführenden Werbung in Deutschland, Großbritannien und Frankreich. 1999.

Band 8 Hanno Dornseifer: Börsentermingeschäfte und Börsentermingeschäftsfähigkeit. Zur börsengesetzlichen Behandlung von finanzwirtschaftlichen Festgeschäften, Options- und Optionsscheingeschäften. 1999.

Band 9 Patrick Lenz: Absatzförderung durch *zinssubventionierte* Darlehen. Eine wettbewerbs- und kartellrechtliche Studie zur Zulässigkeit von Niedrigzins-Kreditangeboten unter besonderer Berücksichtigung des Automobilmarktes. 1999.

Band 10 Mansur Pour Rafsendjani: Der Goodwill-Ausgleichsanspruch des Franchisenehmers. Ein Vergleich des deutschen, französischen und US-amerikanischen Franchiserechts. 1999.

Band 11 Jörg Hartmann: Juristische und ökonomische Regelungsprobleme des Insiderhandels. Eine rechtsvergleichende Darstellung USA – Deutschland. 1999.

Band 12 David Altmeier: Rückstellungsbilanzierung in Deutschland und Frankreich. Eine vergleichende Untersuchung der französischen Rückstellungsbilanzierung aus der Perspektive des deutschen Bilanzrechts. 1999.

Band 13 Barbara Günther: Aktivische Bilanzierungshilfen im deutschen und französischen Bilanzrecht. 1999.

Band 14 Bernhard Glasow: Vertikale Preisbindung, Wettbewerbstheorie und Wettbewerbsrecht in den USA, Deutschland und Europa. Bestandsaufnahmen, Kritik und Zukunftsperspektiven. 2000.

Band 15 Dorota Nowak-James: Der Börsenzugang für Anleger in Deutschland und Polen. Eine rechtsvergleichende Untersuchung zum deutschen Finanzkommissionsgeschäft und zum polnischen Brokerauftragsvertrag. 2000.

Band 16 Mathias Queck: Der Nießbrauch am Anteil einer offenen Handelsgesellschaft. Eine Form der (un-)mittelbaren Unternehmensbeteiligung. 2000.

Band 17 Ina Roth: Umweltbezogene Unternehmenskommunikation im deutschen und europäischen Wettbewerbsrecht. 2000.

Band 18 Jörg Preiss: Die Anwendung des markenrechtlichen Erschöpfungsgrundsatzes auf Dienstleistungsmarken. 2000.

Band 19 Kevin M. McDonald: Der Begriff der Dienstleistung im europäischen Binnemarkt und WTO-System (GATS). 2001.

Band 20 Carolin Opgenhoff: Die europäische Fusionskontrolle zwischen Wettbewerbsrecht und Industriepolitik. 2001.

Band 21 Susanne Schäfer: Die Deliktsfähigkeit juristischer Personen. Eine rechtsvergleichende Untersuchung zur Übertragbarkeit des englischen Modells. 2001.

Band 22 Kay Diedrich: Die Interventionswirkung – Ausprägung eines einheitlichen Konzepts zivilprozessualer Bindungswirkung. 2001.

Band 23 Michael Fröhlich: Zentrale Institutionen des deutschen Urheberrechts und des französischen Droit d'auteur auf dem Prüfstand der elektronischen Netzwerke. 2001.

Band 24 Joël Benjamin Münch: Abtretungsverbote im deutschen und französischen Recht. Rechtsvergleichende Untersuchung der Übertragungshindernisse im deutschen und französischen Forderungsverkehr als Beitrag zu einer weiteren Schuldrechtsvereinheitlichung in Europa. 2001.

Band 25 Monika Prieß: Der Begriff des Sachmangels im deutschen und englischen Kaufrecht. Reformbedarf aufgrund der Verbrauchsgüterkauf-Richtlinie 1999/44/EG. 2001.

Band 26 Katharina Siegel: Produkthaftung im polnischen, tschechischen und slowenischen Recht. 2001.

Band 27 Carolin Kühne: Die gesetzliche Form der Rechtsgeschäfte im deutschen und italienischen Recht. Eine rechtsvergleichende Untersuchung. 2002.

Band 28 Nina Scherf: Die Nachschußpflicht im Gesellschaftsrecht. Eine rechtsformübergreifende Bestandsaufnahme, Analyse und Kritik. 2002.

Band 29 Marc Laukemann: Fernsehwerbung im Programm. Die zunehmende Kommerzialisierung des Fernsehprogramms im Zeitalter einer Ökonomisierung der Aufmerksamkeit als verfassungs-, wettbewerbs- und rundfunkrechtliches Problem. 2002.

Band 30 Michael Bo Jaspers: Nachträgliche Rechtswahl im internationalen Schuldvertragsrecht. Unter besonderer Berücksichtigung der Rechtspraxis in England, Frankreich, Dänemark und Deutschland. 2002.

Band 31 Christina Pernice: Die Insolvenzverschleppung durch das Geschäftsführungsorgan der kleinen Kapitalgesellschaft im deutschen, französischen und englischen Recht. Eine rechtsvergleichende Untersuchung zur Entwicklung eines europäischen Lösungsansatzes. 2002.

Band 32 Anne Christine Janert: Der sachliche und persönliche Anwendgunsbereich des deutschen Verbraucherkeditrechts und des britischen Consumer Credit Act 1974. Ein Beitrag zu den Möglichkeiten und Grenzen verbraucherrechtlicher Harmonisierung in Europa. 2002.

Band 33 Annette Trost: Faktische Sitzverlegung unter Sitz- und Gründungstheorie im Vergleich. Unter besonderer Berücksichtigung ihrer gesellschafts- und zivilrechtlichen Folgewirkungen. 2003.

Band 34 Esther Cordula Hilpert: Die Gründerhaftung in der Gesellschaft mit beschränkter Haftung in Deutschland, Frankreich und England. 2003.

Band 35 Wei-ming Liao: Die Schiedsgerichtsbarkeit in Taiwan. Unter besonderer Berücksichtigung der internationalen Handelsschiedsgerichtsbarkeit und mit Hinweisen zu der Entwicklung in Deutschland. 2003.

Band 36 Stefan Stork: Sitzverlegung von Kapitalgesellschaften in der Europäischen Union. Zur Reichweite der Niederlassungsfreiheit unter Berücksichtigung der positiven und der negativen Integration. 2003.

Band 37 Marc Pfeffer: Interbrand-Kartellverbot und Intrabrand-Vereinbarungen. Die Ablösung horizontaler und vertikaler Eingriffsmerkmale im GWB zu Gunsten einer Betrachtung produktexterner und -interner Wettbewerbsfaktoren. 2003.

Band 38 Nicole Burkardt: Der arbeitsrechtliche Aufhebungsvertrag. Einvernehmliche Beendigung von Arbeitsverhältnissen unter Berücksichtigung der Rechtslage nach der Schuldrechtsreform. 2004.

Band 39 Christian Schmeling: Die Entlastung von Mitgliedern geschäftsführender Organe im Recht der Kapitalgesellschaften. Eine rechtsvergleichende Studie zum deutschen, schweizerischen und französischen Recht. 2004.

Band 40 Andreas Wolf: Wege zur virtuellen Haupt- und Gesellschafterversammlung. Eine vergleichende Untersuchung über die Einbeziehung elektronischer Medien in die Hauptversammlung einer Aktiengesellschaft und die Gesellschafterversammlung einer GmbH. 2004.

Band 41 Bianca Natalie Baldus: Der elektronisch geschlossene Vertrag mit Schiedsabrede. Zulässigkeit und anwendbares Recht in nationalen und internationalen Schiedsverfahren. 2004.

Peter Lang · Europäischer Verlag der Wissenschaften

André Marc Uhlmann

Elektronische Verträge aus deutscher, europäischer und US-amerikanischer Sicht

Wirksamwerden, Beweisfragen, Widerruf unter besonderer Berücksichtigung der elektronischen Signatur

Frankfurt am Main, Berlin, Bern, Bruxelles, New York, Oxford, Wien, 2003.
XXIII, 268 S.
Europäische Hochschulschriften: Reihe 2, Rechtswissenschaft. Bd. 3708
ISBN 3-631-51113-2 · br. € 51.50*

Diese Arbeit untersucht die technischen und rechtlichen Rahmenbedingungen des Geschäftsverkehrs im Internet. Die einschlägigen gesetzlichen Rahmenbedingungen der europäischen, deutschen und US-amerikanischen Gesetzgeber werden vorgestellt und es werden die grundlegenden Voraussetzungen für das Zustandekommen von elektronischen Verträgen aufgezeigt. Schwerpunkt der Bearbeitung sind zum einen die Anforderungen, die im elektronischen Geschäftsverkehr an die Einhaltung der verschiedenen Schriftformerfordernisse geknüpft sind sowie die rechtliche Behandlung von elektronischen Signaturen. Zum anderen werden die strukturellen Neuerungen der Schuldrechtsreform und insbesondere die neu eingeführten Informationspflichten im elektronischen Geschäftsverkehr und ihre Bedeutung für die Praxis aufgezeigt.

Aus dem Inhalt: E-Commerce · Das technologische Umfeld · Gesetzliche Regelungen für elektronische Verträge · Der Begriff des elektronischen Vertrages · Abgabe und Zugang von Willenserklärungen · Besondere Anforderungen an Vertragsabschlüsse im elektronischen Geschäftsverkehr · Einbeziehung von AGB in elektronische Verträge · Das Schriftformerfordernis · Beweisfragen · Der Widerruf im elektronischen Geschäftsverkehr · Rechtsfolgen bei Fehlen von rechtlichen und tatsächlichen Anforderungen an den elektronischen Geschäftsverkehr

Frankfurt am Main · Berlin · Bern · Bruxelles · New York · Oxford · Wien
Auslieferung: Verlag Peter Lang AG
Moosstr. 1, CH-2542 Pieterlen
Telefax 00 41 (0) 32 / 376 17 27

*inklusive der in Deutschland gültigen Mehrwertsteuer
Preisänderungen vorbehalten

Homepage http://www.peterlang.de

FSC
www.fsc.org
MIX
Papier | Fördert gute Waldnutzung
FSC® C083411

Kolibri 360 GmbH
Ferdinand-Jühlke-Straße 7
99095 Erfurt, Deutschland
produktsicherheit@kolibri360.de

Druck:
CPI Druckdienstleistungen GmbH
im Auftrag der
Kolibri 360 GmbH
Ferdinand-Jühlke-Str. 7
99095 Erfurt